적그리스도의 유전자 비밀

타 작 기 2

미국 국회 의사당 천정 벽화 그림입니다.
프리메이슨이며 그랜드 마스터인 죠지 워싱톤이 신이 되어
13 천사들과 함께 하늘로 승천하고 있는 그림입니다.

꼭 필요한 선물

적그리스도의 유전자 비밀 타작기2는 말세에 살고
있는 우리들의 영적인 눈을 밝게하여 줍니다
영적인 혼란기를 맞이하고 있는 중요한 때
믿음으로 주님안에서 승리하고 만날 때까지
소중하게 간직하고 시대를 분변하는 도구로
사용하시기를 바랍니다.

　　　　　년　　　　월　　　　일

_____ 님께 드립니다.

내가 선한 싸움을 싸우고 나의 달려갈 길을 마치고 믿음을 지켰으니 이제 후로는 나를 위하여 의의 면류관이 예비되었으므로 주 곧 의로우신 재판장이 그 날에 내게 주실 것이니 내게만 아니라 주의 나타나심을 사모하는 모든 자에게니라
(딤후4:7-8) 말씀

머리글 (프롤로그)

하나님의 주권과 섭리가운데 이루어지는 구원의 역사

하나님께서는 성경을 가진 자들로 세상을 변화시켜 하나님의 나라를 세우도록 하셨습니다. 그러나 마귀는 성경을 가진 자들로 세상에서 가장 성공한 자가 되게 했습니다.

양과 염소는 한우리에서 똑같은 풀을 먹고 살지만 전혀 다른 짐승입니다. 유전자 즉 DNA가 다릅니다.

알곡과 가라지도 같은 밭에서 자라나고 우리 보기에 같아 보이지만 전혀 다른 품종입니다. 즉 DNA가 다릅니다.

사탄의 자녀들과 하나님의 자녀들이 함께 세상에서 살아갑니다. 겉으로는 똑같은 존재로 보이지만 전혀 다른 사람입니다. 즉 DNA 자체가 다릅니다.

이처럼 양과 염소, 알곡과 가라지, 하나님의 자녀와 사탄의 자녀는 객관적으로 보기에는 모두 같아 보이지만, 주관적으로 자세히 살펴보면, 출발이 다르고, 씨가 다르고, 성장과정과 그 결과가 완전히 다릅니다.

철저하게 지워버린 사탄숭배(인신공회) 세력들의 정체

사탄의 자녀들에 대하여 성경은 처음부터 살인한 자, 처음부터 거짓말하는 자, 불법자, 불의자, 뱀들, 독사의 자녀들, 진리가 없는 자, 진리위에 서지 못하는 자, 멸망받기로 작정된 자, 비없는 구름, 탐욕자, 교만자, 스스로의 힘을 믿는자, 훼방자, 악한자, 순종하지 못한 자, 미혹받는 자, 속이는 자, 거짓의 아비와 아들, 어둠의 자식, 땅의 것을 찾는자, 자기 배만 위한 자, 쾌락 추구자, 배반자 등으로 기록하고 있습니다.

성경에서는 하나님의 구원역사와 사탄세력의 정체에 대하여 명확하게 기록을 했습니다. 그래서 하나님의 자녀들이 사탄의 자녀들을 분별하여 하나님의 나라를 세워가도록 하셨습니다. 그러나 사탄숭배자들이 1000개가 넘는 구약사본과, 4000개가 넘는 신약사본의 성경이 번역되어 오늘날 우리에게 전달되는 과정에서 자신들의 정체를 철저하게 지우고, 회칠해서 숨겼습니다. 그리고 축자영감이란 도그마를 만들어 철저하게 그들의 비밀에 대한 성경의 확대 해석을 금지시켰습니다. 뿐만 아니라 그들의 비밀의 흔적이 남아 있는 성경 내용들에 대하여는, 그들이 키운 신학자들을 통해 철저하게 난해구절로 제외시켜 해석을 못하게 했습니다.

현대신학의 뿌리인 신플라톤 주의

오늘날 현대신학의 뿌리인 스콜라철학은 사탄주의 시나키즘의 원조인 소크라테스와 플라톤의 철학사상 위에 세워졌습니다. 그래서 세상의 학문 중 하나인 생명 없는 신학으로 전락되었고, 교회의 본질을 세속화시키고, 파괴시키는 무기로 발전되어 버리고 말았습니다.

이처럼 성경과 신학을 통해서 자신들의 정체를 철저히 숨기고 위장하여 하나님의 구원역사와 교회를 파괴시켜온 사탄숭배자들이 이제 그들이 어둠속에서 준비한 모든 음모를 펼칠 수 있는 세상이 되었기 때문에 당당하게 자신들의 정체를 스스로 폭로하면서 그들의 음모가 역사전면에 드러나게 된 것입니다.

그렇다면 왜 이제 그들은 자신들의 정체를 완전히 노출시키고 있습니까? 한 마디로 자신이 있는 것입니다. 에덴 동산에서 아담과 하와를 넘어뜨리고 시작한 진리에 대한 훼방이 이제 성공 단계에 이르렀다고 판단하고 있는 것입니다. 뱀을 통해, 가인을 통해, 네피림을 통해, 니므롯을 통해, 가나안 7족속들을 통해 그들이 시도한 배도는 하나님의 엄청난 심판을 받았습니다.

그러나 그들은 살아남아 오늘의 사탄주의 세계를 세우게 되었습니다. 하나님의 주권과 섭리에서 이제 알곡이 익어 추수 때가 되었기에 하나님이 허락하신 가운데 말세지말에 하나님의 마지막 심판을 받을 사탄의 나라의 죄악이 이 세상에 관영하게 된 것입니다.

적그리스도의 세력들은 말세에 하나님이 교회라는 알곡을 추수하시기 위해 쓰시는 타작기에 불과합니다. 타작기1과 타작기2의 내용은 사탄주의자들이 스스로 폭로하면서. 이루어가는 신세계질서의 모든 음모를 6000년 인류역사를 통해 정리를 했습니다.

사탄주의자들의 정체는 누구입니까?

오늘의 사탄숭배자들의 정체는 가나안 7족속들입니다. 이들은 인신제사와, 동성애, 수간을 행하는 죄악으로 젖과 꿀이 흐르는 가나안 땅에서 여호수아의 칼날에 심판을 받아 쫓겨났습니다.

레위기18:21-25 "너는 결단코 자녀를 몰렉에게 주어 불로 통과케 말아서 네 하나님의 이름을 욕되게 하지 말라 나는 여호와니라 너는 여자와 교합함 같이 남자와 교합하지 말라 이는 가증한 일이니라 너는 짐승과 교합하여 자기를 더럽히지 말며 여자가 된 자는 짐승 앞에 서서 그것과 교접하지 말라 이는 문란한 일이니라 너희는 이 모든 일로 스스로 더럽히지 말라 내가 너희의 앞에서 쫓아 내는 족속들이 이 모든 일로 인하여 더러워졌고 그 땅도 더러워졌으므로 내가 그 악을 인하여 벌하고 그 땅도 스스로 그 거민을 토하여 내느니라"

가나안에서 쫓겨난 가나안 7족속은 타락한 그들의 레반트문명(바벨론과 이집트문명)을 가지고 지중해로 진출해 페니키아(베니게)문명을 이룹니다. 페니키아 문명은 그리이스와 로마를 통해 오늘의 유럽의 문명을 이루게 된 것입니다.

가나안 7족속들이 육지로 이동한 경로는 가나안-코카서스(하자르공화국)-독일(헝가리, 러시아)-네델란드-영국-미국(중국, 일본, 인도, 중동)입니다.

가나안 7족속이 해상으로 이동한 경로는 가나안-크레타-카르타고(스파르타,알렉산드리아,아테네)-스페인(포루투갈,이태리:피렌체, 베네치아)-독일-네델란드-영국-미국(일본,중국,인도,중동)입니다.

특히 가나안 7족속들은 6000년 동안 인신제사, 동성애, 수간등을 통해 폐쇄사회를 지켜올 수 밖에 없었습니다. 그래서 그들이 자신들의 정체성을 숨기고, 사탄주의 세계관을 펼쳐 하나님의 구원계획을 무너뜨리기 위해 하자르공화국과 카르타고공화국, 알렉산드리아공화국, 스파르타공화국, 피렌체공화국, 베네치아공화국에서 가짜 유대인으로 신분세탁을 하게 됩니다. 그래서 이들을 검은 유대인라고 합니다. 현 교황도 바로 검은 유대인 예수회 출신인 가나안 7족속의 후손입니다.

검은 유대인은 고대 수메르에서부터 내려온 사탄숭배종교인 카발라 종교를 발전시켜 가짜 유대교의 경전인 탈무드를 만들었습니다. 그리고 지금까지 탈무드와 카발라종교를 가지고 가짜 유대인 역할을 하고 있는 것입니다. 현재 세계적으로 정치, 경제, 과학, 매스컴, 에너지의 권력을 독점하고 신세계질서와 시오니즘 운동을 하고 있는 세력들이 모두 가짜 검은 유대인들입니다.

현대문명의 정체는 루시퍼를 통한 귀신운동

오늘날 현대문명의 정체는 하나님의 품을 떠난 탕자의 문명의 극치입니다. 즉 사탄문화, 귀신문화입니다. 헐리우드 영화제작과 시나리오, 그리고 유명한 감독과 배우들의 모든 연기까지 귀신과의 접촉 가운데 이루어지고 있습니다. 그들이 섬기는 빛의 신 루시퍼를 통한 계시를 채널러들을 통해서 전수받아 이루어지고 있습니다.

뿐만 아니라 아인슈타인, 에디슨부터 오늘의 최첨단 컴퓨터 과학과 유전공학 등 모든 과학의 발전 역시 그들이 섬기는 사탄주의 인신제사와 마약, 마인드콘트롤, 접신, 입신, 초능력 등을 공급하는 루시퍼의 채널러들을 통해서 이루어지고 있습니다. 그래서 그들은 전자파를 통해 세타파를 만들어 마인드 콘트롤 하여 세뇌를 시키고, 마약과 약물을 통해 그들의 뇌파를 조절하여 초능력자들과의 접촉을 시도하여 오늘의 모든 과학과 사상과 철학, 사탄의 문화와 예술 등을 발전시켜 나가고 있습니다.

심지어 교회에서 시행되고 있는 성장 프로그램들이 그들이 귀신들과 접촉해서 이루어진 이론들입니다. 그래서 그들은 신사도 운동, 신복음주의 운동, 신성장 운동이라는 명칭을 사용하여 타락한 천사들을 동원하고, 귀신들과 접촉을 통해 입신, 초혼, 집단최면, 치유, 초능력, 환생, 뜨거움, 떨림, 축복, 방언운동 등으로 하나님의 거룩한 교회를 세속화시키고 있습니다.

창세전부터 예정하신 교회의 영광

하나님께서는 창세전에 예수 그리스도안에서 교회를 택하시고, 예정하사 하나님의 은혜의 영광을 찬양하도록 하셨습니다. 에덴 동산에 하나님의 형상대로 아담과 하와를 지으시고, 범죄한 사탄의 세력을 정복하고, 다스리도록 하셨습니다. 그러나 사탄은 아담과 하와를 유혹하여 범죄케 하고 하나님의 형상을 파괴시켰습니다. 그리고 지금까지 하나님의 구원계획을 훼방하며 하나님을 대적하고 있습니다.

사탄의 최종 목적은 인간속에 하나님의 형상을 지워버리고, 인간을 가축으로 만들어 하나님 대신 자신이 인간들 위에 신으로 군림하는 것입니다.

그러나 예수님은 인간의 몸을 입으시고, 십자가에서 속죄를 이루사 창세전부터 계획하신 하나님의 완벽하신 구원을 교회안에서 이루어가고 계십니다.

사탄주의자들의 목적은 지구촌 인간 목장화

지금은 말세지말입니다. 창세전부터 예수 안에서 택함 받아 구원받은 성도는 더욱 더 거룩해 지고, 더욱 더 새롭게 됩니다. 그러나 구원받지 못한 세상 사람들은 사탄의 계획대로 점점 가축인간으로 타락해 갑니다.

노예인간과 가축인간은 다릅니다. 노예인간은 언제든지 주인이 될 수 있지만, 가축인간은 절대로 주인이 될 수 없습니다. 노예인간은 언젠가 주인이 될 수 있음을 꿈꾸며, 기회를 기다리지만, 가축인간은 그런 꿈 자체를 꿀 수 없는 비극적인 존재가 되는 것입니다. 사탄은 인간속에 하나님의 형상을 말살시켜버리고, 사탄의 형상을 집어넣어 완전히 가축인간을 만들려고 신세계질서를 진행시키고 있습니다. 신세계질서가 완성되면 인간은 완전히 가축인간이 되고 사탄의 세력들은 가축인간 위에 아무런 염려 없이 군림하는 신들이 될 것입니다.

사탄은 하나님이 사랑하시는 인간들의 구원역사를 훼방하고, 파괴 시켜 인간들 속에 하나님의 형상을 지워버리고 자신이 키우는 가축인간으로 만들어 하나님의 구원의 역사를 실패하게 하는 것이 목적입니다. 그래서 지난 6000년의 인류 역사는 인간을 가축으로 만들려는 사탄의 세력들의 음모로 가득찼습니다. 그리고 점점 더 구체적으로 진행되어 왔습니다. 바로 지금 우리 눈앞에 펼쳐지고 있는 세계가 바로 사탄의 음모가 실행되고 있는 현장입니다.

이것을 심판이라고 합니다. 사탄은 하나님의 구원계획을 실패로 끝나게 할 수 없습니다. 왜냐하면 이미 이 전쟁은 창세전에 예수안에서 승리한 전쟁이기 때문입니다.

사탄의 세력들의 모든 활동은 타작기를 통한 알곡추수의 도구

타작기는 알곡과 가라지를 분리시키는 기계입니다. 곡식이 익어 추수 때가 되면 어김없이 타작기를 통해 알곡과 가라지를 갈라 냅니다. 하나님께서도 마지막 추수 때에 적그리스도라는 타작기를 통해 예수님의 피로 값주고 사신 교회라는 알곡을 추수하십니다.

지금 우리는 말세지말에 살고 있습니다. 주님이 오시기 위해 반드시 되어져야 할 일이 있습니다. 그것은 바벨탑을 쌓고 하나님을 대적했던 니므롯과 같은 적그리스도가 다시 나타나서 전 세계 사람들을 선동해 배도를 일으켜야 합니다.

이런 전 세계적인 배도가 일어날 때, 교회는 세속화 되어 세상과 하나가 됩니다. 교회는 예수님의 피로 값주고 사신 예수님의 몸으로 엄격하게 세상과 구별되어야 하지만, 말세에 적그리스도의 미혹으로 세상과 하나 되어 하나님을 대적하는 일을 하게 되는데 이것을 배도라고 합니다.

전 세계적인 배도가 일어나는 과정

전 세계적인 배도가 일어나기 위해서는 가장 큰 기독교 나라가 먼저 타락해서 배도를 시작해야 하고, 세계적으로 크고 명성있는 교회들이 배도를 시작해야 합니다. 그래야 성경에서 말한 전 세계적인 배도가 이루어질 수 있습니다.
 현재 세계에서 가장 큰 기독교 나라는 미국입니다. 미국은 명실상부한 청교도가 세운 기독교 나라로서 세계선교를 주도적으로 이끌어 왔던 대표적인 기독교 국가입니다. 그러나 이런 기독교 국가에서 배도가 시작되었습니다. 현재 미국에서는 신세계 질서라는 새로운 미래를 세우기 위해 엄청난 속도로 기독교를 파멸시키고, 더럽히고 있습니다.
 또한 전 세계적인 배도가 일어나기 위해서는 세계적인 큰 교회들이 배도의 길을 가야 합니다. 적그리스도의 세력들은 세계적인 명성 있는 모든 신학교에서 번영신학을 만들어 오늘날 현대 재벌교회들을 만드는데 성공을 했습니다. 그리고 그런 재벌교회들을 각종 비리와 재산다툼으로 분열시켜 기독교를 개독교로 만드는데도 성공을 했습니다. 성경을 알기 쉬운 현대언어로 번역하겠다고 하면서 기독교의 모든 성경의 진리를 뉴에이지 만신종교인 종교다원주의로 만들고 말았습니다.

로마 가톨릭에서 시작된 배도운동

 1960년 노틀담 대학에서는 모든 개신교를 천주교에서 시작한 영성운동과 은사운동을 통해서 천주교로 흡수통합시키라는 천주교 에큐메니칼 운동이 선언되었습니다. 1980년부터 천주교 에큐메니칼 운동인 영성운동과 은사운동을 통해 수많은 세계적인 대형교회들이 탄생하였습니다. 이제 이런 대형교회들이 무너지면서 세계 기독교는 적그리스도의 지배하에 들어가고 있는 것입니다.
 WCC운동은 천주교회로 개신교를 통합시키는 운동입니다. 뿐만 아니라 모든 종교를 하나로 통합하는 운동입니다. 사탄의 세력들은 2000년 기독교 역사를 통해 천주교회를 영성운동과 은사운동을 통해 귀신종교로 만들었습니다. 그리고 이제 개신교를 천주교에 흡수통합시켜 삼키려고 하는 것입니다.
 뿐만 아니라 WCC는 전 세계 모든 종교를 통합하여 우주적인 교회를 만들기 위해 UN과 함께 에큐메니칼 종교 통합운동을 하고 있습니다.

말세에 세상을 알아야 할 이유

지금까지 우리는 은혜의 시대에 살아 왔습니다. 그래서 개인적으로 구원받은 성도는 죽어서 천국으로 갔습니다. 그러나 지금은 디모데 후서 3장에서 언급한 고통의 시대 곧 배도의 시대입니다. 배도의 시대에는 개인적으로 죽어서 천국에 가는 시대가 아닙니다. 살아서 배도자들과 함께 참 신앙에 대한 영적인 싸움을 해야 합니다. 그래서 필요한 것이 분별력입니다. 만일 적그리스도의 세력을 분별할 수 있는 능력이 없다면 모든 사람들과 함께 적그리스도의 미혹의 함정에 빠져서 멸망할 것입니다.

진정 파수군의 사명을 감당하여 내게 맡겨주신 영혼들을 책임지려면 반드시 이 세상을 알아야 하고 장차 다가올 새로운 세상에 대한 지식이 있어야 합니다.

타작기는 배도의 시대에 꼭 필요한 적그스리스도 세력에 대한 정보를 기록한 책입니다. 지금 세상이 어떻게 사탄에 의해서 조정되고 있으며, 어떻게 변화되어질 것인가에 대한 정보가 기록되어 있습니다. 사탄의 세력들이 수많은 영혼들을 지옥으로 끌고 가기위해 사용하고 있는 정치, 경제, 교육, 의료, 컴퓨터, 고고학, 철학, 사상, 예술, 과학, 종교를 알아야 합니다.

세상을 분별하는 방법

타작기1, 타작기2는 6000년 인류 역사를 지배한 사탄의 세력들이 펼치는 배도의 역사가 한 눈으로 분별할 수 있도록 기록되어져 있습니다.

2012년 3월10일에 타작기1을 출간하고, 1년 만에 타작기2를 출간하게 하신 하나님께 영광을 돌려드립니다.

타작기1을 통해 수많은 목사님들과 성도님들이 종말시대에 알곡을 추수하시는 하나님의 뜻과 섭리를 알게 되었습니다.

이번에 출간된 타작기2에서는 더욱 더 구체적으로 적그리스도 세력들의 세계정복전략과 기독교 파괴운동을 폭로하여 예수님의 십자가 복음의 절대성과 공동체 교회의 본질 회복 운동에 큰 도움이 되었으면 좋겠습니다.

히틀러의 엘리트주의 우생학을 통한 인종청소

히틀러는 2차 대전을 일으켜 아리안 혈통의 우수성을 설파하고 우생학을 가르쳐 더러운 인종을 청소하려고 600만의 유대인들을 죽였습니다. 히틀러 독일을 상징한 국기인 하켄크로이츠는 갈고리 십자가 무늬로 자신들은 보통 인간과 다른 유전자를 가진 엘리트라고 주장하면서, 아리안의 우수성을 알리는 상징으로 2차 세계대전이 끝난 후 역사에서 사라졌습니다. 그러나 2차 대전과 함께 사라졌던 독일 히틀러 상징인 하켄크로이츠가 세계 곳곳에서 초인류, 초과학, 초역사와 구원의 상징으로 다시 나타나기 시작했습니다.

니므롯의 후예들인 오늘의 유럽(EU)의 지배자들

아리안의 비밀은 바벨탑의 비밀과 밀접한 관계가 있습니다. 왜냐하면 그들이 같은 혈통이기 때문입니다. 표지 그림에서 보는 바와 같이 현재 유럽 의회건물은 16세기에 피터 브루겔의 바벨탑 그림과 같은 모양으로 설계되어 있습니다. 타작기1 속표지 그림에서도 미국 국회 건물위에 사탄의 호루스 눈이 빛을 발하고, 미국의 국회를 점령하고 있듯이 현재 유럽국회 역시 사탄의 세력인 바벨탑을 쌓고 하나님을 대적했던 니므롯의 후예들이 점령하고 있다는 사실을 알려 주고 있는 것입니다.

1973년 유럽제국은 최초 우주선을 발사하고, 그 이름을 아리안호라고 지었습니다. 지금 지구를 돌고 있는 수많은 아리안호는 유럽제국의 또 다른 이름입니다.

주후 325년 니케아 종교회의에서 이단으로 축출된 아리우스파가 있습니다. 이들은 예수님의 신성을 부인하고 예수님은 반인반신이라고 주장하면서 초대교회 영지주의와 그노시스 이단을 이끌었던 주축 세력들이었습니다. 이들이 바로 아리안니즘 이단입니다. 아리안니즘 이단은 본래 사탄을 숭배하는 로마 바벨론 종교로 로마에서 기독교가 왕성하게 부흥하여 국교회가 되자 사탄숭배를 감추고 기독교 이론을 섞어서 탄생한 가짜 사탄 숭배 기독교입니다.

사탄주의 핵심 세력인 아리안주의

아리안니즘 사탄주의 기독교는 니케아 회의에서 이단으로 축출된 후 고트족과 켈트족에게 들어가 자신들을 이단으로 척결한 로마를 멸망시키고, 서로마 프랑크왕조의 첫 번째 메로빙거 왕조로 태어나면서 중세 유럽에 깊이 뿌리를 내리게 되었습니다. 그리고 오늘날 세계적인 기독교 이단인 안식교, 몰몬교(말일성도그리스도교), 여호와의 증인, 크리스찬 사이언스교, 뉴에이지 기독교와 같은 이단 교회로 둔갑하여 정통 기독교 말살 운동에 선구자적인 역할을 하고 있습니다.

아리안이란 비밀 혈통의 이름은 적그리스도의 주축세력들의 유전자로 고대 4대문명에서부터 시작하여 오늘날에 이르기까지 인류의 전 역사속에서 엄청난 음모를 만들어 내고 있는 적그리스도 세력들의 본류입니다.

앞으로 유럽제국은 아리안니즘의 비밀종교와 바벨탑과 같은 철권정치를 통해 인류 최초의 적그리스도인 니므롯처럼 정치와 경제와 종교를 통합시켜 기독교 십자가 종교를 말살시키고, 수많은 하나님의 백성을 죽이고, 하나님을 대적하여 루시퍼 사탄의 왕국을 이 세상에 세울 것입니다.

뿐만 아니라 아리안의 적그리스도의 세력들은 생노병사를 정복하여 인류에게 영생을 약속한다는 거짓말로 포스트휴머니즘 운동을 일으켜 모든 인간의 두뇌를 복제하는 두뇌공학과 유전자 공학과 생명공학과 인지공학을 발전시켜 모든 지상의 인간들 속에서 하나님의 형상을 제거해 버리고 그들의 뜻대로 움직이는 사이보그 로봇 인간들로 만들어 버릴 것입니다. 이런 일들이 앞으로 20년 안에 완성이 될 것입니다.

적그리스도 세력들이 사용하고 있는 성경의 종말론

적그리스도의 세력들은 성경에 나타난 종말론을 세계정복 시나리오로 사용하고 있습니다. 666표를 오른손과 이마에 받게 합니다. 에스겔서 38장의 전쟁을 3차 대전으로 몰아가고 있습니다. 그들은 1차 세계 대전을 통해 영국의 외상 밸포어를 통해 이스라엘 독립국가를 약속하고, 2차 세계 대전이 끝난 후 1948년 5월14일에 팔레스타인에 이스라엘 나라를 건국하게 했습니다. 예수님께서 말씀하신 죽었던 무화과나무가 다시 살아난 것입니다. 이제 이스라엘이 세계 3차 전쟁을 통해 세계를 통치할 수 있는 중심국가로 태어나고, 그 세력을 이용하여 사탄 종교를 세계정부위에 세우려하는 음모들이 잘 짜여진 각본대로 준비되고 있습니다.

카발라 종교와 가짜 유대인 세계 전략

지금 유대인 이름을 가지고 이스라엘을 중심으로 전 세계에서 활동하고 있는 정치인, 경제인, 과학자, 환경운동가, 언론인 등 90%가 가짜 유대인이고 사탄숭배자들입니다. 이들이 가진 종교는 가나안 카발라 종교입니다. 카발라 종교는 가짜 유대인인 가나안 7족속들이 만든 종교입니다. 카발라 종교의 뿌리는 수메르 신비주의 종교, 바벨론 니므롯의 마법의 종교입니다. 사탄숭배, 인신제사, 동성애, 마약, 마법의 신비종교입니다. 유대 카발라 종교는 가나안 7족속들이 자신들의 사탄숭배와 인신제사와 같은 비밀 종교를 숨기고, 자신들의 목적인 인류 인간 양떼 목장화를 통한 세계정복을 이루기 위해 유대인으로 위장을 하고 활동을 하고 있는 것입니다. 순수 백인의 혈통으로는 카자르(하자르)계 유대인이 있습니다. 이들은 코카서스 지역에서 출발하여 인도와 이집트를 점령하고, 러시아 남부 하자르 공화국을 거쳐 독일과 헝가리. 폴란드에서 활동하다가 영국과 미국을 거점으로 활동을 하고 있는 아슈케나지 유대인들입니다. 함족인 가짜 유대인으로는 가나안 7족속의 유대인으로, 바벨론과 페르시아, 스파르타, 카르타고, 알렉산드리아. 그리이스에서 활동하다가 스페인, 이태리 피렌체와 베네치아를 거쳐 네델란드- 영국-미국으로 건너가서 미국을 건국하고, 미국과 UN의 권력을 독점한 네오콘 세력입니다. 이들은 미국 뿐 아니라 이미 EU제국을 점령했고, 검은 교황 프란시스는 예수회 출신으로 바티칸을 점령했습니다. 예수회 또한 가나안 7족속의 가짜 유대인들이 조직한 세계정복을 위한 비밀결사입니다.

카발라 종교를 따르는 가짜 유대인들은 이미 유럽과 미국과 소련과 중국과 일본을 점령하고 UN이라는 거대 공용을 가동시켜 세계정부를 세우려 하고 있습니다. 중동전쟁과 한반도 전쟁을 통해서 인종청소를 하고, 예루살렘에 성전을 지어 신세계질서를 선포하여 마치 성경에 예언된 모든 일들이 자연스럽게 일어난 것처럼 속이기 위해 철두철미하게 역사를 진행시키고 있습니다.

그러나 3차 대전이 끝나고 일정한 기간이 지나 세계질서가 회복되면 그때 자신들의 정체를 드러내고 지상에 루시퍼가 왕이 되는 사탄의 유토피아 왕국을 선포할 것입니다.

타작기2에서는 이런 기막힌 적그리스도 세력들의 세계정복 시나리오와 예수님의 교회가 앞으로 받아야 할 온갖 시험과 미혹에 대하여 자세하게 설명을 할 것입니다.

지금은 영적인 비상시대

지금은 자다가 깰 때가 벌써 되었습니다. 지금까지는 6일간 직장에서 근무하고 하루 예배드리는 편안한 삶을 살아왔지만 앞으로는 예배 자체가 힘들 뿐 아니라 먹고 사는 문제가 하나님께 예배하는 문제보다 더 큰 문제로 우리 앞에 다가올 것입니다.

가정이 해체되고, 어린아이는 인큐베이터 속에서 최고의 품종인 유전자로 선택을 받아 자라나고, 국가가 운영하는 보육원에서 충성스런 전체주의자로서 세뇌된 보육을 받아 전사로 양육이 될 것입니다. 어른들은 유전자공학과 두뇌공학과 인지공학과 생명공학을 통해 컴퓨터로 정확하게 관리가 된 사이보그 로봇 인간으로 수 백 년을 살 수 있는 시대가 열릴 것입니다. 정치도, 경제도, 종교도, 국가도, 섹스도 주파수 진동과 유전자 조작을 통해 가상공간에서 이루어질 것입니다. 인간과 동물과 식물과 반인반수인 외계인이 함께 살아가는 희한한 세상이 우리 앞에 자연스럽게 전개되고 있습니다.

앞으로 전개될 미혹의 세상

지금부터 3000년-6000년 전에 사라졌던 이집트 신들인 오시리스와 이시스와 호루스가 살아나고, 그리스 신화에 나타난 반신반인의 신들이 나타날 것이며, 바벨론과 수메르 용과 뱀인 파충류와 아낙의 신들도 부활을 할 것입니다. 고대 역사가 최첨단 과학으로 복원되고, 고대신화가 재현되어 종교가 되고, 고대 문명이 신이 되는 세상에서는 예수님의 십자가 속죄 복음과 아름다운 기독교 교회는 기억에서조차 사라지게 될 것입니다.

사탄의 세력들은 이런 일들이 너무나도 자연스럽게 일어나도록 진화론을 가르쳐 왔고, 지난 수 백, 수 천 년동안 정치, 경제, 과학, 고고학, 종교, 철학, 예술, 국가, 인종, 혈통, 유엔 등을 관리해 왔습니다.

다가오는 마지막 순교시대

하나님의 품을 떠난 탕자의 바벨탑 문명이 이제 막다른 골목에 와 있습니다. 하나님께서도 복음이 땅끝까지 증거되고, 이제 이 땅에서 택함 받은 성도가 다 구원을 받고, 추수 때가 이르렀기 때문에 사탄의 세력들을 알곡과 가라지를 골라내는 타작기 기계로 사용하시기 위해 마지막 시대에 사는 성도를 그들에게 붙이시기 위해 준비하신 것입니다.

우리가 사는 마지막 세상은 엄청난 속도로 변화되고 있습니다. 이런 변화의 시대에 성경 66권을 사수하고 예수님의 십자가 속죄복음과, 아름다운 공동체 교회의 본질을 지키고, 순교할 수 있는 성도들로 준비되어야 합니다. 이것이 말세에 살고 있는 성도들의 최고의 신앙입니다. 은혜시대에는 하나님께서 교회를 세상에서 함께 살 수 있도록 허락하셔서 사람들을 구원하려 하셨지만, 마지막 추수때에는 초대교회 때와 같이 세상과 교회를 완전히 분리시키십니다. 롯이 소돔과 고모라 성이 멸망할 때 빠져 나왔듯이, 교회도 세상에서 완전히 분리되어야 구원을 얻을 수 있습니다. 교회가 세상과 분리되는 방법은 두 가지입니다. 첫 째는 초대 예루살렘교회처럼 처음 사랑으로 하나 되는 공동체를 만드는 것이고, 두 번째는 구원 받은 성도 각 개인이 순교를 통해서 세상에서 분리되는 것입니다.

 타작기2 내용은 타작기1의 내용을 발전시키고 구체화 시킨 내용입니다. 좀 더 자세한 적그리스도의 정체를 6000년 인류 역사 가운데서 바로 이해하여 알고 싶으신 분들은 기독교 종말론 가이드 북 타작기1을 읽어 보시기 바랍니다.

          2013년 7월10일 이형조 드립니다.

목 차

꼭 필요한 선물 3

머리글 프롤로그 4

제1장. 가짜 유대인의 정체
1. 왜 가짜 유대인을 반드시 알아야 합니까? 25
2. 사탄 밀교 카발라 31
3. 탈무드 35
4. 검은 귀족 카르타고 유태인 40
5. 사탄의 비밀결사 바리새파 유대인 60
6. 제13지파 유대인 아쉬케나지 69
7. 아쉬케나지 유대인들의 역사적 활동 73
8. 세계의 지배하는 가짜 유대인 78
9. 지금은 이미 자다가 깰 때가 넘었습니다 85

제2장. 적그리스도 세력들이 사용하고 있는 성경적 종말론
1. 이스라엘 독립 89
2. 예루살렘 회복과 이방인의 때 94
3. 에스겔 38장, 3차 세계대전 96
4. 예루살렘 성전 건축, 구약제사부활과 적그리스도 출현 98
5. 트랜스 휴머니즘 프로젝트(사탄종교, 인간개조프로젝트) 101

6. 엘로힘 외계인 천년왕국 라엘 프로젝트 111
7. 예수님의 재림과 심판 114
8. 천년왕국 117
9. 새 하늘, 새 땅, 새 예루살렘 122

제3장. 적그리스도 세력들의 유전자의 비밀

1. 사탄의 유전자 127
2. 뱀의 유전자 130
3. 가인의 유전자 134
4. 네피림의 유전자 138
5. 니므롯의 유전자 151
6. 이스마엘의 유전자 156
7. 에서의 유전자 158
8. 사울의 유전자 159
9. 거인족의 유전자 162
10. 아리안의 유전자 169
11. 철기문화의 유전자 171
12. 동성애의 유전자 175
13. 왕족의 유전자 180
14. 신들의 유전자 186
15. 타락한 천사의 유전자 193
16. 공산주의 유전자 195
17. 마약의 유전자 208
18. 철학과 사상의 유전자 215

1) 소크라테스 215
2) 플라톤 229
3) 아리스토텔레스 234
4) 마키아벨리 236
5) 계몽주의 237
6) 루소 240
7) 찰스다윈 243
8) 헤겔과 칼 마르크스 245
9) 포스트모더니즘 249
10) 아놀 토인비,아인슈타인 255
11) 시나키즘(네오콘, 악마주의) 256
12) 적그리스도 국가의 모델 스파르타(카르타고) 261
19. 드라큐라의 유전자 267
20. 피리미드의 유전자 278
21. 음악의 유전자 291
22. 전쟁의 유전자 309
23. 헐리우드의 유전자 319

제4장. 세계 역사를 움직이는 프리메이슨

1. 한국의 프리메이슨
   1) 한국과 유엔의 운명적인 만남 335
   2) 6.25전쟁과 유엔 338
   3) 세계를 지배한 한국인 345
   4) 세계 최고의 뉴에이지 문화 컨텐츠로 자리잡아가고 있는 한류열풍 347

　　5) 세계 최고의 의료보험제도　348
　　6) 세계 최고의 신용카드 사용과 인터넷 왕국　350
　　7) 세계에서 단 하나뿐인 이상한 나라 북한　351
　　8) 유엔 천년왕국 프로젝트와 한반도　354

2. 영국의 프리메이슨
　　1) 유럽최초의 국교회 탄생　356
　　2) 크롬웰 청교도혁명을 지원한 베네치아 검은 귀족들　361
　　3) 아편전쟁을 통한 중국점령 프로젝트　363

3. 일본의 프리메이슨
　　1) 삼변회　363
　　2) 임진왜란을 일으킨 예수회　364
　　3) 일본 프리메이슨의 한국 식민지 정책의 목적　368
　　4) 복어계획(만주국 유대국가건설 프로젝트)　371
　　5) 일본의 네오콘의 조직, 이념, 목적　373
　　6) 아베의도박, 아베겟돈 세계 3차 전쟁 시동　377

4. 중국의 프리메이슨
　　1) 예수회 프리메이슨이 장악한 중국　382
　　2) 중국 유대인의 역사　385
　　3) 황소이난을 통해 중국화된 유대인　387
　　4) 몽고는 세계 최초의 유대인 제국　389
　　5) 아편 전쟁은 프리메이슨 작품　390
　　6) 중국의 프리메이슨 전초기지 홍콩　393
　　7) 객가인의 중국 유대인 등소평　396
　　8) 태평천국의 난　397

9) 중국의 신해혁명과 공산혁명 400
   10) 중국의 유대인 객가인들 404
   11) 중국의 5,4운동 407
   12) 중국 공산당 창당 408
   13) 모택동과 6,25전쟁 410
   14) 중국 공산당을 강대국으로 무장시킨 6,25전쟁 414
   15) 중국 본토 공격을 준비중인 맥아더 장군의 해임 417

5. 미국의 프리메이슨
   1) 2000년 인류가 꿈꾸던 유토피아의 나라로 건국된 미국 422
   2) 이집트 사람들이 섬기던 금성, 루시퍼의 나라 423
   3) 템플 기사단의 나라 424
   4) 인디언을 멸절시킨 콜럼버스의 나라 426
   5) 양의 탈을 쓴 청교도의 나라 433
   6) 1776년 독립선언의 배경 438
   7) 남북 전쟁의 진실 443
   8) 민영화된 미국 중앙은행의 비밀(FRB) 450
   9) 네오콘 사상으로 무장된 나라 453

에필로그 459

참고서적 463

타작기 1의 내용 소개 465

타작기 3의 내용 소개 466

세계제자훈련원 제자훈련 교재 소개 467

제1장
가짜 유대인의 정체

제1장 가짜 유대인의 정체

1. 왜 가짜 유대인의 정체를 반드시 알아야 합니까?

유대인의 가면을 쓴 사탄 숭배자들이기 때문입니다.

신구약 성경을 바로 이해하려면 가짜 유대인을 바로 이해해야 합니다. 왜냐하면 하나님께서 아브라함의 자손들을 통해서 구원의 역사를 펼치시고, 사탄도 동일하게 가리지를 뿌려서 가짜 유대인을 만들어서 하나님의 구원사역을 훼방하고 파괴시키려 하기 때문입니다. 가짜 유대교는 빛의 천사 루시퍼를 섬기는 사탄교입니다.

검은 유대인은 가나안 7족속입니다.

가짜 유대인의 정체는 가나안 7족속들입니다. 이들은 가나안에서 살았던 저주받은 백성들입니다.
바벨탑을 쌓다가 심판을 받고 흩어진 니므롯의 후예들이 다시금 부흥했던 곳이 가나안 땅입니다. 특히 노아에게 저주를 받았던 가나안의 7족속들은 당시 네피림의 자손이었던 거인족 아낙자손들과 피를 섞어 당대 최고로 비옥했던 젖과 꿀이 흐르는 가나안에 안착할 수 있었던 것입니다.

노아가 가나안을 저주한 것도 가나안이 네피림의 후손인 아낙자손의 여인을 취해 11명의 거인족들을 낳았기 때문입니다.

민13;32-33 "이스라엘 자손 앞에서 그 탐지한 땅을 악평하여 가로되 우리가 두루 다니며 탐지한 땅은 그 거민을 삼키는 땅이요 거기서 본 모든 백성은 신장이 장대한 자들이며 거기서 또 네피림 후손 아낙 자손 대장부들을 보았나니 우리는 스스로 보기에도 메뚜기 같으니 그들의 보기에도 그와 같았을 것이니라"

  가나안 7족속이 모두 신장이 장대한 자들이었음을 12정탐군들이 증언을 하고 있습니다.

  레18:21-25 "너는 결단코 자녀를 몰렉에게 주어 불로 통과케 말아서 네 하나님의 이름을 욕되게 하지 말라 나는 여호와니라 너는 여자와 교합함 같이 남자와 교합하지 말라 이는 가증한 일이니라 너는 짐승과 교합하여 자기를 더럽히지 말며 여자가 된 자는 짐승 앞에 서서 그것과 교접하지 말라 이는 문란한 일이니라 너희는 이 모든 일로 스스로 더럽히지 말라 내가 너희의 앞에서 쫓아 내는 족속들이 이 모든 일로 인하여 더러워졌고 그 땅도 더러워졌으므로 내가 그 악을 인하여 벌하고 그 땅도 스스로 그 거민을 토하여 내느니라"

  가나안 7족속들이 가나안 땅에서 망했던 3가지 죄악이 기록되어 있습니다. 첫째는 몰렉제사입니다. 몰렉제사는 인신제사입니다. 둘째는 수간입니다. 짐승들과 간음을 행한 것입니다. 셋째는 동성애입니다. 이렇게 가나안 7족속들의 종교는 더러운 종교였습니다. 그런데 놀랍게도 현대에 이르기까지 사탄숭배자들의 죄악은 변함이 없습니다.

  가나안 7족속들은 소돔과 고모라를 통해 심판을 받았으며, 여호수아의 칼로 심판을 받았습니다. 그러나 그들은 지중해로 진출하여 페니키아 문명을 이뤘고, 페니키아 문명이 바로 바벨론 니므롯의 종교였습니다. 동일하게 사탄숭배, 인신공회, 동성애, 마약중독, 신비체험을 하는 종교였습니다. 가짜 유대인의 출발은 바로 가나안 7족속들입니다. 이들은 가서 정착한 곳마다 일정기간이 지나면 그들의 부도덕함과 사탄숭배와 인신제사가 들통이 나서 추방되는 것이 일례가 되었습니다. 그들이 가장 완전하게 신분을 감추고 살아갈 수 있는 방법은 유대인으로 둔갑을 하는 것입니다. 그래서 가짜 유대인으로 변신을 하게된 것입니다.

  그래서 역사 이래 지금까지 유대 사회는 폐쇄된 사회로 알려지게 되었습니다. 가나안 7족속들이 유대인으로 둔갑하면서 만든 종교가 바로 카발라 종교입니다.

카발라 종교는 수메르 종교에서부터, 니므롯 종교, 바벨론, 이집트 힌두교 등 모든 종교를 아우르는 만신종교입니다. 카발라종교는 사탄숭배, 인신제사, 신비체험, 흑마술, 백마술과 같은 마법을 일으키는 귀신종교입니다.

루시페리안 태양 종교

야곱의 70인의 가족들이 430년 동안 애굽에서 생육하고 번성할 때, 애굽의 신은 태양신으로 빛의 천사 루시퍼가 지배하고 있었습니다. 애굽의 태양신의 종교를 루시페리안이라고 합니다. 뿐 만 아니라 금송아지 종교로 물질주의 종교이기도 했습니다. 즉 루시퍼 태양신이 번영과 풍요를 가져온다고 믿었기 때문입니다. 출애굽 이후에도 북왕조 이스라엘과 남 유다가 망할 때까지 애굽의 루시페리안 종교는 이스라엘 12지파를 미혹하고 순수한 신앙을 타락시켰습니다. 앗수르왕 살만에셀이 북 왕조 이스라엘을 멸망시키면서 사마리아에 있는 이스라엘 10지파를 앗수르 주요 도시인 할라와 고산 하볼 하숫가와 메대 사람의 여러 고을로 강제 이주시켰고, 사마리아에는 다른 혈통을 이주시켜 혼혈족으로 혈통을 섞어 버렸습니다. 남유다가 바벨론에게 망하면서 수많은 포로가 바벨론으로 끌려 갔습니다. 이렇게 앗수르와 바벨론으로 흩어진 이스라엘 12 지파는 바벨론 포로 귀환시 돌아왔던 사람들이 있었지만 대부분의 사람들이 현지에 눌러 앉아 현지인과 동화되고 말았습니다. 이후에도 사마리아는 우상의 도시가 되어 이스라엘을 부패시키는 주요 거점이 되었습니다.

결국 남북왕조가 망한 가장 큰 이유는 앗수르와 바벨론의 몰렉제사와 바알과 아세라 종교였습니다.

그런데 놀랍게도 몰렉제사도 번영과 풍요의 신, 태양신을 섬기는 인신제사요, 바알과 아세라도 역시 번영과 풍요의 신, 태양신을 섬기는 루시페리안 종교였습니다. 각 나라 언어만 다를 뿐 같은 종교였습니다. 가나안 땅을 에워싼 강대국들의 번영과 풍요의 신인 루시페리안 종교는 아주 쉽게 수 천 년의 역사를 이어 오면서 아브라함의 자손들에게 뼈 속 깊이 스며 들고 말았습니다. 하나님께서 아브라함을 갈데아 우르에서 불러 주신 목적은 당시 수메르에서 성행했던 번영과 풍요의 태양신인 루시페리안 우상 종교를 바꾸기 위함이었지만, 그 자손들은 결국 다시 그들의 품속에 빠져 들어가 망한 것이 구약의 역사의 줄거리입니다. 그러나 하나님은 오직 아브라함의 믿음 하나만 보시고 메시야 예수님을 보내 주셨습니다.

바알종교에 동화된 유대인들

가나안 땅을 중심으로 완전히 지배한 루시페리안 종교는 흩어진 이스라엘 12지파나 가나안에 남아 있는 유대인들 모두를 삼키고 말았습니다. 특별히 앗수르에게 망할 때나, 바벨론에게 망할 때나, 로마에게 망할 때 집중적으로 희생당하고 포로로 끌려간 사람들은 부자와 권력자들이었습니다. 뿐 만 아니라 앗수르와 바벨론과 로마의 식민 지배를 받을 때 집중적으로 부와 명예와 권력으로 보상 받은 사람들은 역시 그들의 종교와 정책을 온 몸으로 받아들인 사람들의 몫이었습니다.

다시 말해서 수많은 세월속에서 가난하고 권력이 없는 사람들만이 한결같이 순수한 유대교 신앙을 소유할 수 있었던 것입니다. 지금도 역시 사탄을 섬기는 가짜 유대인들은 전세계적으로 부와 명예와 권력을 누리고 있지만 진짜 아브라함의 자녀들은 가난과 고통속에서 순수한 믿음을 지켜가고 있습니다. 예수님 당시에도 사두개인, 바리새인, 대제사장, 서기관들을 포함한 유대인들 모두는 당시 로마종교였던 루시페리안 종교를 가진 이단자들이었습니다. 무늬만 성전에서 제사를 드리고 율법을 가지고 살았지만 그들이 섬기는 것은 금송아지였습니다. 그들의 신은 번영과 풍요의 신이었습니다. 그래서 예수님은 당시 유대인들을 향하여 하루살이는 걸러내고 약대는 삼키는 마귀의 자녀들이라고 하셨습니다.

요8:44 "너희는 너희 아비 마귀에게서 났으니 너희 아비의 욕심을 너희도 행하고자 하느니라 저는 처음부터 살인한 자요 진리가 그 속에 없으므로 진리에 서지 못하고 거짓을 말할 때마다 제 것으로 말하나니 이는 저가 거짓말장이요 거짓의 아비가 되었음이니라"

가짜 유대인, 가짜 유대교

유대 밀교 카발라는 번영과 풍요의 신인 빛의 천사 루시퍼를 섬기는 사탄숭배 종교입니다. 이 종교는 애굽의 태양신과 앗수르의 몰렉신과 바벨론의 바알종교와 같습니다. 이것은 니므롯과 그 아내 세미라미스가 섬기던 루시페리안 종교입니다. 지금 가짜 유대인으로 활동하고 있는 일루미나티, 아쉬케나지 유대인들과 또 사탄 숭배 기독교인 아리안니즘을 이어온 메로빙거 왕조 혈통으로 프리메이슨 활동을 하고 있는 모든 유대인들이 다 가짜 유대교인들입니다.

이들은 예수님 당시 뿐 아니라 바울과 사도요한 당시에도 예수님의 교회와 복음을 훼파했던 세력들입니다. 초대 영지주의 기독교와 그노시스 주지주의 기독교 이단들은 모두 다 유대 카발라 사탄 숭배 유대인들이며, 사탄숭배 아리안니즘 기독교입니다. 이들이 결국 유대인의 이름으로 초대교회부터 지금까지 교회를 파괴하고 성도들을 죽였습니다.

성령님의 경고

계2:9 "내가 네 환난과 궁핍을 아노니 실상은 네가 부요한 자니라 자칭 유대인이라 하는 자들의 훼방도 아노니 실상은 유대인이 아니요 사단의 회라"

계3:9 "보라 사단의 회 곧 자칭 유대인이라 하나 그렇지 않고 거짓말 하는 자들 중에서 몇을 네게 주어 저희로 와서 네 발앞에 절하게 하고 내가 너를 사랑하는 줄을 알게 하리라"

요일4:3 "예수를 시인하지 아니하는 영마다 하나님께 속한 것이 아니니 이것이 곧 적그리스도의 영이니라 오리라 한 말을 너희가 들었거니와 이제 벌써 세상에 있느니라"

살후2:6-7 "저로 하여금 저의 때에 나타나게 하려 하여 막는 것을 지금도 너희가 아나니 불법의 비밀이 이미 활동하였으나 지금 막는 자가 있어 그 중에서 옮길 때까지 하리라"

예수님의 경고

예수님께서는 마지막 심판 때에 이들이 거룩한 지성소에 앉아서 자기를 하나님이라고 할 때가 온다고 하셨습니다. 그 때가 바로 주님이 악한 사탄의 세력들을 심판 할 때입니다.

마24:15-19 "그러므로 너희가 다니엘의 말한바 멸망의 가증한 것이 거룩한 곳에 선 것을 보거든 (읽는 자는 깨달을찐저) 그 때에 유대에 있는 자들은 산으로 도망할찌어다 지붕 위에 있는 자는 집 안에 있는 물건을 가질러 내려 가지 말며 밭에 있는 자는 겉옷을 가질러 뒤로 돌이키지 말찌어다 그 날에는 아이 밴 자들과 젖먹이는 자들에게 화가 있으리로다"

바울의 경고

바울도 경고를 했습니다. 당시 활동하고 있는 사탄의 세력들이 하나님의 성전에 앉아 자기를 하나님이라고 할 때 예수님이 재림하셔서 입의 말씀으로 그를 심판하시겠다고 경고를 했습니다.

바로 그 시대가 지금 우리 앞에 펼쳐지고 있는 것입니다.

살후2:3-8
"누가 아무렇게 하여도 너희가 미혹하지 말라 먼저 배도하는 일이 있고 저 불법의 사람 곧 멸망의 아들이 나타나기 전에는 이르지 아니하리니 저는 대적하는 자라 범사에 일컫는 하나님이나 숭배함을 받는 자 위에 뛰어나 자존하여 하나님 성전에 앉아 자기를 보여 하나님이라 하느니라 내가 너희와 함께 있을 때에 이 일을 너희에게 말한 깃을 기억하지 못하느냐 저로 하여금 저의 때에 나타나게 하려 하여 막는 것을 지금도 너희가 아나니 불법의 비밀이 이미 활동하였으나 지금 막는 자가 있어 그 중에서 옮길 때까지 하리라 그 때에 불법한 자가 나타나리니 주 예수께서 그 입의 기운으로 저를 죽이시고 강림하여 나타나심으로 폐하시리라"

사도 요한의 경고

요일4:1-3 "사랑하는 자들아 영을 다 믿지 말고 오직 영들이 하나님께 속하였나 시험하라 많은 거짓 선지자가 세상에 나왔음이니라 하나님의 영은 이것으로 알찌니 곧 예수 그리스도께서 육체로 오신 것을 시인하는 영마다 하나님께 속한 것이요
예수를 시인하지 아니하는 영마다 하나님께 속한 것이 아니니 이것이 곧 적그리스도의 영이니라 오리라 한 말을 너희가 들었거니와 이제 벌써 세상에 있느니라"

2. 사탄 밀교 카발라 (Kabbalah)

카발라는 유대 신비주의 종교입니다. 유대인과 관계된 종교는 카발라 종교, 탈무드 종교, 토라 종교입니다. 유대교는 아브라함에서부터 시작되어 모세 5경을 중심으로 이루어진 종교입니다. 그러나 유대 신비주의 밀교 카발라는 그 기원을 창세전으로 올라갑니다.

카발라에서는 성경에 창조주로 나타나 있는 엘로힘 하나님을 완전한 하나님이 아닌 반쪽짜리 하나님으로 묘사하고 있으며, 진짜 완전한 신은 아인 소프(Ayin-Sof)로 스스로 절대자의 위치에 있으며, 인간 세계를 직접 관여하지 않습니다. 그러나 아인소프(Ayin-Sof) 라는 절대신은 지혜(세피로트 Sefirot)라는 것을 인간에게 보내고, 인간들과 피조 세계는 끝없는 진화를 거듭해서 결국은 완전히 신과 하나를 이루게 된다고 합니다.

카발라에서 말하는 신의 영역은 다음과 같습니다.
첫째 : 성경의 창조주 엘로힘(Elohim)의 하나님은 제한적인 반쪽짜리 신으로써 그는 더욱 고결하며 무한한 미지의 신 아인 소프(Ayin-Sof)에 종속되어 있다고 봅니다.
둘째 : 우주는 무에서 창조된 결과물이 아니라 아인 소프에서 방출된 속성인 세피로트(Sefirot)의 복합적인 작용의 탄생물이라는 것입니다.
셋째 : 세피로트는 무한한 세계와 유한한 우주를 연결하는 다리입니다.

유대 카발라 종교는 창세기에 나타나 있는 창조주 엘로힘(Elohim) 하나님보다 하와를 유혹해서 지혜의 나무 열매인 선악과를 따먹게 한 뱀을 더 인간에게 유익을 주는 신으로 섬기는 종교입니다. 그래서 뱀을 지혜의 신, 빛의 신으로 섬기는 루시퍼 종교가 바로 유대 카발라 종교입니다.

유대인들이 애굽에서 430년 동안 종살이를 하면서 접한 종교가 바로 사탄 루시퍼 종교인 태양신입니다. 바로가 섬겼던 태양신은 바로 수메르 니므롯과 그의 아내 세미라미스가 섬겼던 루시페리안 종교입니다. 여호수아에 의해서 가나안에 정착한 이스라엘은 이미 가나안 7족속들과 아낙자손들을 통해서 정착된 루시페리안 태양신 종교를 진멸하지 못하고 동화되었습니다. 북왕조 이스라엘이 앗수르 살만에셀에게 망하고 사마리아에 있는 10지파는 세계 모든 도시로 이주되었고, 사마리아는 다른 이방인들로 혼혈 도시가 되고 말았습니다. 남유다 역시 바벨론에 70년간 포로생활을 하게 되었습니다. 뿐만 아니라 주후 70년 로마에 의해서 망하게 되고, 다시한번 유대인들은 전 세계로 흩어진 유랑민족이 되고 말았습니다.

이런 유구한 수난의 역사가운데 유대교는 모세 오경을 지키는 참 유대교보다는 사망의 음침한 현실속에서 살아남기 위한 방편으로 유대 카발라 신비주의 밀교가 대세를 이루게 되었습니다.

고대 바벨론과 이집트의 미스터리 종교로 그 기원을 거슬러 올라가는 카발라(Kabbalah)의 육각별인 이스라엘의 상징이 '다윗의 별'로 지칭되기 시작한 것은 19세기초에 이르러서입니다. 그 전까지 육각별, hexagram은 오컬트 주술의식에서 사용되었던 상징이었습니다. 카발라는 중세유럽의 '마녀사냥'과 종교재판을 불러왔던 이교주의(paganism)의 부흥에 원동력을 제공했습니다.

흑마법, 백마법의 기원이 바로 카발라입니다. 매직서클 펜타클의 기원도 바로 카발라입니다. 솔로몬이 72악령(마신, 정령)을 소환할 때 이 펜타클로 자신을 보호했다고 합니다.(카발라 솔로몬의 열쇠중) 즉 펜타클은 모든 악령의 기운으로 부터 절대적으로 자신을 보호할 수 있는 매직서클입니다.(카발라 원리중)

제1장 가짜 유대인의 정체

오늘날 이스라엘 국기의 문양인 육망성은 어디서 나왔을까요? 일명 다윗의 별, 또는 솔로몬의 표장 이라고 부릅니다. 이 문양을 카발라에서는 창조의 육망성이라고 부릅니다. 남성을 상징한 땅의 방향으로 향한 삼각형과 여성을 상징한 하늘 방향으로 향한 삼각형이 서로 합쳐진 모양으로 번영과 풍요의 루시페리안 바알신과 아세라신의 합궁을 의미합니다.

서구 오컬트(신비주의)사상의 뿌리라고 할 수 있는 유대교의 신비사상 카발라는 중세 이후 유럽에서 생겨난 대부분의 비밀결사 (Secret Society)들 - Templar, Rosicrucian, Freemasonry, etc - 과 기독교 이단종파들 - Frankist, Theosophist, etc - 에 주된 영향을 끼쳤습니다. 기독교적 세계관과 윤리체계가 유럽을 지배했던 시절 반기독교적이며 반사회적인, '망령된 미신'으로 간주되었던 카발라는 '삼라만상의 비밀'과 이의 원리를 이용한다는 흑마술에 대한 '학문'으로 7세기부터 13세기까지 유대교 랍비들에 의해 체계화되었고 1292년 스페인 유태인 Moses de Leon의 《Zohar(광휘의 書)》를 통해 성문화 되었습니다. 유태인 역사가 Max Dimont에 의하면 16세기에 이르러 후일 지대한 영향을 끼치게 되는 새 이론이 기존의 카발리즘에 추가되었는데 그는《Jews, God, and History》에서 이에 대해 다음과 같이 소개하고 있습니다.

"16세기에 이르러 '사자 아리(Ari the Lion)'로 불리운 위대한 카발라 학자 이삭 루리아 (1534-1572)에 의해 카발리즘에 새로운 형이상학적 철학이 주입되었다. 루리아는 모든 물질과 관념은 tzimtzum (수축) 또는 정(正)과 shevirat hakeilim (파열) 또는 반(反), 그리고 tikkun (복구) 또는 합(合)의 세 단계의 순화를 거쳐 진화한다고 역설했다."

이러한 개념은 300년 후 헤겔의 변증법으로 포장되었고, 유대교 랍비의 손자 칼 맑스의 공산주의 혁명론에서 부활했습니다. (유태인 '진보' 지식인들이 입에 달고 사는 키워드 '억압' '해방', '유토피아' 에 주목)

유대 밀교 카발라는 이름만 유대교일 뿐 실상은 세상의 번영과 풍요를 추구하는 루시페리안 종교입니다. 카발라 종교는 하와에게 선악과를 따먹게 하여, 사람이 신이 되는 방법을 가르쳐 준 뱀(루시퍼)부터 시작하여 에녹, 멜기세덱, 아브라함, 모세, 에스겔과 같은 사람들을 '아인 소프(Ayin-Sof)에서 방출된 세피로트(Sefirot)를 전달해주는 채널러'라고 합니다.

뿐만 아니라 72마신과 악신들이 또한 그와 같은 채널러 역할을 행하므로 인간 스스로가 완전한 신이 되는 과정을 도와 주어서 결국 인간이 신과 완전한 하나가 된다고 합니다. 그러면서 천사를 숭배하고, 악령을 숭배합니다. 유대 밀교 카발라는 고대 수메르 점성술, 애굽의 마술, 바벨론의 신비주의, 중세의 백마술과 흑마술의 기원이 됩니다. 그리고 현대 종교 다원주의 이론인 신지학의 핵심 교리가 되고, 오늘날 기독교 통합운동인 은사운동과 영성운동과 신사도운동의 기본 골격을 이루고 있습니다.

유대 카발라는 사탄이 하와에게 너희가 선악과를 따 먹으면 하나님처럼 된다고 약속한 대로 하나님이 범죄한 인간들에게 금지한 생명나무의 열매를 따먹게 하여 저주 받은 인간으로 영원히 지옥의 형벌을 받게 하려고 온갖 음모를 다 꾸미고 있습니다.

사탄은 이 세상 마지막 날에 유대 카발라를 통해 기사와 표적을 일으키고 모든 인간으로 타락한 신처럼 되게 하기 위해 최면술, 텔레파시, 마인드 콘트롤, 환생여행, 초능력, 공간이동, 유체이탈, 투시, 환상, 병치료, 외계인과 접촉, 조잡한 은사운동, 마술 등을 사용하고 있습니다. 사탄은 유대 카발라를 통해 인간으로 예수 그리스도의 속죄함의 복음을 거부하게 하고, 눈앞에 있는 풍요와 번영을 택하여 하나님을 대적하게 하려고 사악한 것들을 통해 생명나무를 공격하고 있습니다. 그래서 유대 카발라의 비밀은 생명나무의 비밀이라고 합니다.

유대 카발라는 루시퍼가 가르쳐준 최첨단의 과학지식을 통해서 인간속에 하나님의 형상을 제거한 신인류(Neo Human)를 만들고, 온 인류에게 루시퍼의 마음을 심어서 마지막으로 하나님을 대적하게 할 것입니다,

(유대 카발라 종교에 대한 구체적인 내용은 타작기1 참고 바람)

3. 탈무드

BC 1세기- AD 7세기에 활동한 유대교 랍비들이 남긴 문헌의 총칭을 말합니다. 탈무드는 권수로 모두 20권, 12,000 페이지, 구약성서의 30배, 250여 만 개 이상의 단어 수, 75kg의 무게를 가진 방대한 분량이며 탈무드는 책이 아니고 문학입니다. BC 500 - AD 500년에 걸친 1,000년 동안이나 구전 되어 온 것을 2,000명의 학자들이 10년 동안 수집 편찬한 것입니다. 5,000년 유대인의 온갖 지적 재산과 정신적 자양분이 모두 이 탈무드에 담겨 있습니다. 유대인은 탈무드를 바다라고 부르며, 그 이유는 거대하고 온갖 것이 거기에 있기 때문입니다. 랍비 문학은 히브리어와 아람어로 쓰여 졌습니다. 랍비 문학을 수집, 편집하고 랍비 사상을 그 시대에 알맞게 가르치고 전파한 것은 랍비학교 제도를 통해서 이루어졌습니다.

우리가 아는 탈무드는 흔히 2가지로 알고 있습니다. 팔레스타인에서 나온 것과 메소포타미아에서 나온것입니다. 팔레스타인 탈무드를 예루살렘 탈무드라고 하고, 메소포타미아 탈무드를 바빌로니아 탈무드라고 합니다. 탈무드 자체는 유대교의 율법과 전통적 습관, 사회관습등을 설명한 법전의 형식입니다. 유대교는 신약을 믿지 않고 구약을 믿기 때문에 토라와 함께 2대 법전으로 불리웁니다. 그들은 하나님이 곧 보내주실 메시아를 기다리고 있습니다.

그러나 탈무드는 유대 카발라와 함께 가짜 유대인(사탄숭배자)들의 경전입니다. 우리가 익숙하게 읽고, 교훈을 얻고 있는 지혜의 탈무드는 사탄 숭배자들이 자신들의 정체를 감추기 위해 좋은 내용들만 짜깁기한 짝퉁 탈무드입니다.

바다와 같이 방대한 탈무드 내용 중에 진수들은 우리 이방인들이 읽거나 접촉할 수 없도록 비밀리 엄하게 관리하고 있습니다. 만일 이방인이 그들이 금지시킨 탈무드 내용을 읽거나 접촉할 경우 즉각적으로 살해를 당하고 맙니다. 왜냐하면 본편은 매우 잔인하고 폭력적인 내용들이 너무 많이 있기 때문입니다.

탈무드는 어떻게 이방인들을 제압하고, 공포와 술수로 지배할 수 있는가에 대한 무서운 흑막이 있는 서책입니다. 바벨론은 타락한 천사들이 활동한 본거지로 흑마술과 인간지배방법이 고도로 발달한 곳입니다.

유대인들은 성문화된 모세오경보다 그것을 해석한 장로들의 유전을 우선시 합니다. 이것은 마치 다이아몬드보다 그것을 설명하는 설명서를 더 중요시 하는 것과 같으며 상품보다 설명서를 더 귀히 여기는 것과 같습니다.

예수님께서도 막:7장7-8절에 성경보다 구전[유전]을 귀히 여기는 유대교인들을 꾸짖는 장면이 나옵니다. 탈무드는 이방인에게는 접근이 어려우며 유대인이라 할지라도 깊은 내용은 유대교 랍비 외에는 열람이 불가할 정도로 비밀에 부친다고 합니다.

독일의 대학교수에 의해 밝혀진 일부 내용에 의하면
"유대인을 때린 비유대인은 때려죽여도 죄가 되지 않는다."
"이방인에게 탈무드를 가르치는 것은 금지한다."
"탈무드를 연구하는 이방인은 죽어 마땅하다."
"비유대인과의 식사는 동물과 식사하는 것과 같다."
"메시아가 도래하면 유대인 1인당 2만8천의 비유대인 노예를 갖게 된다."

이와 같은 내용의 일부가 밝혀진 것입니다. 그들은 이방인들을 철저히 짐승과 노예로 보는 것이며 장차 메시아가 출현하면 자신들의 소망이 실현될 것이라 믿고 있는 것입니다 그들에 있어서 "사람"은 유대인 자신들만을 지칭하는 것이라고 여기고 있습니다. 전능하신 하나님께서 이방인을 지으실 때 사람의 모습으로 창조하셨지만 영혼이 없이 지으셨다고 믿고 있습니다. 이것이 탈무드의 진정한 모습인 것입니다. 그들은 이방인은 철저히 짐승으로 여기며, 돈버는 비즈니스 도구 이상으로 생각하지 않습니다. 탈무드에 세뇌된 유대인들이 보는 이방인과 기독교인은 이단이며 멸망할 짐승일 뿐입니다.

그러나 탈무드를 믿는 유대인들이 이방인을 짐승과 가축으로 취급한 진짜 이유는 그들이 우생학 혈통을 믿고 있는 아리아니즘 사탄

숭배자들이기 때문입니다. 사탄숭배를 숨기고 루시퍼를 중심으로 한 세계정복을 위해 잠시 동안 가짜 유대인들로 위장을 하고 있는것 뿐입니다.

그렇게 해서 세계 사람들에게 진짜 유대인에 대한 적대감과 증오심을 일으켜 진짜 유대인들을 지상에서 멸망시키려는 음모에 불과한 것입니다.

탈무드에 기록된 처녀 수태 : UFO 외계인 가브리엘과 동침으로 잉태

다음은 탈무드 내용 중에서 예수님과 신약성경에 대한 내용입니다. "'탈무드 임마누엘'"은 임마누엘(예수)의 생존 중에 쓰여 진 책으로 진리와 영적 지식에 관한 교의가 위조되지 않은 유일한 것이다. 이 책은 진리와 영(靈)에 관한 기록이다. 유사한 기록으로 이것에 필적할 만한 것은 없다. '탈무드 임마누엘'이 존재하는 한 많은 사람들에게 신약성서의 잘못을 증명하기에 충분하기 때문이다."(1975년 3월 21일)

"임마누엘(예수)은 어머니인 마리아가 영력이나 성령으로 잉태한 것이 아니다. 그녀는 UFO를 타고 온 외계인 가브리엘과의 동침에 의해 임마누엘을 잉태하게 된 것이다. 정확하게 말해 이 행위는 당시 야훼(즉 신들)라는 칭호로 불리워진 하늘 사람들의 명령에 따른 것이었다. 야훼는 약간의 지구 민족을 지배하고 있었다."(1975년 6월 3일)

탈무드에서 조작한 인간 예수

접촉기록에 따르면 1956년 2월 14일, 마이어는 아스케트와 과거 여행을 체험합니다. 목적이 된 시대는 서기 32년, 그러니까 예수님이 십자가의 처형을 받은 해입니다. 마이어는 1천9백 년 전의 예루살렘 근교 감람산에서 임마누엘(예수)을 만났습니다. 그는 앞으로 자신이 말하고 있는 진리가 후대에 전해질 성서에서 어떻게 위조되어 갈 것인가를 구체적인 내용을 들어가며 설명합니다. 임마누엘은 자기는 어디까지나 인간으로 태어났고, 인간적인 생활을 하고 있음을 말하면서 다음과 같이 예언합니다.
"나는 아직 한 인간으로서 취급받고 있으나 머지않아 모독적 형식으로 조작되어 창조와 동일한 존재로 만들어질 것이다."

창조라 함은 전능, 편재, 전지, 무한한 것, 우주의 법칙 그 자체이며 인간적 존재가 아닌 것입니다. 그러나 인간 임마누엘은 나중에 창조와 동일한 존재로 조작됩니다. 임마누엘은 그와 같이 미래에 자신의 가르침이 잘못 변질될 것임을 확신하고 있었다고 합니다. 그렇지만 진리를 후세에 진실로 전하기 위해 자기의 가르침을 제자인 가롯 유다에게 기록하게 하여 책의 형태로 남겨두려 한다고 말했습니다. 그리고 그 기록을 안전한 장소에 감추어 두게 했으며, 그 장소는 후일 마이어에게 알려주겠다고 약속합니다. 이 기록이 바로 "탈무드 임마누엘"이라는 것입니다.

탈무드에서 말한 1900년 전으로의 시간여행

마이어가 임마누엘과 만나는 과거 여행을 체험한 지 7년 뒤인 1963년, 탈무드 임마누엘이 실제로 어느 가톨릭 신부에 의해서 송진에 싸인 채 두루마리 형태로 발견되었습니다. 그것은 고대 아람어로 쓰여져 있었는데 임마누엘의 진짜 무덤의 암반 사이에 숨겨져 있었습니다. 두루마리의 원 저자는 임마누엘이 마이어에게 말했던 것처럼 그의 제자인 가롯유다였다는 것입니다.

탈무드에 기록된 예수 부활의 내용

그렇다면 신약성서의 중심적 테마이며 또한 기독교 신앙의 근본을 이루고 있는 부활에 대해 탈무드 임마누엘에는 어떻게 기록되어 있을까? 임마누엘은 오늘날 우리가 알고 있듯이 십자가에 매달렸다고 기록되어 있습니다. 그리고 모든 사람들은 임마누엘이 죽은 줄로 믿었다고 합니다. 그러나 임마누엘의 가르침을 따르던 아리마테아의 요셉은 임마누엘이 가사(假死) 상태임을 알아차렸다고 기록하면서 다음과 같이 당시의 상황을 설명합니다.

제1장 가짜 유대인의 정체

"요셉은 급히 마을로 돌아가 빌라도에게 가서 임마누엘의 시체를 자기에게 인도하여 주기를 간청했다. 빌라도는 그것을 허락했다. 요셉은 사람들과 함께 임마누엘을 십자가에서 끌어내려 그 시체를 인도받아 깨끗한 아마포에 쌌다. 그리고 그 위에 기름을 발라 임마누엘의 모습이 천에 배어 그려지도록 했다. 아리마테아의 요셉은 임마누엘의 시체를 예루살렘까지 옮겨 마을에서 떨어져 있는 바위를 뚫어 만든 자기의 무덤에 안치했다. 그 무덤은 요셉 자신이 죽으면 묻히기 위해 마련해 두었던 것이었다. 요셉은 무덤 입구를 큰 바위로 막고 임마누엘을 치료하기 위한 약품들을 수배했다. 무덤 입구 주변은 병사들과 임마누엘의 어머니가 지키고 있었으므로 아무도 임마누엘에게 접근하거나 시체를 훔칠 수 없었다. 아리마테아의 요셉은 인도에서 와 있던 임마누엘의 친구를 찾아 그와 함께 무덤으로 돌아와 다른 데로 뚫린 또 하나의 비밀통로로 무덤 안으로 들어갔다. 그리고 사흘 동안 밤낮으로 임마누엘을 치료한 끝에 임마누엘은 마침내 소생하였고 원기를 회복했다."

탈무드에서 말한 신은 바로 인간입니다.

탈무드 임마누엘은 지구 인류가 오랜 세월에 걸쳐 지구 바깥 우주에 있는 고도로 발달된 외계인을 창조주 신이라 부르면서 절대적인 존재로 믿어 예배를 드렸다는 것입니다. 그래서 예수를 예배하는 것이나 하늘에 있는 신을 예배하는 그 모두가 잘못된 것이라는 것입니다.

"임마누엘은 말한다 나는 말하거니와 어떠한 예배도 옳지 않다. 나는 창조만이 최고라는 것을 인정하고 있다. 어떠한 예배도 진리가 될 수 없고, 또한 거기에는 지식도 존재하지 않는다. 조작되지 않은 나의 진실된 가르침이 새롭게 밝혀지는 날은 2천 년 후에나 될 것이다. 그 동안에 잘못된 예배종교가 판을 칠 것이며 그 수효는 헤아릴 수 없을 정도일 것이다."

탈무드를 가지고 세계정복을 꿈꾸는 가짜 유대인들은 신구약 성경의 내용을 모두 거짓말로 폐기처분하고, 창조주 엘로힘의 하나님을 외계인으로 둔갑시켜 다시금 유전자 조작을 통해 하나님의 형상이 완전히 제거된 신인간(Neo Human)을 만들어 마지막 이 세상에 사는 사람들 모두를 지옥으로 끌고 가려는 음모를 꾸미고 있습니다. 이것이 탈무드의 비밀입니다.

4. 검은 귀족 카르타고 유태인

가나안 페니키아 제국

주전 3000년 전에 메소포타미아 문명과 이집트 문명과 시리아 레바논 지역을 중심으로 페니키아(베니게) 문명이 세 축을 이루고 있었습니다. 특히 페니키아 문명의 중심이 된 레바논의 비블로스 항구 도시는 주전 4000년 전부터 도시가 발달되었습니다.

비블로스는 그리스어인 파피루스의 어원으로 바이블이란 어원이 나온 배경이기도 합니다. 비블로스 도시 항구는 레바논의 삼(백향목)나무 수출 항구로서 유명합니다. 당시 비블로스는 이집트에서 수입한 파피루스 집산지였고, 그리스와 이집트로 삼나무를 수출하는 항구로서 그리스인들이 비블로스라고 불렀던 항구이기도 합니다. 삼나무는 높이가 45M, 폭이 10M, 수명이 2000년-3000년인 나무로 레바논의 영광이란 칭호를 가진 보물이었습니다. 고대 신전을 짓고, 왕국을 짓는데 꼭 필요했던 이 삼나무가 유일하게 레바논 지역에서 번성했기 때문에 비블로스 도시가 일찍부터 발달하게 된 것입니다.

고대 수메르 길가메쉬 서사시에서도 니므롯인 길가메쉬가 비블로스까지 군대를 몰고 원정을 와서 비블로스의 홈바바라는 거인족의 왕과 12일 동안 싸워서 승리한 후, 그의 목을 베고 비블로스 도시를 잔인하게 짓밟은 기록이 있습니다.

페니키아란 뜻은 가나안이란 의미를 가진 뜻으로 그리스 사람들이 불렀던 이름입니다. 붉은 옷, 장사꾼이란 뜻입니다. 당시 페니키아인들은 붉은색 물감을 사용하여 자주색 옷을 입고 있었기 때문입니다. 가나안이란 의미는 장사꾼이란 의미도 있습니다. 이들은 일찍부터 삼나무와 물감들을 수출하고 거래를 했기 때문입니다. 그들이 3000년 전에 세켈이라는 동전을 세계 최초로 만들어 사용했는데, 세켈이란 동전의 한 면에는 밀단이 새겨져 있었고, 다른 한 면에는 다산과 풍요의 신인 이슈타르 여신의 얼굴이 새겨져 있었습니다. 세켈이란 세(밀) 켈(단)의미로 당시 비옥한 가나안의 풍요를 상징하기도 했습니다.

또 이들은 가나안 7족속들로 바알과 아스다롯을 섬겼으며, 인신제사와 동성애, 최초로 주전 3000년 전에 철기를 사용했던 사람들입니다. 뿐만 아니라 유럽의 그리이스어와 라틴어와 영어의 알파벳인 22자모 알파벳을 처음 사용한 사람들입니다.

최초의 프리메이슨의 나라 페니키아 두로왕

가나안의 큰 아들이었던 시돈과 철기문화의 조상으로 알려진 헷(히타이트)족속, 그리고 거인족의 조상으로 알려진 아모리인들이 모두 페니키아 사람들이었습니다. 이들은 이스라엘 남북조 시대에 페니키아 제국의 두로왕의 딸 이세벨을 통해서 북왕조 이스라엘을 망하게 하였습니다. 그리고 두로왕 히람은 최초의 프리메이슨으로 납달리 지파 과부와 결혼을 하고, 금 120달란트와 레바논의 백향목 나무를 공급하여, 솔로몬이 성전을 건축하는데 동업자가 되었습니다.

특히 그 아들 히람은 솔로몬 성전 입구에 두 개의 거대한 놋기둥을 만들어 세웠습니다. 한 개의 기둥의 높이 20M, 둘레 6M로 솔로몬 성전을 압도하는 상징적인 기둥이었습니다. 히람은 이 두 기둥을 야긴과 보아스라고 명명했습니다. 그런데 이 두 개의 기둥은 페니키아인들의 바알과 아세라의 상징이었습니다. 솔로몬 성전 건축 이후에 솔로몬 성전이 천하 만민의 만신전이 될 수 있었던 이유는 바로 이 두 개의 기둥이 가지고 있었던 바알과 아세라 종교의 비밀이었습니다. 결국 솔로몬 성전은 사탄을 숭배했던 페니키아 두로왕인 히람과 그의 도움을 받아 그가 보낸 프리메이슨 기술자들이 건설한 공동 성전으로 지어졌던 것입니다. 그래서 결과적으로 남 유다 역시 바알과 아세라로 망하고 말았습니다. 우리가 알다시피 바알은 전쟁의 신이요, 아세라는 다산과 풍요의 연애신입니다.

두로왕 히람은 막대한 자금을 솔로몬에게 공급하여 에시온게벨에 배를 만드는 조선소를 건설하게 했습니다. 에시온게벨은 세계의 무역의 중심지가 되었고, 오빌의 금과 모든 이방 신들이 수입되는 장소가 되었습니다.

지중해의 무역을 통해 동서양을 연결한 페니키아

페니키아인들은 일찌기 풍요로운 가나안에서 번영을 하고, 이집트와 메소포타미아, 크레타와 그리스를 중심으로 무역을 해서 막대한 부를 만들어 갈 수 있었습니다.

특별히 페니키아 사람들은 그들의 지중해 해상 무역을 통해 메소포타미아 문명과 이집트 문명인 동양의 문명을 그리스와 로마인의 서양문명으로 전달해 주는 매개체 역할을 했습니다.

이런 과정에서 다산과 풍요의 여신인 아세라(이슈타르.아스다롯)는 그리스와 크레타 섬과 고린도 지역의 수호신인 아프로디테라는 사랑과 자유 연애신인 여신의 이름으로 전해지게 되었습니다. 그리고 로마시대에서는 비너스로 발전되었습니다. 그리고 유럽의 여신인 에로우페가 되었습니다. 유럽의 여신인 에로우페는 너무나 아름다워서 이에 반한 제우스신이 황소가 되어 에로우페를 태우고 다녔는데 그 땅이 바로 유럽이라는 것입니다.

수메르 니므롯의 바알신과 세미라미스의 아세라신은 바벨탑 사건 후 가나안과 이집트로 이주를 한 후 페니키아 문명을 거쳐 그리스와 크레타 지중해 문화로 전달되어 찬란한 그리스 지중해 문화를 꽃피게 했습니다.

그 후 그리스 문명은 로마 문명으로 이어지고 로마문명은 오늘날 유럽의 문명을 이루었습니다. 결과적으로 2000년 기독교 문명인, 오늘날 유럽의 문명의 기초는 로마 카톨릭과 페니키아 바알과 아세라 문명이 두 축을 이루고 있다가, 로마 카톨릭을 점령한 바알의 세력들이 유럽의 문명을 완전히 장악을 한 것입니다.

가나안 족속들이 세운 카르타고 고대 도시의 흥망성쇠

고대 가나안 땅의 중심세력으로 번영을 했던 페니키아 가나안 7족속은 출애굽한 여호수아 군대의 정복으로 밀려나고, 크레타 섬에서 쫓겨나 가나안으로 이주한 블레셋과의 경쟁에서도 밀려날 뿐 아니라, 앗시리아와 바벨론 공격으로 점점 두로와 시돈을 중심으로 한 지중해 해상무역 중심으로 세력을 넓혀가면서 그리스와 충돌을 하게 됩니다. 특히 페니카아는 그리스 알렉산더에게 망한 후 카르타고 고대 도시에 강한 국가를 건국하고, 지중해 해상 무역을 시칠리아, 스페인, 크레타를 중심으로 넓혀가다가 로마와 충돌을 하면서 120년이 넘도록 3차 포에니 전쟁을 하면서 점점 국력이 쇠퇴하게 되었습니다.

카르타고 자살 특공대

알렉산드리아가 로마제국에게 멸망당할 때 카르타고 유대인들은 가장 부유한 지역에서 살았습니다. 그래서 마지막까지 로마제국과 투쟁을 벌였는데, 투쟁 방법은 1당 100의 자살특공대 작전을 펼쳤던 것입니다. 오늘날 무슬림 형제단들의 자살 특공대의 원조이기도 합니다.

그러나 자살 특공대의 진짜 원조는 인도를 점령한 아리안족들의 캐스트 제도를 무너뜨리기 위해 인도의 원주민 드라비다 족들이 사용한 자살 특공대였습니다. 인도의 드라비다족들은 아리안 족들을 대상으로 자살특공대를 훈련시키면서 윤회사상을 가르쳤습니다. 즉 자살 특공대 임무를 마치고 죽더라도 다시금 살아난다는 일종의 부활신앙이었습니다. 이것이 나중에 아리안 족들에 의해서 힌두교가 탄생하고, 불교가 탄생하게 된 배경이 되었습니다. 같은 유대인들이라도 그리스와 로마를 지지하는 사두개인들은 부활을 믿지 않습니다. 왜냐하면 사두개인들은 그리스와 로마를 지지하는 유대인들이기 때문입니다. 그러나 페르시아와 스파르타를 지지한 바리새인들은 부활을 믿습니다. 그 이유는 그들이 자살특공대를 훈련 시켜 로마제국과 전쟁을 할 때 윤회설을 주장하면서 부활을 가르쳤기 때문입니다.

특히 카르타고 25만명의 시민들의 특징은 바벨론 포로에 끌려갔던 유대인들 중에서 포로귀환이 실시된 이후 바벨론에 눌러 앉아 있다가, 바벨론이 페르시아에게 망하고, 페르시아가 그리이스에게 망하는 과정에서 자연스럽게 유대중심의 도시국가로 탄생하게 된 것이 특징입니다.

페르시아 유대 카발라 유대인과 합류한 카르타고

그런데 바벨론 포로 귀환 이후에 바벨론에 남았던 유대인들의 대부분이 성공한 상인들과 메이슨들로 바벨론에서 부와 명예를 얻었던 사람들이었습니다. 이들은 뛰어난 건축기술을 가진 자들로서 이집트와 바벨론의 신전 건축 기술을 습득하여 이미 귀족과 중산층의 반열에서 풍요로운 삶을 살고 있었던 유대인들이었습니다. 특히 상인들과 메이슨 유대인들의 특징은 모세 5경을 따르는 유대인이 아니라 유대비밀 종교인 카발라를 숭배한 유대인들입니다. 그러므로 자연스럽게 카르타고라는 도시는 가나안 땅에서 해상무역을 하면서 정착한 페니키아 인들과 유대 카발라를 따르면서 부와 명예를 가지고 있었던 페르시아 유대인들이 주축을 이루고 있었던 유대인의 국가였습니다.

특히 페르시아 고레스(기게스,기레스)왕은 유다인들에게 종교의 자유를 선포하고, 예루살렘으로 귀환하는 유대인들에게 모든 편의를 제공해 주었습니다. 뿐만 아니라 페르시아 내에서도 종교의 자유가 허용되어 유대인들이 자유스럽게 살 수 있는 천국이 되었습니다.

특별히 페르시아 제국에서 활약한 다니엘과 에스더를 통해서 바알과 아세라를 섬겼던 페르시아 왕궁의 조로 아스터 페르시아 종교가 야훼 종교화가 되면서 페르시아에 머물렀던 유다인들에게는 축복이었고, 행운이었지만, 반대로 바알과 아세라 종교인 조로아스터 교리의 일부가 예루살렘으로 귀환하는 유대인들을 통해서 유입되므로 당시 강대국이었던 페르시아 종교를 통한 유대교 타락이 시작되었던 것입니다.

반달족과 이슬람과의 연합으로 로마와 스페인을 점령한 카르타고 유대인

 카르타고가 망한 후 주후439년 반달족이 카르타고를 수도로 하여 유럽과 로마와 이태리를 정복했습니다. 이런 과정들을 통해 카르타고는 사탄을 숭배하는 유대 카발라와 페니키아 가짜 유태인들의 천국이 되어 스페인과 로마와 그리이스와 이태리로 유태인들이 이동하는 중심기지가 되었던 것입니다.
 4세기 로마의 기독교 공인, 게르만족의 대이동, 로마의 멸망과 동로마와 서로마의 분열 후, 기독교(가톨릭) 세계에서 유대인들은 한동안 힘을 쓰지 못하다가 이슬람 세력이 이베리아 반도를 점령하는 711년 이후 가톨릭과 이슬람교 사이에서 이익을 취하면서 800년 간의 황금기를 맞이하게 되었습니다. 아랍족은 스페인에서 중앙아시아까지 정복하게 되었습니다.
 히브리어로 이베리아는(스페인 지역) '세파르드' 라 하며 세파르드에 사는 유대인을 세파르딤이라고 합니다. 이들은 이슬람의 앞잡이 역할을 하여 기독교도들의 미움을 받았으나 이슬람과의 협상의 매개체인 유대인을 대놓고 미워할 수는 없었습니다.
 11세기에는 흩어져 있는 남유다 혈통 유대인들이 이슬람교를 정리하고자 했던 십자군 전쟁의 여파로 대부분 궤멸되었습니다.
 중세 때 가톨릭과 이슬람 사이의 적대관계를 이용해 그들 사이의 무역을 유대인이 도맡아 했습니다. 주요 거래물품은 백인 노예였습니다. 이 노예 대부분은 슬라브족으로 이로써 Slave(노예)라는 어원이 생겼습니다. 유럽에서 수출할 물건은 없고 중동의 선진물품들은 귀하고 하니, 사람이라도 수출하기 위해 게르만족이 아닌 슬라브족을 무역대상으로 삼았던 것입니다.
 주후 762년 이슬람제국은 바그다드라는 새로운 도시를 세우고, 그곳을 이슬람 제국의 수도로 정하였습니다. 이 때 바벨론에 자리잡았던 유대인들에게는 환란이 시작되었습니다.
 그런 와중 스페인 지역 유대인들이 큰 돈을 벌었다는 소식이 들려왔습니다. 그곳의 가톨릭인들이 세금 걷는데 유대인들의 활약이 컸고, 가톨릭인들과 이슬람교도 사이에서 이익을 취할 기회가 많다는 소식이었으며, 이후 바벨론의 유대인들은 스페인으로 대거 이주하였습니다. 스페인 가톨릭인들은 이슬람교도들의 갖은 탄압 속에서도 개종을 하지 않았고, 이들을 통해 유대인들이 이익을 많이 얻게 되었습니다.

스페인에서 성공한 카르타고 유대인들

스페인에 이주한 카르타고 유태인들과 바그다드 유태인들은 언어에 능하고, 복식부기와, 알파벳 문자를 사용해서 그 당시 무식한 스페인의 영주나 추기경들 사이에서 회계일과 지역 개발과 경제를 담당하면서 이들 유대인들이 세파라딤 중에서도 궁정유대인에 속하는 콘베르소 유대인이 된 것입니다.

스페인의 가톨릭인들은 자주 독립운동을 벌였으며, 그 자금은 유대인들의 도움을 필요로 하였습니다. 오랜 독립전쟁 끝에 스페인은 그라나다 전쟁을 끝으로 이슬람 세력으로부터 1492년 독립하게 되었습니다. 스페인 사람들은 토사구팽으로 유대인을 미워하기 시작하였으며 가톨릭으로 개종하던지 아니면 스페인을 떠나라고 하였습니다.

당시 스페인의 유대인은 30만 명으로 20만 명이 스페인을 떠나 포루투갈, 독일, 이태리, 네델란드, 영국으로 이주를 했습니다. 그 중에 가장 많은 이주민은 포루투갈을 통해 네델란드로 이주한 유대인들입니다.

세파라딤 유대인

세파라딤 유대인은 스페인어를 할 수 있는 유대인들입니다. 세파라딤 유대인도 궁정유대인 콘베르소 세파라딤과 일반 세파라딤으로 구별되는데 궁정(콘베르소)유대인들이 스페인에서 출세한 카르타고 유대인들입니다. 이들의 대부분은 포루투갈을 거쳐 네델란드로 갔고, 오렌지공인 윌리암 3세가 영국왕이 되자 대거 영국으로 이주를 해서 자리를 잡고난 후 미국으로 건너간 금융업자들입니다. 로스 차일드는 카르타고 유대인으로 스페인과 독일을 거쳐 영국에 정착한 유대인입니다.

아슈케나짐 유대인

스페인에서 추방당한 후 독일로 이주해서 아슈케나지 유대인이 되었던 사람들도 많이 있었습니다. 세파라딤이나 아슈케나짐은 혈연관계는 없지만 유대교를 믿는다는 사실 하나만으로 같은 삶을 누리며 동화될 수 있었습니다. 아쉬케나짐 유대인의 기원은 돌궐족의 일파인 카자르족입니다. 이들은 가톨릭과 이슬람교의 뿌리가 유대교라고 판단하고 슬라브족을 가축화하고 부리면서 유대교로 개종하여 야훼와 계약을 맺고 선민이 되었습니다. 카자르가 멸망한 후 동유럽 곳곳으로 흩어져 오늘날 아쉬케나짐의 뿌리가 된 것입니다.

스페인과 네덜란드의 세련되고 부유한 세파르딤은 같은 유대인이라고 주장하는 동유럽의 아쉬케나짐을 경멸했습니다. 세파르딤 만이 솔로몬 적통 후손 유대인이라며 아쉬케나짐은 사마리아만도 못한 경멸의 대상으로 여겼습니다.

그러나 18세기 이후 프리메이슨과 일루미나티가 손을 잡고 함께 일을 하면서 점점 같은 혈통으로 동화되어 갔습니다.

네델란드에서 뿌리를 내린 콘베르소 유대인은 크롬웰의 청교도 혁명 당시 군자금을 통해 용병을 지원한 조건으로 조폐공사를 차지하게 되었고, 오렌지공인 네델란드 윌리엄3세의 명예혁명을 도와 영국 중앙 은행을 거머쥐게 되었습니다. 마라노라 불렸던 이들 콘베르소 유대인은 후에 아메리카에 정착한 최상층 유대인이 되었습니다. 이들은 금융업무를 담당하였으며 스페인,포르투갈,네델란드,영국을 거쳐 아메리카로 정착한 사람들입니다.

루터와 칼뱅의 종교개혁을 지원한 카르타고 유대인

대부분의 카르타고 유대인은 신교의 해방구였던 네델란드에서 둥지를 틀었고, 암스테르담을 거점으로 은행을 만들면서 경제활동을 시작하였습니다. 이들은 앞서 스페인에서 거주하다가 쫓겨나면서 그 자본력이 네덜란드에 모이게 된 것입니다. 네덜란드는 유대 자본을 바탕으로 무역에 뛰어들면서 유럽에서 가장 부유한 나라가 되었습니다. 대신 스페인의 경제는 마비되어 국가 부도가 나게 되었습니다.

1602년에는 세계 최초로 증권거래소를 만들어서 투기를 시작했습니다. 30년 전쟁은 1600년대 초반 독일의 신구교간 싸움에서 일어났고, 그 후 독일 인구의 2/3가 줄어들었습니다. 그 당시 프랑스는 가톨릭국가였음에도 불구하고 신성로마제국 황제였던 오스트리아 합스부르크 왕가와 적대적이어서 신교에 합세할 정도로 기나긴 싸움을 했습니다. 그동안 유대인을 괴롭혀 왔던 신구교인들은 이 싸움으로 인해 유대인들의 고리대금 전쟁자금과 용병들을 필요로 했습니다. 이미 칼뱅은 청부론에 입각하여 유대인의 5%이자율 한도 내에서 대부업을 허용했습니다. 그후 베스트팔렌 조약을 통해서 독일은 신구교의 종교자유를 허락하고, 이 종교자유를 원인으로 유대인은 본격적 득세를 하기 시작했습니다.

왜 검은 귀족 유대인들이 종교개혁을 지원을 했습니까?

유대인들의 직업은 대부분 고리 대금 업자였습니다. 그러나 로마 카톨릭 교회는 성경대로 이자를 받지 못하도록 법령을 정해 어긴 사람들을 처벌했습니다. 뿐 만 아니라 그들이 섬기는 루시퍼 신은, 야훼를 섬기는 기독교와 달랐습니다. 그래서 그들은 종교의 자유를 위해 , 르네상스를 준비했으며, 종교 개혁을 적극적으로 도왔던 것입니다. 뿐만 아니라 거대한 기독교 세력인 로마 카톨릭을 분열 시켜 파괴하려는 음모도 있었습니다.

영국에서는 왕당파와 의회파 간의 암투가 있었으며, 그 와중에 크롬웰은 의회파 뿐만 아니라 유대인의 힘을 입어, 쿠데타에 성공하고, 찰스 1세를 처형하고 청교도혁명을 일으켰습니다. 이후 네덜란드 유대인들의 입국을 허용하면서 이들은 영국에서 본격적으로 득세를 하게 됩니다. 즉 영란은행을 설립하여 영국 화폐를 주조할 권리를 갖게 되었습니다.

크롬웰의 철권정치에 신물이 난 영국백성들은 크롬웰이 죽자 찰스

2세, 또 그 동생 제임스 2세가 왕당파의 부활을 맞이했으나, 왕의 사위 윌리엄 3세와 의회파의 합작으로 권리장전과 명예혁명이 일어났습니다. 그는 유대 자본의 후원 하에 영국왕이 되었고 그 답례로 영국 중앙은행을 유대인에게 넘겨 주었습니다. 결국 유대인은 영국 화폐제조와 중앙은행을 장악하게 되었던 것입니다.

베네치아 검은 유대인

베네치아 공화국은 최초로 정치와 종교가 분리되었습니다. 그래서 유대인들이 고리대금을 하는 천국이 되었습니다. 베네치아 검은 귀족인 가나안 유대인들이 고리대금업을 하기 위해 정치와 종교를 분리시켜 로마 카톨릭의 권력이 지배하지 못하도록 해상 도시를 세우고 오랜 세월에 거쳐서 부를 축적할 수 있었던 것입니다.

베네치아는 겔트족의 침략으로 자율방어를 할 수 있는 해상국가를 세우고, 1000년이 넘는 역사속에서 유럽에서 가장 먼저 금융과두정부를 세웠습니다.

엄격한 경찰국가를 유지하면서 로마 카톨릭의 간섭을 전혀 받지 않고 독자적인 금융과 청어 염장 산업을 발전시켜 막대한 부를 창출할 수 있게 되었습니다. 베네치아 유대왕국은 카르타고, 스파르타, 로마가 망하면서 흩어졌던 가나안 7족속들의 유대인들이 그들만이 간직하고 지켜갈 수 있는 사탄숭배와 인신제사와 비밀 종교를 유지하기 위해 세웠던 나라입니다. 특히 제4차 십자군 원정때 엄청난 군자금을 지원하여 비잔틴 로마제국을 멸망시키게 됩니다. 비잔틴 로마제국은 그리스를 중심으로 동방 정교회가 주축을 이루고 있었습니다. 그런데 가나안 7족속들은 유난히 그리스 사람들과 로마 사람들을 증오했습니다. 반면에 페르시아 사람들은 무척이나 좋아했습니다.

시리아 미트라교를 믿었던 콘스탄틴 대제는 로마의 카톨릭이 검은 유대인들과 가까이 하자, 수도를 이스탄불로 옮기고, 동방정교회 비잔틴 제국을 건설합니다. 그리고 모든 성경과 공용어를 그리이스어로 제한을 합니다.

역사적으로 그리이스 알렉산더 대왕은 그의 스승 아리스토텔레스로부터 전체주의를 사사받아 그가 정복한 그리이스 제국의 피정복민들에게 그대로 적용을 하여 사탄숭배와 인신제사와 같은 물러설 수 없는 종교를 지켜야 하는 가나안 7족속들인 검은 유대인과 생존을 위한 피말리는 전쟁을 해야 했습니다. 그런 가운데 같은 사탄숭배와 인신제사와 같은 전체주의 사상을 지녔던 두 거대 세력은 현대에 이르기까지 반목과 질시를 계속하고 있습니다.

알렉산더 대왕은 제국을 건설하는 과정에서 피정복민들의 언어, 문화, 종교를 말살시켜 버렸습니다. 만일 따르지 않은 민족들은 처절하게 도륙을 했습니다.

이런 과정에서 가나안 검은 유대인들과 충돌하게 된 것입니다.

나중에 기독교가 로마를 점령하고, 전 세계로 전파되는데 헬라어가 큰 공을 세우게 되는데 알렉산더 대왕의 전체주의 정책에서 헬라어는 세계 공용어가 되었던 것입니다.

피렌체 유대인들과 함께 막강한 자본력을 바탕으로 비잔틴 제국을 무너뜨린 베네치아 검은 유대인들은 지리상의 발견과 식민지를 위한 탐험대의 활동으로 거점 도시를 네델란드 암스테르담으로 옮기게 됩니다. 그리고 네델란드를 세계에서 가장 돈이 많은 금융국가로 만듭니다. 이어 엘리자베스와 크롬웰 청교도 혁명을 기점으로 영국의 조폐공사와 중앙은행을 점령하고 미국의 금융가를 점령합니다. 그리고 네오콘의 주축세력으로 성장을 했습니다.

네델란드가 단 시간내에 제국으로 부흥할 수 있었던 것도 화란의 장로교회가 정교 분리를 명확하게 했기 때문입니다.

자본주의 역사는 유대 자본과 청교도 의회파들의 공동 합작품으로 이룩되었습니다. 주후1776년 스코틀랜드 경제학자 아담 스미스는 철저한 보호무역과 불평등 무역으로 국부론을 주창했습니다. 결과적으로 미국의 남북전쟁이 일어났습니다, 그리고 칼 막스로 하여금 공산주의 경제를 일으키는 동기부여를 했습니다. 프리메이슨 아담 스미스의 국부론은 사탄의 세력들이 전 세계 경제를 장악하기 위한 음모로 만들어 낸 사탄의 경제학입니다.

결국 아담 스미스 국부론은 프랑스를 혁명으로 무너지게 하는 전초가 되었습니다.

독일의 게토 유대인 로스차일드

게토는 중국의 유대인의 집단 공동체 객가와 같이 독일에 있는 유태인의 집단 공동체 이름입니다. 1700년대 중반 마이어 암셀 로스차일드는 경멸의 대상인 게토의 유대인으로서 열악한 시절에 태어났습니다. 독일 프랑크푸르트 게토 지역에서 일어난 로스차일드 가문은 콘베르소 유대인이 출세의 물꼬를 튼 집안이었으며, 미국의 록펠러가와 더불어 유대세계정부의 양대 산맥을 이루게 되었습니다.

19세기 들어 이들은 미국으로 진출, 모건이라는 자를 앞세워 불황을 일부러 기획하여 미국 경기가 안좋을 때마다 미국의 대기업 주식을 사들이고, 추후에는 미국 연방 준비 은행마저 장악을 했습니다.

미국을 흔히 WASP의 나라라고 하는데 이는 'White Anglosaxen Protestant'의 약자입니다. 그러나 이들은 영국 청교도 허수아비일 뿐 사실 미국은 유대인이 먼저 뉴욕을 장악한 유대인의 나라였습니다. 네덜란드 유대인이 가장 먼저 신대륙에 정착하여 뉴암스테르담(지금의 뉴욕)을 차지하고, 요크파 유대인들에게 전쟁에 패하면서 뉴욕으로 이름이 바뀌었습니다.

지중해 상인인 카르타고 유대인

북아프리카 해안은 지중해 해상으로 나가려는 페니키아와 그리스의 세력들에게는 전략적으로 매우 중요한 곳으로 관심을 끌었습니다. 그 지역의 성쇠가 곧 정복자의 흥망과 떼어 놓을 수 없는 관계에 있었습니다. 페니키아인들은 기원전 1000년경에 스페인에서 오는 원자재 금속의 수입 과정에서 무역 기지를 찾고자 북아프리카에 처음으로 나타났습니다.

원래 페니키아인들은 오늘날의 시리아, 레바논 그리고 이스라엘 서북부에 속한 해안 마을인 두로와 시돈에 살았던 가나안인들이었습니다. 이들이 지중해로 내려와 해상무역을 독점하는 페니키아 상인들이 되었습니다. 기원전 약 800년에는 주요 무역망이 형성되었는데, 그 중 하나의 무역 지점이 이집트 해안에 자리 잡고 있었습니다. 나일강 상류를 향하는 지점 멤피스(Memphis), 튀니지의 카르타고도 무역항에 속했으며, 두 번째로 큰 기지는 스페인의 카디스(Cadiz)에 있었습니다.

카르타고 제국을 건설한 페니키아인은 항해인이고 상인이었습니다. 그들은 무역 기지를 북아프리카 해안에 설치해 멀리는 탕헤르까지 이르렀습니다. 이들은 부유한 상인이 되어 지금의 튀니지에 사는 부족들은 물론 멀리는 사르디니아(Sardinia)와 시칠리아에까지 막대한 영향력을 끼쳤습니다. 카르타고의 본격적인 정착의 기초는 기원전 814년에 이루어졌습니다. 정치적으로 그들은 고국인 레바논의 티레(Tyre, 또는 두로) 문화에 오랫동안 의지하다가 결국 독립적인 상업제국으로 떨어져 나왔습니다. 그렇게 된 배경은 부분적으로 두로가 앗수르와 바빌로니아로부터 끊임없는 압력을 받고 있었기 때문이었습니다.

페니키아 제국의 중심이 된 카르타고

레반트에 있는 페니키아인들의 조국이 기원전 330년경 마케도니아에 의해 함락되어 그곳이 헬레니즘 세계에 합류되자, 서쪽에 있는 카르타고가 페니키아인들의 주요 기지가 되었습니다. 카르타고는 그 후 몇 세기 동안 포에니국의 정체성을 지키는 중심지 역할을 했습니다. 카르타고와 포에니족의 당시 생활에 대한 기록은, 그리스와 로마 저술가에 의한 것이 유일합니다. 그 기록에 의하면 카르타고인들은 티레(Tyre 두로)에서 그들과 함께 가져온 악한 신들을 섬겼고, 바알(Baal)이 요구하는 인신 제물을 드렸다고 했습니다. 또 그들의 정치는 부유한 상인이 통치하는 소수 과두정치였고, 그들의 군인은 주로 베르베르인 용병이었습니다. 카르타고의 영향은 알제리 동부의 보네(Bone)와 튀니지 중부의 스팍스(Sfax), 그리고 카르타고를 잇는 삼각형의 포에니어 사용 도시지역에 집중되었습니다.

로마와 포에니 전쟁으로 쇠퇴한 카르타고

 카르타고와 로마가 기원전 2세기에 지중해 서부에 대한 지배권을 두고 서로 격렬하게 싸우게 된 것은 시칠리아 지배권을 두고 서로 충돌하면서 시작되었습니다. 로마와 카르타고는 지중해 동부의 문명이 서쪽으로 확산되는 과정에서 그 중요성이 커지게 되었습니다. 레반트(메소포타미아+에집트)의 문화를 페니키아인들이 운반했던 것처럼 그리스와 헬레니스틱 문화는 무역로를 따라 서쪽으로 퍼져 갔는데, 처음에는 그리스 정착민에 의해 이탈리아 남부에서 확장되고, 나중에는 반도의 북쪽을 향해 퍼져 갔습니다.
 기원전 3세기 로마는 그리스 도시 국가가 가질 수 없었던 '경제 자원'과 '인력'이라는 이점을 가지고 있었습니다. 그들은 기원전 260년쯤 이탈리아 중부와 남부를 통일시키고 시칠리아를 향하면서 카르타고에 도전장을 던졌으며, 기원전 200년쯤 북아프리카의 누미디아 베르베르인의 도움을 받아 카르타고 세력을 완전히 무너뜨렸습니다. 기원전 4세기쯤 카르타고는 트리폴리 타니아(리비아 서쪽)에서 대서양에 이르는 북아프리카 해안을 모두 점령했습니다. 이로써 카르타고가 로마제국의 제2의 수도로 바뀌게 되었습니다. 카르타고 사람들은 후배지를 개발했는데, 특히 비옥한 캡본(Cap Bon) 반도를 개발하고 무역로를 지키려고 안간힘을 다했습니다. 이로 인해 기원전 396년 카르타고 사람들은 시칠리아에서 그리스인과 충돌하게 되었으며, 이 싸움에서 카르타고인들이 패했습니다.
 기원전 310년에 시라쿠세(Syracuse)의 통치자 아가토클레스(Agathocles)가 이끈 그리스 침입자들이 북아프리카에 상륙해 카르타고 용병을 마침내 무너뜨리기까지 그들은 거의 3년 동안 파괴를 일삼았습니다. 시칠리아에서도 같은 상황이 벌어졌는데, 그곳은 카르타고인들과 로마인들의 이해득실이 첨예화되는 곳이었습니다. 이것은 포에니 전쟁으로 발전해 결국 카르타고는 망하게 되었습니다. 제1차 포에니 전쟁은 기원전 263년에서 241년까지 22년 동안 벌어졌습니다. 카르타고인들은 로마 장군 레굴루스(Regulus)를 이겨 그를 포로로 데려갔음에도 여러 차례 해상 전투에서 패하게 되었고, 마침내 로마인의 조건을 수용해야 했습니다. 그리고 기원전

238년 사르디니아와 코르시카(Corsica)에 이어 시칠리아도 포기해야 했습니다. 국내에서는 내분이 잦았으며 녹봉을 받지 못한 용병들이 반란을 일으켰습니다.

한니발 장군의 용맹

이런 일이 있은 후 카르타고는 아프리카에서 그들의 입지를 강화했으며, 하밀카르(Hamilcar)의 지휘하에 스페인에서도 세력을 확고히 했습니다. 그의 아들 한니발 (Hannibal: 페니키아어로 "바알 신에서 옴")은 카르타고의 장수로서 카르타고인의 팽창을 막으려는 로마인의 위협에도 아랑곳하지 않고 기원전 218년 코끼리를 이끌고 알프스를 지나 이탈리아로 진격했습니다. 그는 트레시메네(Tresimene, 217년)와 칸나에(Cannae, 216년)에서 일격을 가했는데, 이것이 제2차 푼(포에니) 전쟁입니다. 로마 장군 스키피오 아프리카누스(Scipio Africanus: 그의 승리에 대한 보답으로 그에게 하사된 칭호)는 기원전 202년 자마[Zama: 르 케프(Le kef) 근처] 전투에서 카르타고 침입자를 물리쳤습니다. 스키피오는 스페인을 재탈환하고 기원전 204년 아프리카 우티카에 상륙했습니다. 카르타고는 일전일퇴를 반복하고 있었고, 로마의 진격을 막기 위해 기원전 203년 한니발이 이탈리아로부터 소환되었으나, 202년 자마에서 패했습니다. 카르타고는 항복했고, 막대한 전비를 치렀으며, 함대도 잃고 해상 영토도 잃었습니다. 한니발은 소아시아로 도망갔으나, 포로로 잡히는 게 싫어 기원전 182년 자살하고 말았습니다.

카르타고의 멸망과 가짜 유대인 탄생

그 후 50여 년 동안 카르타고는 스키피오와 동맹 관계에 있던 누미디아의 왕 마시니사(Massinissa)의 끊임없는 위협에도 불구하고 끈질기게 버티고 있었습니다. 카르타고가 이미 핵심 권력을 잃었다고는 하지만 많은 로마인들은 아직도 잠재적인 위협을 느끼고 있었습니다. 로마의 카토(Cato) 원로는 카르타고를 극렬히 경계했던 저명한 정치가였습니다. 이와 같은 분위기 속에서 기원전 149년 로마

군이 우티카에 다시 상륙함으로써 제3차 포에니 전쟁이 발발했습니다. 그 후 3년 동안 로마인들은 카르타고를 포위했으며, 기원전 146년에 마침내 함락시켰습니다. 로마인들은 용의주도한 작전을 폈고 그 도시가 완전히 파괴되어 영원히 저주받는 곳이 되기를 바랐습니다. 풀 한포기 살 수 없는 곳으로 파괴시키기 위해 전 도시에 소금을 뿌려 황폐시켰습니다. 이후로 카르타고와 로마는 철천지 원수가 되었습니다.

카르타고가 로마에게 망할 때 생존한 5만 여명의 카르타고인들은 계속되는 로마의 카르타고인 말살 정책을 피해서 유대교로 거짓 개종을 합니다. 주후 439년 카르타고에 수도를 정한 반달족은 다시금 로마를 공격하여 초토화 시킵니다. 반달족(vandals)이란 잔인하게 죽이고 유린한다는 뜻입니다.

식인의 도시 카르타고
(인신제사에 사용된 어린아이 유골 3~4만명이 발굴된 장소)

검은 귀족 유대인으로 변신한 카르타고인

이후 베네치아 왕조, 피렌체의 메디치가 왕조, 페라라의 에스테 왕조, 사보이 왕조로 발전한 후 독일, 영국, 프랑스, 이태리, 네델란드 왕실과 정략결혼을 통해 교황과 황제들을 배출하여 오늘날에는 바티칸을 검은 교황으로 정복했고, 유럽과 영국과 미국을 지배하기에 이르렀습니다.

카르타고의 도시행정과 민간 신앙 과두정치 제도의 공화국

국가형태는 1년 임기인 2명의 행정장관, 종신의원으로 구성된 원로원, 백인회(百人會:실제인원은 104명), 시민 총회로서의 민회, 임기 무제한의 특별직, 장군 등을 가진 도시국가로서 실질적인 정치체제는 전형적인 과두제였습니다. 이 제도는 나중에 로마가 채용하였습니다. 군대는 직접 가지지 않았으며 용병제도를 채용했습니다.

알렉산드리아의 도서관장이었던 에라토스테네스는 당시 그리스인들이 모든 비(非)그리스인을 야만적이라 매도한 것이 잘못되었다면서 카르타고와 로마인들이 모두 헌법을 가졌다고 기술했습니다. 아리스토텔레스는 카르타고 헌법에 대한 책을 저술한 것으로 알려졌는데, 이 책은 현재 전해지지 않으며 내용의 일부만이 알려져 있습니다.

주 종교의식

카르타고인들은 신에게 사람을 제물로 바치는 인신공희(人身供犧)라는 잔혹한 종교적 악습이 있었습니다. 신전의 앞마당에는 여신(女神) 타니트와 남신(男神) 바아르아몽에게 산 희생물로서 바쳐진 것으로 추측되는 어린이들의 유해가 매장되어 있었던 것으로 알려지고 있습니다. 카르타고의 여신 타니트는 카르타고의 주신(主神)으로 이집트의 여신인 이시스의 모습과 닮은 데가 많았습니다.

카르타고 어린이 인신제사제단

문화

카르타고는 수사학(修辭學)·법률학 등 학문연구의 일대 중심지가 되었으며, 3세기에는 기독교사상의 중심지가 되었습니다. 그 근거로 카르타고는 교부 키프리안 주교가 목회한 지역입니다. 터툴리안, 어거스틴에 의해서 신약성경이 정경으로 채택된 곳입니다.

경제와 사회신분제도

사회신분제도는 철저한 계급사회였습니다. 귀족과 평민과 노예로 이루어졌습니다.

토착신앙

이 당시 각 지역 신의 이름을 보면 주로 페니키아와 로마 시대의 것으로 보입니다. 대부분 이마지겐이라는 이름을 갖고 있는데, 이 이름은 풍요와 다산을 비는 신령이었음을 알 수 있습니다.

마술적인 신앙

오늘날 북아프리카의 관습과 신앙은 기독교나 이슬람에서는 전혀 볼 수 없는 것들이 있습니다. 북아프리카인들은 감응하는 마술을 사용해 의식을 행하거나, 모형을 만들어 개인, 동물, 물체에 영향을 끼칠 수 있다는 생각을 갖고 있었습니다. 다시 말해 마술을 통해 그 대상이 특별한 행동을 하게 하거나, 특별한 운명을 맞도록 할 수 있다고 믿는 것이었습니다. 리본이나 머리칼로 엮은 매듭을 써서 상대를 꼼짝 못하게 하거나, 여성의 자궁을 닫아 버리려는 것, 또는 잭나이프를 닫는 동작을 해 칼날 위에 쓰여진 이름의 상대를 무기력하게 하는 것 등이 그것이었습니다. 이런 것들이 나중에 장미십자회에서 사용하는 비밀종교의 기원이 되었습니다.

다산과 풍요의 신들을 섬겼던 카르타고

의식적인 행동으로는 옷을 겉과 속을 뒤집어 입음으로써 상황의 변화를 가져오게 하는 것과, 계절적인 풍년제를 통해 농작물이나 가축의 풍요를 비는 것 등이 있었습니다. 아우구스티누스는 당시에 성적으로 음란한 세태를 기록했는데, 이것은 풍요의 신령과 신에게 자극을 주어 가축이나 사람 사이에서도 비슷한 행동이 일어나도록 한 것입니다. 비를 내리게 하는 관습은 대개 반사막 지역에서 나타나는데, 북아프리카도 예외는 아니었습니다. 이는 바알과 아세라의 축제와 일치합니다.

샤마니즘적인 점성술 신앙

북아프리카 여성들은 오늘날에도 일부 지역에서 볼 수 있는 것처럼 '비의 신부'를 상징하는 인형을 만듭니다. 오늘날에도 그렇지만 로마 시대에도 많은 사람들은 그들의 운명이 별들 속에 기록되어 있다고 믿었습니다. 그들은 점성가나 마법사를 찾아가 하늘을 보고 그들의 미래를 읽었으며, 동물의 내장을 보거나 한 벌의 카드로 미래의 일을 점쳤습니다. 그들은 혼인 날짜나 여행하기 좋은 길일을 찾았고, 다소 비논리적이지만 점괘가 나쁘다고 하는 날이면 예정된 일을 피했습니다. 시샘하는 상대가 던지는 저주, 즉 흉안(evil eye)에 대한 두려움은 로마 시대 이전부터 있었습니다. 그래서 개인이나 심지어 무생물도 영적 능력, 즉 바라카(baraka)를 지니고 있다고 믿었습니다. 붉게 낙인 찍힌 쇠는 오늘날에도 그렇지만 두통, 그리고 주벽이나 도벽이 있는 사람의 나쁜 성격을 고친다고 믿었습니다.

숫자 5는 '열린 눈(open eye)'과 문양이 있는 석류의 상징으로서 종교적이고 마술적인 의미를 갖는데, 오늘날 북아프리카에서도 이런 믿음이 현존하고 있습니다. 이것은 고대 페니키아 여신 타니트(Tanit)와 관련되어 있고 오늘날 트럭 뒤에 그려진 '펼친 손(open hand)'의 주제(motif)와 같습니다. 또 문 가운데에 다섯 손가락을 만들어 붙이거나 보석상에서 이 문양을 세공하기도 했습니다. 이것은 일반적으로 무함마드의 딸 '파띠마의 손'으로 알려져 있어 자주 아랍에서 들어온 것으로 여겨지나 사실은 이보다 훨씬 전부터 있어 온 상징물입니다. 카르타고와 그 밖의 페니키아 유적에서도 발견되기 때문입니다.

뼈나 조가비로 된 호부(Charm: 부적)는 과거에도 지금처럼 여인들이 달고 다녔는데, 이러한 부적이 악마로부터 자신을 안전하게 지켜 주거나 흉안으로부터 보호해 주고 악운을 물리쳐 준다고 생각하기 때문이었습니다. 이와 같은 목적을 위해 가끔은 잉크를 마시거나, 종이를 땅에 묻거나, 종이를 태워 그 연기를 들이마시기도 했습니다. 현대에 와서는 코란 구절을 쓰거나, 고대 티피나그(Tifinagh) 문자를 사용하거나, 아랍어 문자를 마술적으로 배열해 부적으로 사용합니다. 이마지겐들은 하느님을 렙비(Rebbi)라고 부르는 게 보편적인 관례였습니다. 이 이름의 기원은 불분명하지만 랩비는 초대 유대인이 쓰던 랍비라는 말에서 온 듯합니다. 히브리어 랍비(Rabbi)는 '나의 주님'이라는 뜻인데, 이 말은 성경에서 하느님보다는 오히려 인간들을 가리키는 데 쓰였습니다.

잔인한 십자가 형틀의 원조

예수님의 십자가 형틀은 카르타고에서 유래했습니다. 카르타고에서는 민족 배반자를 처형하기 위해 가장 고통이 심한 십자가형을 택했는데, 이후 로마에서도 십자가형을 받아들였습니다. 스파르타쿠스 난 때 노예들을 모두 십자가로 처형했습니다.

인류의 정치, 경제, 철학, 종교, 사상의 기원이된 카르타고

소크라테스가 재판을 받고 독살을 당한 이유는 당시 아테네 민주주의를 이끌고 있었던 소피스트들을 공격 할 때 카르타고 독재정치와 교육이 필요 없는 가축 인간론을 주장했기 때문입니다. 플라톤의 이상국가의 이데아와 철인정치 이론 역시 카르타고의 정치, 경제 시스템을 주장한 것입니다. 메디치가 왕조가 엄청난 돈을 들여 플라톤의 모든 철학체계를 헬라어에서 라틴어로 번역하도록 해서, 르네상스와 종교개혁, 계몽주의를 통한 현대 정치, 경제, 종교, 문화의 컨텐츠가 되도록 했습니다.

사탄의 정치, 경제, 종교, 사상, 철학, 문화는 이렇게 가나안 유대인들에 의해서 선별되고, 정리되고, 교육되어 현대에 사는 우리가 입고 살다가 죽은 옷이 되었습니다.

5. 사탄의 비밀 결사인 바리새파(派)유대인(Pharisees)
바리새파의 어원

바리새라는 명칭은 히브리어[페루쉼 !yviWrP] (perushim)], 아람어 [페리샤야-aY;v'yriP] (perishayya')], 헬라어 [파리사이오이 Farisai'oi(Pharisaioi)]에 유래하고,[파-루슈 vWrP; (parush)]의 복수형으로서 (분리된 자들) (변방)이란 뜻입니다.[그] Farisai'o"(Pharisaios) [영] Pharisees 원어의 뜻은 [분리된 자들]. 사두개파, 에세네파와 함께 유대인의 3대 당파의 하나입니다. 특히 사두개(파)와 대립한 세력으로서, 일반적으로 율법의 엄격한 준수, 특히 모세 5경에 기록되어 있는 레위적 정결을 엄수하는 것에 이 파의 특색이 있었습니다. 그들의 주요한 특징은, 사두개인이 [모세5경]을 지고의 권위 있는 율법으로서 신봉한데 대해, 바리새인은 기록된 성문화(成文化)된 [율법],[선지서], [제서](諸書)뿐 아니라, 이것과 함께 기록되지 않은 유전인 탈무드(遺傳-口傳律法)도 권위 있는[부조의 전승]으로서 그것들과 동시에 받아들였습니다. 따라서 바리새인의 신앙과 생활의 규범은 이들 두 가지 율법에 기초하는 것입니다.

회칠한 무덤 같은 존재들

바리새인들의 가장 큰 특징은 예수님께서 말씀하신대로 장로들의 유전인 탈무드를 지키기 위해 하나님의 말씀을 헌신짝처럼 버리는 행위입니다. 다시 말해서 모세 5경보다 장로들의 유전을 중요시 여긴 종파입니다. 그들은 헤롯가(-家), 로마시대에 6천명 이상의 단원을 가지고, 회당조직을 통하여 전 유대에 영향을 주었습니다.(마 23:2-7)

바리새인들의 특징 중 몇 가지는, 돈을 좋아하고, 대접받고, 높임 받기를 좋아하고, 자기들에게 대적하는 사람들은 가차 없이 처결하는 세력이었습니다. 부활의 신앙에 있어서 사두개인과 대립하고(행

제1장 가짜 유대인의 정체

23:8), 또한 그리스와 로마 문화의 침투에 대해서도 사두개인과 달리 세차게 거부했습니다. 그리고 겉으로는 경건의 종교를 국민생활의 중심에 두기를 노력하여, 국민으로부터 신망을 얻어내는데 성공을 했습니다. 그러나 그들의 교리안에 들어온 사람들은 철저하게 통제하고, 구별하여, 정치적인 세력으로 이용하였으며, 그들의 세력안에 들어오지 않는 사람들에 대하여는 철저하게 정죄하고, 업신여겼습니다.

저주받은 위선자들

그들의 의는 율법의 엄격한 실행에 있다고 주장하면서도, 형식적 순결을 통해 대중들을 정죄했습니다. 자신들은 본래의 목적에서 벗어나 율법위에 앉아 백성들을 정죄하고, 착취하는 위선에 빠졌습니다. 이것은 세례요한과 예수에 의해 통렬하게 비난받고, 공격을 받는 표적이 되었습니다. (마 3:7,23장). 바울이 싸웠던 것도, 이 바리새적 신앙과 사상이었습니다.(롬 2:17-29). 그들은 일관적으로 예수의 적이 되었고, 예수의 교훈에 대하여 율법을 욕되게 하는 자, 죄인과 사귀는 자(막 2:1-17)로서 대립하여, 마침내 예수를 십자가에 못 박고(막 3:6,15:1), 다시 교회를 박해하기에 이르렀습니다. (행 9:1).

사도행전에서 바울과 12사도의 복음전파로 세워진 교회를 잔해하고 파괴하였던 자들이었습니다. 끝까지 바울 사도와 12사도의 사역에 걸림돌이 되었고, 그들은 교회에 들어와 천사숭배, 끝없는 신화와 족보 이야기, 그노시스 주의, 영지주의. 율법주의 등으로 교회를 무너뜨린 사탄의 세력이었습니다. 성경은 이들의 세력에 대하여 자칭 유대인이라 하나 실상은 유대인들이 아닌 사탄의 회라고 했습니다.(계2:9,계3:9)

뱀의 후손, 사탄의 자식들

예수님도 바리새인과 그들의 가르침을 따른 유대인들에게, 뱀들과 독사의 자식들이라고 하셨습니다. 요한복음 8:44-45 "너희는 너희

아비 마귀에게서 났으니 너희 아비의 욕심을 너희도 행하고자 하느니라 저는 처음부터 살인한 자요 진리가 그 속에 없으므로 진리에 서지 못하고 거짓을 말할 때마다 제 것으로 말하나니 이는 저가 거짓말장이요 거짓의 아비가 되었음이니라 내가 진리를 말하므로 너희가 나를 믿지 아니하는도다"

바리새파는 사탄의 비밀 결사체

바리새인의 기원은 페르시아 라는 이름에서 유래한 것으로 친 페르시아 유대인들을 말합니다. 바리새인은 헬라식 이름이 '바사인'을 뜻하는 아람어 프리쉬(perishi')의 헬라어 형태입니다. '바사인'이라는 말은 바리새인의 반대자인 사두개파가 바리새인이 외국의 교리, 특히 바사의 교리를 유대교에 도입하는 것을 좋아한다고 해서 바리새인에게 붙인 이름입니다.

사두개인들이 철저하게 그리스와 로마제국에 충성한 친 그리스 계통이라고 한다면 바리새인들은 페르시아와 스파르타를 따르는 종파라고 할 수 있습니다.

예수님 당시 바리새파나 사두개파가 유대교를 점령하고 있었는데, 두 종파 모두 기원을 다른 나라에 두고 있었고, 추구하는 목적도 역시 달랐기 때문에, 예수님이 십자가에 돌아가실 수 밖에 없었던 것입니다. 당시 사두개인들은 로마의 황제들에게 붙어서 돈을 주고 제사장직을 매매를 했고, 성전 경제를 장악해서 막대한 부를 챙겨서 로마 정부와 관리들에게 뇌물을 주었습니다. 지금의 사두개인들은 모세 5경을 문자적으로 받아들이고 지키는 순수한 유대인으로 그리스 지역에서 살고 있습니다.

특별히 바벨론 제국과 페르시아 제국에서 활약한 다니엘과 에스더를 통해 당시 바벨론과 페르시아 왕궁에서 섬겼던 바알과 아세라 종교인 조로아스터교가 유대교의 유일신 사상과 창조신앙, 천사, 영생, 영벌에 대한 사상들로 혼합된 상황에서 포로귀환을 맞이하게 되었습니다. 예루살렘으로 돌아온 유대인들은 미력하나마 성전과 성읍을 건축하여 신앙재건에 힘을 썼습니다.

특별히 종교의 자유를 허락받고도 예루살렘 귀환을 거부하고 페르시아 전 지역에 머물렀던 유대인들은 상인들과 메이슨들로서 많은 부와 명예를 가진 중산층이었습니다. 시간이 지남에 따라 이들은 바알과 아세라 종교인 조로아스터교와 유대교의 혼합 종교인 유대 카발라 종교를 갖게 됩니다.

유대 카발라 종교는 사탄 루시퍼를 섬기는 바벨론 루시페리안 종교입니다. 부와 명예와 다산과 풍요를 가져다 준 태양신과 월신을 섬기는 종교입니다.

유대 카발라 종교의 경전은 모세 5경이 아니라 탈무드입니다. 그래서 페르시아 유대인들이 바리새인이 된 이유도 역시 탈무드를 따르고 가르쳤기 때문입니다. 이미 유대 탈무드는 유대 장로들의 유전으로 프리메이슨 시조인 히람 아비프를 통해 솔로몬 성전에서부터 이스라엘에 유입된 바알 종교 사상이었습니다.

유대 카발라의 정경인 탈무드를 가지고 사탄 루시퍼를 따르는 유대인들이 지중해를 중심으로 카르타고와 알렉산드리아에서 번성하기를 시작하였습니다. 바리새인인 이들의 특징은 페르시아와 스파르타 정치, 경제제도를 맹종하는 무리들입니다. 페르시아는 이란이란 나라의 전신입니다. 이란이란 나라는 아리안족들이 세운 나라입니다. 아리안족은 사탄을 숭배하는 최첨병 혈통입니다.

페니키아 인들이 가나안 땅에서 여호수아, 앗시리아, 바벨론에게 쫓기면서 지중해 해상으로 진출하면서, 그리스와 로마와 맞서게 될 때 역시 같은 바알 숭배자들인 페르시아 유대 카발라 탈무드 세력인 바리새인들과 함께 강력한 카르타고와 알렉산드리아 도시국가를 세우게 된 것입니다.

바리새인들의 정책은 철저한 율법주의를 통한 선민사상고취입니다. 철저한 장로들과, 엘리트 주의를 통한 과두정치입니다. 철저한 캐스트와 같은 사회계급제도입니다.

주전146년 카르타고가 로마에 의해서 유린당할 때 20만명의 카르타고 인들이 전멸했고, 살아 남은 카르타고인 5만 명이 카르타고인들의 씨를 말리려는 로마정책을 피하기 위해 유대인으로 개종을 하고난 다음 카르타고인들이 역사에서 사라져 버렸습니다.

예수님 당시 바리새파는 겉으로는 율법을 주장하면서 유대교를 위하여 충성한 것처럼 보였지만 사실은 풍요로운 물질숭배인 바알을 숭배한 사탄을 섬기는 자들이었습니다. 이들은 자신들의 정체를 감추고, 당시 로마에 지배받고 있는 이스라엘을 배격하기위해 친 로마계인 사두개인들과 사사건건 부닥쳤던 것입니다.

사탄의 비밀결사인 바리새인의 특징

바리새인의 주요한 특징은 크게 세 가지로 나누어 볼 수 있습니다.

첫째, 율법존중주의에 따른 철저한 분리주의자들입니다. 바리새인의 율법 존중 주의는 율법을 엄격하게 지키는 것을 말합니다. 요세푸스에 의하면 바리새인은 율법을 해석함에 정확성과 율법을 세부적으로 고수하기로 유명했다고 합니다.

'조상으로부터' 구두로 전승해 오는 율법의 전통이, 정교한 체계로 발전하게 된 것은 율법 해석상에서 보여준 그들의 '정확성'에 기인하며, 이것이 역사적인 바리새주의의 주요 특성으로 간주되기에 이르렀습니다. 그들은 '율법 주위에 울타리'를 두른다고 해서 비난을 받았고, 때문에 '벽을 두르는 자'라는 별명을 가지게 되었습니다. 즉 이들은 모세 오경에 바리새인의 전통이라는 '벽'을 둘러서 모세 오경을 가두어 두는 사람들이라는 뜻이며, 동시에 바리새인이 아닌 자들은 자신들이 독점한 모세 오경의 은혜에서 배제하는 자들이라는 비난의 의미가 담겨있습니다. 신약성서에 기록된 안식일에 대한 그들의 태도나, 잔과 대접의 겉을 깨끗이 씻는 그들의 태도(마 23:25)는 다른 문서들에 나오는 바리새인에 대한 묘사와 일치합니다.

바리새인들은 모세 오경을 지키고, 그 뜻을 성취하기 보다는 모세 오경을 지키기 위한 장로들의 교훈을 더 높이 평가하고, 그것을 맹종하는데 많은 교육과 평가를 했습니다. 그 결과 자신들만이 모세오경을 따르는 사람들이고 나머지 바리새인이 아닌 자들은 모세오경과 상관이 없는 미개한 사람들로 정죄를 해서 스스로 자신들을 높이고 다른 사람들을 업신여기는 분리주의자가 된 것입니다.

둘째, 그들의 특징은 첫 번째 특징에서 유래한 것으로 조상의 유전을 철저히 준수한 것입니다. 이른바 '장로들의 유전'(마 15:2, 막 7:3,5)에 대한 바리새인들의 존중은 사두개인들과의 차이를 확연히 드러낸 점입니다. 사두개인들은 모세 오경을 문자 그대로 해석할 뿐이었습니다. 그래서 그들은 보수적이고, 고정적이어서 새로운 상황에 순응하기 어려웠습니다. 그러나 바리새인의 전통은 구전(口傳)이 본질적인 특색이었으므로 새로운 사태에 순응할 유연성을 본질적으로 가지고 있었습니다. 왜냐하면 장로들의 유전을 통해서 시대마다 해석의 차이가 있었기 때문입니다. 그래서 권위적 전통을 가진 조직체가 바리새주의 안에서 자라났으며, 항상 확장이 가능했습니다. 그래서 바리새인의 정경은 모세 오경을 넘어서 예언서와 성문서까지 포함할 수 있었던 것입니다.

셋째, 바리새주의의 주요한 특징의 하나는 새로운 사상에 대한 개방성입니다. 요세푸스가 바리새인을 '합리주의자'라고 부른 이유가 여기에 있습니다. 바리새인들은 그 당시에는 진보주의자들에 속해 있었습니다. 벨하우젠(Wellhausen)은 사두개파와 바리새파는 유대인의 운명에 대해 두 가지 서로 다른 견해를 가지고 있었다고 합니다. 그에 의하면 사두개인은 정당에 불과할 정도로 하스몬 왕조와 성직자 계급 및 집권귀족계층과 밀착되어 있었습니다. 반면에 바리새인은 그들의 종교생활에 영향을 미치지 않는 한, 본질적으로 정치와는 관계가 없는 운동을 형성하였다고 합니다. 그러나 핑켈슈타인(Finkelstein)은 바리새인은 민주주의 정당뿐 아니라, 국민이 일으켰던 진보적 종교운동의 선봉자였으며, 사두개인들은 낡은 성직제도와 지주 귀족층을 대표하는 단체라고 했습니다. 결국 바리새인이나 사두개인들은 모두 권력단체였으며, 유대교에서 지배권을 장악하려고 저마다 분투하고 있었음을 알 수 있습니다. 다만 사두개인은 옛 방식과 현상 즉 구질서를 유지하려는 관료주의에 귀착된 반면, 바리새인은 주전 2세기부터 줄기차게 유대에서 국민을 대변하는 자유주의자요, 또한 진보주의자였습니다.

마카비 왕조와 함께 일어난 비밀결사

바리새인의 기원은 마카비서에 기록되어 있는 [경건당]에 유래하는 것으로 생각됩니다. 경건당은 하시딤으로 주전 4세기-2세기, 당시 성했던 그리스화(-化)의 흐름에 반항하여 유대교 개혁을 일으킨 세력으로, 유대의 학자계급 사이에서 생겨나, 유대의 학자에 의해 해설된 율법의 엄격한 실천에 열중했던 일단으로서, 그들에 대하여 그 반대자가 붙인 호명이 바로 [바리새]라는 것입니다.

바리새파는 주전516년-주후70년까지 페르시아와 스파르타를 추구하는 유대교로서 활동하다가, 가장 강력한 활동은 주전 165년-160년 마카비 봉기후 성전 시대에 강력한 활동이 있었습니다. 바리새파의 가장 큰 이슈는 제사장들에 의해서 행해지는 성전제사를 철저하게 배격했습니다. 제사장들이 유대를 다스리는 것을 막기 위해 결렬하게 투쟁을 했습니다. 그들은 랍비중심으로 가정에서 하나님의 법을 교육하고, 선포하는 것을 유일하게 주장했습니다. 그래서 계명해석이 자유롭고, 유연했습니다.

주전 167년 그리스가 시리아를 정복하고 셀류쿠스왕 안티오쿠스 4세가 예루살렘 성전 지성소에 제우스 신을 세우고, 돼지머리를 제물로 바쳤습니다. 그리고 유대 말살정책으로 안식일을 지키고, 할례를 행한 자는 사형에 처했습니다. 이때 주전165-160년 마카비 봉기기 일어나서 안티오쿠스 4세를 몰아내고 하스 모니안 왕국을 탄생시켜 100년 동안 유대를 다스리게 되었습니다. 그런데 너무나 놀라운 사실은 유대교 역사 처음이자 마지막으로 마카비 왕조는 주위에 있는 비 유대교 나라들을 무력으로 점령하고, 할례를 받고 유대교를 받아 들이지 아니한 나라들을 무참하게 살해했습니다.

역사가들이 증거한 폭력적인 유대교 확장

역사가 요세프스는 주후 1세기에 이두메인과 이두레인에게 할례를 받게 하고 유대교로 강제로 개종시켰다고 기록을 하고 있습니다.

로마 역사가 스트라보(주전64년-주후24)도 하스 모니안 왕가는 할례를 통해 국가간의 연명을 맺었다고 기록을 하고 있습니다. 주전

제**1**장 가짜 유대인의 정체

2세기-주후1세기 말까지 헬라어를 구사하는 디아스포라 유대인인 헬레니즘적인 유대교가 역사상 유일하게 강압적인 선교방법을 통해서 유대교를 확장시켰다고 했습니다.

예수님도 마23:15절에서 바리새인들을 책망하시면서 그들의 잘못된 신앙을 저주하셨습니다. "화 있을찐저 외식하는 서기관들과 바리새인들이여 너희는 교인 하나를 얻기 위하여 바다와 육지를 두루 다니다가 생기면 너희보다 배나 더 지옥 자식이 되게 하는도다"

페르시아와 스파르타를 추종하는 유대 카발라인 바리새파

바리새인들은 반 그리이스와 반 로마제국의 비밀결사단체입니다. 바리새인은 페르시아와 스파르타와 카르타고 도시의 사탄 숭배 종교에서부터 시작된 사탄의 비밀결사체입니다.

바리새인의 탈무드는 지금까지 사탄주의 카발라 유대교의 교리로서 세계정복을 위해 끊임없이 장로들의 유전이 바뀌고 수정되어 왔습니다. 그러나 그 모든 장로들의 유전을 통해 반대파를 정죄하고 숙청하고, 처벌하는 것에 대해서는 바뀐 것이 하나도 없습니다.

바리새파 사람들을 분리주의자라고 합니다. 왜냐하면 율법을 지키든, 아니지키든 상관이 없습니다. 바리새파 사람이냐, 아니냐가 거룩한 사람인가, 거룩하지 않는 사람인가를 결정합니다. 절대로 바리새파 사람들은 율법을 지키지 않습니다. 단지 율법을 말하고, 율법을 가지고 다른 사람들을 정죄할 뿐입니다. 그들이 지키는 것은 장로들의 규례였습니다. 그래서 분리주의자들이 된 것입니다. 오늘날 종교인의 네오콘인 것입니다. 그래서 예수님은 바리새인들에게 회칠한 무덤이라고 저주했습니다. 사탄의 자식들이라고 했습니다.

그들 안에 들어온 모든 이들은 항상 의롭습니다. 그러나 그들 안에 들어가지 못한 자들은 언제나 율법의 저주아래 있는 자들이며, 바리새인들의 원수인 것입니다. 예수님도 그들의 교리를 받아 들이지 않는 반대파로 처형된 것입니다.

바리새파 비밀 결사 이름은 "형제회" "하베-림"

바리새인들은 그들 스스로를 "형제회", 즉 "하베-림"이라는 비밀 암호문자를 사용했습니다. 그 말의 의미는 자신들만이 참된 이스라엘의 성원동지로 생각했던 것입니다. 그러나 일반시민 계급들은 "땅의 백성", 즉 "암 하-아-레츠"로서 구별하여, 율법을 알지 못하는 무리들"(요 7:49)로 멸시했습니다.

◀ 비밀결사 형제회
문장 그림안에 독일 나찌의
하켄크로이츠가 있다.

바리새파는 스스로 거룩한 무리로 분리된 스파르타 비밀결사체입니다. 이것은 사탄의 비밀 결사인 프리메이슨의 엘리트주의입니다. 오직 그들만의 세상입니다. 그들만의 거룩함입니다. 나머지는 모두 사탄의 자식들입니다. 저주아래 있는 자들입니다.

소크라테스의 아는 자와 양떼 철학

소크라테스는 모든 인간을 가축인 양떼로 보았습니다. 계몽이 불가능한 존재라는 것입니다. 소크라테스는 스파르타와 카르타고를 동경하면서 당시 아테네 민주정치를 비판했습니다. 그리고 정치는 아무나 하는 것이 아니라 "아는 자"가 해야 한다고 했습니다. 여기에서 아는 자란 초인을 말하는데 바로 사탄을 숭배하는 자들입니다. 스파르타와 카르타고에서 과두정치를 했던 귀족들입니다. 이들은 가나안 7족속들입니다. 일명 검은 유대인이라고 합니다. 이들은 지금도 자신들을 신이라고 합니다. 그리고 모든 인간을 가축이라고 합니다.

비밀결사 바리새파도 역시 오늘날 사탄주의자들이 가지고 있는 네오콘 사상을 가지고 있었습니다. 플라톤의 철인 정치와 과두정치, 아리스토텔레스의 물질선제론을 통한 공산주의 유물론, 마키야벨리의 군주론은 모두가 한결 같이 자신들만이 진리의 기준이고, 그 외 모두는 파괴의 대상이 되는 것입니다. 이것은 2500년 동안 사탄의 철학과 사상으로 정치, 경제, 종교의 가치관을 결정하여 왔습니다. 모두가 사탄주의자들의 세계정복의 교리들입니다.

6. 제13지파 유대인 아쉬케나지

니므롯의 후예

오늘날 세계를 지배하고 있는 유대인은 가짜 유대인입니다. 그 이름중 하나는 아쉬케나지 (Ashkenazim)유대인입니다. 즉 독일계 유대인이라는 것입니다. 이들의 조상은 바벨탑을 쌓았던 니므롯입니다. 니므롯은 함족이면서 야벳족속인 세미라미스라는 여인과 결혼을 하여 자손을 남깁니다. 바벨탑 심판 이후에 이들은 가나안으로 거처를 옮겨 소돔과 고모라의 동성애 문명을 이루고, 가나안 7족속과 피를 섞어 타락한 문화를 만든 후, 여호수아에 의해서 멸절을 당하는 과정에서 터키와 지중해로 이동한 후 코카서스 지역에서 아리안의 혈통으로 번성하다가 인도와 이집트와 에게해와 흑해와 카스피해 지역으로 이동합니다. 지중해로 이동한 이들은 페니키아 문명을 이루면서 블레셋이란 이름으로 다시 이스라엘을 괴롭게 합니다.

아쉬케나지 유대인들은 유일하게 백인 혈통으로 파란눈과 갈색눈, 노랑머리와 붉은머리, 키가 크고, 아주 잘생긴 유대인입니다.

사탄종교인 바알을 숭배하고, 인신제사를 행하고, 엘리트 유전자인 남근을 숭배하면서 주후 7세기에 흑해와 카스피해 사이에 하자르[KHAZARS] 라는 왕국을 세우게 됩니다. 아리안 혈통의 본부인 코카서스 지방에서 확고한 왕국을 구축했던 하자르인들은 점차적으로 복속된 민족들을 거느리는 제국이 되어 갔고, 상대적으로 평화로운 성향을 지녔던 주위의 부족들은 즉각적으로 공격당하고 또 점령되었습니다. 하자르 사람들은 난폭하고 잔인하여 주위에 있는 모든 나라들을 빠르게 점령하여 사방 800,000마일이나 더 되는 거대한 제국으로 확장되었습니다.

하자르 공화국

당시 하자르의 남서쪽에는 비잔틴 제국[The Byzantine Empire]이 있었는데 비잔틴은 동방의 정통 기독교 문명국[Eastern Orthodox Christian civilization]으로서 역시 전성기를 누리고 있었고, 하자르 왕국의 남동쪽으로는 팽창 일로에 있던 아랍 칼리프의 모슬렘 제국 [The Moslem Empire of the Arab Caliphs]이 있었고, 이 나라와 하자르 왕국 역시 국경을 맞대고 있었습니다. 하자르인들은 이 두 제국의 역사에 커다란 영향을 미쳤습니다.

그런데 그보다 훨씬 더 중요한 사항이 있다면, 바로 '하자르 왕국'은 오늘날 러시아의 남부 지역에 해당하는 흑해[The Black Sea]와 카스피해[The Caspian Sea] 사이의 영토를 점유하고 있었다는 사실입니다. 문제는 흑해와 카스피해를 둘러싸고 러시아인들과 하자르인들 간의 역사적인 운명은 서로 필연적으로 뒤엉킬 수 밖에 없었다는 사실이며, 근세기에는 이 지역에 막대한 석유 및 천연자원의 발견으로 그 분쟁이 극에 달했으며, 최근 우크라이나와 러시아간의 가스분쟁은 그 연장선상에 있습니다. 결국 1천년 전의 역사속에서의 분쟁이 지금까지 흘러오고 있는 것입니다.

가짜 유대교 : 카발라 제국의 탄생

그런데, A.D. 700년대 중반경, 아주 놀랄만한 사건이 발생하였습니다. 당시의 하자르인들은 이웃해 있는 두 강대국들이었던 비잔틴과 모슬렘 제국으로부터 기독교 혹은 이슬람교를 받아들이라는 지속적인 압력을 양쪽으로부터 받아왔던 것입니다. 그 무렵, 하칸[Khakan]이라고 칭하던 하자르의 통치자는, 제3의 종교로서 유대교[Judaism]가 있다는 사실을 접해 들었고. 양 강대국 사이에서의 독립성을 유지하려는 정치적인 이유에서, 하칸은, '유대교'를 선택했으며, 유대교가 자신들의 국교임을 선포했던 것입니다. 하칸이 선택한 유대교는 셈족인 아브라함이 예배한 여호와 하나님을 섬기는 유대교가 아니라 니므롯과 그 아내 세미라미스가 섬기던 사탄 루시퍼를 섬기는 유대 밀교 종교인 카발라 종교를 받아들인 것입니다. 즉 가나안 7족속의 카발라 종교를 받아 들인 것입니다.

　이때부터 하자르 왕국은 탈무드와 니므롯의 남신과 여신의 결합의 상징인 두 개의 삼각형이 다윗의 별로 둔갑하고, 바알종교인 물질주의 공산주의 독재정치를 추구하면서 일취월장 세력을 확대해 나갑니다. 당시의 역사가들의 글 속에서도, 하자르 왕국은 마치 "유태인들의 왕국[Kingdom of the Jews]"인 것처럼 묘사되기 시작했습니다. 후대의 하자르 통치자들은 유태식 이름을 채택했고, 9세기 후반경, 하자르 왕국은 말 그대로 유태인들의 천국으로, 세상 도처에서 모여 온 모든 유태인들에게 있어서도 그들에게 만큼은 천국같은 나라가 되어버렸습니다. 하자르 제국 도처에 1200개나 되는 회당과 탈무드 학교가 세워졌습니다. 탈무드는 유대밀교 카발라의 경전입니다, 오늘날 이스라엘의 국기인 다윗의 별은 그때부터 전해 내려온 상징입니다. (타작기1 카발라 참고)

러시아 제국의 탄생

　주후 8세기에 하자르 제국의 영토는, 북쪽으로는 키예프[Kiev](우크라이나의 수도)에서 서쪽으로는 오늘날 헝가리의 선조들이었던 마자르족이 살던 지역으로까지 확장되었습니다. 하지만 그러는 동안에도, 복속민들을 향한, 잔인했던 하자르식 지배방식은 전혀 바뀌지 않았습니다. 그런데, 바로 그 때, 새로운 사람들이 무대 위에 등장했습니다. 이들은 A.D. 8세기를 거치면서, 드네프르강[The Dnieper], 돈강[The Don], 볼가강[The Volga]과 같은 큰 강줄기를 따라 아래쪽으로 내려오기 시작했으며, 이들은 바로 바이킹족[The Vikings]의 동쪽 지류에서 뻗어 나온 부족이었습니다. 그들은 바랑인들[The Varangians] 또는 루스족[the Rus]으로 알려진 자들이었으며, 다른 바이킹족들과 마찬가지로, 루스족도 용감한 모험주의자들이었으며, 맹렬한 투사들이었습니다. 그렇지만, 이들이 하자르족과 뒤얽히게 되었을 때, 대개는 루스족이 다른 여느 부족들처럼 하자르에게 공물을 지급하고 일을 매듭짓는 방식을 택했습니다. 그렇더라도, 이 두 거인들이 만나게 될 때면, 항상 어느 쪽으로 전세가 유리하게 전개되는지 매 순간 순간 숨을 죽이고 지켜봐야 될 만큼 막상막하의 형국을 이뤘습니다. 주후862년경, 루스족의 지도자였던 루릭[Rurik]은 노브고로드 (Novgorod)라는 도시를 건립했는데, 이는 러시아 국가[Russian Nation] 탄생의 시발점이 되었습니다.

루스 바이킹족들은 하자르의 지배체제 아래에 있는 슬라브 종족들[Slavonic tribes] 가운데 하나로서 이곳에 정착했지만, 이들 바이킹들과 하자르인들 간의 투쟁 양상은 점차적으로 그 성격을 달리하게 되었습니다. 바로 이 때부터, '러시아'는 하자르의 압제를 극복하고 독립 국가로 부상하기 위한 투쟁을 전개해 나갔던 것입니다. 러시아의 첫 번째 도시가 건립된 지 100년이 훨씬 지난 시점에, 또 다른 기념비적인 사건이 하나 발생하였는데, 당시 러시아의 지도자였던, 키예프의 블라디미르 왕자[Prince Vladimir of Kiev]는 주후989년에 기독교인으로서의 세례를 받는 일을 수락했고, 이 때부터 그는 러시아에 기독교를 활발히 전파하였으며, 그는 오늘날까지도 러시아인들 사이에서 "성 블라디미르[Saint Vladimir]"로 기억되고, 추앙받게 된 것입니다. 천 년이 넘게 이어진 기독교 국가로서의 러시아의 전통은 바로 이때부터 시작되었던 것입니다.

하자르 제국의 멸망

결국, 블라디미르의 개종은 러시아로 하여금 비잔틴 제국과 동맹 관계를 맺을 수 있도록 도와줬습니다. 비잔틴의 지도자들은 항상 하자르인들을 두려워해 온 터였고, 러시아인들도 여전히 하자르인들로부터 독립 투쟁을 계속해 오던 중, 결국 주후1016년, 러시아와 비잔틴 제국 간의 연합 군대는 하자르 왕국에 대한 전폭적인 공격을 퍼부었고 이러한 공세에, 하자르 제국은 마침내 산산조각이 난 채로 붕괴되고 말았습니다.

7. 아쉬케나지 유대인들의 역사적 활동

시온수도회와 일루미나티

하자르 공화국이 멸망한 이후, 대부분의 하자르계 유태인들은 동유럽 지역으로 스며들어가서, 다른 유태인들과 섞였고, 또 그들과 결혼을 했습니다. 특히 헝거리와 독일로 많은 하자르 유대인들이 들어갔는데 독일에 정착한 유대인들을 아쉬케나지 유대인들이라고 합니다.

독일계 하자르 아쉬게나지 유대인들은 이미 바바리아 지역에 집단적으로 정착한 아리안니즘 사탄숭배 기독교 유대인인 메로빙거 왕조의 혈통과 결합하여 시온수도회를 주후1188년에 설립했는데, 시온 수도회는 주후46년에 영지주의 창시자 오르므즈라는 이름을 암호로 채택하고, 붉은 장미십자단을 상징으로 오늘날까지 이르게 되었습니다. 시온수도회는 십자군 원정단을 만들고, 문예부흥과 종교개혁을 주도적으로 이끈 다음 예수회를 만들어 오늘날 교육, 과학, 예술이라는 바벨탑을 만들어 하나님을 대적하게 하고 있습니다. 예수회는 1776년 5월1일 일루미나티를 만들고 프랑스 혁명과 미국을 건국시키고, 세계1차 전쟁을 일으켜 러시아를 무너뜨리고 1917년 러시아 볼세비키 공산당 혁명을 일으켜 주후1016년 기독교인 블라드미르 왕자에게 나라를 빼앗긴 후 다시 1000년 만에 하자르 왕국의 자손들이 다시 러시아를 점령하게 됩니다.

러시아 볼세비키 혁명을 일으킴

1천년동안이나 기독교 국가를 유지해온 러시아는 볼세비키 혁명을 일으킨 하자르계 유대인, 즉 아슈케나지 유대인들에 의해서 망하고, 솔제니친에 의하면 하자르 사탄숭배자들은 러시아에 있는 6700만명의 기독교인들을 학살했다고 기록했습니다. 러시아 혁명을 일으킨 볼세비키 공산당은 99%가 아쉬케나지 유대인들입니다.

이 사람들이 바로 사탄을 숭배하는 무신론 소비에트인들[the Soviets]이며, 볼세비키 혁명을 일으킨 소비에트 유대인들이 스탈린 혁명이후에 800만 중에 대략 500만 명이 미국으로 거처를 옮겼습니다. 현재 미국에 있는 유대인들의 대부분이 소비에트 볼세비키 공산주의 혁명의 주역들로서 루시퍼 사탄을 숭배하면서, 종교 다원주의와 혼잡한 은사주의와 표적을 구하는 영성운동과 대교회주의를 일으킨 번영신학을 통해서 미국의 기독교와 전세계 기독교를 파멸시키고 있습니다. 뿐만 아니라 전세계를 전쟁과 경제파탄으로 몰아가고 있는 미국의 바로 사탄주의 일루미나티입니다. 이들이 바로 하자르계 유대인 아쉬케나지 유대인들입니다.

세계 3차 대전을 통해 또 다시 미국의 네오콘 볼세비키 공산당 사탄숭배자들과 러시아 1000년의 기독교 성 블라디미르 왕자의 후계자 블라디미르 푸틴은 전쟁의 한 판 승부를 할 것입니다.

세계정복 전략 시온의정서 채택

하자르공화국 아쉬케나지 유대인들은 여호수아 시대 가나안땅에서 맛보았던 처절한 멸망을 되갚고, 아브라함의 하나님 여호와를 믿는 유대인들을 파멸시키기 위해 주후 8세기에 650만의 셈족 유대인을 죽였고, 2차 대전 때 히틀러를 통해 600만명의 셈족 유대인들을 죽였습니다. 지금도 아쉬케나지 유대인들은 철저하게 셈족의 스파라딤(스페인계) 유대인들을 미워하고 있습니다.

뿐만 아니라 아쉬케나지 유대인들이 추구하는 궁극적인 정책은 전쟁과 경제부흥과 과학발전을 통해 니므롯이 그러했던 것처럼 전 세계를 공산주의와 전체주의 독재체제로 만들어 하나의 루시퍼 왕국을 만드는 것입니다. 이를 위해 1897년 스위스 바젤에서 열린 세계 제1차 시온니스트회의에서 그들의 세계정복전략인 시온의정서가 만들어집니다. 시온의정서는 1776년 5월1일 영국의 로스 차일드의 경제적인 후원을 받아 일루미나티를 만든 예수회 아담바이스 하우푸트에 의해 기초가 만들어졌으며, 여기에 기독교 말살 정책으로 공산주의 정책과 프랑스 혁명과 러시아혁명과 미국의 건국이 계획되었습니다. 그리고 주후1897년 스위스 바젤 회의에서 최종 채택이 되었습니다.

세계 제1차 세계대전

아담 바이스 하우프트와 함께 시온의정서 초안을 만들었던 앨버트 파이크는 세계 전쟁을 3번 일으켜 루시퍼 사탄왕국을 세우라고 말을 했습니다.

앨버트 파이크는 미국 남북전쟁시 남부군 장군으로 퇴역한 성공회 신도로 루시페리안 사탄 종교에 심취하여 이태리 마피아의 대부 쥐세피 마찌니와 아담 바이스 하우프트와 함께 유럽과 미국에서 프리메이슨 활동을 한 사람입니다. 그는 세계 1차 대전은 "러시아 짜르 왕정체제를 전복시키고, 러시아를 무신론 공산주의 이념의 요새를 만들기 위한 목적으로 진행되어야만 한다"고 기술했습니다. 제1차 세계대전은 또한 영국과 독일의 고위층 일루미나티의 알력을 이용해 일으켜야 하며, 전 유럽을 대상으로 삼아야 하고, 이 전쟁이 끝난 후에는 공산주의를 굳건히 세워 여타 약소국을 파괴하고 기독교 종교를 약화시켜야 한다"고 기술한 바 있고, 세계 1차대전은 "앨버트 파이크"가 기획한 대로 실행되었습니다. 러시아 짜르정부가 무너지고 볼세비키 공산혁명으로 공산화가 되었습니다. 우리는 학교에서 세계 1차 대전은 영국의 동맹과 비스마르크에 의해 결성된 독일 동맹의 이해 충돌로 발생하였다고 교육받고 있으나, 실제 비스마르크와 앨버트파이크는 같은 일루미나티로 그들은 세계 1차 대전의 공동 기획자였습니다.

세계 2차 대전

세계 2차 대전에 관해 "앨버트 파이크"는 "제2차 세계대전은 파시스트 세력(독일,이태리)과 시오니스트 세력(유태인)의 반목을 이용 일으켜야 한다고 기술 하였습니다. 이 전쟁의 결과로 파시스트 세력은 괴멸되어야 하며, 시오니스트들은 팔레스타인 지역에 주권국가

(이스라엘)를 세울 충분한 힘을 가지도록 유도해야 한다고 했습니다. 제 2차 세계대전을 이용해 공산주의 세력은 기독교 세력과 균형을 이룰 수 있도록 힘을 키워야 하며, 우리는 공산주의 세력이 우리의 목적에 따라 최종적인 One World Government를 달성하기 전에 전 지구적 극심한 혼란을 야기하는 목적에 이용하려는 우리의 의도를 벗어나지 못하도록 지속적으로 감시하고 견제하여야 한다."라고 기술 하였으며, 그의 기획은 일루미나티에 의해 그대로 실행된 바 있습니다. 세계 2차 세계대전이 종결된 전후 세계질서를 형성한 "포츠담 회의"에서 트루만, 처칠, 스탈린의 합의에 따라 서유럽을 제외한 동유럽은 간단하게 러시아에게 밀어주어 공산국가로 만들었고, 일루미나티의 자금과 기술지원으로 급속하게 경제, 군사적 강자가 된 일본은 1차 세계 대전 당시 러일전쟁을 일으켜 러시아 공산화를 도왔으며, 2차 세계 대전시에도 똑같은 지원을 받아 중일 전쟁을 일으켜 중국의 장개석 정권을 몰아내고 모택동의 공산세력이 중국 본토를 점령하는데 절대적 공헌을 하였습니다. 현재까지 일본의 사무라이 정권은 유럽과 미국과 함께 삼각편대를 이루어 신세계질서를 회복하는데 충성을 다하고 있습니다. 이상의 세계 2차 대전의 발생원인과 전후 처리를 검토하면 세계 제2차 대전이 일루미나티 앨버트 파이크가 19세기 중엽에 기획한 청사진에 따라 진행 되었다는 것을 한 눈에 알 수 있습니다.

세계 3차 대전

앨버트 파이크는 세계 3차대전을 일루미나티의 최종 목적인 New World Government를 달성하기 위한 마지막 전쟁이라 지칭 했으며, 조만간 다가올 제3차 대전에 대해 다음과 같이 말했습니다.

"세계 3차 대전은 일루미나티 내의 고위급 정치적 시오니스트들과 이슬람 세력의 반목을 이용해 일으켜야 한다. (이란의 강경파 대통령은 아쉬케나지 유태인) 이 전쟁은 시오니스트들과 이슬람 세력을 상호간에 무자비한 무력을 행사하도록 유도하여 공멸시켜야 한다. 이 과정에서 시오니스트 지원세력(영,미,유럽연합)과 아랍 이슬람

지원세력(중,러,인도)을 개입시켜 멸망시키고, 전 세계인들을 육체적, 정신적, 경제적으로 황폐화시켜 염세주의와 무신론이 팽배해 지도록 유도한다. 이 후 우리는 전 세계에 피로 물든 무서운 혼란을 조작, 확산시켜 완전히 무신론과 야만주의 외에는 인간들이 기댈 것이 없게 만든다. 이리하여 우리는 우리에게 대항하고 문명을 지키려 하는 자들을 피의 철권으로 진압, 제거하여야 하며, 그 혼란 중에 마지막 말세에 인간들을 구원하리라던 모든 종교의 성스러운 존재(예수,마호메트,붓다 등)들은 인간들의 지옥보다 더한 고통을 외면하고 나타나지 않아, 결국 아무 쓸모없는 존재로 전락하게 만들어야 한다. 인간들은 누군가, 무엇인가, 절대적인 존재에게 이 고통을 벗어나게 해 달라고 간절히 염원하게 되지만, 이미 기독교와 이슬람의 신앙이 파괴되어 어디에도 호소 할 수 없도록 만들어야 한다. 그리고 마침내 대 혼란과 공포에 빠진 인간들에게 한 줄기 빛은 루시퍼(사탄)의 교리임을 공개적으로 천명하며, 마지막 때를 기다리던 우리 일루미나티와 우리의 종교를 전면에 공개적으로 등장시킨다. 루시퍼의 교리를 공개적으로 천명함과 동시에 기독교, 무슬림, 무신론자들을 전부 정복하거나 제거하여 New Religion에 기반한 New World Government를 세우고 New World Order를 구현한다".

이것이 일루미나티의 세 번의 전쟁을 통한 New World Order 구현의 청사진이며, 일루미나티의 계획에 따라 오늘날 중동과 세계의 질서가 형성되고 있음을 어렵지 않게 알 수 있을 것입니다. 2001년 9.11 거짓테러(Fake Terror)의 발생 이후 중동의 유대세력과 무슬림 세력의 대립은 격화되어 왔고, 이란의 핵개발로 마침내 임계점에 이르고 있습니다. 뿐만 아니라 중동의 민주화 운동을 통한 전쟁과 테러는 유럽의 세계적인 경제 위기와 함께 파국으로 치닫고 있습니다. 이것은 19세기 중엽에 일루미나티 앨버트 파이크에 의해 기획된 청사진대로 현 세계질서가 흘러가고 있음을 보여주는 명백한 사례라 할 것이며, 앞으로 경제위기의 재발 징후, 토탈 캐오스를 가져올 식량위기의 발생 징후, 환경재앙 징후, 중동의 군사적 충돌 징후는 제3차 대전이 멀지 않았음을 보여 주고 있습니다. 이 모든 것이 사탄(루시퍼)의 각본입니다. 3차 세계대전과 세계단일정부 수립, 666 짐승의 표는 적그리스도(루시퍼)의 출현을 위한 것입니다.

제13지파 유대인

"아쉬케나지 유대인"에 대한 책이라면 '아서 케슬러'의 "13번째 지파"라는 책이 있습니다. 우리나라에 번역본이 없는 것 같습니다. 저자인 '아서 케슬러' 자신이 "아쉬케나지 유대인"으로서 그는 책에서 "아쉬케나지 유대인"이 하자르족의 후손으로 그 뿌리를 찾자고 주장하고 있는데, 책이 출간된 얼마후 그는 자택에서 그의 아내와 같이 시체로 발견됩니다. 그리고 사인은 자살로 처리됩니다만 "음모론"을 주장하는 사람들은 유대인의 비밀을 밝힌 그 책 때문에 살해당했다고 여기고 있습니다.

8. 세계를 지배하고 있는 가짜 유대인

자본주의 공산주의 원조

좌(左)로 가도 유대인이 만들었던 공산주의가 나오게 되고, 우(右)로 가도 유대인이 만들었던 자본주의가 나옵니다. 아래 지옥(地獄)에 가면 독사의 자식들 즉 바리새인들과 율법학자들과 예수님을 십자가에 못 박았던 유대인들이 있을 것이고, 위로 천국(天國)에 가면 유대인의 왕으로 오셨던 예수님과 사도들을 만나게 될 것입니다. 우리는 어디로 가든지 가짜 유대인들에게 포위되어 살아가고 있습니다. 이들 즉 가짜 유대인 즉 가나안의 검은 유대인들은 마침내 유럽 땅에서, 아니 온 세상에서 기독교라는 종교를 없애기 위한 작전을 도모하게 되었습니다. 그 결과물이 다름 아닌 공산주의라는 체제였습니다. 독일 중에 동독 지역과 동구라파 그리고 중앙아시아 소련, 중국, 베트남, 라오스, 캄보디아, 에디오피아, 심지어 북한까지 공산화 된 것은 정통파 히브리인 유대인들이 만들어낸 것이 아니라 가짜 유대인들이 만든 작품입니다. 이들은 공산주의 혁명을 일으켜서 맨 먼저 기독교 지도자들부터 없애는 만행을 저질렀습니다. 프랑스의 르 피가로지의 보고서에 따르면 지구촌에서 공산주의 혁명으로 인하여 희생된 사람들의 수가 줄잡아 1억 5000만명 이상이라고 합니다. 이는 히틀러가 죽인 6백만과는 비교가 되지 않는 숫자입니다. 러시아에서 숙청당한 기독교인 숫자는 정확하게 파악할 수는 없지만 러시아 출신 작가 솔제니친의 보고서에는 공산주의가 러시아에서 죽인 기독교인들의 숫자가 6700만 명을 헤아린다고 기록하고 있습니다.

세계를 지배한 유대인

종교와 사상으로 말하면 유대교라는 종교가 유대인들에 의하여 시작되었고, 물론 기독교도 그 뿌리는 유대인들에게서 시작되었으며, 로마 가톨릭 역시 그 출발점을 유대교에 뿌리를 두고 있고, 이슬람교 역시 그 근거는 유대인들이 기록한 성경에서 시작되었습니다.

그래서 가짜 유대인들은 이것을 이용하여 오늘날 인류를 속이고 지난 2000년 동안 기독교를 대항하여 파멸시키기 위해 신세계질서 즉 겉으로는 유대주의 지상천국 이론을 추구하고 있지만 내면으로는 빛의 천사 루시퍼를 숭배하면서 세계지하 경제를 이끌고, 사탄의 왕국을 세워가고 있습니다. 가짜 유대인들은 일찌기 무기장사로 돈을 벌기 시작한 바질 사하로프로부터 시작하여 무기 개발과 그 판매업을 주로 하고 있습니다. 지금 전 세계 무기 제조 공장과 무기 시장을 장악하고 있습니다. 다이아몬드 가공업이나 금융 산업, 법조계, 언론계, 영화계, 그리고 에너지 분야와 식량업의 메이저들은 거의 다 그들의 소유입니다. 세상에 전쟁이 터지면 유대인들의 추수 때가 된다는 말이 있습니다. 총소리가 나는 곳에서 총알은 비유대인들의 가슴을 향하여 날아가고 돈은 그 총소리와 총알의 속도로 유대인들의 금고에 쌓이게 됩니다. 유대인들의 최대 목표는 이 지구상에 모든 비 유대인들을 전멸시키는 것입니다. 유대인들이 개발한 무기 중에 제일 유명한 것은 유대인 아인슈타인이 발명한 원자탄이고 카임 와이츠만 박사가 개발한 생화학 무기 즉 독가스 무기였습니다.

바질 사하로프는 죽음의 상인이라는 별명이 붙은 희대의 무기상이었습니다. 그는 청일전쟁 때에 저 유명한 맥심 기관총을 청나라에도 팔고 일본에도 팔았습니다. 그리스와 터키가 전쟁을 할 때는 그리스에도 팔고 터키에도 팔았습니다. 지금 이 시간에도 총알은 비 유대인의 가슴으로 돈은 유대인의 금고로 들어갑니다.

전쟁과 혁명으로 권력과 재물을 얻는다

제1차, 제2차 세계대전 때에도 유럽의 각 나라를 떡 주무르듯이 주물러서 결국은 이스라엘이라는 국가를 만들어 내기도 했습니다. 이들은 영국의 명예혁명과 프랑스 시민 혁명과 러시아 공산주의 혁명을 일으켜서 유럽에 있는 기독교 귀족들의 재산과 권력을 빼앗았으며, 이에 항거하는 기독교인들을 공산당의 이름으로 수도 없이 죽였습니다. 유럽의 기독교 국가를 둘로 분열시켜서 무려 1억 명 이상을 죽인것도 실상은 가짜 유대인들의 음모였습니다.

가짜 유대인들은 기독교인들을 죽일 때 전면에 나서지 않고 언제나 공산당의 이름으로 죽였습니다. 오늘은 미국이라는 나라 뒤에서 최첨단 무기를 만들어 미국으로 하여금 전쟁을 하게하고, 중동에서 이스라엘의 적이 되는 나라들을 차례로 공격하는데 언제나 마찬가지로 총알은 이방인의 가슴을 향하여 날아가고 미국의 돈은 가짜 유대인 무기 제조회사의 계좌로 들어갑니다.

이들이 전쟁을 일으키게 되면 증권시장에 소용돌이가 몰아칩니다. 가짜 유대인들은 이때를 준비하여 거금의 자본으로 세계 각국에서 바닥을 치는 주식을 대량으로 사들이게 되는데 이는 워털루 전쟁에서 로스차일드가 전 영국 주식의 62%를 사들여서 그 자금력으로 전 유럽을 마음대로 주물러 댔던 바로 그 수법 그대로입니다. 영국은 그 날 이후로 2류 국가로 전락하고 말았습니다. 그때까지 발칸반도에서 숨을 죽이고 있었던 아쉬케나지 유대인들은 대거 영국으로 몰려가서 고위급 공직에 발을 들여놓기 시작했고 미국으로도 수많은 아쉬케나지 유대인들이 몰려갔습니다.

가짜 유대인들 중 가장 뛰어난 사람들은 유럽 각국에서 재무장관이나 법무부 장관을 맡았습니다. 영국의 정치는 크게 흔들리게 되었는데 카임 와이즈만 박사에게 화학무기를 사용할 수 있게 해주면,

가짜 유대인들에게 나라를 세울 수 있게 해 주겠다는 약속을 했고, 반대로 아라비아의 로렌스로 알려진 T. E. 로렌스를 앞세워 아랍사람들에게 독일과 연합한 터키에 반기를 들고 영국 편을 들어 터키 군대와 싸워주면 팔레스틴에서 유대인들을 몰아내는 일에 동의하겠다고 했습니다.

그러나 영국은 마침내 벨포어 경의 선언으로 말미암아 카임 바이츠만(이스라엘 초대 대통령)과의 약속은 지켰지만 아라비아 사람들과의 약속은 지킬 수가 없었습니다. 지금도 영국 정부와 미국 정부는 꼼짝없이 유대인들의 조종을 받아서 움직이고 있습니다. 그리고 세계 어느 곳에서 전쟁이 일어나든지 그 때마다 유대인들의 무기 산업은 활성화 되고, 흔들리는 주식 시장에서는 발 빠른 유대인의 펀드가 곤두박질하는 주식들을 낚아채고 있습니다.

세계 정부 수립을 꿈꾸는 유대인

'시온'이라는 말은 예루살렘의 서남쪽에 있는 지명으로 예루살렘을 지칭할 때 주로 사용되었고, 17~18세기부터 세계 각지에서 살던 유대 민족이 예루살렘으로 돌아가 나라를 세우자는 시온운동에서 본격적으로 사용되었습니다.

A.D. 70년에 로마에 의해 완전히 멸망당한 유대인들은 전 세계에 흩어져 살면서 온갖 핍박과 학살을 견디어냈습니다. 2차 대전 당시 히틀러는 600만 명이라는 기록적인 학살을 자행했습니다. (어떤 사람들은 그 때 600만 명을 죽였다고 하는 낭설마저 유대인들이 여론 몰이로 날조했다고 주장하는 사람도 있습니다. 실상은 60만 명이었습니다.)

유럽 여러 나라에서 유대인들을 핍박했지만 실상은 가짜 유대인들이 셈족인 진짜 아브라함의 자손들을 죽이고 이런 것들의 여론을 몰아가서 팔레스타인 땅에 이스라엘 국가를 세우려는 음모였습니다.

히틀러는 검은 유대인 마이어 암셀 로스차일드 두 번째 아들인 오스트리아 빈에서 활동한 살 몬드 로스차일드 사생자였습니다. 검은 유대인들은 뛰어난 머리와 상술로 유럽의 금융과 산업을 장악했습니다. 그리고 이들은 그동안 당했던 설움에 복수의 칼날을 갈아가면서, 이스라엘 회복뿐만 아니라 세계를 정복해 모든 사람을 유대인의 노예로 만들든지 다 죽여 없애자는 논의를 하게 되었습니다. 그래서 유대인 최고 장로들이 회의를 하면서 기록한 것이 시온 의정서입니다.

유대인 고위층들은 순수하게 유대교를 믿는 척 하지만 그들이 믿는 진짜 유대교는 천사 루시퍼를 숭배하는 밀교 카발라 신비주의 종교를 신봉하는 사람들입니다. (타작기1 유대 밀교 카발라 참고) 18세기 후반 신세계 질서(New World Order)를 주장하면서 프리메이슨의 새로운 엘리트 집단인 일루미나티(광명파 프리메이슨)가 생겨났고. 당시 유럽의 부를 거머쥐고 있던 유대인 금융가인 로스차일드는 일루미나티의 창시자 아담 바이스 하우프트와 의기투합해 갖은 음모를 꾸미고, 세계 정부를 수립하기로 합의하고 프랑스 혁명과 공산주의 혁명과 미국을 건국시켜 장악하기로 합의했습니다.

로스차일드와 아담 바이스 하우프트는 시온 의정서도 현대화하기로 했고, 점차 수정하여 지금 우리가 보는 시온 의정서는 1897년 스위스 바젤(Basel)에서 열린 제1차 시오니스트 회의의 회의록이었습니다. 시온 의정서는 113년 이전에 만든 것 치고는 놀라운 통찰력을 보이고 있습니다. 예를 들어 시청각 도구를 만들어 인간을 사고할 수 없고, 그림을 봐야 되는 단순한 동물로 만들자고 했고, 그들의 계략은 적중했습니다. 이는 20세기 중반에야 보급된 텔레비전으로 인해 사람들이 책을 보지 않고 머리가 점점 나빠지는 것을 예견했고, 이는 실제로 그들이 의도한 대로 되었습니다.(타작기1 시온의정서 참고) 스포츠, 연예, 오락 사업을 발전시켜 인간을 정치 같은 복잡한 문제에는 신경 쓰지 않는 쾌락적인 동물로 만들자고 하고, 퀴즈 쇼를 만들어 문제 하나 하나에 돈을 걸지 않으면 의욕이 생기지 않는 물질 만능주의 사회를 만들었습니다. 시온 의정서를 읽으면 우리의 정치, 경제, 문화적 현실이 거의 다 의도 되고 조작된 것이라는 것을 알 수 있습니다. (타작기1 시온의정서 참고)

다국적 기업을 통한 경제지배

현재 유대인들은 세계적인 다국적 기업(금융, 석유, 군수, 식량, 광물)을 소유하고 있고 정치인(미국과 유럽)들을 매수해 이들을 뒤에서 조종하고 말을 듣지 않으면 암살하거나 약점을 잡아 협박하며, 언론사를 소유해 여론을 자신들이 의도한 방향으로 이끌고, 방송사도 소유해 프로 레슬링이나 섹스 리얼리티 프로그램 같은 저질 프로그램만 내보내 사람들을 바보로 만들고 있는데 이 모든 것이 시온의정서에 기록되어 있습니다.

뿐만 아니라 모든 나라의 자급자족 시스템을 붕괴시켜 강대국에 의존하게 만들고, 의도적으로 경제공황을 조장해 가난에 허덕이게 하며, 높은 세율을 적용해 걷은 세금을 정부가 진 빚의 이자를 갚는데 쓰게 하고 있습니다. 현재 미국 세금의 거의 전부가 유대인 소유 은행에 이자를 갚는데 사용되고 있습니다. 미국에서 화폐를 발행하는 연방 준비 은행은 유대인 소유의 민간 기업으로 화폐 발행과 이자율 조정의 권한을 갖고 있고, FRB 의장 버냉키의 한 마디에 전 세계 주가가 춤을 추게 됩니다.

세계은행과 IMF 소유함

IMF, BIS, 세계은행도 가짜유대인 소유이며 영국은행, 프랑스은행, 유럽은행도 그들의 소유입니다. 유대인들의 세계 정복은 불가능한 일이 아니라, 이제 누구도 막을 수 없는 현실로 다가 왔고 그들의 계획이 이루어지는 것은 시간문제입니다. 미국과 영국과 유럽과 독일의 최첨단 군수산업체가 다 그들의 소유입니다.

이들의 목적 중의 하나는 예루살렘에 있는 이슬람 오말 사원을 무너뜨리고 자신들의 유대성전을 세워 다윗의 후손으로 자신들과 전 세계를 다스리는 왕을 앉히는 것인데, 이 일에는 하나님도 참견할 수 없다고 단언합니다. 그러나 실상은 다윗의 후손이 바로 그들이 이미 정해 놓은 루시퍼 사탄 숭배자입니다. 그가 전 세계를 향해 호령하며 자신에게 경배하게 하는 적그리스도가 될 것입니다.

이를 위해 이미 아브라함의 족보와 유다지파 족보를 거짓으로 만들어 마지막 세상에 나타날 적그리스도를 준비시켜 놓았습니다.(타작기 1 참고) 시온 의정서는 1884년 프리메이슨에 속해 있던 미즈라임(애굽) 랏지에서 돈을 받고 러시아 정보원에게 2500프랑에 팔았고, 1897년 러시아에서 출판되었습니다. 그 중 한 권이 영국으로 흘러가서 현재 대영 박물관에 보관되어 있습니다. 그런데 셈족인 유대인 하층민들은 이런 일과는 아무 관련이 없으며, 많은 아브라함의 참 유대인들은 가난하고, 순수 유대교를 믿고 있지만, 유대 밀교 카발라를 믿는 유대인들은 예수님 당시 때부터 악마의 하수인들로 자칭 유대인의 회라 하나 실상은 사탄의 회였습니다.

유대인들은 시온 의정서에서 전 세계를 정복하기 위해 식량, 연료, 언론사를 소유하자고 했는데 실제로 이 분야의 세계적인 기업은 유대인 소유입니다. 세계 5대 메이저 식량 회사 중 3개가 유대인 소유이고 세계 7대 메이저 석유 회사 중 6개가 유대인 소유이며 '엑슨', '모빌', '스탠더드', '걸프'는 록펠러 가문 소유이고, '로열 더치 셸'은 로스차일드 가문 소유이며, '텍사코'는 노리스 가문 소유이고. 영국의 '브리티시 패트롤리엄'(BP)도 국책회사이지만 유대계 자본의 영향을 받고 있습니다. 유대인의 소유의 언론사는 다음과 같습니다.

통신사 - AP, UPI, AFP, 로이터 신문사 - 뉴욕 타임즈(사주인 아서 옥스 설즈버거가 유대인), 월 스트리트 저널(사주인 앤드류 스타인이 유대인) 방송사 - NBC, ABC, CBS, BBC (유대계 자본이 소유함) 미국 월 스트리트는 유대인이 장악했고, 동남아 경제 위기를 일으킨 조지 소로스와 같은 헤지펀드의 50%가 유대인 자본입니다. 유대인 인구는 2000만 명으로 전 세계의 0.3%이지만 노벨상 수상자의 30%가 유대인입니다. 미국에선 유대인이 580만 명으로 3%이지만, 100대 기업의 40%가 유대인 기업입니다. 대표적인 유대인 재벌인 로스차일드와 록펠러 가문은 엄청난 수의 은행, 석유, 항공사 등을 가지고 있고, 두 가문이 소유한 체이스 멘하튼 은행은 단독으로 세계 경제 공황을 일으킬 수 있는 능력을 갖고 있습니다.

이들은 언론을 통제해 자신들이 세계 100대 부자 같은 것에 끼는 것을 막고 있습니다. 왜냐하면 사실이 알려지면 전 세계가 동요할 수밖에 없기 때문입니다. 손꼽히는 부자인 빌 게이츠의 재산이 600억 달러 정도인데 반해 이들이 실제 소유한 재산은 수 천 조 달러에 이르기 때문입니다. 빌 게이츠의 재산은 이들 재산의 10만 분의 1도 안 되며, 이들에 비하면 빈민이나 다름없습니다. 이들이 미국, 유럽, 러시아 등으로부터 끌어 모은 금은 스위스, 제네바 등지의 귀금속 보관소에 보관되어 있는데 스위스에 있는 금만도 4700조 달러에 이른데 전 세계 정부가 100년 동안 쓸 수 있는 돈입니다. 이들이 특권을 누리고 있는 런던에 City of London이라는 치외 법권 지역이 있어, 국제 금융가들이 이곳에 있는데 세무 조사를 받거나 세금을 내지 않습니다. 따라서 이들은 상속세를 내지 않기 때문에 부가 대대로 세습될 수 있습니다.

9. 지금은 이미 자다가 깰 때가 넘었습니다.

성도들은 깨어서 이들이 하는 악랄한 수법을 잘 감사해야 할 것입니다. 이 힘든 세상에서 정치를 하거나, 목회를 하거나, 교육을 하는 사람들은 최소한 유대인들이 하는 일과, 프리메이슨들이 하는 일과, 예수회가 하는 일을 알아야, 속아도 덜 속게 될 것입니다. 머지 않은 날에 이들이 하는 일을 막을 수도 없고, 피할 수도 없는 날이 오게 될 것입니다. 이미 주사위는 던져 졌고, 그래서 급기야 종말이 오게 될 것입니다. 우리가 이러한 글을 쓰고, 읽고 있는 시간에도 아슈케나지 유대인들과 프리메이슨 요원들과 예수회 요원들은 온 세계에서 그들의 목적을 위하여 수단과 방법을 가리지 않고 음모와 술수를 꾸미고 있기 때문입니다.

그리스도인들은 두 눈을 부릅뜨고 미국과 영국의 뒤에서 이들을 조종하고 있는 검은 유대인들의 간계를 잘 간파해야 합니다. 근원적으로 따지고 보면 검은 유대인들은 우리나라까지 이처럼 갈라지게 해 놓았고, 지금도 우리나라의 통일을 방해하고 있다는 사실을 알아야 합니다. 검은 유대인 공산당 볼세비키는 1차 전쟁을 통해서 일본에게 2억 달러의 돈을 지원하여 러일전쟁을 일으켜 소련을 공산화 시켰고, 2차 대전 때도 자금을 지원하여 중일 전쟁을 일으켜 중국을 공산화 시켰습니다. 뿐 만 아니라 베트남, 캄보디아, 동독, 북한을 공산화 시켰습니다. 지금도 사탄을 숭배하고 있는 검은 유대인들은 북한의 핵과 미사일 등 최첨단 군수산업을 지원하면서 남한의 기독교인들과 동북 아시아의 인종 청소를 준비하고 있습니다. 검은 유대인들은 한반도에서의 갈등과 전쟁을 통하여 남북한을 혼란에 빠지게 하고 동북아시아 전체의 정치 경제구도를 깨뜨리고, 중국, 한국, 일본을 하나로 통합한 동북아시아 공동체를 만들려고 준비하고 있습니다. 그래서 동북아시아에서 중국과 일본과 한국과 북한 그리고 소련까지 끌어들여서 최첨단 무기로 무장을 하도록 음모를 꾸미고 있는 것입니다.

제2장
적그리스도 세력들이 사용하고 있는 성경적 종말론

제2장 적그리스도 세력들이 사용하고 있는 성경적 종말론

1. 이스라엘 독립

마24:32-36

"무화과나무의 비유를 배우라 그 가지가 연하여지고 잎사귀를 내면 여름이 가까운 줄을 아나니 이와 같이 너희도 이 모든 일을 보거든 인자가 가까이 곧 문앞에 이른줄 알라 내가 진실로 너희에게 말하노니 이 세대가 지나가기 전에 이 일이 다 이루리라 천지는 없어지겠으나 내 말은 없어지지 아니하리라 그러나 그 날과 그 때는 아무도 모르나니 하늘의 천사들도, 아들도 모르고 오직 아버지만 아시느니라"

예수님께서는 죽은 무화과 나무가 다시 살아나면 예수님의 재림이 문 앞에 있다는 사실을 알라고 제자들에게 경고를 했습니다. 이는 망한 이스라엘이 다시 나라를 세워 건국을 하면 그 때가 예수님께서 다시 세상에 재림하실 때라는 것입니다.

이스라엘은 주후70년 9월8일에 로마의 티토 장군에게 100만 명 이상 살해당하고 멸망하고 말았습니다. 그리고 남은 자손들은 전 세계 136개 나라로 디아스포라 되었습니다.

전 세계로 흩어진 유대인들은 가는 곳마다 핍박과 박해를 받으면서 생존의 전략으로 번영과 풍요의 신인 신비주의 유대 카발라와 그들만의 암호였던 탈무드를 앞세워 오늘에 이르게 되었습니다. 특히 중세를 거쳐 르네상스 운동으로 재물을 모은 유대인들은 종교개혁

이후 유럽의 권력과 부를 차례로 접수하면서 그들만의 꿈인 사탄 루시퍼 왕국을 세우기 위한 전략으로 시오니즘 운동을 일으켜 팔레스타인에 이스라엘 나라를 건국하려는 계획을 세우고 1897년 스위스 바젤에서 시온의정서를 채택합니다. 그리고 세계 1, 2차 대전을 거치면서 1948년 5월14일에 이스라엘 나라를 건국하게 됩니다.

시오니즘 운동의 두 갈래

시오니즘 운동은 두 가지로 요약할 수 있습니다. 하나는 순수한 복음주의 운동으로 보는 견해와 또 다른 하나는 검은 유대인 사탄 숭배자들의 세계정복 시나리오로 보는 견해입니다. 전자를 5% 정도 활동으로 본다면 후자는 95% 정도 활동으로 정의를 내릴 수 있습니다. 복음주의 시오니즘 운동은 몇 몇 선교 단체들에서 하는 극소수 운동입니다.

그러나 일루미나티에서 활동하고 있는 시오니즘 운동은 전 세계적이며 전 우주적이라고 할 수 있습니다. 주후 1897년 스위스 바젤에서 채택된 세계정복전략인 시온의정서에 채택되고, 앨버트 파이크가 계획한대로 세계 3차 대전은 시오니즘 운동을 주도적으로 하는 유대계와 이슬람 아랍계와 충돌로 일어나도록 계획되었습니다. 그래서 검은 유대인들은 자신들의 루시퍼 사탄 숭배를 감추고 마치 참 유대교를 믿은 유대인들처럼 구약성경과 신약에서 예언한 자신들의 잃어버린 땅을 다시 찾겠다고 시오니즘 운동을 일으키고 있지만 실상은 이런 사건을 일으키는 참 목적은 유일신 야웨 종교를 멸절시키고 동시에 전 세계를 루시퍼 사탄왕국으로 만들려는 두 가지 음모가 도사리고 있는 것입니다.

제1차 시오니스트운동

17세기부터 검은 유대인(가나안 유대인)들을 중심으로 예루살렘 복귀가 서서히 시작되었습니다. 1896년 빈에서 팔레스타인에 민족 향토건설을 역설한 헤르출의 유대인 국가론이 출판되었고, 이듬해 시오니즘 운동의 계기가 된 제1회 세계시오니스트 회의에서 바젤강령이 채택되었으며, 세계 각지에서 활동하는 시오니스트 세계 조직 '시오니스트 기구'가 발족되어 이 기구의 팔레스타인 지부에서 이스라엘 국가의 모체가 된 '유대 기구'가 창설되었습니다.

1901년에는 팔레스타인의 토지구입 자금을 모으는 '유대국민기금'이 설립되었고, 1909년에는 최초의 식민지 키브츠 '도카니아'가 건설되었으며, 1920년에는 팔레스타인의 유대인 노조 '히스타돌토'가 발족한 데 이어 준군사조직인 '하카나'가 결성되었습니다. 이렇게 하여 시오니즘 운동은 정치·군사·경제면에서 착착 독자 조직을 만들어 가기 시작하는 한편, 강대국의 지지와 협력을 얻기 위해 국제 외교를 적극적으로 전개, 1902년에 헤르츨은 오스만터키의 술탄에게 팔레스타인에의 이민과 입국을 받아들일 것을 조건으로 터키의 부채 청산을 위한 재정원조를 제안하기도 했고, 유대인의 이주 확대가 유럽 열강의 세력 확대에 대응하는 것이라는 등, 유럽 제국에 의한 팔레스타인 쟁탈전에 뛰어들었습니다.

이 시기 팔레스타인에서의 유대인 인구는 1880년에 약 2만 4천 명으로 팔레스타인 주민(48만 명)의 5%에 지나지 않았으나, 제1회 아리아(이민) 시대(1882~1903)와 제2회 아리아 시대(1904~1914)를 거치면서 1914년에는 약 6만 명(팔레스타인 인구의 11%)으로 증가했으나, 토지 소유율은 여전히 2%(1918년)에 그치고 있었습니다.

이스라엘 건국 과정

19세기 후반, 오스만터키제국 지배하의 팔레스타인을 무대로 민족분쟁이 발생하고, 유대민족주의와 아랍 팔레스타인 민족주의의 두 내셔널리즘이 역사에 등장합니다. 전자는 유대교의 구세주 사상에 영향을 받으면서, 유럽에 유랑하는 분산민족인 유대인이 외부 세계에 동화하지 못하고, 차별·박해·추방·굴욕의 역사를 이어오는 가운데 근·현대에 들어와 시오니즘이라고 하는 정치운동을 만들어 내고 발전시켜 온 유럽에 기원을 둔 19세기형 내셔널리즘입니다.

아랍인이 살고 있는 영토(팔레스타인)는 아랍민족주의의 이름 아래 연대하여, 어떤 희생을 지불하더라도 그에 저항하여 스스로의 운명을 결정할 수 있는 민족자결의 길로 나갔습니다. 이것은 서구 열강의 제국주의에 의해 식민지화된 아시아 아프리카에서 민족해방운동의 원동력이 된 20세기형 내셔널리즘 운동으로 연결됩니다. 유대민족주의는 영국의 외상 벨포어 선언(1917), 아랍민족주의는 맥마혼 사건(1915~1916)을 통해 이스라엘과 팔레스타인에게 동시에 나라를 세워줄 것을 약속합니다. 이 두 내셔널리즘 운동에 있어, 제1차 세계대전 후 1919년 사탄주의자 윌슨에 의해서 민족 자결주의 원칙이 선포되어 이스라엘 독립 국가는 더욱 더 힘을 얻게 됩니다.

그 후 제1차 세계대전에서부터 제2차 세계대전까지는 시오니즘 운동이 유대 국가의 기반을 확립한 시기로 볼 수 있습니다. 이에 커다란 역할을 한 것은 세계 최강국임을 자처하던 영국이었습니다.

영국은 제1차 세계대전을 통해 시오니즘 운동에 팔레스타인에의 민족향토 건설의 사명을 부여했고, 전후에는 국제연맹에서 팔레스타인 위임 통치권을 부여받았습니다. 위임통치 아래서 '시오니스트 기구'가 정식으로 유대 행정기구로서 국제적으로 인정돼 영국은 유대 이민에 편의를 제공하고 입국을 장려하는 역할을 담당했습니다.

이 같은 조직적인 대량 이민과 이주활동이 전개된 결과, 팔레스타인의 유대인 인구는 위임통치 전반 15년 사이에 인구의 11%(1922), 17.7%(1931), 28% (1936), 32.15%(1,676,000명 중 539,000명, 1943)로 서서히 증가하기 시작, 국가의 기초가 되는 인구적 기반을 확립했습니다.

영국의 위임 통치는 팔레스타인에 유대인을 다수파로 하여, 유대 국가를 탄생시키기 위한 국제적인 수준에서의 역할을 했습니다.

이스라엘 독립안이 가결된 UN총회

팔레스타인에 유대인 이민이 증가하기 시작하자, 그곳의 아랍인은, 유대인이 언젠가는 팔레스타인의 주인이 돼 아랍인이 추방되는 것이 아닌지, 즉 유대국 건설의 희생양이 되지 않을까 하는 불안을 가중시켜 갔습니다. 시오니즘 운동은 영국의 무력을 빌어 1920년, 1921년, 1929년, 1933년, 1936년에 계속적으로 발발한 아랍 주민에 의한 수많은 저항운동과 주민봉기를 진압했을 뿐 아니라, 미국에 사는 유대인에게서 거액의 헌금을 받아 유대인 국가 건설을 위한 기반 구축에 성공했습니다. 그리고 제2차 세계대전 때 약 6백만 명의 유대인이 나치의 손에 학살돼 '유대인 문제'의 해결이 초미의 국제적인 문제가 되자, 미국의 트루만 정권은 위임 통치국에 '팔레스타인 문제'를 국제연합의 장으로 옮기도록 요청, 이스라엘 건국에 길을 연 1947년 1월의 유엔총회 181호 결의를 이끌어내는데 성공을 했습니다.

이 결의는 팔레스타인 2만6,300km2의 영토를 둘로 분할하여, 52%를 유대국가(유대인 498,000명, 아랍인 497,000명), 48%를 아랍국가(아랍인 725,000명, 유대인 1만 명)로 나눴으나, 유대측이 1947년 당시 팔레스타인 인구의 31%, 토지소유는 겨우 7%를 소유하는 데 그쳤기 때문에, 아랍측이 이의 수용에 강력히 반발하였습니다. 드디어 주후 1947.11.29 UN안보리는 33:13으로 이스라엘 팔레스타인 분할 독립안을 가결하게 되었습니다. 그리고 이스라엘은 1948년 5월14일 독립을 만 천하에 선포했습니다.

독립 후 전쟁을 통한 영토 확장

1948년 5월 14일에 건국을 선언한 이스라엘과 팔레스타인이 전쟁(이스라엘 독립전쟁)을 벌였습니다. 유대국가는 이 전쟁에 승리, 팔레스타인 전체의 77% 면적으로 영토를 더욱 확대했습니다. 나머지 23% 가운데 요르단강 서안 지구(5,700km2)와 가자지구(36만km2)는 각각 요르단과 이집트 통치를 거쳐, 1967년 전쟁에서의 아랍의 패배에 따라 이스라엘의 점령 아래 둠으로써 팔레스타인이라는 지명은 정치적인 지도에서 완전히 소멸되기에 이르렀습니다.

이후, 이스라엘과 아랍제국 사이에는 3회(1982년의 레바논전쟁을 포함하면 4회) 팔레스타인을 둘러싼 전쟁을 경험했으나, 이 과정에서 팔레스타인의 아랍인이 고향에서 추방돼, 토지와 가옥을 잃고 주변 아랍 각 지역으로 유랑하는 이른바 '팔레스타인 난민' 문제가 발생했습니다.

이스라엘 독립전쟁에서는 팔레스타인 주민 약 72만 명이 12도시, 416의 촌락에서 쫓겨나 '난민'이 되었으며, 그로부터 반세기 후인 오늘날에는 그들 난민들의 자손이 360만 명에 이르는 것으로 추계되고 있습니다. 또 서안 가자가 점령된 67년 전쟁에서는 주민 30만 명의 새로운 난민(Displaced Person)이 발생, 그들의 자손도 현재 60만 명 이상으로 알려지고 있습니다. 현재 이스라엘은 인구 600만명의 명실 상부한 초강대국으로 성장하였습니다.

2. 예루살렘 회복과 이방인의 때

예수님의 예루살렘에 대한 예언

눅21:24 "저희가 칼날에 죽임을 당하며 모든 이방에 사로잡혀 가겠고 예루살렘은 이방인의 때가 차기까지 이방인들에게 밟히리라"

예수님은 예루살렘이 이스라엘 민족의 땅으로 회복되면 이방인의 때가 찬다고 했습니다. 또 유대인과 이방인에 대한 예언이 로마서에 있습니다.

롬11:25-26 "형제들아 너희가 스스로 지혜 있다 함을 면키 위하여 이 비밀을 너희가 모르기를 내가 원치 아니하노니 이 비밀은 이방인의 충만한 수가 들어오기까지 이스라엘의 더러는 완악하게 된 것이라 그리하여 온 이스라엘이 구원을 얻으리라"

놀라운 사실은 이방인과 유대인의 구원이 겹치지 않고 분리되어 있다는 것입니다.

바울은 이스라엘이 교만하여 십자가에 버린 예수는 하나님의 아들로 이방인에게 거져 주신바 된 구원자가 되시고, 이렇게 이방인들이 얻은 구원 때문에 유대인들 중에서 얼마는 시기가 나서 오히려 예수님을 구원자로 받아들인다고 했습니다. 그러다가 예루살렘에서부터 시작된 성령의 복음이 땅끝까지 전파되고, 이방인들 중에서 구원을 받을 사람들이 다 구원을 받게 되면, 이제 다시금 하나님의 구원은 이스라엘에게 돌아가서 남은 이스라엘이 다 구원을 받을 것이라고 선포하고 있습니다. 과연 예수님께서 예언하신대로 예루살렘은 지금 어떤 처지에 있습니까?

예루살렘의 역사

서기 70년 9월, 유대력으로 압월 (monthof Ab) 8일, 유대 독립전쟁 진압을 위해 예루살렘에 파병된 로마 베스파시아누스 황제의 아들인 티투스는 (Titus. 훗날 아버지를 이어 황제가 됨) 장기화된 전쟁으로 인해 병력 손실을 더 이상 허용해서는 안 된다고 판단하고, 병사들에게 전격적으로 예루살렘 성 함락을 명령합니다. 그 다음날, 티투스는 예루살렘 성 함락에 성공했고, 살아있는 사람에 대해서는 그의 병사들의 결정에 맡겼습니다. 매일 500명씩 십자가형에 처하여, 성벽 주변은 썩어가는 시체로 인해 악취가 풍겼고, 들개와 자칼들이 시체들을 먹으러 돌아다녔습니다. 예루살렘 근처에 있는 올리브 산은 사람들을 매단 십자가로 더 이상 자리가 없었으며 아예 십자가를 만들 나무도 동이 난 상태였습니다.

살아남은 포로들 중 예루살렘을 탈출하려 혈안이 된 사람들은 금화를 삼켜서 뱃속에 넣고 도시를 벗어나려 했습니다. 그러나 그 부작용과 기근으로 인해 수종에 걸린 환자처럼 그들의 배가 부풀어 올랐고, 조금이라도 음식을 먹은 사람들은 창자와 뱃가죽이 폭발해 버려 곪은 피와 체액에 뒤범벅이 된 금화가 쏟아져 나왔습니다. 이를 본 로마 병사들은 돈을 챙길 목적으로, 다른 포로들 중 배 모양이 의심이 가는 자들을 산채로 배를 갈라 금화를 손에 넣으려 했습니다.

이 소식에 실색한 티투스는 즉각 군율로 이를 금지시켰지만, 이도 소용이 없는 것이 그의 휘하 예비부대(auxiliary) 중 전통적으로 유대인들과 앙숙이었던 시리아인들로 구성된 부대는 이 끔찍한 죽음의 게임을 계속해서 즐겼습니다.

세월을 훌쩍 넘어 이슬람의 창시자 모하메드를 언급하지 않을 수 없습니다. 꿈에 아브라함이 믿었던 동일한 신이 보낸 천사를 만나 신의 계시에 이끌려 자신의 애마를 타고 예루살렘으로 날아가 예배를 본 이후 자신이 교주가 됩니다. 그리고 몇 세대 후의 술탄에 의해 예루살렘은 이슬람 신자들의 성지로 지정됩니다. 그리고 이들은 그 이전 그 이후 예루살렘을 통치했던 수많은 제국들보다 꽤 신사적으로 통치합니다. 오늘날 보는 예루살렘의 황금 사원은 이전에 파괴된 예루살렘 성전을 이들이 엄청난 금물을 입혀서 새로 올린 겁니다. (주후691년)

엄청난 약탈과 파괴 그리고 살육은 오히려 그 이후인 십자군 전쟁 시대에 일어납니다. 그리고, 19세기 말이 되면서, 이슬람이 성전을 관리하는 상황에서 영국, 프랑스, 미국 등이 이스라엘 주권을 세워주고 유럽 전역에 흩어져 있던 유대인들을 불러 모으고 1967년 6월 6일 6일 전쟁으로 예루살렘이 이스라엘 민족의 땅으로 편입이 되고 1986년 1월1일 드디어 예루살렘은 이스라엘의 정식 수도가 됩니다. 2,500년 전에 바벨론에게 망한 후 처음으로 이스라엘은 독립국가로서 예루살렘을 수도로 맞이하는 역사적인 순간이었습니다.

예수님께서 말씀하신대로 예루살렘은 이방인의 때가 차기까지 이방인들에게 밟히지만, 이방인의 때가 차면 더 이상 이방인에게 밟히지 않고, 이스라엘 땅으로 회복이 된다고 말씀하셨습니다.

예루살렘은 명실공히 1986년 1월1일부터 이스라엘의 수도가 되었습니다. 그리고 예루살렘 성전이 있었던 동예루살렘에 거주하던 모든 팔레스타인들의 공공기관도 다른곳으로 이주를 하였습니다. 그리고 통곡의 벽에서는 날마다 제3성전 건축을 통한 구약제사를 위해 매일 5000명 이상의 이스라엘 사람들의 기도가 끊임없이 계속되고 있습니다.

바야흐로 인류는 예루살렘과 함께 종말의 때를 맞이하였습니다. 이제 3차 세계 대전을 통해 오마르 사원이 무너지고 제3성전이 세워지면 다니엘서 9:27에서 예언한 마지막 1이레인 7년이 시작되고, 7년의 절반인 3년반 동안 구약제사가 드려지고, 후3년 반에는 적그리스도가 나타나 구약제사를 폐하고, 지성소에 사탄의 우상을 세우고, 예루살렘을 중심으로 사탄왕국을 세울 때 지상에서는 마지막 야곱의 환난이 시작됩니다.

3. 에스겔 38장 3차 세계대전

제2장 적그리스도 세력들이 사용하고 있는 성경적 종말론

에스겔39:1-6
"여호와의 말씀이 내게 임하여 가라사대 인자야 너는 마곡 땅에 있는 곡 곧 로스와 메섹과 두발 왕에게로 얼굴을 향하고 그를 쳐서 예언하여 이르기를 주 여호와의 말씀에 로스와 메섹과 두발 왕 곡 아 내가 너를 대적하여 너를 돌이켜 갈고리로 네 아가리를 꿰고 너와 말과 기병 곧 네 온 군대를 끌어내되 완전한 갑옷을 입고 큰 방패와 작은 방패를 가지며 칼을 잡은 큰 무리와 그들과 함께 한바 방패와 투구를 갖춘 바사와 구스와 붓과 고멜과 그 모든 떼와 극한 북방의 도갈마 족속과 그 모든 떼 곧 많은 백성의 무리를 너와 함께 끌어내리라"

하나님께서는 에스겔을 통해서 전 세계로 흩어졌던 이스라엘이 말세에 고토로 돌아와 나라를 세우고 안정된 국가를 이룩할 때 큰 전쟁이 있을 것을 말씀 하셨습니다. 이것이 세계 3차 대전입니다.

이스라엘과 전쟁할 나라들

러시아, 이란, 터키, 리비아, 에디오피아, 남러시아, 동구라파(독일) 등입니다.

월츠 카이저 구약학 박사는 러시아와 동맹을 맺고 이스라엘을 침공할 나라가 22개국이라고 했습니다.

이란의 핵무기 개발과 중동전쟁

이란의 핵무기 개발은 아주 심각한 내용입니다. 왜냐하면 이란에서 개발하고 있는 핵무기는 북한과 같은 상온핵융합이란 무기입니다. 핵폭탄은 우라늄을 이용한 핵분열 방식을 취하고 있습니다. 핵융합은 태양이 빛과 열을 내는 원리입니다. 수소원자핵 4개를 합쳐서 하나의 헬륨 원자핵을 만들 때 나오는 에너지를 사용하는 방식입니다. 에너지 양에 있어서는 핵분열보다 핵융합의 양이 훨씬 크며 자원도 비교 할 수 없습니다.

북한이 핵융합반응을 이용해 핵무기의 소형화를 추진하고 있는 것과 같은 원리입니다.

핵융합 반응을 이용한 원자폭탄은 폭발력을 비약적으로 높이고, 핵무기의 크기는 대폭 소형화하는 것으로 사람들을 이용해 테러용으로 사용할 때, 엄청난 치명적인 피해를 줄 수 있습니다.

북한도 최근 핵무기를 탄도 미사일에 싣기 위해 소형화를 추진하거나, 국제사회의 감시가 어려운 우라늄형 핵개발을 추진하는 것으로 지적되는 가운데, 북한이 지난해 5월 "핵융합반응 실험에 성공했다"고 주장했습니다.

이란의 핵무기 개발은 북한의 핵과 미사일 기술이 지원되고 있다는 증거들이 속속 들어나고 있는 상황에서 중동의 이란 핵개발로 시작된 세계 3차 대전은 한반도를 중심으로 동시다발적으로 일어날 확률이 큽니다.

전쟁의 결과

이스라엘의 대 승리로 끝이 납니다.

에스겔28:21-23 "나 주 여호와가 말하노라 내가 내 모든 산 중에서 그를 칠 칼을 부르리니 각 사람의 칼이 그 형제를 칠 것이며 내가 또 온역과 피로 그를 국문하며 쏟아지는 폭우와 큰 우박덩이와 불과 유황으로 그와 그 모든 떼와 그 함께한 많은 백성에게 비를 내리듯 하리라 이와 같이 내가 여러 나라의 눈에 내 존대함과 내 거룩함을 나타내어 나를 알게 하리니 그들이 나를 여호와인줄 알리라"

슥14:12 "예루살렘을 친 모든 백성에게 여호와께서 내리실 재앙이 이러하니 곧 섰을 때에 그 살이 썩으며 그 눈이 구멍 속에서 썩으며 그 혀가 입속에서 썩을 것이요"

4. 예루살렘 성전 건축과 구약 제사 부활과 적그리스도 출현

오마르 회교사원이 무너지고 솔로몬 성전이 건축되다

에스겔 38장 전쟁을 통해서 이스라엘은 세계 최강의 나라로 일어섭니다. 뿐만 아니라 이 전쟁을 통해서 동예루살렘 성전산 위에 있는 오마르 회교 사원이 무너지고, 솔로몬 성전이 건축 됩니다. 그래서 다시금 이스라엘이 꿈에도 그리던 구약제사를 드릴 수 있게 됩니다.

단9:27

"그가 장차 많은 사람으로 더불어 한 이레 동안의 언약을 굳게 정하겠고 그가 그 이레의 절반에 제사와 예물을 금지할 것이며 또 잔포하여 미운 물건이 날개를 의지하여 설 것이며 또 이미 정한 종말까지 진노가 황폐케 하는 자에게 쏟아지리라 하였느니라"

이스라엘이 아랍과 소련의 전쟁에서 승리한 후 이스라엘을 도왔던 미국과 유럽제국은 이스라엘과 7년간 평화조약을 맺고 솔로몬 성전에서 구약제사를 드릴 수 있도록 허용을 합니다. 그래서 이스라엘은 꿈만 같은 예루살렘 성전 제사를 독립국가로서 2500년 만에 감격적으로 드릴 수 있게 됩니다.

유대교를 배반하고 루시퍼 종교를 세운 가짜 유대인

시오니즘 운동을 일으켜 이스라엘 나라를 독립시키고 예루살렘을 회복한 가나안 유대인들은 오마르 사원을 무너뜨리고 거기에 유대교 성전을 짓고 구약제사를 준비하고 있습니다.

이와같은 일을 하는 것은 유대교와 이슬람교를 대치시켜 인티파다 성전의 전쟁으로 몰아가려는 시도입니다. 뿐 만 아니라 다니엘서 9:27에 나타난 대로 적그리스도는 진짜 유대인들처럼 예루살렘 성전을 짓고, 이스라엘과 7년 평화조약을 맺고 전 3년 반 동안 구약제사를 허락할 것입니다. 그러나 전 3년 반 동안 전 세계가 전쟁과 복합적인 재난으로 혼란한 상황에서 이스라엘 중심으로 정치적으로, 경제적으로, 사회적으로 안정이 된 후인 7년 대환난 중반에 예루살렘 성전 지성소에 루시퍼의 우상을 세우고 사탄왕국을 선포할 것입니다.

그리고 루시퍼에게 경배하지 않은 모든 유대인들과 기독교인들을 죽일 것입니다. 이 때 RFID 칩이 등장하고 한 사람도 사탄의 통제체제에서 벗어날 수 없게 될 것입니다.

예수님께서도 마태복음 24:15-16

"그러므로 너희가 선지자 다니엘의 말한바 멸망의 가증한 것이 거룩한 곳에 선 것을 보거든 (읽는 자는 깨달을찐저) 그 때에 유대에 있는 자들은 산으로 도망할찌어다"

사도 바울도 데살로니가 후서 2:4,8 "저는 대적하는 자라 범사에 일컫는 하나님이나 숭배함을 받는 자 위에 뛰어나 자존하여 하나님 성전에 앉아 자기를 보여 하나님이라 하느니라 그 때에 불법한 자가 나타나리니 주 예수께서 그 입의 기운으로 저를 죽이시고 강림하여 나타나심으로 폐하시리라"

7년 대환란 초반에 적그리스도가 나타나서 이스라엘과 평화조약을 체결할 것입니다. 유대인들은 무기를 내려놓고 평화롭다고 생각합니다. 또한 그들은 평화의 시대가 왔다고 생각합니다.

그러나 후삼년 반이 시작되자 가나안 유대인들은 가면을 벗고 참유대인을 배반하고 지성소안에 루시퍼 사탄의 우상을 세우고 전 세계 모든 사람들에게 루시퍼를 섬기라고 선포합니다. 그리고 이마와 오른손에 RFID 칩을 심어서 자기 백성으로 인을 칩니다, 그때 진짜 유대인들이 루시퍼 섬기기를 거부합니다. 적그리스도는 루시퍼 섬기기를 거절한 참유대인들과 RFID칩을 거부한 구원받은 성도들을 무참하게 살해 합니다.

성경은 이 표를 받지 아니하면 아무라도 먹고, 마시고, 차를 타고 이동하고, 병을 치료하고, 물건을 사거나 팔 수 없다고 했습니다. 그리고 누구든지 이 표를 받고 짐승에게 경배하면 영원히 구원을 받지 못한다고 선포하셨습니다.

계13;16-18

"저가 모든 자 곧 작은 자나 큰 자나 부자나 빈궁한 자나 자유한 자나 종들로 그 오른손에나 이마에 표를 받게 하고 누구든지 이 표를 가진 자 외에는 매매를 못하게 하니 이 표는 곧 짐승의 이름이나 그 이름의 수라 지혜가 여기 있으니 총명 있는 자는 그 짐승의 수를 세어 보라 그 수는 사람의 수니 육백 육십 륙이니라"

야곱의 환난이 시작되다

예수님은 이 시기를 야곱의 환난이라고 하셨습니다. 그동안 이스라엘 민족이 유구한 역사 이래 엄청난 박해와 죽임을 당했지만 야곱의 환난 때 당한 것과 비교 할 수 없다고 하셨습니다. 예수님은 창세 이후에 이만한 고통이 없었다고 하셨습니다. 예수님께서 이 고통이 너무나 크기 때문에 일찍 재림하셔서 이스라엘의 남은 자들을 구원하시겠다고 하셨습니다.

예수님께서 택한 자들을 위해서 후삼년 반의 시간을 단축해서 재림하시는 것입니다.

5. 트랜스 휴머니즘 프로젝트 (인간 개조 프로젝트)

Transhumanism (개조된 인간)

Transhumanism(개조된 인간)은 미국에서 Super soldier project로 시작되었습니다. 유전자를 조합하여 만들어낸 600만불 사나이와 같은 군인이 20년 후엔 등장한다고 합니다. 2007년 내셔날 지오그래픽 잡지에선 10년 안에 최초의 trasnhuman이 등장할 것이라는 내용이 실렸습니다.(245 P)

또 2011년 2월 21일자 타임지의 표지가 "2045 The Year Man Becomes Immortal" (2045년에 인간이 불멸이 가능한 해)그리고 30년 이내에 초인간 지력을 만드는 기술(super-human intelligence.)을 갖게 될 것이며 곧 오늘날 인류의 시대는 끝날것이라고 기록했습니다. 그들이 지칭하는 말은 Transhumanism입니다.

과학자들은 현재 동물배아와 인간의 배아를 섞어서 hybrid변종을 만드는 실험을 하고 있습니다. 2003년 Shanghai Second medical 대학에서 인간의 세포와 토끼의 배아를 혼합하였으며 성공적으로 만들어 졌다고 보도되었습니다. 그리고 미네소타의 mayo Clinic에선 사람의 피를 가진 돼지를 만들었으며. 스탠포드 대학에선 인간의 뇌를 가진 쥐를 만들것이라고 했습니다.

2008년에 영국은 인간과 돼지 배아를 만드는 라이센스를 확보했습니다. Onenewnos.com 그리고 Mostert of Regent대학의 Dr. Mark는 논문에서 , "영국법상 인간과 동물배아의 창조물은 14일 안에 파기 되어야 한다고 써 있다"라고 밝혔습니다. 하지만 "어떤 연구가들은 성장과정들을 보기 위해 그것을 지키지 않기도 한다"고 말했습니다.

그리고 미국에서 염소와 거미의 유전자를 섞어 만든 염소 젖을 가공하여 실크를 얻어낼수 있는 것을 발견했습니다.

천지창조 후 사단이 인간의 혈통을 더럽혔던 이유가 메시아의 탄생을 방해하기 위해서라면, 현대에 사탄이 유전자 조작을 통해 사람을 변형시키려는 이유는 인간에게서 하나님의 형상을 지우고 적그리스도를 등장시켜 온 인류를 지옥으로 끌고 가려는 음모입니다.

에녹서에 보면 노아 홍수심판시대 반인반수의 네피림의 거인들이 인간과 피를 섞고, 짐승과 수간을 하며, 동물과 사람을 잡아먹었다고 했습니다. 그래서 하나님은 이 땅에 더러운 유전자를 깨끗하게 쓸어버리기 위해서 노아를 택하고 홍수 심판을 단행하셨습니다.

그리스 신화의 키메라는 사자의 머리, 염소의 몸, 그리고 용의 꼬리를 가진 것으로 알려졌습니다. 외에도 수메르, 바벨론, 이집트에 수많은 반인반수의 신들이 있었습니다. 소의 머리와 사람 몸의 신, 인간의 상체에 말의 하체를 갖고 있는 신, 도마뱀의 머리와 인간의 몸의 신, 새의 머리와 인간의 몸의 신 등 여러 신들이 등장합니다.

사탄은 말세지말에 지상의 모든 인간을 지옥으로 끌고 가기 위해 하나님이 자기 형상으로 지은바 된 인간속에 하나님의 형상을 모두 제거하여 지정의 인격이 없는 기계인간으로 만들고 있습니다. 이것이 바로 사탄의 차세대 인간 프로젝트(Transhumanism Project)입니다.

앞으로 인간은 4단계 변화의 과정을 통해 신과 같은 인간으로 진화합니다.

Transhuman(개조된 인간)-Posthuman(차세대 인간)-Neoman(새인간)-godman(신인간)

이것은 사탄이 하와를 유혹하여 선악과를 따먹게 할 때 하와에게 준 약속입니다. 너희가 선악과를 따먹으면 하나님처럼 될 것이다.

RFID칩은 트랜스휴머니즘의 시작에 불과합니다. 앞으로 20년 내에 인간의 모든 생노병사가 정복되고, RFID칩과 같은 컴퓨터 조정장치를 통해서 모든 인간을 가축처럼 지배하게 될 것입니다.

성경은 창세기에서부터 순수한 유전자를 중요시 여깁니다. 뱀의 유전자와 여자의 유전자가 결국은 지옥과 천국으로 갈라졌습니다. 가인의 유전자와 아벨(셋)의 유전자, 네피림의 유전자와 노아의 유전자, 니므롯의 유전자와 아브라함의 유전자, 이스마엘의 유전자와 이삭의 유전자, 에서의 유전자와 야곱의 유전자. 사울의 유전자와 다윗의 유전자 역시 지옥과 천국의 상징입니다.

인조합성인간 (Man of synthetic)

이제 곧 인간의 뇌 뿐만 아니라 마음과 생각과 정서까지 컴퓨터 복제와 다운로드가 가능해 집니다. 인간의 두뇌를 복제하는 기술을 두뇌과학이라고 합니다. 인간의 피부를 컴퓨터로 조정하는 기술을 인지과학이라고 합니다. 유전자를 조작하여 사람의 생노병사와, 감정과 지식과 의지를 조정하는 것을 유전자 공학이라고 합니다. 동물과 식물의 생명체를 혼합시켜 새로운 품종을 만드는 과학을 생명공학이라고 합니다. 이런 공학들이 컴퓨터에 연결되어 인간을 지배할 때, 인간은 어떤 모습일까요?

그들은 인간의 생노병사와 죽음을 정복했다고 말합니다. 두뇌와 인간 복제를 통해 cyborg인간을 만들고, 컴퓨터나 스마트폰을 이용한다면 사람의 존재는 시간과 공간을 초월해서 원하는 어느곳에서든지 활동을 할 수 있습니다. 해서, 심지어 우주공간에서도 활동을 할 수 있습니다.

지구에 어떤 문제가 있어 지구에 있는 내가 사라진다 해도 화성에서 내가 살아갈 수 있다는 것입니다. 체세포복제로 나와 똑같은 복제인간을 만들고 나의 뇌를 복제하여 컴퓨터로 다운로드 받아 복제인간의 뇌에 이식을 시키면 나와 똑같은 또 한 사람이 원하는 곳에서 살 수 있다는 것입니다. 이런 세상이 오면 사람이 신처럼 시간과 공간을 넘어 살 수 있습니다.

그래서 그들은 사람이 신이 된다고 말을 하는 것입니다. 그들이 주장하는 영생 프로젝트를 반대 할 수 없게 만드는 커다란 이유는 인간의 질병을 치료한다는 엄청난 명분이 있기 때문입니다.

최첨단 인지과학

앞으로 20년 내에 인간의 지능과 컴퓨터의 지능의 한계가 무너집니다. 오히려 컴퓨터의 지능이 인간의 지능을 능가하여 세포들의 노화로 제한되어진 인간의 기억과 창조의 능력은 컴퓨터 지능의 통제 하에 엄청난 진화를 하게 됩니다. 인지과학은 인간과 동물과 식물 사이에서 일어나는 수많은 현상등의 정보처리를 컴퓨터에 연결하여 통합하고 조정하는 과학으로 텔레파시, 마인드컨트롤, 투시, 공간이동, 초능력, 마술 등을 현실적으로 가능하게 하는 인류최첨단 과학입니다. 이렇게 되면 감히 인간을 신이라고 해도 과언이 아닐 것입니다.

그러나 니므롯이 바벨탑을 쌓고 하나님의 구원을 대적하다가 망했 듯이 현대 인류 과학의 바벨탑은 하나님이 완벽하게 심판하실 것입니다.

레이 커즈와일은 컴퓨터의 힘이 인간의 힘을 능가하는 시점을 특이점(Singularity)이라고 했습니다. 미국에서 제시하고 있는 NBIC(나노,바이오,정보,인지)와 유럽제국에서 연구하고 있는 CTEKS(Converging Technologes For the European Knowledge Society) 모두가 인지과학을 연구하는 프로젝트입니다.

인간복제

똑같은 생명체를 두 개 이상 만드는 것을 생명체 복제라 합니다. 영어로는 클론(clone)이라고 하는데, 이 단어의 어원은 그리스어인 "klon"에서 유래된 것으로서 가지, 조각, 절단, 군중 등 여러 가지 의미가 있습니다. 여기서 물론 생명체 복제는 살아있는 즉, 생명이 있는 세포나 개체의 복제를 의미하는 것입니다. 인간이나 동물을 생산하기 위해서는 체세포의 분리 및 배양, 난자핵의 제거, 세포핵의 치환, 난자의 활성화 , 복제수정란의 체외배양 및 이식 등 일련의 과정을 필요로 합니다.

복제 인간 프로젝트를 공공연히 밝혀왔던 미국 클로네이드 (Clonaid)사가 복제 여아(女兒) '이브'(Eve)의 출생 사실을 발표했습니다. 2002년 12월26일 첫 복제 여아가 태어났으며 2003년 4월까지 4명이 더 출생될 것이라고 했습니다. 인간 복제 시대가 사실로 다가왔다는 것은 충격이 아닐 수 없습니다. 인간복제를 주도한 클로네이드는 1997년 '라엘리언 무브먼트'(Raelian Movement)의 비밀 자회사 형태로 미국 라스베이거스에 세운 회사입니다. 라엘리언은 복제를 통해 인간이 영생을 얻을 수 있다고 주장하고 있는 프리메이슨 사탄숭배 사이비종교집단입니다.

이 종교집단은, "지구상 인류는 2만5000년 전에 정체불명의 비행체(UFO)를 타고 온 외계인(elohim)들이 복제 과정을 통해 만들어진 존재"라는 황당한 교리를 지니고 있으며 "혼음과 동성간의 성교 등 자유분방한 성생활을 권장하는 단체"입니다. 이 집단의 교주 라엘은 "이번 복제는 영생에 이르는 첫걸음"이며 "궁극적인 목표는 뇌이식을 통해 성인 복제 인간을 개발하는 것"이라고 말했습니다. 복제아를 고속성장시킨 뒤 복제 대상자의 생각과 기억까지도 입력시켜 행동과 생각이 똑같게 하려는 라엘의 시도는 더 이상 과학적 연구라기보다는 인위적으로 영생을 추구하는 비현실적인 사이비종교 운동으로 보아야 합니다.

그는 과학기술을 이용하여 영생하고, 하나님처럼 되고자 하는 인간의 교만을 시도하는 제2의 니므롯의 반역을 도모하고 있습니다. 라엘이 목표로 하는 '이식을 통한 성인 복제인간 개발' 시도는 인간의 존엄을 깨뜨리는 시도입니다. 복제된 천재나 독재자나 노예가 양산될 수 있습니다. 치료 목적으로 사용되고 난 후 폐기 처분될 수많은 보조인간이 생겨나고, 미인과 우생아를 대량 복제하여 상품화하고, 악인을 복제하여 세상을 지배하려는 우생학적 범죄가 발생하는 등, 판도라 상자를 여는 것입니다. 사막의 많은 모래들이 진정한 생명이 없으므로 버림받은 것처럼 수많은 복제인간들이 만들어질지라도 진정한 생명이 그들에게 없다면 사막에 버려진 모래와 같은 운명이 될 뿐입니다.

인간복제기술

　복제기술은 우선 생식세포 복제와 체세포 복제로 나눌 수 있습니다. 생식세포복제는 수정란을 이용한 복제이고, 체세포복제는 복제대상자의 손톱이나 피부 등에서 체세포를 떼어 내고, 유전 물질인 DNA가 담겨 있는 핵만 따로 분리합니다. 그리고 여성에게서 난자를 채취한 뒤 난자의 핵을 제거한 후 체세포의 핵을 난자에 주입하여 '복제 수정란'을 만들어 자궁에 이식시켜 아이를 탄생시키는 기술입니다.

　따라서 체세포 복제는 난자와 정자가 결합하는 수정과정 없이도 생명체를 탄생시킬 수 있습니다. 체세포를 이용해 만든 복제수정란에 있는 세포의 유전정보가 체세포를 제공한 사람의 유전정보와 같다는 점에서 복제라는 용어를 씁니다.

　사람이나 동물의 난자만 있다면 손톱이나 귀, 머리카락 등 몸에서 떨어진 세포 하나로도 모체와 유전형질이 똑같은 복제인간을 만들 수 있다는 것입니다.

　복제양 돌리가 체세포 복제기술에 의해 지난 1997년 2월 탄생하였고, 돌리 이후 각국에서는 생쥐, 소 등의 체세포 복제가 뒤따랐습니다. 국내에서도 지난 1999년 체세포 복제로 젖소 영롱이와 한우 진이가 탄생되었습니다.

배아복제

　한편 '배아(Embryo)복제'는 체세포를 이용해 배아를 만들 때 부르는 용어로, 사실상 체세포복제와 같은 의미로 쓰입니다. 인간 배아세포는 2,4,8,16, 32 등 2의 거듭제곱으로 분열하면서 숫자가 많아집니다. 세포가 8개로 되는 데는 수정 뒤 2~3일, 세포가 1백20여 개인 배반포기는 4~5일 걸립니다. 동물마다 배반포기에 이르는 기간이 다른데 소는 7일 정도 걸립니다. 배반포기는 시험관에서 키울 수 있는 한계이며, 자궁에 착상하기 바로 직전의 배아를 말합니다.

배아를 복제할 때 세포 융합을 위해 주로 1백~1백50V의 전기 충격을 가합니다. 전압과 충격을 주는 시간은 동물마다 다른데 이는 과학자들의 노하우이기도 합니다.

체세포복제 과정을 거친 복제수정란은 배반포기 단계(보통 4~5일)까지 배양하는 작업을 거치는데, 여기서 내부 세포덩어리를 떼어내 배아줄기세포를 확립할 수 있는 배반포기단계까지를 '치료용 복제'라고 하며 이를 여성 자궁에 이식하면 '생식을 위한 인간 개체 복제'가 됩니다.

영국에서 통과된 반인반수 법안

과학자들은 배아에서 '배아줄기세포'를 얻기 위한 치료용 인간 체세포복제(배아복제)는 허용되어야 한다는 입장입니다. 그 동안 동물의 난자와 사람의 체세포를 이용해 배아를 만들거나 시험관 시술을 하고 남은 인간의 수정란을 이용해 배아줄기세포를 만드는 연구가 계속되어 왔습니다.

2008년 10월22일 영국하원에서는 "인간생식과 배아관계에 관한 법률안"이 통과되었습니다. 이 법안의 주요 내용은 인간과 동물의 이종간의 배아수립을 허용하는 법안입니다. 즉 인간과 동물의 교잡 배아법이 통과된 것입니다. 이미 사람의 세포의 핵과 동물의 핵을 제거한 난자를 통한 이종간의 배아줄기세포 연구는 엄청난 속도로 비밀리에 발전이 되어 왔는데 정식 법률안으로 인정을 받은 세계 최초의 사건이 된 것입니다. 단 성공한 인간과 동물의 이종간 배아는 14일 이내로 폐기처분하도록 했지만 그것을 지키는 연구소는 없습니다.

이렇게 해서 키메라와 같은 반인반수와 같은 존재들이 시대적인 지구촌 차원상승이라는 명목아래 인간과 같이 활동할 날이 멀지 않았습니다. 늑대나 이구아나의 머리를 가진 남자와 여자를 상상해 보셨습니까? 도마뱀 머리를 가진 인간인 남녀를 생각해 보셨습니까? 이미 미녀와 야수, 킹콩과 같은 헐리우드 영화에서만 보았던 영화같은 세상이 우리가 모르는 사이에 준비되고 있는 것입니다.

죽은 후 3년 된 제주 흑우의 부활과 인간 부활

2011년 6월 13일, 우리나라에서 제주 흑우(黑牛)가 복제되었습니다. 여기서 놀라운 점은 3년 전에 죽은 흑우를 복제시켰다는 것입니다. 제주 흑우는 선사시대 이후 제주도에서만 사육된 한우의 한 품종으로 현재 멸종위기에 처해 있었습니다. 그런데 제주대 줄기세포연구센터의 박세필 교수팀과 (주)미래생명공학연구소 공동연구팀은 세계 최초로 초급속 냉동과 초간편 해동(초자화동결, vitrification) 기술을 개발해 이미 죽은 흑우를 되살렸습니다. 체세포를 이용한 소 복제는 이미 1999년 국내에서 젖소와 한우 복제에 성공한 사례가 있습니다.

흑우 역시 2009년 3월 체세포 복제에 성공한 바 있습니다. 하지만 이 당시에는 수소였습니다. 앞으로 미래의 종 보존을 위해서는 우수 유전형질을 가진 암소가 필요했습니다. 이를 위해 연구팀은 17년 전인 1994년에 태어나 3년 전 노령으로 도축된 씨암소 복제를 시도했던 것입니다. 이미 죽은 암소를 복제할 수 있었던 것은 체세포 복제기술에 초급속 냉동기술과 초간편 해동 기술이 더해졌기 때문입니다.

그렇다면 초급속 냉동기술과 초간편 해동기술은 무엇일까요. 씨암소가 도축되기 1년 전, 당시 연구팀은 흑우 귀 세포를 냉동 보관했습니다. 다른 소에서 얻은 난자의 핵을 제거한 후 이 귀 세포의 핵을 주입해 섭씨 영하 196도에서 초급속 냉동시켜 보관시킨 것입니다.

냉동된 수정란은 2010년 1월 초급속 해동과정을 거쳐 대리모의 자궁에 이식되었습니다. 이 기술로 15분 내에 냉동된 수정란이 현장에서 1분 내에 해동돼 대리모 자궁에 곧바로 이식될 수 있었습니다. 이렇게 탄생한 것이 2010년 10월 31일 자연분만으로 태어난 '흑우순이' 입니다. 흑우순이의 친자감별 유전자 분석(DNA Finger printing) 결과, 귀 세포를 제공한 죽은 씨암소와 유전자가 일치했습니다. 앞으로 흑우순이란 이름 앞에는 '제주 흑우 복제 씨암소'라는 수식어가 따라다니게 된 것입니다.

초급속 냉동의 장점은 무엇보다도 수정란의 생존율을 높일 수 있다는 것입니다. 기존에 사용한 완만 동결은 냉동에 2~5시간이 걸렸습니다. 해동 후 생존율은 50% 이하였고 현미경을 통해 생존한 수정란을 골라서 이식해야 하는 번거로움 때문에 실용화하기도 어려웠습니다. 하지만 15분 내에 초급속 냉동한 수정란은 해동 후 80~90%의 생존율을 보였습니다. 또 다른 이점은 원하는 자궁이 나타났을 때 바로 해동해서 착상시킬 수 있다는 것입니다. 복제 수정란을 착상시키기 위해서는 자궁의 환경 역시 중요합니다. 복제 수정란은 바로 착상시키는 것이 아니라 일주일 정도 발생과정을 거칩니다. 때문에 대리모의 자궁 역시 발정 후 일주일 정도 지난 상태여야 합니다. 기존 냉동 기술이 개발되지 않았을 때는 복제 수정란을 만들면 착상 조건에 맞는 대리모를 찾는 것이 일이었습니다. 하지만 냉동 기술로 수정란을 얼려 놓으면 조건이 맞는 대리모를 찾았을 때 실온(섭씨 25도)에서 1분간 해동한 후 바로 착상시킬 수 있습니다.

자궁 착상 후 정상적으로 태어나는 비율도 높습니다. 대리모 5마리에 냉동 복제 수정란을 각각 두 개씩 넣었는데 이 중에서 흑우순이가 탄생했습니다. 기존 냉동시키지 않은 신선 복제 수정란의 성공률이 10% 정도인 걸 감안하면 복제 성공률이 두 배가량 높아진 것입니다. 이로써 보다 쉽게 멸종위기 동물의 유전자 종을 보존할 수 있는 길이 열렸습니다.

이 연구는 2008년부터 농림수산식품부와 제주특별자치도로부터 총 22억여 원을 지원받아 진행되었습니다. 36kg으로 태어난 흑우순이는 2011년 6월 현재 150kg으로 건강한 상태입니다. 박세필 교수는 2012년 쯤 복제된 씨수소와 씨암소를 교배시켜 새로운 종이 태어나기를 기대하고 있습니다.

이렇듯 복제 기술도 진화하고 있습니다. 인간의 손톱이나 머리카락에서 세포(DNA)를 채취하고 이것을 액체 질소로 냉동 보관합니다. 그 사람이 죽고 난 후 100년 후에 다시 복제를 하면 죽은 자가 다시 살아나는 것입니다.

뼈만 있어도 복제가 가능하다

　머리카락, 손톱조각, 뼈만 남은 인간의 유골들을 재생시킵니다. 살아있는 생물의 작은 세포마다 그 생물을 완전히 재구성하는데 필요한 모든 정보(DNA)가 들어 있습니다. 예를 들면, 남아 있는 뼈에서 작은 조각을 하나 떼어 생명물질을 공급해 주는 장치 속에 넣기만 하면 그 생물을 본래대로 재현시킬 수 있습니다. 기계는 물질을 공급하고 그 작은 조각은 필요한 모든 정보를 제공하는데, 그것은 바로 그에 따라 생물이 구성하는 설계도입니다. 체세포에서 분리시킨 DNA는 마치 머리털이나 눈동자의 색깔에 이르기까지 생명체를 창조하는 데 필요한 모든 정보를 갖춘 정자와 같습니다.

인공자궁에서 태어나는 어린아이 시대

　최근의 놀라운 연구들에 의하면 곧 인간생식의 새로운 시대가 열리게 될 전망입니다. 그때가 되면 전통적인 임신 대신, 인간배아는 인공자궁에서 태아로 성장하게 될 것입니다. 유전학자로서 '과학은 성의 규칙을 어떻게 재정의할 것인가?' 의 저자인 Aarathi Prasad 는 "이는 성에 대한 새로운 방식의 생각이며, 여성은 생물학적으로나 사회적으로나 남성과 동등하게 될 것이다."고 말했습니다. Cornell 대학의 Hung-Ching Liu 박사는 인공자궁에서 세포를 자라게 하여 자궁내막조직을 만든 뒤, 쥐의 배아를 인공자궁 안에 주입하였습니다. Liu 박사는 New Atlantis Magazine에 게재된 기사에서 "배아는 성공적으로 착상되었고 건강하게 자랐다."고 말했습니다. 과학자들은 이미 인공자궁을 만들어 비밀리에 수많은 복제들이 실험되고 있다고 말을 합니다.

　일본 Juntendo대학의 Yosinori Kuwabara 박사 연구팀은 염소의 태아를 인공자궁 속에서 10일 동안 생존시켰습니다. 그 인공자궁은 초기단계에 지나지 않았지만 Kuwabara 박사는 가까운 미래에 인간의 태아를 잉태할 수 있는, 완전히 기능하는 인공자궁으로 진보할 것이라고 예측하고 있습니다.

6. 엘로힘 외계인 천년왕국 라엘 프로젝트

예루살렘 제 3성전을 중심으로 천년동안 사탄 루시퍼 왕국을 세우기 위해 UFO 외계인으로 활동을 하고 있는 라엘 프로젝트에 대하여 소개를 합니다.

사탄 루시퍼 숭배자들은 현대 과학을 통해서 자신들을 UFO를 타고온 외계인들이라고 속이면서, 그들이 고대 우주선을 타고 지구로 와서 유전자 조작을 통해서 인간과 지구의 모든 생명을 창조하였고, 고대로부터 현대에 이르기까지 발전된 인류의 문명은 자신들에 의해서 이루어진 업적이며, 미개한 인간들이 지금까지 하나님으로 섬기고 있는 창조주 엘로힘 하나님이 자신들 즉 외계인이라는 것입니다.

그러나 이제 그들이 발전시킨 과학의 힘으로 인간들도 자신들을 이해하고 맞이할 준비가 되었기 때문에 지구촌에 자신들이 방문할 대사관을 준비하고 있으며, 인간들의 대대적인 환영과 요청에 의해서 와야 하기 때문에 전 세계적으로 외계인 엘로힘을 맞이할 수 있도록 라엘 무브먼트 운동을 하고 있다고 합니다.

다음은 그들의 홈피에 기록된 내용들의 원문입니다.
"라엘리안 무브먼트는 비영리 국제단체로서, 지구상에서 인간을 포함한 생명을 창조했던 외계의 고등 과학자들인 엘로힘에 의해 전해진 매우 특별한 메시지를 인간에게 알리고 인류에게 인류의 진정한 기원을 알리기를 희망하는 자들로 구성되어 있다. 그러나 이것만이 라엘리안 무브먼트의 유일한 목표는 아니다. 라엘리안 무브먼트의 또 다른 주요 사명은 우리의 창조자들(엘로힘)의 귀환을 위한 공식적인 대사관을 준비하는 것이다. 그들의 메신저 라엘을 통해 엘로힘은 정중하게 우리에게 와서 만나고 싶다는 희망을 표현 했다. 그러나 엘로힘은 이곳(지구)에서 그들이 환영 받을 때만 방문하기를 원하므로, 엘로힘은 우리가 먼저 그들의 귀환에 앞서 적절한 대사관을 건설함으로써 그들을 맞이하길 바라는 희망을 보여주길 요청한다.

이 대사관은 고대 경전들에 이미 예고된 바와 같이 제 3의 성전이 될 것이다. 엘로힘의 자세한 설명에 따르면, 대사관은 치외법권의 지위가 승인되고 중립적 영공의 지위가 승인되는 중립적 지역에 건설되어야 한다. 대사관은 그곳의 거주자들에 대한 필수적인 지위가 주어짐으로써 인류가 자신들의 창조자들과의 공식적 만남을 위한 준비가 되었음을 증명할 것이다.

엘로힘으로부터 요청받은 대사관에 대한 자세한 지시사항과 상세한 설계도는 http://www.elohimembassy.org 에서 열람할 수 있다. 라엘리안 무브먼트는 최근 대사관 건설을 고려해줄 것을 수많은 국가에게 요청했으며, 몇 몇 나라들에서 그에 상응하는 공간을 내어주는데 대해 관심을 표명해 주었으며, 예비적 논의가 벌써 진행중이다. 요청서가 전달된 여러 정부에 제시된 문서에 나타난 바와 같이, 우주로부터 오는 우리들의 아버지들을 위한 대사관을 건설하는 나라에게는 실질적인 재정적 이득을 가져올 것이다. 또한 그 행운의 국가는 엘로힘의 특별한 보호를 누리게 될 것이고 다가오는 천년 동안 이 행성의 정신적이며 과학적 중심지가 될 것이다."

그들이 말한 엘로힘 외계인은 누구입니까?

다음은 그들이 말하고 있는 엘로힘 외계인에 대한 설명입니다.

"수세기 동안 학자들은 생명의 기원과 의미에 대한 두 가지 가능성을 토론해 왔다. 사람들이 전능한 신을 만들어 그 어떤 언급도 비이성적으로 묵살하는 동안, 일부는 진화론에서 찾을 수 없는 높은 철학적 관점을 원했다. 하지만 이성적이며 철학적 깊이가 있는 또 다른 이론이 가능했을까요? 바로 이것을 '메시지'가 제안한다. 수천 년 전 다른 행성에서 지구에 온 과학자들이 자신들의 모습을 본뜬 인간을 포함한 모든 종의 생명체를 창조했다. 이 과학자들과 그 작업에 대한 자료들은 많은 문화의 고대 문헌들에서 찾을 수 있다. 고도의 과학기술로 인해, 과학자들은 지구의 고대인들에 의해 신으로 간주되었고, 흔히 고대 히브리어로 '하늘에서 온 사람들'을 의미하는 '엘로힘'으로 불렸다. 엘로힘은 복수형임에도 현대 성서들에서 보이는 단수형의 '신'으로 오랫동안 오역되었다. 그럼에도 이 하늘에서 온 사람들(엘로힘)은 그들이 접촉한 각 시대별 여러 메신저

제2장 적그리스도 세력들이 사용하고 있는 성경적 종말론

들(예언자들로 불림)을 통해 인류를 가르쳤다. 각 메신저는 비폭력과 존중이라는 기본 원칙을 주된 가르침으로 하는 그 시대 사람들의 이해수준에 적합한 메시지를 전달받았다. 이제 인류가 충분한 과학적 이해수준에 이르렀기에, 엘로힘은 마지막 메시지를 전하기 위해, 잦은 UFO 출현으로 자신들을 더 드러내기로 결정했다. 라엘은 지구상에 마지막 메시지를 전하는 것과 우리의 창조자들을 맞이할 대사관을 준비하는 두 가지 사명을 부여 받았다. 무신론적 '지적설계론'은 유신론자들과 진화론자들 사이의 해묵은 논쟁에 합리적인 해법을 제시한다. 오늘날의 과학적 발견들 뿐 아니라 모든 고대문화들의 역사적 배경과도 일치한다. 그러나 맹목적으로 달려들진 마라. 지적설계-설계자들로부터의 메시지를 읽고 스스로 알아보도록 하는 것이 중요하다. 확실히 다른 눈으로 세상을 보게 될 것이다!"

이와 같은 내용은 현재 전 세계를 지배하고 신세계질서를 세우기 위해 활동하고 있는 프리메이슨의 음모입니다. 이들이 노리는 가장 큰 목표는 창조주 하나님과 성경을 과학의 힘으로 대체하고, 인간의 유전자를 변형시켜 인간속에 있는 하나님의 형상을 제거하여 예수님의 십자가 속죄사역을 물거품으로 만드는 전략입니다.

예수님의 재림의 때는 노아 때와 같고, 소돔과 고모라 때와 같습니다. 노아시대에 네피림들이 하나님의 형상으로 지음 받은 인간의 유전자를 더럽혀서 하나님의 구원의 사역을 방해했던 것처럼 현대에서도 사탄은 과학이란 바벨탑을 쌓고 전 인류를 지옥으로 끌고 가려는 니므롯과 같은 제2의 반역을 준비하고 있는 것입니다. 이들은 교묘하게 현대과학을 이용하여 고고학을 부활시키고 있습니다. 고대 역사를 과학으로 복원시키고 있습니다.

고대문명과 고대신화들을 과학적으로 종교화시키고 있습니다.
현대 예수님의 십자가 대속의 은총을 믿고 있는 성경적인 참 기독교는 사면초가를 만나고 있습니다. 6000년의 전 인류 역사를 과학으로 밀고 오는 사탄의 세력 앞에 엄청난 시험을 당하고 있습니다. 계시록에 기록된 대로 창세 이후에 생명책에 이름이 녹명된 자 외에는 모두 적그리스도에게 경배할 날이 엄청난 속도로 우리 눈앞에 다

가오고 있는 것입니다.
 그들은 UFO를 동원하고 있습니다. 전 세계적으로 외계인과 UFO에 대한 사건은 세계 사람들을 깜짝 놀라게 할 것입니다. 수많은 외계인들이 준비되어 있습니다. 수많은 UFO사건들이 준비되어 있습니다. 이제 마지막 지구촌의 질서를 흔드는 큰 사건이 터질 때 지구촌은 아무도 순간을 예측할 수 없는 혼란에 빠질 것입니다. 전쟁, 테러, 외계인 침공, 바이러스 공포, UFO사건 등 그러나 이런 모든 일들을 꾸미고 있는 세력들을 우리가 알고 있다면 머리카락 하나 상하지 않을 수 있을 것입니다.

7. 예수님의 재림과 심판

만왕의 왕되신 예수님은 감람산으로 재림하셔서 예루살렘 성전에 앉은 루시퍼와 사탄의 세력들을 심판하십니다.

 "그 날에 그의 발이 예루살렘 앞 곧 동편 감람산에 서실 것이요 감람산은 그 한가운데가 동서로 갈라져 매우 큰 골짜기가 되어서 산 절반은 북으로, 절반은 남으로 옮기고"

예수님은 모든 성도와 함께 재림하십니다.

 살전3:13
 "너희 마음을 굳게 하시고 우리 주 예수께서 그의 모든 성도와 함께 강림하실 때에 하나님 우리 아버지 앞에서 거룩함에 흠이 없게 하시기를 원하노라"

예수님은 심판주로 구름타고 오셔서 택한 자들을 모으십니다.

 "그 때에 인자의 징조가 하늘에서 보이겠고 그 때에 땅의 모든 족속들이 통곡하며 그들이 인자가 구름을 타고 능력과 큰 영광으로 오는 것을 보리라 저가 큰 나팔소리와 함께 천사들을 보내리니 저희가 그 택하신 자들을 하늘 이 끝에서 저 끝까지 사방에서 모으리라

사탄의 세력들과 불법한 자를 죽이십니다.

살후2:8

"그 때에 불법한 자가 나타나리니 주 예수께서 그 입의 기운으로 저를 죽이시고 강림하여 나타나심으로 폐하시리라"

짐승과 거짓 선지자들 유황불 못에 던지고 그를 따르는 자들을 죽이십니다.

계21:20-21

"짐승이 잡히고 그 앞에서 이적을 행하던 거짓 선지자도 함께 잡혔으니 이는 짐승의 표를 받고 그의 우상에게 경배하던 자들을 이적으로 미혹하던 자라 이 둘이 산채로 유황불 붙는 못에 던지우고 그 나머지는 말 탄 자의 입으로 나오는 검에 죽으매 모든 새가 그 고기로 배불리우더라"

사탄을 묶어 무저갱에 1000년 동안 가둡니다.

계20:1-3

"또 내가 보매 천사가 무저갱 열쇠와 큰 쇠사슬을 그 손에 가지고 하늘로서 내려와서 용을 잡으니 곧 옛 뱀이요 마귀요 사단이라 잡아 일천년 동안 결박하여 무저갱에 던져 잠그고 그 위에 인봉하여 천년이 차도록 다시는 만국을 미혹하지 못하게 하였다가 그 후에는 반드시 잠간 놓이리라"

이마와 오른손에 짐승의 666표를 받고 그에게 경배하는 자는 다 심판을 받습니다.

계14:9-11

"또 다른 천사 곧 세째가 그 뒤를 따라 큰 음성으로 가로되 만일 누구든지 짐승과 그의 우상에게 경배하고 이마에나 손에 표를 받으면 그도 하나님의 진노의 포도주를 마시리니 그 진노의 잔에 섞인 것이 없이 부은 포도주라 거룩한 천사들 앞과 어린 양 앞에서 불과 유황으로 고난을 받으리니 그 고난의 연기가 세세토록 올라가리로

다 짐승과 그의 우상에게 경배하고 그 이름의 표를 받는 자는 누구든지 밤낮 쉼을 얻지 못하리라 하더라"

끝까지 남은 유대인들은 삼분의 일만 구원을 받습니다.

슥13:8-9

"여호와가 말하노라 이 온 땅에서 삼분지 이는 멸절하고 삼분지 일은 거기 남으리니 내가 그 삼분지 일을 불 가운데 던져 은 같이 연단하며 금 같이 시험할 것이라 그들이 내 이름을 부르리니 내가 들을 것이며 나는 말하기를 이는 내 백성이라 할 것이요 그들은 말하기를 여호와는 내 하나님이시라 하리라"

그리스도의 심판대에서 보상을 받습니다.

마19:28-30

"예수께서 가라사대 내가 진실로 너희에게 이르노니 세상이 새롭게 되어 인자가 자기 영광의 보좌에 앉을 때에 나를 좇는 너희도 열두 보좌에 앉아 이스라엘 열 두 지파를 심판하리라 또 내 이름을 위하여 집이나 형제나 자매나 부모나 자식이나 전토를 버린 자마다 여러 배를 받고 또 영생을 상속하리라 그러나 먼저 된 자로서 나중 되고 나중 된 자로서 먼저 될 자가 많으니라"

눅19:17-19

"주인이 이르되 잘하였다 착한 종이여 네가 지극히 작은 것에 충성하였으니 열 고을 권세를 차지하라 하고 그 둘째가 와서 가로되 주여 주의 한 1)므나로 다섯 1)므나를 만들었나이다 주인이 그에게도 이르되 너도 다섯 고을을 차지하라 하고" 고전4:5 "그러므로 때가 이르기 전 곧 주께서 오시기까지 아무것도 판단치 말라 그가 어두움에 감추인 것들을 드러내고 마음의 뜻을 나타내시리니 그 때에 각 사람에게 하나님께로부터 칭찬이 있으리라" 고전5:10 "이는 우리가 다 반드시 그리스도의 심판대 앞에 드러나 각각 선악간에 그 몸으로 행한 것을 따라 받으려 함이라"

8. 천년왕국

바로 알아야 할 사탄의 궤계

사탄은 하나님의 구원 계획을 인간들보다 먼저 알고 하나님의 구원계획을 변질시키고, 짝퉁으로 모방을 하여 이에 식상한 인간으로 참 하나님의 구원과 뜻을 따르지 못하도록 왜곡시켜 왔습니다.

사탄은 에덴 동산에서 하나님의 형상으로 지은바 된 인간을 시기하여 선악과를 따먹게 하고, 아벨을 통한 인류구원 계획을 알고 그를 죽였으며, 네피림을 통해 순수인간의 유전자를 동물과 섞었으며, 니므롯을 통해 하나님을 대적하게 하고, 가나안 족속들을 타락시켜 아브라함의 자손들을 통한 구원의 섭리를 훼방했습니다.

사탄은 창세이후 지금까지 또 앞으로도 역시 그렇게 하다가 결국은 영원한 불못에 심판을 받을 것입니다.

특별히 말세지말에 사탄의 가장 큰 음모는 이 땅에 세워질 천년왕국에 대한 훼방입니다.

사탄은 분명히 하나님께서 예수님의 십자가 대속의 결과로 인간의 죄만 대속해 주신 것이 아니라 아담의 범죄로 말미암아 저주 받은 우주와 자연 만물의 저주까지도 자유케 해주신 것을 잘 알고 있습니다.

그래서 예수님이 다시 오셔서 먼저 인간을 구원해 주시고, 온 우주와 자연만물까지도 아담과 하와 범죄 이전의 상태로 완전히 회복시켜 명실상부한 하나님의 구원을 성취할 것을 사탄도 잘 알기 때문에 이를 훼방하기 위해 짝퉁 루시퍼 공산주의 유토피아 천년왕국을 지상에 세우기 위해 인간의 과학이라는 바벨탑을 쌓고 있는 것입니다.

오늘날 사탄숭배자들의 집단이 WCC에서 말한 우주적인 교회가 있습니다. 하나님께서 자비하셔서 인종, 국가, 경제, 교육, 종교와 차별이 없이 모든 인류를 다 구원하신다는 종교 다원주의 운동입니다.

그러나 성경에서 말하고 있는 우주적인 교회인 천년왕국은 속된 것들과 죄인들이 살 수 없는 나라이며, 인간들의 과학으로 이루어진 것이 아니라 하나님의 전지전능하신 능력으로 이루어지는 나라입니다.

천년왕국의 의미
아브라함의 육적 자손의 회복 : 육적인 이스라엘의 회복

창22:15-18

"여호와의 사자가 하늘에서부터 두번째 아브라함을 불러 가라사대 여호와께서 이르시기를 내가 나를 가리켜 맹세하노니 네가 이같이 행하여 네 아들 네 독자를 아끼지 아니하였은즉 내가 네게 큰 복을 주고 네 씨로 크게 성하여 하늘의 별과 같고 바닷가의 모래와 같게 하리니 네 씨가 그 대적의 문을 얻으리라 또 네 씨로 말미암아 천하 만민이 복을 얻으리니 이는 네가 나의 말을 준행하였음이니라 하셨다 하니라"

아브라함의 영적 자손의 회복 : 영적인 교회의 회복

엡1:7-12

"우리가 그리스도 안에서 그의 은혜의 풍성함을 따라 그의 피로 말미암아 구속 곧 죄 사함을 받았으니 이는 그가 모든 지혜와 총명으로 우리에게 넘치게 하사 그 뜻의 비밀을 우리에게 알리셨으니 곧 그 기쁘심을 따라 그리스도 안에서 때가 찬 경륜을 위하여 예정하신 것이니 하늘에 있는 것이나 땅에 있는 것이 다 그리스도 안에서 통일되게 하려 하심이라 모든 일을 그 마음의 원대로 역사하시는 자의 뜻을 따라 우리가 예정을 입어 그 안에서 기업이 되었으니 이는 그리스도 안에서 전부터 바라던 우리로 그의 영광의 찬송이 되게 하려 하심이라"

엡3:8-11

"모든 성도 중에 지극히 작은 자보다 더 작은 나에게 이 은혜를 주신 것은 측량할 수 없는 그리스도의 풍성을 이방인에게 전하게 하시고 영원부터 만물을 창조하신 하나님 속에 감추었던 비밀의 경륜이 어떠한 것을 드러내게 하려 하심이라 이는 이제 교회로 말미암아 하늘에서 정사와 권세들에게 하나님의 각종 지혜를 알게 하려 하심이니 곧 영원부터 우리 주 그리스도 예수 안에서 예정하신 뜻대로 하신 것이라"

천년왕국에서 왕노릇하는 사람들

계20:4-5

"또 내가 보좌들을 보니 거기 앉은 자들이 있어 심판하는 권세를 받았더라 또 내가 보니 예수의 증거와 하나님의 말씀을 인하여 목 베임을 받은 자의 영혼들과 또 짐승과 그의 우상에게 경배하지도 아니하고 이마와 손에 그의 표를 받지도 아니한 자들이 살아서 그리스도로 더불어 천년 동안 왕노릇 하니 (그 나머지 죽은 자들은 그 천년이 차기까지 살지 못하더라) 이는 첫째 부활이라"

인간의 구속과 만물의 회복

롬8:18-23

"생각건대 현재의 고난은 장차 우리에게 나타날 영광과 족히 비교할 수 없도다 피조물의 고대하는 바는 하나님의 아들들의 나타나는 것이니 피조물이 허무한데 굴복하는 것은 자기 뜻이 아니요 오직 굴복케 하시는 이로 말미암음이라 그 바라는 것은 피조물도 썩어짐의 종노릇 한데서 해방되어 하나님의 자녀들의 영광의 자유에 이르는 것이니라 피조물이 다 이제까지 함께 탄식하며 함께 고통하는 것을 우리가 아나니 이뿐 아니라 또한 우리 곧 성령의 처음 익은 열매를 받은 우리까지도 속으로 탄식하여 양자 될것 곧 우리 몸의 구속을 기다리느니라"

회복된 자연 만물의 경배

계5:13-14

" 내가 또 들으니 하늘 위에와 땅 위에와 땅 아래와 바다 위에와 또 그 가운데 모든 만물이 가로되 보좌에 앉으신 이와 어린 양에게 찬송과 존귀와 영광과 능력을 세세토록 돌릴찌어다 하니 네 생물이 가로되 아멘 하고 장로들은 엎드려 경배하더라"

구약에서 예언한 아들 메시야 나라, 천년왕국

사35:1,6-9

"이새의 줄기에서 한 싹이 나며 그 뿌리에서 한 가지가 나서 결실할 것이요 그 때에 이리가 어린 양과 함께 거하며 표범이 어린 염소와 함께 누우며 송아지와 어린 사자와 살찐 짐승이 함께 있어 어린 아이에게 끌리며 암소와 곰이 함께 먹으며 그것들의 새끼가 함께 엎드리며 사자가 소처럼 풀을 먹을 것이며 젖먹는 아이가 독사의 구멍에서 장난하며 젖뗀 어린 아이가 독사의 굴에 손을 넣을 것이라 나의 거룩한 산 모든 곳에서 해됨도 없고 상함도 없을 것이니 이는 물이 바다를 덮음 같이 여호와를 아는 지식이 세상에 충만할 것임이니라"

예루살렘 통치

슥14:15

"예루살렘을 치러 왔던 열국 중에 남은 자가 해마다 올라와서 그 왕 만군의 여호와께 숭배하며 초막절을 지킬 것이라 천하 만국 중에 그 왕 만군의 여호와께 숭배하러 예루살렘에 올라 오지 아니하는 자에게는 비를 내리지 아니하실 것인즉 만일 애굽 족속이 올라 오지 아니할 때에는 창일함이 있지 아니하리니 여호와께서 초막절을 지키러 올라오지 아니하는 열국 사람을 치시는 재앙을 그에게 내리실 것이라"

사람의 수명이 1000년으로 연장된다

사65:19-20

"내가 예루살렘을 즐거워하며 나의 백성을 기뻐하리니 우는 소리와 부르짖는 소리가 그 가운데서 다시는 들리지 아니할 것이며 거기는 날 수가 많지 못하여 죽는 유아와 수한이 차지 못한 노인이 다시는 없을 것이라 곧 백세에 죽는 자가 아이겠고 백세 못되어 죽는 자는 저주 받은 것이리라"

천년왕국 마지막에 있을 시험과 승리

계20:7-10

"천년이 차매 사단이 그 옥에서 놓여 나와서 땅의 사방 백성 곧 곡과 마곡을 미혹하고 모아 싸움을 붙이리니 그 수가 바다 모래 같으리라 저희가 지면에 널리 퍼져 성도들의 진과 사랑하시는 성을 두르매 하늘에서 불이 내려와 저희를 소멸하고 또 저희를 미혹하는 마귀가 불과 유황 못에 던지우니 거기는 그 짐승과 거짓 선지자도 있어 세세토록 밤낮 괴로움을 받으리라"

사탄이 시험 할 수 없는 만물을 충만케 한 교회의 비밀

엡1:21-23

"모든 정사와 권세와 능력과 주관하는 자와 이 세상뿐 아니라 오는 세상에 일컫는 모든 이름 위에 뛰어나게 하시고 또 만물을 그 발 아래 복종하게 하시고 그를 만물 위에 교회의 머리로 주셨느니라 교회는 그의 몸이니 만물 안에서 만물을 충만케 하시는 자의 충만이니라"

빌2:5-11 "너희 안에 이 마음을 품으라 곧 그리스도 예수의 마음이니 그는 근본 하나님의 본체시나 하나님과 동등됨을 취할 것으로 여기지 아니하시고 오히려 자기를 비어 종의 형체를 가져 사람들과 같이 되었고 사람의 모양으로 나타나셨으매 자기를 낮추시고 죽기까지 복종하셨으니 곧 십자가에 죽으심이라 이러므로 하나님이 그를 지극히 높여 모든 이름 위에 뛰어난 이름을 주사 하늘에 있는 자들과 땅에 있는 자들과 땅 아래 있는 자들로 모든 무릎을 예수의 이름에 꿇게 하시고 모든 입으로 예수 그리스도를 주라 시인하여 하나님 아버지께 영광을 돌리게 하셨느니라"

마지막 승리의 영광스런 나라를 하나님 아버지께 바침으로 모든 역사가 끝남

고전15:22-26

"아담 안에서 모든 사람이 죽은것 같이 그리스도 안에서 모든 사람이 삶을 얻으리라 그러나 각각 자기 차례대로 되니니 먼저는 첫 열매인 그리스도요 다음에는 그리스도 강림하실 때에 그에게 붙은 자요 그 후에는 나중이니 저가 모든 정사와 모든 권세와 능력을 멸하시고 나라를 아버지 하나님께 바칠 때라 저가 모든 원수를 그 발 아래 둘 때까지 불가불 왕노릇 하시리니 맨 나중에 멸망 받을 원수는 사망이니라"

9. 새 하늘, 새 땅, 새 예루살렘

백보좌 심판

계20:7-15

"천년이 차매 사단이 그 옥에서 놓여 나와서 땅의 사방 백성 곧 곡과 마곡을 미혹하고 모아 싸움을 붙이리니 그 수가 바다 모래 같으리라 저희가 지면에 널리 퍼져 성도들의 진과 사랑하시는 성을 두르매 하늘에서 불이 내려와 저희를 소멸하고 또 저희를 미혹하는 마귀가 불과 유황 못에 던지우니 거기는 그 짐승과 거짓 선지자도 있어 세세토록 밤낮 괴로움을 받으리라 또 내가 크고 흰 보좌와 그 위에 앉으신 자를 보니 땅과 하늘이 그 앞에서 피하여 간데 없더라 또 내가 보니 죽은 자들이 무론 대소하고 그 보좌 앞에 섰는데 책들이 펴 있고 또 다른 책이 펴졌으니 곧 생명책이라 죽은 자들이 자기 행위를 따라 책들에 기록된대로 심판을 받으니 바다가 그 가운데서 죽은 자들을 내어주고 또 사망과 음부도 그 가운데서 죽은 자들을 내어주매 각 사람이 자기의 행위대로 심판을 받고 사망과 음부도 불못에 던지우니 이것은 둘째 사망 곧 불못이라 누구든지 생명책에 기록되지 못한 자는 불못에 던지우더라"

모든 피조 세계가 불못에 던져짐

벧후3:7-10

"이제 하늘과 땅은 그 동일한 말씀으로 불사르기 위하여 간수하신 바 되어 경건치 아니한 사람들의 심판과 멸망의 날까지 보존하여 두

신 것이니라 사랑하는 자들아 주께는 하루가 천년 같고 천년이 하루 같은 이 한가지를 잊지 말라 주의 약속은 어떤이의 더디다고 생각하는 것 같이 더딘 것이 아니라 오직 너희를 대하여 오래 참으사 아무도 멸망치 않고 다 회개하기에 이르기를 원하시느니라 그러나 주의 날이 도적 같이 오리니 그 날에는 하늘이 큰 소리로 떠나 가고 체질이 뜨거운 불에 풀어지고 땅과 그 중에 있는 모든 일이 드러나리로다"

완성된 새 예루살렘

계21:1-2

"또 내가 새 하늘과 새 땅을 보니 처음 하늘과 처음 땅이 없어졌고 바다도 다시 있지 않더라 또 내가 보매 거룩한 성 새 예루살렘이 하나님께로부터 하늘에서 내려오니 그 예비한 것이 신부가 남편을 위하여 단장한 것 같더라"

해와 달과 빛이 필요 없는 영원한 나라

계21:23-27

"그 성은 해나 달의 비췸이 쓸데 없으니 이는 하나님의 영광이 비취고 어린 양이 그 등이 되심이라 만국이 그 빛 가운데로 다니고 땅의 왕들이 자기 영광을 가지고 그리로 들어오리라 성문들을 낮에 도무지 닫지 아니하리니 거기는 밤이 없음이라 사람들이 만국의 영광과 존귀를 가지고 그리로 들어오겠고 무엇이든지 속된 것이나 가증한 일 또는 거짓말 하는 자는 결코 그리로 들어오지 못하되 오직 어린 양의 생명책에 기록된 자들뿐이라"

완성된 교회의 모습

엡1:3-6

"찬송하리로다 하나님 곧 우리 주 예수 그리스도의 아버지께서 그리스도 안에서 하늘에 속한 모든 신령한 복으로 우리에게 복 주시되 곧 창세 전에 그리스도 안에서 우리를 택하사 우리로 사랑 안에서 그 앞에 거룩하고 흠이 없게 하시려고 그 기쁘신 뜻대로 우리를 예정하사 예수 그리스도로 말미암아 자기의 아들들이 되게 하셨으니 이는 그의 사랑하시는 자 안에서 우리에게 거저 주시는바 그의 은혜의 영광을 찬미하게 하려는 것이라"

제3장
적그리스도 세력들의 유전자의 비밀

제3장 적그리스도 세력들의 유전자의 비밀

1. 사탄의 유전자

성경에서 사탄을 상징하는 대상이 두 곳에 언급되어 있습니다. 이사야 14장에서는 바벨론이고, 에스겔서 28장에서는 두로입니다. 바벨론의 조상은 아모리이고 두로의 조상은 시돈입니다. 이 두 사람 모두 가나안의 아들들입니다.

노아가 가나안을 저주한 이유는 가나안이 네피림의 후손 아낙자손의 여인을 취해 거인족들을 낳았기 때문입니다. 가나안의 11명의 아들들은 모두 거인족들이며, 이들의 후손들이 오늘날 사탄숭배 종교를 가지고 전 세계를 지배한 가나안의 유대인들이 되었습니다.(민 13:32-33)

사14:12 "너 아침의 아들 계명성이여 어찌 그리 하늘에서 떨어졌으며 너 열국을 엎은 자여 어찌 그리 땅에 찍혔는고 네가 네 마음에 이르기를 내가 하늘에 올라 하나님의 뭇별 위에 나의 보좌를 높이리라 내가 북극 집회의 산 위에 좌정하리라 가장 높은 구름에 올라 지극히 높은 자와 비기리라 하도다 그러나 이제 네가 음부 곧 구덩이의 맨밑에 빠치우리로다"

계명성은 라틴어 영어번역으로 루시퍼입니다. 계명성이란 루시퍼는 빛을 나르는 자입니다. 이는 사탄을 의미합니다. 오늘날 해와 달과 별의 신을 섬기는 루시페리안 사탄종교인들이 숭배하는 태양신의 이름입니다.

루시퍼는 교만하여 하나님을 대적하고 하나님의 자리를 넘겨 보다가 하늘에서 쫓겨나 땅에 찍혀, 음부 곧 구덩이의 맨밑에 던져지는 하나님 심판을 받았습니다.

에스겔28:12-16

"인자야 두로 왕을 위하여 애가를 지어 그에게 이르기를 주 여호와의 말씀에 너는 완전한 인이었고 지혜가 충족하며 온전히 아름다웠도다 네가 옛적에 하나님의 동산 에덴에 있어서 각종 보석 곧 홍보석과 황보석과 금강석과 황옥과 홍마노와 창옥과 청보석과 남보석과 홍옥과 황금으로 단장하였었음이여 네가 지음을 받던 날에 너를 위하여 소고와 비파가 예비되었었도다 너는 기름 부음을 받은 덮는 그룹임이여 내가 너를 세우매 네가 하나님의 성산에 있어서 화광석 사이에 왕래하였었도다 네가 지음을 받던 날로부터 네 모든 길에 완전하더니 마침내 불의가 드러났도다 네 무역이 풍성하므로 네 가운데 강포가 가득하여 네가 범죄하였도다 너 덮는 그룹아 그러므로 내가 너를 더럽게 여겨 하나님의 산에서 쫓아 내었고 화광석 사이에서 멸하였도다"

루시엘는 아름다운 보석으로 단장하고 하나님을 찬양하기 위해 지어진 천사장이었습니다. 그는 하나님이 지으신 피조물중에서 가장 아름답고 화려했습니다. 그는 하나님 가장 가까이에서 하나님을 찬양하고 하나님을 노래했던 천사장이었습니다. 그러나 그는 너무 교만하여 하나님과 동등한 자격을 얻기 위해 자기 자리를 떠나 반역하여 하나님의 심판을 받았습니다.

하나님은 루시퍼를 심판하여 불살라 땅 위에 재가 되게 했습니다.
사탄 숭배자들은 최초의 반역자 루시퍼를 하나님으로 섬깁니다. 그래서 그들은 뱀의 자손이며, 용의 자손입니다.

앨버트 파이크는 다음과 같이 말했습니다.

"루시퍼(Lucifer)는 하나님이십니다. 불행하게도 아도나이(Adonay), 여호와, 야훼도 하나님입니다. 그러나 착하고 선한 루시퍼와 악하고 불행한 아도나이가 전쟁을 하고 있습니다"

루시퍼는 사탄종교의 상징적인 단어이며 교만, 대적, 음모, 심판

제3장 적그리스도 세력들의 유전자의 비밀
1. 사탄의 유전자

의 상징입니다.

오늘날 전 세계적으로 루시퍼를 찬양하고 섬기는 종교와 문화 컨텐츠들이 번창을 하고 있으며, K-팝에서도 루시퍼를 찬양하는 곡들이 많아지고 있습니다.

사탄의 유전자는 루시퍼(Lucifer)입니다

눅10:17-20 "칠십인이 기뻐 돌아와 가로되 주여 주의 이름으로 귀신들도 우리에게 항복하더이다 예수께서 이르시되 사단이 하늘로서 번개 같이 떨어지는 것을 내가 보았노라 내가 너희에게 뱀과 전갈을 밟으며 원수의 모든 능력을 제어할 권세를 주었으니 너희를 해할 자가 결단코 없으리라 그러나 귀신들이 너희에게 항복하는 것으로 기뻐하지 말고 너희 이름이 하늘에 기록된 것으로 기뻐하라 하시니라"

계12:7-9 "하늘에 전쟁이 있으니 미가엘과 그의 사자들이 용으로 더불어 싸울쌔 용과 그의 사자들도 싸우나 이기지 못하여 다시 하늘에서 저희의 있을 곳을 얻지 못한지라 큰 용이 내어 쫓기니 옛 뱀 곧 마귀라고도 하고 사단이라고도 하는 온 천하를 꾀는 자라 땅으로 내어 쫓기니 그의 사자들도 저와 함께 내어 쫓기니라"

사탄은 하늘에서 하나님의 심판을 받아 땅에 떨어졌습니다. 그리고 그를 따르던 하늘의 천사 삼분의 일도 역시 하나님의 심판을 받아 땅에 떨어졌습니다. 하늘에서 땅으로 쫓겨난 사탄은 아담을 넘어뜨리고 세상의 임금이 되었습니다.

예수님의 십자가 대속으로 사탄은 심판을 받았습니다.
요12:31 "이제 이 세상의 심판이 이르렀으니 이 세상 임금이 쫓겨나리라"

사탄은 예수님이 왕으로 오셔서 무저갱으로 심판할 때까지 이 세상에서 믿지 않는 사람들의 마음을 미혹케하여 왕노릇하고 하고 있습니다.

엡6:10-13 "종말로 너희가 주 안에서와 그 힘의 능력으로 강건하여지고 마귀의 궤계를 능히 대적하기 위하여 하나님의 전신갑주를 입으라 우리의 씨름은 혈과 육에 대한 것이 아니요 정사와 권세와

이 어두움의 세상 주관자들과 하늘에 있는 악의 영들에게 대함이라"

2. 뱀의 유전자

여자의 후손과 뱀의후손

그동안 우리는 구속사적인 메시야의 혈통만을 소중하게 다뤘지만 뱀의 후손의 대하여는 소홀히 하였습니다. 그러나 성경에는 메시야의 혈통만 있는 것이 아니라 정확하게 뱀의 유전자도 있었습니다.

창3:15 "내가 너로 여자와 원수가 되게 하고 너의 후손도 여자의 후손과 원수가 되게 하리니 여자의 후손은 네 머리를 상하게 할 것이요 너는 그의 발꿈치를 상하게 할 것이니라 하시고"

하나님께서는 영적인 전쟁을 선포하셨습니다. 이 전쟁은 뱀의 후손과 여자의 후손의 전쟁입니다. 여기에서 후손이란 씨를 말하며 유전자 DNA를 말합니다. 즉 뱀의 DNA와 여자의 DNA의 전쟁을 선포하신 것입니다.

성경에서 뱀은 창세기에서부터 계시록까지 계속해서 언급된 내용입니다. 예수님께서도 바리새인들과 서기관들에게 뱀들이라고 하셨고, 독사의 자식들이라고 하셨습니다.

마23:33 "뱀들아 독사의 새끼들아 너희가 어떻게 지옥의 판결을 피하겠느냐"

뱀은 저주와 정복의 상징입니다.

눅10:19 "내가 너희에게 뱀과 전갈을 밟으며 원수의 모든 능력을 제어할 권세를 주었으니 너희를 해할 자가 결단코 없으리라"

고후11:3 "뱀이 그 간계로 이와를 미혹케 한것 같이 너희 마음이 그리스도를 향하는 진실함과 깨끗함에서 떠나 부패할까 두려워하노라"

파충류 유전자

뱀의 유전자는 파충류입니다. 즉 렙틸리언 유전자입니다. 하나님께서 지으신 들짐승 중에서 뱀이 가장 간교했다고 했습니다. 뱀은 성경에서 지혜, 궤휼, 미혹, 거짓, 속임, 간교의 상징입니다. 뱀은

제3장 적그리스도 세력들의 유전자의 비밀
2. 뱀의 유전자

인간보다 한 차원 더 높은 지혜가 있습니다. 그래서 뱀은 인간을 속일 수 있고, 인간을 넘어뜨릴 수 있었던 것입니다.

물론 창세기에 나타나 있는 뱀은 오늘날 우리가 보는 땅에 기어 다니는 뱀과 같은 것은 아닙니다. 뱀이 하나님의 저주를 받아 배로 기어 다니는 형벌을 받은 것은 사실이지만 저주받기 전의 뱀은 전혀 다른 형체를 가진 것이었습니다. 하와를 가까이 할 수 있는 아름다움과 매력이 있었으며, 여자와 같은 부드러움과 수준 높은 사고력도 있었습니다. 또 하와가 호기심을 가지고 가까이할 수 있었던 힘도 가지고 있었을 것입니다.

오늘날 과학이 발달하면서 렙틸리언의 연구가 깊이 이루어지고 있습니다. 놀라운 사실은 렙틸리언은 진동주파수가 다르기 때문에 사람의 눈으로 볼 수 없는 것을 볼 수 있으며, 사람의 귀로 들을 수 없는 소리를 들을 수 있으며, 사람이 생각하지 못한 것들을 생각할 수 있을 뿐 아니라, 진동파장을 바꾸어 사람은 감히 생각할 수도 없는 시간과 공간을 자유롭게 넘나들 수 있는 능력을 가지고 있다는 사실을 알게 된 것입니다.

뛰어난 지능을 가진 렙틸리언

오늘날의 인터넷과 스마트폰에 내장된 IT 컴퓨터 기술, 물리학의 나노기술, 바이오 산업의 유전자 생명공학, 미래 산업을 이끌 복제 인간 클론산업, 환경을 조작한 기상무기, 우주 천문학의 인공위성 기술, 사람만 죽게 하는 최첨단의 무기들, 중력을 이용하여 순간이동으로 미래를 놀라게 할 UFO 기술을 만들어 냈던 사람들이 모두 특정한 혈통을 가진 아리안 족이란 사실이 드러났습니다. 그들의 두뇌는 뛰어났고, 그들의 인지능력은 보통 사람들이 상상할 수 없을 만큼 탁월함을 알게 된 것입니다. 그런데 놀라운 사실은 이렇게 탁월한 두뇌와 지능을 가진 사람들의 공통분모는 모두 뱀과 루시퍼를 숭배한다는 사실입니다.

뛰어난 영적인 능력의 소유자

뿐만 아니라 이들은 인간을 통제하는 마인드 콘트롤, 인간을 마음대로 로봇처럼 조종하는 텔레파시, 집단최면, 집단폭동을 유도하는 심리전까지 온갖 능력을 다 가지고 있습니다. 아담과 하와를 타락시킨 뱀은 가인을 통해 성(도시)을 만들고, 무기를 만들고, 악기를 만들고, 가축을 모아 키우면서 오늘날까지 타락한 바벨탑 문명인 최첨단 과학의 문명까지 선구적으로 이끌어오고 있습니다. 이 모든 일들이 뱀의 유전자가 가진 지혜의 결과입니다.

이들은 이미 사람들을 지배하는 방법과 돈을 벌고 권력을 잡는 방법을 다 알고 있습니다. 그래서 6000년의 인류 역사를 지배하고 있는 것입니다.

또 이들이 꾸미고 있는 음모중 하나는 외계인 프로젝트입니다. 이들의 조상이 외계인이었으며, 이들의 조상은 5차원의 세계를 넘나들 수 있는 과학기술을 가지고 지구를 창조했고, 지구 종말 시대에 다시 나타나 위기에 빠진 지구를 구한다는 내용으로 역사를 만들어가고 있습니다.

오늘날 자칭 엘리트라고 부르는 사람들이 있습니다. 프리메이슨입니다. 적그리스도의 세력들입니다. 사탄의 유전자와 뱀의 유전자를 가진 자들입니다. 이들은 자신들은 엘리트 인간이고 나머지는 하층인간이라고 합니다. 그들은 하층인간을 가축인간이라고 부릅니다. 즉 미개인으로 취급합니다. 이들은 인류를 가축과 동물로 취급하고, 자신들은 신이라고 합니다.

뱀의 정체는 무엇입니까?

성경은 뱀의 후손과 여인의 후손의 전쟁을 선포했습니다. 즉, 뱀의 후손(serpent's seed)과 여자의 후손(woman's seed)이 있고, 그들이 서로 원수가 되게 하셨기 때문에 그들에게 전쟁이 있는 것입니다. 뱀의 후손은 의역이고 원어 성경과 KJV을 보면 'serpent's seed'라 하여 그대로 직역하면 '뱀의 씨'이고 여자의 후손도 직역하면 '여자의 씨' 입니다. 우리 기독교인들은 여자의 후손(씨)이 바로 구세주이신 그리스도이심을 갈라디아서4:4를 통해 잘 알고 있으

제3장 적그리스도 세력들의 유전자의 비밀
2. 뱀의 유전자

나 왜 이 여자의 씨인 그리스도께서 오시는 거룩한 계보를 늘 원수처럼 대적할 것이라는 뱀의 후손(씨)에 대한 생각은 성경에 명확히 기록되어 있는데도 왜 진지하게 고려를 하지 않았을까요?

그렇다면, 뱀의 씨(후손)가 바로 네피림,아나킴,르바임,블레셋가드의 거인족이라는 말이므로 역으로 생각하면 이 거인족의 아비(기원)가 뱀이라는 말입니다.

뱀(serpent)이라는 이 미지의 생물체는 과연 무엇일까요? 단순히 지금의 뱀(snake)이라는 그 파충류(reptile)일까요? 관련은 있지만 아닙니다."

(창3:1) "여호와 하나님의 지으신 들짐승(tetrapod,하이) 중에 뱀(나하쉬)이 가장 간교(subtle)하더라 뱀이 여자에게 물어 가로되 (said) 하나님이 참으로 너희더러 동산 모든 나무의 실과를 먹지 말라 하시더냐"

이 말씀을 보면 뱀이 땅에 기어다니는 것(레메)으로 말씀하지 않으시고 땅의 네발 가진 짐승(하이)이라고 말씀하셨습니다.

하나님께서 창조의 다섯째 날에 땅에서 내신 살아있는 피조물(네페쉬하야)의 종류를 하나님이 써주신 땅의 동물의 분류 기준 그대로 창1:24절에서 봅시다. '육축(베헤마)', '기는 것(레메)', '땅의 짐승(하이)' 의 3 가지인데 왜 모든 것을 아시는 하나님께서는 창3:1절에서 '뱀'을 '기는 것(레메)'이라고 말씀 안하시고, 네 발가진 들짐승인 '하이' 라 하셨을까요?

이 뱀(serpent)이라고 번역된 히브리어 '나하쉬:Nahash' 라는 생물체(동물)는 오늘날 땅에 기어다니는 뱀(snake)이 아닌 고대의 네발가진 짐승(tetrapod)인, 옛 뱀(계20:2)으로서 네 발가진 들짐승(tetrapod:하이) 중에 가장 간교한(subtle:가장 정교하여 사람과 극히 유사한) 사람 유사 생명체(humanoid)였다는 것입니다. (엄밀히 말하면 잎발 2개, 뒷발 2개를 가지고 네발로 걷는 동물이 들짐승(tetrapod:하이)이지만 성경에서는 앞발 대신 팔을 가진 원숭이들도 들짐승인 '하이' 로 분류합니다. 또한, 이스라엘 랍비들 전승에서도 이 나하쉬가 두 발로 서서 걸었던 사람과 비슷한 유사생물체라고 했습니다. 결국 나중에 저주를 받아 배로 기어 다니는 진짜 뱀이 되었습니다. 얼마나 사람과 유사한 동물인지 심지어 하와에게 말까지 하였습니다. 사실 이 짐승을 가리키는 히브리 단어 '나하쉬' 자체가 '말하는 자' 라는 뜻입니다. 이 짐승에게 나하쉬(말하는 자)라는 이름을 누가 주었을까요?

"아담이 어떻게 이름을 짓나 보시려고 그것들을 그에게로 이끌어 이르시니 아담이 각 생물을 일컫는 바가 곧 그 이름이라 아담이 모든 육축(베헤마)과 공중의 새(오페)와 들의 모든 짐승(하이)에게 이름을 주니라"(창2:19,20)

바로 아담이 각 동물을 보고 일컫는 바인 각 동물의 이름이 탄생하는 이 구절 다음에 아담이 준 이름을 가지고 처음으로 성경에 등장하는 생물(창3:1)이 바로 이 말하는 자란 뜻의 나하쉬인데, 그것이 배로 기어다니는 현생의 뱀(snake)라면 하나님의 형상으로 완전하게 지음받은 지혜가 충만한 아담이 왜 그 생물을 보고 기는 자라는 뜻인 레메로 이름 짓지 않고, 말하는 자란 뜻인 나하쉬라고 했을까요? 사람과 유사하여 심지어 말까지 잘 하였기 때문일 것입니다.

현재 사람과 가장 가까운 유인원인 보노보 침팬지는 전체유전자의 99.9%가 우리 사람과 같은 데도 사람과 같은 언어 구사를 전혀 하지 못하고 있는데, 이 간교한 짐승인 옛 뱀은 얼마나 사람과 비슷한지, 사람처럼 언어를 구사할 수 있는 발성기관인 설골, 성대 등까지 가지고 있었음에 틀림없었습니다. 그 이유는 하와에게 말을 하였다고 분명히 성경에 기록되어 있기 때문입니다.

뱀이라고 잘못 번역된 단어를 그냥 히브리어 음차로 하여 "여호와 하나님의 지으신 들짐승 중에 나하쉬가 가장 간교하더라"로 번역하였더라면 더 좋았을 것입니다.

3. 가인의 유전자

최초 악인의 유전자

제3장 적그리스도 세력들의 유전자의 비밀
3. 가인의 유전자

가인과 아벨은 똑같이 아담과 하와가 죄를 범하고 난 이후에 낳은 자식들입니다. 즉 둘 다 인간이 가진 원죄의 부패성을 가지고 태어난 죄인들입니다.

그럼에도 불구하고 가인은 심판의 조상이 되었고, 아벨은 구원의 조상이 되었습니다. 무슨 차이가 똑같은 형제를 이렇게 천국과 지옥으로 갈라 놓았을까요?

창4:5-7 "가인과 그 제물은 열납하지 아니하신지라 가인이 심히 분하여 안색이 변하니 여호와께서 가인에게 이르시되 네가 분하여 함은 어찜이며 안색이 변함은 어찜이뇨 네가 선을 행하면 어찌 낯을 들지 못하겠느냐 선을 행치 아니하면 죄가 문에 엎드리느니라 죄의 소원은 네게 있으나 너는 죄를 다스릴찌니라"

하나님께서는 가인에게 네가 선을 행하면 어찌 낯을 들지 못하겠느냐 책망하였습니다. 가인은 이미 선이 무엇인지 알고 있었다는 하나님의 엄중한 문책입니다. 그럼에도 불구하고 가인이 악을 행했던 것은 가인 속에 있는 죄의 소원의 힘이 너무 커서 그 죄를 다스리는데 실패한 것입니다.

왜 실패했을까요? 그 이유를 사도 요한은 가인이 사탄에게 속하여 사탄의 지배를 받고 있었기 때문이라고 말을 합니다.

요일3:12 "가인 같이 하지 말라 저는 악한 자에게 속하여 그 아우를 죽였으니 어찐 연고로 죽였느뇨 자기의 행위는 악하고 그 아우의 행위는 의로움이니라"

처음부터 살인하는 유전자

사도 요한은 가인은 처음부터 악하고, 아벨은 처음부터 선한 사람이었다고 말합니다. 처음부터 가인은 살인자였습니다. 이미 아담과 하와를 지배한 사탄의 힘이 가인으로 하여금 하나님을 대적하게 하는 첫 번째 사건입니다.

가인과 아벨은 아담과 하와가 타락한 이후에 낳은 아들들입니다. 가인과 아벨은 같은 혈통으로 태어난 아들들입니다. 그런데 가인은 살인자의 조상으로, 아벨은 순교자의 의인의 조상으로 갈라집니다.

가인의 특징은 자주적이고, 독립적이며, 전투적이고, 적극적입니다.
그러나 아벨은 소극적이고. 의타적이며, 방어적입니다. 욕심도 없고, 야망도 없이 무능하리만큼 착한 것 밖에 없습니다.

운명적으로 다른, 두 아들의 유전자

똑같은 아담과 하와의 혈통에서 태어난 두 아들의 모습이 너무나 다릅니다. 무엇이 문제입니까? 이들 속에 흐르는 유전자입니다. 가인은 자신의 제사가 거절당하자 아우를 죽입니다. 자신의 한계를 넘어서 과감하게 자신의 영역을 넓혀가는 유전자입니다. 이것은 죄의 본성 즉 사탄의 본성입니다. 살인자의 유전자라고 합니다. 그래서 가인은 살인자의 조상이 될 수 밖에 없는 것입니다.

아벨은 단지 죽임을 당한 것 밖에 없습니다. 그가 할 수 있는 것은 그냥 형에게 맞아 죽어가는 것입니다. 그럼에도 불구하고 의인의 조상이 됩니다. 힘없이 죽는 것이 의인입니까? 아닙니다. 자신의 욕망을 이루고, 자신의 명예를 지키기 위해 다른 사람들은 죽이고 넘어뜨리는 것이 악의 상징이고, 힘없이 사악한 인간의 욕망앞에서 희생당하는 것 자체가 의인의 상징입니다.

아담과 하와도 죄를 범하기 전에는 순수했습니다. 그러나 죄를 범하고 난 후에는 핑계하고, 책임을 전가시키고, 숨기고, 감추고, 괴로워 했습니다.

회계할 줄 모르는 유전자

아벨의 의는 악한 가인의 죄에 대한 상대성에 불과합니다. 즉 사탄의 존재와 악한 행위에 대한 하나님의 대처입니다.

가인이 아우를 죽인 후 아벨이 어디 있느냐는 하나님의 물음에 "내가 알지 못하나이다 내가 내 아우를 지키는 자니이까?" 라고 부인하던 가인이 막상 하나님 앞에서 자기 죄가 드러나자 엄청나게 괴로워합니다.

창4:13 "가인이 여호와께 고하되 내 죄벌이 너무 중하여 견딜 수 없나이다"

그럼에도 불구하고 가인은 자기의 죄를 회개할 줄 모릅니다.
여기에서부터 가인의 유전자는 악인과 심판의 상징으로, 아벨의 유전자는 의인과 구원의 상징으로 분리됩니다.
단지 가인이 살인을 했기 때문에 악인이 되고, 아벨이 죽임을 당했기 때문에 의인이 된 것이 아닙니다. 이미 가인과 아벨에게는 전혀 다른 유전자가 존재했던 것입니다.
이 두 사람에게 전해진 타락한 아담과 하와의 피는 동일합니다. 그러나 행동의 결과는 너무나 다릅니다. 가인은 처음부터 살인자의 조상으로, 아벨은 처음부터 순교자의 조상으로 분리가 됩니다.

피할수 없는 유전자

과연 무엇이 이렇게 다른 결과를 가져왔습니까? 겉으로 나타난 혈통은 동일합니다. 그러나 그 혈통속에 흐르는 유전자는 다릅니다. 이미 하나님은 뱀의 후손의 유전자와 여자의 후손의 유전자의 전쟁을 선포했습니다. 그 첫 번째 전쟁이 바로 가인과 아벨의 전쟁입니다.
가인의 이름은 탁월하고 월등하다는 뜻이고 아벨은 보잘것 없다는 뜻입니다. 그래서 가인은 힘있는 자의 상징이고, 아벨은 약한 자의 상징입니다. 결국 가인은 자기 힘을 의지하고 하나님 앞에 자신의 능력으로 다가서다가 죄인으로 심판을 받았습니다. 그러나 아벨은 의지할 것이 없는 약한 자의 모습으로 하나님을 전폭적으로 의지하여 의의 조상이 되었습니다.
가인의 후손들은 성을 쌓고, 무기를 만들고, 악기를 만들고, 가축을 키우고, 첩을 얻고. 전쟁을 하면서 살인을 했습니다. 전형적인 세상 사람들의 모습입니다.
그러나 아벨과 셋의 자손들은 유목생활을 하며 목축업을 하였습니다. 오늘날로 말하면 가인의 후예들은 세상의 부와 명예와 권력을 장악하고 세상을 즐기는 사람들이고, 아벨과 셋의 후손들은 믿음을 지키면서 경건하게 살아가는 신앙인을 상징합니다. 6000년이 지난 지금까지 가인의 후손과 아벨의 후손은 이처럼 다릅니다.

가인의 후손들은 스스로 힘을 의지하고 살아가는 존재들이지만 아벨의 후손들은 하나님만 전폭적으로 의지하며 살아가는 존재들입니다.

4. 네피림의 유전자

자신들을 신이라고 말한 프리메이슨의 정체

오늘날 프리메이슨들은 자신들을 신이라고 합니다. 또 엘리트라고도 합니다. 그리고 우리 보통인간은 가축이라고 합니다. 그들이 그렇게 주장한 가장 큰 이유는 그들은 창세기6: 1-4에 나타나 있는 네피림이 자신들의 조상이라고 합니다.

수메르 신화에서 지구가 생성될 때 니비루라는 혜성을 타고 엘로힘이란 신들이 지구로 내려와 인간 여자들과 결혼을 해서 아누나키(아나킴, 아낙)라는 거인족을 낳게 되었습니다.

그들이 말한 아누나키는 당시 세상을 지배한 신들로서 구약 성경 창세기 6장에 기록한 네피림이라는 것입니다. 그들은 하늘에서 내려온 자들의 자손으로 지구촌에 거하는 인간과 씨가 다르다고 주장을 합니다.

민수기13:33에서도 거인족인 아낙자손들을 네피림의 후손이라고 기록했습니다. 이는 수메르 신화에서 언급한 거인족들에 대한 성경적인 배경이 되기도 합니다.

노아시대 하나님께서 물로 세상을 심판하신 것은 거인족인 네피림의 후손들이 인간의 딸들과 피를 섞고, 세력 싸움을 하는 가운데, 사람들을 죽이고, 잡아먹고, 수간과 동성애로 땅이 패괴하고, 강포가 심해서 하나님은 네피림의 씨를 멸절시키기 위해 홍수심판을 내렸다고 에녹은 에녹서에 기록을 했습니다.

독일의 히틀러는 우생학이란 원리로 가축인간들의 인종청소를 시도해서 유대인들을 600만 명이나 멸절을 시켰습니다. 그런데 히틀러의 독일 국기인 갈고리 십자가 하켄크로이츠는 고대 아리안의 조상들인 외계인 엘로힘 신들이 타고 내려온 은하 혜성의 모양이라고 합니다.

제3장 적그리스도 세력들의 유전자의 비밀
4. 네피림의 유전자

창6:1-4 "사람이 땅위에 번성하기 시작할 때에 그들에게서 딸이 나니 하나님의 아들들이 사람의 딸들의 아름다움을 보고 자기들의 좋아하는 모든 자로 아내를 삼는지라 여호와께서 가라사대 나의 신이 영원히 사람과 함께 하지 아니하리니 이는 그들이 육체가 됨이라 그러나 그들의 날은 일백 이십년이 되리라 하시니라 당시에 땅에 네피림이 있었고 그 후에도 하나님의 아들들이 사람의 딸들을 취하여 자식을 낳았으니 그들이 용사라 고대에 유명한 사람이었더라"

노아의 심판은 타락한 네피림을 심판하기 위한 것

노아의 물심판은 하나님의 아들들과 사람의 딸들의 타락으로 인한 하나님의 심판이었습니다. 하나님의 아들들은 타락한 천사를 말합니다. 그리고 사람의 딸들은 아담의 딸들을 말합니다.

'하나님의 아들들'이 '천사들'이라는 해석은 가장 오래된 견해로, 가장 초기의 유대인의 해석이었습니다.(에녹1 6:2 ; 요벨 5:1), 70인역(LXX), 필로(Philo), 요세푸스(Josephus) 그리고 사해 두루마리(the Dead Sea Scrolls) 등에서 취하고 있는 해석입니다.

저스틴(Justin), 이레니우스(Irenaeus), 클레멘트(Clement of Alexandria), 터툴리안(Tertullian), 오리겐(Origen) 등, 초기 교부들도 역시 하나님의 아들을 천사로 해석을 했습니다.

어거스틴에 의해서 해석이 금지된 네피림

그러나 초대 기독교 당시 사탄주의 밀교 카발라와 그노시스와 영지주의 이단들에 의해서 천사숭배가 왕성하게 번창하면서 수많은 신비적인 문제들이 발생하자 5세기 중엽 어거스틴이 하나님의 아들들에 대한 천사 해석을 금지시키고 셋의 후손으로 고정시킨 후 지금까지 신학적으로 하나님의 아들들을 셋의 후손으로 해석을 하고 있습니다.

기독교 교회사에서 어거스틴을 성자로 추앙을 하고 있습니다. 그는 기독교회사적으로 많은 일을 했습니다. 주후397년 카르타고 회의에서 신약 27권의 정경을 채택했습니다.

그러나 어거스틴이 행한 일 중에 가장 큰 실수는 네피림에 대한 해석을 변경시킨 것입니다. 어거스틴으로 말미암아 지금까지 사탄숭배자들의 정체가 역사속으로 사라져 버렸기 때문입니다. 그러나 현대에 이르러 사탄주의자들이 자신들의 정체를 스스로 폭로하면서 역사속에 숨겨졌던 그들의 비밀이 서서히 들어나고 있는 것입니다.

콘스탄틴 대제가 금지시킨 에녹서

신구약 성경의 사본들이 5000가지가 있습니다. 구약이 1000개, 신약이 4000개입니다.

이런 사본들이 수많은 시대에, 수많은 종파들의 사람들에 의해서 번역되고 간수되어 오늘에 이르렀습니다. 수 천, 수 만 번 번역되고, 추려지는 과정에서 사탄주의자들은 자신들의 정체를 교묘하게 숨기고, 애매하게 변경시켰습니다.

바벨론 인신공회 종교인 미트라교를 믿었던 콘스탄틴 대제도 로마 카톨릭을 공인하는 과정에서 오늘의 사탄주의 자들의 정체가 기록된 에녹서를 외경으로 제외시키고, 자신이 섬겼던 태양신 루시퍼 종교를 기독교와 절반씩 통합을 해서 완전히 짝퉁 기독교인 로마 카토릭을 공인했습니다.

'하나님의 아들들'을 '셋 계통의 경건한 사람들'이라고 주장하는 사람들이 그 근거로 언급한 성경 본문들은 창세기 6장 2, 4절의 '하나님의 아들들'과 히브리 문자적으로 같지 않습니다. 창세기 6장 2, 4절에서 '하나님의 아들들'은 '베네 엘로힘' 입니다. 그러나 신명기 32장 5절은 '바나이우', 시편 73편 15절은 '도르 바네크', 호세아 1장 10절은 '베네 엘 카이' 입니다. '베네 엘로힘'은 단순한 보통명사가 아니라 고유명사입니다. 다시 말해서, 천사들을 가리켜 '베네 엘로힘' 이라는 표현을 쓴 것입니다. 그러하기 때문에 절대로 창세기 6장 2절과 4절의 하나님의 아들들은 셋의 자손이 아니라 천사들입니다. 즉 타락한 천사들이 사람의 딸들을 취하여 인류의 혈통을 더럽힌 것입니다.

제3장 적그리스도 세력들의 유전자의 비밀
4. 네피림의 유전자

거인족 네피림

네피림'은 성경에 두 번(창6:4,민13:33) 기록되어 있습니다. 그 어원은 분명치 않지만 수메르 어원에는 네필림 즉 하늘에서 내려온 자란 뜻입니다. 대부분의 학자들은 네피림이라는 낱말이 히브리어 '나팔'의 칼(kal)형에서 파생된 복수 명사형으로 봅니다. 네피림을 '타락한 천사들'로 보는 학자들은 네피림이란 낱말이 '떨어지다'(fall)라는 의미의 '나팔'에서 파생된 단어이기 때문에 네피림의 뜻은 '떨어진 존재들'(fallen ones)이 되며, 결국 네피림은 '떨어진 자들'로서 땅의 존재가 아닌 '천상적 존재' 즉 '하늘에서 떨어진 타락한 천사들' 혹은 그 후손들을 가리키는 것이라고 주장합니다.

따라서 델리치(Delitzsch)나 호프만(Hoffman)은 이러한 원어의 뜻에서 유추 해석하여 네피림을 '하늘로부터 떨어진 타락한 천사들' 혹은 그 후손들을 가리킨다고 주장합니다.

앨더스(G. Ch. Aalders)는 "(창세기)6:1,2절을 천사들이 여인들과 동거하였음을 나타내는 구절로 해석하는 학자들은 이 거인들이 천사들과 여인들 사이에서 태어난 그들의 자손이라고 간주하기를 주저하지 않는다."고 말했습니다. 그의 주장대로 네피림을 '하나님의 아들들'과 '사람의 딸들'의 후손으로 보는 학자들은 창 6장 2절을 '천사들'과 '인간 여자들'의 결혼으로 해석하는 사람들이라고 하는 것입니다.

심지어 '괴물'이나 '신동'으로 간주하는 학자들도 있습니다.(Tuch, Knobel). 그러나 대부분의 학자들은 네피림을 '타락한 자들'로 규정하고, 이들을 '압제자', '난폭군', '훼방자' "거인" 초인" 등으로 보고 있습니다.(Luther, Calvin, Keil, Murphy.킹제임스 성경)

◀길가메쉬와사자
"길가메쉬 거인족의 키는 5m입니다.
품에 안고 있는 사자가 강아지 새끼와 같이 작습니다."

에녹서에 나타난 네피림의 강포와 범죄상

창6:11-13 "때에 온 땅이 하나님 앞에 패괴하여 강포가 땅에 충만한지라 하나님이 보신즉 땅이 패괴하였으니 이는 땅에서 모든 혈육 있는 자의 행위가 패괴함이었더라 하나님이 노아에게 이르시되 모든 혈육 있는 자의 강포가 땅에 가득하므로 그 끝날이 내 앞에 이르렀으니 내가 그들을 땅과 함께 멸하리라"

인류 최초로 죽지 않고 하늘로 올라간 에녹은 65세에 므두셀라를 낳고 300년을 하나님과 동행하면서 당시 네피림의 강포와 타락에 대한 심판을 예언하였습니다.

하나님은 에녹 아들의 이름을 므두셀라로 명명했는데 그 뜻은 이 아들이 죽을 때 하나님께서 땅의 모든 것을 심판하시겠다는 의미입니다.

그 후 정확하게 노아의 물심판은 므두셀라가 969세에 죽은 해에 일어났습니다.

에녹서를 종합한 유다서

유다서는 예수님의 동생 유다가 에녹서를 요약한 책입니다. 유다서14-15절 "아담의 칠세 손 에녹이 사람들에게 대하여도 예언하여 이르되 보라 주께서 그 수만의 거룩한 자와 함께 임하셨나니 이는 뭇사람을 심판하사 모든 경건치 않은 자의 경건치 않게 행한 모든 경건치 않은 일과 또 경건치 않은 죄인의 주께 거스려 한 모든 강팍한 말을 인하여 저희를 정죄하려 하심이라 하였느니라"

또 에녹은 유다서6-7절에서 "또 자기 지위를 지키지 아니하고 자기 처소를 떠난 천사들을 큰 날의 심판까지 영원한 결박으로 흑암에 가두셨으며 소돔과 고모라와 그 이웃 도시들도 저희와 같은 모양으로 간음을 행하며 다른 색을 따라 가다가 영원한 불의 형벌을 받음으로 거울이 되었느니라"

타락한 천사들이 자기 위치를 떠나 지구로 내려와 소돔과 고모라와 같은 성적인 간음을 행하므로 심판을 받았다고 유다서에 기록을 했습니다. 소돔은 동성애란 뜻이고, 고모라란 깊이 타락했다 라는

4. 네피림의 유전자

뜻입니다. 소돔과 고모라는 동성애란 특별한 성범죄로 불과 유황의 심판을 받았습니다. 그런데 소돔과 고모라에서 동성애를 통해 심판을 받은 사람들의 범죄가 자기 지위를 떠나 범죄했던 천사들과 같은 간음을 했다는 것입니다.

유다는 에녹서에 기록된 대로 노아시대 타락한 천사들에 의한 간음죄을 고발하고 있는 것입니다. 유다서는 외경으로 분리된 에녹서 총108장을 요약한 내용으로 예수님의 친동생 유다에 의해 기록된 책입니다.(에녹서 참고)

에녹서에 의하면 도마뱀(파충류) 머리에 인간의 몸을 가진 네피림들의 키는 5-10미터로 사람의 딸들은 물론이고 모든 짐승들과 수간을 했으며, 같은 네피림들까지 혼잡한 동성애와 섹스를 즐겼다고 기록되어 있습니다. 뿐만 아니라 네피림 거인족들은 서로 다른 세력끼리 영역 다툼인 전쟁을 통해 수많은 사람들을 죽이고, 잡아 먹었다고 기록을 하고 있습니다.

그리고 노아를 완전한 자로 구별하신 것은 노아의 유전자가 그들에게 더럽혀 지지 않았던 것을 의미한다고 에녹서에는 기록을 하고 있습니다.

뿐만 아니라 이들은 수많은 사람과 동물을 잡아 죽이고, 먹기까지 함으로 하나님의 창조 질서가 한꺼번에 무너지는 상황에 이르렀다고 기록되어 있습니다.

그러므로 하나님은 한탄하시고 물심판을 통해서 네피림으로 인해서 더러워진 인간의 유전자를 정리하시고, 순수혈통인 노아를 구별하셨다고 기록되어 있습니다.

창6:17 "내가 홍수를 땅에 일으켜 무릇 생명의 기식 있는 육체를 천하에서 멸절하리니 땅에 있는 자가 다 죽으리라"

창7:22 "육지에 있어 코로 생물의 기식을 호흡하는 것은 다 죽었더라"

하나님께서 노아홍수를 통해서 심판하시는 것은 사람 뿐 아니라 코로 기식을 호흡하는 모든 동물까지 포함시킨 이유는 바로 네피림들의 범죄 때문입니다.

전 세계적으로 발굴된 거인족들의 뼈가 수도없이 많이 있습니다. 3미터에서 12미터나 되는 거인족들의 유골이 세계 도처에서 발굴이 되었습니다.

에녹서는 초대 교부들이 즐겨 읽고 인용했던 정경이었습니다. 특별히 예수님의 친동생 유다는 에녹서를 아주 좋아했습니다.

그러나 주후 313년 콘스탄틴 대제가 기독교를 공인하는 과정에서 에녹서를 성경에서 제외 시켜버리고 에녹서 읽은 것을 금지 시켜버렸습니다.

특히 콘스탄틴 대제는 시리아의 미트라교를 믿고 있는 사람으로 기독교를 공인하면서 절반은 기독교로, 절반은 바벨론 미트라 종교를 섞어서 로마 카톨릭을 만들었습니다.

콘스탄틴 대제는 태양신 미트라교도

에녹서를 금지시켜 사탄숭배자들의 정체를 숨겼습니다. 성탄일을 1월6일에서 바벨론 태양신의 아들 담무스의 생일인 12월25일로 바꿨습니다.

부활절도 다산과 연애의 신인 바벨론 니므롯의 부인 이스타르(세미라미스) 봄철 축제일인 이스터데이로 정했습니다.

대지의 여신이면서 풍요와 다산의 여신인 이스타르의 봄철 축제는 춘분(태양이 정기를 얻음)이 지나고, 만월(땅의 여신이 태양신의 정기를 받을 준비를 마침)이 지난 첫 번째 일요일이 합궁일인데, Sunday는 태양신을 섬기는 날로, 태양을 상징하는 남자와 달을 상징하는 대지의 신을 상징한 여신이 합방을 하는 날입니다. 이때 땅에서는 이스터축제가 열리는데 사탄숭배와 인신제사가 드려집니다. 콘스탄틴 대제는 이날을 예수님의 부활절로 정하고 지키게 했습니다. 로마 카톨릭은 거짓 기독교입니다. 완전이 사탄숭배 종교입니다.

히틀러 독일의 국기 하켄크로이츠의 비밀

하켄크로이츠는 아리안의 상징입니다. 히틀러는 아리안 혈통의 우수성을 지키기 위해 SS비밀 경찰들에게 하켄크로이츠 상징을 교육

제3장 적그리스도 세력들의 유전자의 비밀
4. 네피림의 유전자

했습니다.

오늘날 루시페리안 사탄 숭배자들은 자신들을 자칭 엘리트 인간이라고 합니다. 그리고 나머지 인간들은 하등인간이라고 정의를 합니다. 그래서 그들은 하등인간인 우리를 개와 돼지처럼 가축이나 동물 정도로 인식을 합니다.

히틀러가 하켄크로이츠를 통해서 아리안의 우생학을 가르치고 유대인 멸절을 선언했습니다. 히틀러는 오래동안 사탄 숭배자들의 비밀결사인 툴레회(죽은 형제들의 모임)에서 죽은자들의 영들로부터 능력을 전수 받은 훈련을 받았습니다.

하켄크로이츠의 비밀은 아리안의 조상들이 하늘에서 내려온 네피림이란 것입니다. 네피림들이 하늘에서 내려올 때 나선은하혜성을 타고 내려왔는데, 그 모양이 바로 하켄크로이츠라 문양이라는 것입니다.

독일나찌 비밀경찰들에게 나선은하 혜성인
하켄크로이츠를 교육하고 있는 모습

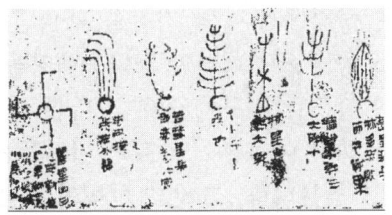
중국 한나라 고문서에 나타나 있는
은하혜성 모습

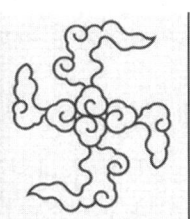
스와스티카의 모델이 된 것으로 보이는 은하계 (나선은하) 한국전통문양(조선구름) 조선시대 등
하켄크로이츠와 나선혜성

나찌 모양의 미국해군본부건물　　　히틀러국기 하켄크로이츠

하늘에서 내려온 엘로힘의 신들

수메르 종교에는 인류 최초로 하늘에서 엘로힘이란 신들이 니비루라는 은하혜성(우주선)을 타고 지구로 내려와서 지구의 여인들과 결혼을 해서 아누나키라는 인간을 번식시킵니다. 아누나키라는 인간은 아나킴 또는 아낙자손으로 성경 민13:33절에 나타난 가나안 땅에 거했던 거인족들입니다.

성경에서 아낙 자손을 네피림의 자손이라고 기록되어 있습니다. 오늘날 루시페리안 사탄숭배자들은 자신들은 하늘에서 내려온 고등인간으로 지구에 거했던 다른 인간과 차원이 다르다고 주장합니다. 그래서 이들은 스스로가 자신들을 신이라고 하며, 엘리트 인간이라고 부릅니다. 그리고 이들의 후손이 바로 세계에서 가장 머리가 좋고, 창세 이후 한 번도 제국의 번영을 놓치지 않았던 우수혈통이라는 것입니다.

지금 신세계질서라는 목표로 세계를 지배하고, 사탄 루시퍼 왕국을 꿈꾸고 있는 세력들이 바로 이들입니다.

히틀러 독일 상징

하켄크로이츠가 독일 나치즘을 상징하게 된 것은 나치스가 이 문양을 1920년 창당 과정부터 정당의 상징으로 써 왔기 때문입니다.

히틀러(Adolf Hitler, 1889-1945)는 1920년 하켄크로이츠를 당의 상징적 문양으로서 당기(黨旗)와 완장 등에 넣어 사용해 왔으며,

제3장 적그리스도 세력들의 유전자의 비밀
4. 네피림의 유전자

그 뒤 이 문양은 오른팔을 높이 뻗는 경례법과 함께 나치스를 대표하는 상징이 되었습니다.

히틀러는 《나의 투쟁 Mein Kampf》에서 그 목적과 과정에 대해서 매우 자세히 밝히고 있습니다.

"효과가 큰 깃발과 휘장은 매우 많은 경우에 어떤 운동에 대한 관심에 최초의 자극을 줄 수 있는 것이다. 그 동안에 나 자신이 여러모로 시도하며 마지막 모양을 그렸던 하켄크로이츠는 본래 게르만인이 청동기 시대부터 썼던 행운의 상징이다. 붉은 바탕에 흰 원을 남기고 그 한가운데에 검은 하켄크로이츠를 그린 깃발이었다. 오랫동안 시도한 뒤에 나는 깃발의 크기와 흰 원의 크기, 마찬가지로 하켄크로이츠의 모양과 굵기의 일정한 비율을 정했다.

우리는 우리의 깃발 속에서 우리의 강령을 본다. 우리는 붉은 색 속에서 운동의 사회적 사상을, 흰색 속에서 국가주의적 사상을, 하켄크로이츠 속에서 아리아 인종의 승리를 위한 투쟁의 사명을, 그리고 동시에 그 자체가 영원히 반유태주의였고, 또 반유태주의적일 창조적인 활동의 사상의 승리를 본다." 이처럼 하켄크로이츠는 독일 나치즘에서 아리안(Aryan) 인종주의와 우월주의를 나타내기 위한 상징으로 쓰였으며, 1933년 나치스가 권력을 장악한 뒤 제3제국(Drittes Reich)의 국기에도 포함되었습니다.

지구상의 인간을 5억만 남기고 청소하라

미국 조지아 가이드 스톤에는 붉은 장미 십자단 회원인Thomas Paine의 이성의 시대(Age of Reason)의 십계명이란 유명한 글이 있습니다.

첫 번째 계명이 지구의 인구를 5억으로 유지하라는 명령입니다. 현재 인구가 70억입니다. 5억의 인구로 유지하려면 65억이 청소의 대상이 됩니다. 지구촌의 아리안 혈통을 상징한 엘리트 인간들은 명목상으로는 테러와의 전쟁, 영토전쟁, 환율전쟁, 무역전쟁, 경제전쟁으로 전쟁을 준비하고 있지만 실상은 모든 전쟁이 미리 잘 준비된 하등인간 청소 전쟁입니다.

이것을 신세계질서라고 합니다. 신세계 질서를 세우기 위해, 즉 루시퍼가 다스리는 공산당 지상천국의 유토피아를 세우기 위함입니다.

현대판 네피림 파충류 유전자

전쟁광, 동성애자, 마피아, 폭력, 마약, 초능력, 환생, 인신제사, 마인드콘트롤, 텔레파시, 초혼, 접신, 최면술, 마술, 공간이동, 유체이탈, 인종청소, 군산복합체산업종사자, 포르노, 변태성욕자, 기독교 이단자, 유전자 조작, 반인반수, 수간, 환경운동가, 다국적 기업, 월드뱅크, 우주개발, 외계인, UFO. 모습바꾸기(SHAPE. SHIFT)를 하는 자들이 모두 네피림의 유전자를 가진 자들입니다.

현대판 노아의 유전자

네피림 전성시대에 노아는 외롭고 고독하게 산속에서 방주를 만드는 일에 매진했기 때문에 먹고, 마시고, 시집가고, 장가가고, 사고, 팔고, 집짓고 하는 일에 이방인이었습니다. 노아는 오직 여호와를 경외하여 그의 명령을 지켰으며, 그 외에 그에게는 관심이 없었습니다. 노아 당시 풍요를 누렸던 타락한 네피림의 문화는 노아에게는 전혀 다른 별천지와 같은 세계였습니다. 그렇다면 말세지말에 살고 있는 우리 그리스도인들의 역사관, 성공관, 삶의 가치관은 어떠해야 합니까? 무엇을 위해 우리는 매진해야 하며, 무엇을 어떻게 준비해야 합니까?

비록 노아처럼 우리가 지금 세상에서는 이방인 같이 외롭고, 고독하고, 실패한 사람처럼 살아갈지라도 분명한 사실은 노아의 가족만 방주로 들어가 구원을 얻었고 세상을 즐기며 살아가던 모든 사람들이 멸망했던 것처럼, 분명히 우리의 삶도 세상과 구별되어야 할 것입니다.

왜 노아는 가나안을 저주했습니까?

창9:24-27 "노아가 술이 깨어 그 작은 아들이 자기에게 행한 일을 알고 이에 가로되 가나안은 저주를 받아 그 형제의 종들의 종이

제3장 적그리스도 세력들의 유전자의 비밀
4. 네피림의 유전자

되기를 원하노라 또 가로되 셈의 하나님 여호와를 찬송하리로다 가나안은 셈의 종이 되고 하나님이 야벳을 창대케 하사 셈의 장막에 거하게 하시고 가나안은 그의 종이 되게 하시기를 원하노라 하였더라"

성경은 분명히 노아의 벌거벗은 모습을 처음 목격하고 두 형제들에게 고한 사람이 함이라고 했는데, 왜 노아는 술에서 깨어나 함이나 함의 장자 구스를 저주하지 않고 함의 4번째 아들 가나안을 저주했습니까?

왜 노아는 가나안을 표적삼아 저주를 했습니까? 성경에서는 어느 곳에서도 그 이유를 찾아 볼 수 없습니다.

그러나 우리가 바벨탑 사건 이후에 인구가 이동하는 과정을 보면 함의 첫 번째 아들 구스는 이디오피아로, 두 번째 아들 미스라임을 이집트로, 세 번째 아들 붓은 리비아로 갔는데, 유독 네 번째 아들인 가나안만 당시 최고로 풍요롭고 번성한 가나안 땅에 정착을 합니다.

다시 말해서 다른 형들은 세력 싸움에서 밀려 남쪽 아프리카 대륙으로 내려갔지만 가나안의 자손들은 젖과 꿀이 흐르는 가나안 땅에 정착을 한 것입니다.

창10:6 "함의 아들은 구스와 미스라임과 붓과 가나안이요"

당시 가나안 땅은 노아 당시 영웅이었던 네피림의 후손인 대장부 아낙 자손들이 자리를 잡고 살았던 땅입니다. 그런데 어떻게 가나안의 자손들이 그들과 함께 기름진 땅에서 공존할 수 있었을까요?

기인족들인 가나안 7족속들

중요한 이유는 가나안의 자손들이 모두 거인족이란 사실입니다.

민13:32-33 "이스라엘 자손 앞에서 그 탐지한 땅을 악평하여 가로되 우리가 두루 다니며 탐지한 땅은 그 거민을 삼키는 땅이요 거기서 본 모든 백성은 신장이 장대한 자들이며 거기서 또 네피림 후손 아낙 자손 대장부들을 보았나니 우리는 스스로 보기에도 메뚜기 같으니 그들의 보기에도 그와 같았을 것이니라"

창10:15-19 "가나안은 장자 시돈과 헷을 낳고 또 여부스 족속과 아모리 족속과 기르가스 족속과 히위 족속과 알가 족속과 신 족속과 아르왓 족속과 스말 족속과 하맛 족속의 조상을 낳았더니 이 후로 가나안 자손의 족속이 흩어져 처하였더라 가나안의 지경은 시돈에서부터 그랄을 지나 가사까지와 소돔과 고모라와 아드마와 스보임을 지나 라사까지였더라"

현대판 검은 유대인들의 정체는 가나안 7족속들

　가나안의 아들들 중에서 시돈족속은 두로왕국을 세웠습니다. 헷족속은 히타이트왕국을 세웠습니다. 아모리족속은 칼데아의 조상으로 바벨론왕국을 세웠습니다. 가나안의 아들들은 모두 거인족들이었으며, 고대로부터 지금까지 용의 혈통을 지키고 있습니다. 두로 왕국은 페니키아 문명을 통해 지중해를 거쳐 오늘에 이르렀습니다. 헷족속인 히타이트 문명은 최초의 철제무기를 만들어 아시아 대륙과 유럽대륙의 문명을 제패하고 오늘에 이르렀습니다. 아모리족속인 고대바벨론 제국은 앗수르제국, 메데 파사제국, 그리스제국, 로마제국을 통해 오늘에 이르게 되었습니다.

　가나안 아들들은 모두 네피림의 자손들로 거인족들입니다. 그러나 가나안 족속들보다 아낙자손들의 키는 더 컸습니다.

　이사야에서 사탄의 정체를 밝히고 있는데 이사야 14장에 나타난 바벨론의 계명성와 에스겔 28장에 언급된 두로는 사탄 루시퍼인 것을 증명하고 있습니다. 즉 두로와 아모리 족속들이 사탄 루시퍼의 유전자를 가진 족속임을 고발하고 있는 내용입니다.

신3:11 "(르바임 족속의 남은 자는 바산 왕 옥뿐이었으며 그의 침상은 철 침상이라 지금 오히려 암몬 족속의 랍바에 있지 아니하냐 그것을 사람의 보통 규빗으로 재면 그 장이 아홉 규빗이요 광이 네 규빗이니라)

　아모리 족속 바산왕 옥의 철침상의 길이는 장이 9규빗(4.5미터) 광이4규빗(2미터)입니다.

　다시 말해서 당시 네피림의 후손인 아모리 족속 바산왕 옥은 거인족이었습니다.

　이처럼 가나안의 족속들은 이미 네피림의 후손 아낙자손들과 피를 섞어 한 혈통이 되었고, 이로 인해 노아는 함을 대신해서 가나안을 저주하였던 것입니다.

결국 노아가 염려하고, 걱정하고, 저주한 것은 네 번째 아들 가나안이 당시 네피림의 여인과 관계를 맺고 타락한 유전자를 가졌던 것이었습니다.

노아는 이미 여호와께서 얼마나 네피림에 대한 진노가 큰 것인 가를 이미 알고 있었습니다. 네피림의 죄악상이 하늘을 찌르고, 사무쳐 하나님께서 그 땅을 청소했는데, 함의 네 번째 아들이 눈앞에 펼쳐진 욕심에 눈이 멀어 네피림의 여인을 취하여 거인족들을 낳고, 형들을 제치고 아낙자손들의 본거지인 가나안 땅을 차지하였던 것입니다.

그 후 가나안의 자손들은 세계를 움직이는 가나안의 검은(가짜) 유대인으로 둔갑을 해서 오늘의 모든 권력을 잡고, 신세계질서를 이루어가는 사탄의 세력들이 되었습니다.

5. 니므롯의 유전자

최초의 영웅의 유전자

창10:8 -14 "구스가 또 니므롯을 낳았으니 그는 세상에 처음 영걸이라 그가 여호와 앞에서 특이한 사냥군이 되었으므로 속담에 이르기를 아무는 여호와 앞에 니므롯 같은 특이한 사냥군이로다 하더라 그의 나라는 시날 땅의 바벨과 에렉과 악갓과 갈레에서 시작되었으며 그가 그 땅에서 앗수르로 나아가 니느웨와 르호보딜과 갈라와 및 니느웨와 갈라 사이의 레센(이는 큰 성이라)을 건축하였으며 미스라임은 루딤과 아나밈과 르하빔과 납두힘과 바드루심과 가슬루힘과 갑도림을 낳았더라 (블레셋이 가슬루힘에게서 나왔더라)"

바벨론에 세워진 최초의 피라미드 신전인 바벨탑

바빌로니아 시대의 기록에 의하면 바빌로니아의 최고 왕이 느부갓네살이고, 예루살렘을 함락한 것이 기원전 586년인데 그 당시에도 이미 지구라트라는 오래된 탑이 있었습니다. 역사가 헤로도투스의 기록에 의하면 이 건축물은 서로 맞물리는 여덟 개의 층으로 구성되어 있고, 주위에는 꼭대기에 오르기 위한 나선형의 길이 나 있으며, 그 꼭대기에는 거대한 신전, 바빌로니아의 신의 집을 지어 놓았다고 기록하였습니다. 이 거대한 건축물은 210m 이상의 높이를 가졌고, 한 층을 약 3m로 잡으면 70층이 된다고 하였습니다. 수 천년 전에 만들어진 이 벽돌 한 장 한 장에는 놀랍게도 글자가 새겨져 있는데, 자기들이 섬기던 신의 이름인 '마르둑(Marduk)'이라고 쓰여 있었다고 합니다.

루시페리안(루시퍼) 사탄종교의 탄생

고대 수메르 역사에 니므롯은 큰 제국을 건설하고 아버지 구스의 아내인 세미라미스를 빼앗아 아내를 삼았습니다. 이것을 보고 할아버지 셈은 니므롯을 죽이고, 시체를 14조각으로 토막내서 각 족속들에게 경고로 보냈다고 했습니다. 이후 세미라미스는 한 아들을 낳고 죽은 남편이 부활했다는 의미로 담무스라고 이름을 지었습니다. 그리고 자신은 당시 사람들이 신으로 섬겼던 담무스의 어머니로서 신의 어머니가 됩니다. 그 후 세미라미스는 담무스를 끌어안고 섭정을 하므로 후대 사람들에게 여신으로 추앙을 받게 되었습니다.

그렇게 하여 그녀가 아이를 안고 있는 여신상들이 곳곳에 세워졌고, 루시페리안 태양신의 새로운 종교가 탄생했던 것입니다. 이것이 이른바 수메르, 이집트, 앗수르, 페르시아, 그리스, 로마 등 신비주의 종교들의 모태가 되는 종교로 '바빌론 종교'인 것입니다. 이것이 루시페리안(루시퍼) 종교입니다. 세미라미스는 자신을 성모(聖母)라 주장하며, 니므롯보다 더 악한 정치를 펼치며 혼잡한 생활을 했습니다. (타작기1 참고)

니므롯의 부인은 거인족

기록에 의하면 세미라미스는 거인족으로 양성을 가진 음탕한 백인 아리안 혈통의 여자입니다. 세미라미스는 야벳의 백인혈통으로 흑인인 함의 혈통인 니므롯과 피를 섞어 혼혈족인 아리안의 혈통의 일부가 됩니다. 코카서스 지역에서 인종이 번식된 아리안 족의 혈통은 흑인, 백인, 황인족의 혼혈족이었습니다. 유럽 노르웨이와 필란드 지역으로 이주한 순수백인 혈통인 노르딕족과 이란,이집트,인도로 이주한 혼혈족과 그리고 중국 서안과 압록강 유역의 동북아시아와 일부 일본 열도로 이주한 모두는 황인종인 아리안 혈통입니다. 이들 모두는 루시페리안 종교인 피라미드 태양신을 섬기고 있습니다.

담무스가 성장한 후 세미라미스는 다시 아들과 결혼을 해서 수많은 자손을 퍼뜨리게 됩니다. 이들 아리안 족의 특징은 피라미드 문화, 태양신 숭배, 인신제사, 사탄숭배, 신비주의 귀신숭배, 마약, 흑마술, 백마술, 동성애를 즐기는 것이 공통분모로 동일합니다.

세계 모든 여신의 모체는 세미라미스

이집트의 오시리스 신의 아내는 이시스인데. 그녀는 하늘의 여왕으로 불리며, 오시리스가 세트에게 14토막으로 살해 당했을 때, 그 토막들을 나일강 주변에서 모았는데 유일하게 찾지 못한 오시리스의 남근을 나무로 대신 만들어 끼워 자신의 몸속에서 환생시켜 오시리스의 환생체인 '호루스'를 임신합니다. 즉 호루스는 그녀의 남편이자 아들이 되는 셈입니다.

비슷한 유형의 신화는 가나안의 바알 "죽음-부활" 신화나, 메소포타미아의 두무지 "죽음-부활" 신화에서도 바알의 아내 '아나트' 와 두무지의 아내 '이쉬타르' 는 그들의 남편을 다시 되살리는 역할을 맡았습니다. 사탄종교의 중심은 여신이 주인공입니다.

그들 역시 이시스처럼 '하늘의 여왕'으로 불렸는데. 아나트와 이쉬타르는 둘다 '하나님(엘 혹은 아누)의 딸'로 불렸고 아나트는 바알의 아내이자 어머니로 여겨졌고, 이쉬타르 역시 두무지에게 있어서 마찬가지로 아내이자 어머니로 불렸습니다.

이처럼 창세기에 나타난 에덴동산의 타락은 아담보다 하와를 중심으로 역사가 펼쳐지고 있는데 이것을 모계사회라고 합니다. 수메르 종교, 바벨론 종교에서 군왕은 남자인데도 실제로 군왕을 지배하고,

신비적인 능력을 발휘하는 존재는 모두 여신들이었습니다. 다시 말해서 여신들의 손에 군왕의 생명이 좌우 되었던 것입니다. 그만큼 여신들의 위치가 절대적이었으며, 오컬트 신비주의 마술을 역시 여신들의 몫이었습니다.

아담과 하와가 뱀의 유혹으로 선악과를 따먹고 죄인이 되자, 하나님께서는 그들에게 '여자'의 후손에서 구세주가 나와 뱀의 후손에게 발꿈치를 물릴 것이나, 뱀의 머리를 밟고 승리할 것이라고 희망의 메시지를 주셨습니다. 이는 십자가 죽음으로 자신의 피를 세상을 위해 흘리셔서 죽으시고 부활하신 예수 그리스도를 말하는 것인데. 아담의 후손들은 노아의 대를 거쳐 오면서 이 예언을 굳게 믿고 있었습니다.

바벨론 종교인 루시페리안은 니므롯의 부인 세미라미스를 태양신의 어머니로 섬깁니다. 그가 낳은 아들 담무스를 창세기 3장에서 말한 여인의 후손이라고 합니다. 즉 메시야라는 것입니다. 이것이 바벨론 음녀의 종교입니다. 오늘날까지 니므롯의 부인인 세미라미스는 태양신의 어머니로 가나안의 아나트와 이스타르, 미국의 자유 여신상, 워싱톤의 콜롬바 여신, 이집트 이스시, 로마의 비너스. 그리스의 다이애나, 에베소의 아데미로 우리 곁에 있었습니다.

갈데아에서 가나안으로 아브라함을 부르심

하나님께서는 니므롯의 일당을 시날평지에서 심판하시고, 믿음의 조상 아브라함을 부르셔서 다시 메시야의 유전자를 이어 가게 하셨습니다. 그 땅이 바로 가나안입니다.

그런데 놀랍게도 가나안 땅은 네피림의 후손 아낙자손들과 그들의 타락한 문화를 이어 받은 가나안 7족속들이 루시페리안 사탄숭배 종교로 지배하고 있었던 땅이었습니다.

그래서 사도행전 7장5절에서는 갈대아를 떠나 아브라함이 처음 가나안 땅에 들어갔을 때에는 발 붙일만한 유업도 주시지 아니하시고, 오직 아들 하나만을 주셨다고 기록을 하고 있습니다.

하나님께서는 믿음의 조상 아브라함을 이곳으로 인도하셔서, 그

제3장 적그리스도 세력들의 유전자의 비밀
5. 니므롯의 유전자

후손들을 통해서 네피림의 후손인 아낙자손들을 멸절시키시고 하나님의 새로운 나라를 세우도록 명령하신 것입니다. 이 명령은 여호수아 시대에 이루어집니다.

니므롯은 인류 최초의 영걸(거인족)입니다. 즉 영웅이었습니다. 길가메쉬의 서사시에 나타난 거인 길가메시가 니므롯이라고 합니다. 그가 사자를 품에 안고 있는데 사자의 크기는 강아지 새끼보다 작습니다. 길가메쉬 즉 니므롯의 키는 5미터가 넘었습니다.

니므롯은 최초로 하나님을 대적한 적그리스도였습니다.

니므롯은 최초의 독재자였습니다.

니므롯은 최초의 공산주의자였습니다.

하나님께서는 니므롯의 혈통들을 세계로 흩으시면서 아브라함을 택하시고 믿음의 조상으로 세우셨습니다. 그리고 다시금 무너진 메시야의 유전자를 이어가게 하셨습니다.

니므롯의 후예들이 시날평지에서 흩어진 후 최초로 정착한 곳이 바로 가나안입니다. 왜냐하면 그곳이 너무나 비옥하고 기름진 땅이었기 때문입니다. 가나안을 정탐한 두 정탐군이 포도 열매 한 송이가 달린 나뭇가지 하나를 두 사람이 메고 왔을 정도로 그 땅은 비옥한 땅이었습니다.

그래서 가나안 땅은 니므롯 이후에 가장 키가 장대하고, 강했던 아낙자손들의 본거지가 된 것입니다. 이때가 바로 아브라함이 가나안으로 이주를 마친 시기입니다. 그래서 소돔과 고모라가 동성애 타락 도시로 불과 유황의 심판을 받고 망했습니다.

그리고 가나안 아들들이 아낙자손들의 여인들과 피를 섞어 장대한 자손들로 가나안 땅을 채우게 됩니다. 그 후 출애굽한 여호수아를 통해 인종청소가 됩니다.

그 후에도 거인족들은 남았습니다. 블레셋의 골리앗, 두로왕국, 시돈왕국, 기브온족속, 여부스족속 들이 다윗 시대까지 존재하다가 결국은 또 다시 역사는 그들의 혈통과 사탄 바알종교로 남북왕조가 모두 망하고 말았습니다.

6. 이스마엘의 유전자

창16:11-12 "여호와의 사자가 또 그에게 이르되 네가 잉태하였은즉 아들을 낳으리니 그 이름을 이스마엘이라 하라 이는 여호와께서 네 고통을 들으셨음이니라 그가 사람 중에 들나귀 같이 되리니 그 손이 모든 사람을 치겠고 모든 사람의 손이 그를 칠찌며 그가 모든 형제의 동방에서 살리라 하니라"

창21:8-12 "아이가 자라매 젖을 떼고 이삭의 젖을 떼는 날에 아브라함이 대연을 배설하였더라 사라가 본즉 아브라함의 아들 애굽 여인 하갈의 소생이 이삭을 희롱하는지라 그가 아브라함에게 이르되 이 여종과 그 아들을 내어쫓으라 이 종의 아들은 내 아들 이삭과 함께 기업을 얻지 못하리라 하매 아브라함이 그 아들을 위하여 그 일이 깊이 근심이 되었더니 하나님이 아브라함에게 이르시되 네 아이나 네 여종을 위하여 근심치 말고 사라가 네게 이른 말을 다 들으라 이삭에게서 나는 자라야 네 씨라 칭할 것임이니라"

롬9:6-8 "또한 하나님의 말씀이 폐하여진 것 같지 않도다 이스라엘에게서 난 그들이 다 이스라엘이 아니요 또한 아브라함의 씨가 다 그 자녀가 아니라 오직 이삭으로부터 난 자라야 네 씨라 칭하리라 하셨으니 곧 육신의 자녀가 하나님의 자녀가 아니라 오직 약속의 자녀가 씨로 여기심을 받느니라"

하나님은 이스마엘이 들사람이 될 것을 말씀 하셨습니다. 그는 많은 사람에게 고통을 주고 또 고통을 받을 사람이 될 것을 말씀 하셨습니다. 이스마엘은 비록 아브라함의 혈통으로 태어났지만 육신의 자녀라고 했습니다. 아브라함에게는 또 다른 아내들을 통해서 수많은 아들들이 태어났습니다. 그러나 약속의 아들은 오직 사라를 통해 얻은 이삭 한 사람밖에 없는 것입니다.

애굽의 혈통

이스마엘은 그 어미 하갈을 통해 애굽의 혈통을 이어 받았습니다. 애굽은 이미 아리안의 혈통을 이어 받은 세미라미스의 자손들이었

제3장 적그리스도 세력들의 유전자의 비밀
6. 이스마엘의 유전자

습니다. 그들은 태양신을 섬기면서 해와 달과 별들에게 절을 했습니다. 사람을 죽여 인신제사를 드리고, 수많은 사람들을 가축처럼 부리며 죽였습니다. 그래서 이스마엘은 태어나기도 전에 들사람으로 운명이 정해졌습니다. 들사람이란 말의 의미는 포악하고, 난폭하고, 전쟁과 사냥을 즐기는 유전자란 것입니다. 사탄의 유전자의 특징은 항상 들사람처럼 자유분방하고, 난폭하고, 포악하고, 독립심이 강하고, 자주적이며. 적극적이며, 욕심이 많고, 승부욕이 강하고, 항상 여자들을 거느리고, 부를 축적한 존재들로 나타납니다.

이집트 상형문자와 오벨리스크에 그려진 그림을 통해 보면 바로와 당시 이집트를 다스렸던 권력층의 사람들의 신장은 거인족이었습니다. 보통 평민들보다 2-3배 컸습니다. 그래서 그들은 키가 작고, 힘이 약한 인간들을 가축처럼 부렸습니다. 그들은 신적인 존재들로 추앙을 받았습니다. 바로가 죽고 난 후 무덤으로 만든 피라미드는 20만의 노동자들이 3개월씩 교대로 30년 동안 쌓았던 바로라는 신의 무덤입니다. 바로는 살았을 때도 신이었고, 죽어서도 신이었습니다. 바로의 죽은 시체속에서 내장을 다 꺼내고 향료를 부어 방부처리를 한 후 오늘까지 보존하고 있습니다.

동일한 태양신을 섬겼던 러시아 혁명의 주역인 레닌이나. 북한의 태양신의 아버지와 아들인 김일성이와 김정일의 시신도 현대판 바로와 같이 방부처리 되어 신으로 추앙을 받고 있습니다. 그들은 죽었지만 살아있는 사람처럼 통치를 계속하고 있으며, 죽은 그들의 생일잔치는 국가 최고의 멸절로 지켜지고 있습니다. 일본의 천왕도 신적인 존재로 일본군들을 그들의 신인 천왕을 위해 기꺼이 인간 폭탄이 되어 가미가재 전쟁에 몸을 던졌던 것입니다.

역사 이래 이스마엘의 육신의 자녀들은 끊임없이 약속의 자손들을 괴롭히고 넘어지게 했습니다. 오늘날까지 이스마엘 자손들은 세계적으로 고통을 주고 지배하고, 지배받은 역사를 되풀이하고 있습니다. 결국은 온 인류를 파멸로 이끌 마지막 전쟁도 역시 이들을 통해서 일어납니다. 그래서 이스마엘의 자손들은 사탄의 유전자의 상징이요, 이삭의 자손들은 구원의 메시야 유전자의 상징입니다.

7. 에서의 유전자

창25:22-23 "아이들이 그의 태 속에서 서로 싸우는지라 그가 가로되 이같으면 내가 어찌할꼬 하고 가서 여호와께 묻자온대 여호와께서 그에게 이르시되 두 국민이 네 태중에 있구나 두 민족이 네 복중에서부터 나누이리라 이 족속이 저 족속보다 강하겠고 큰 자는 어린 자를 섬기리라 하셨더라"

창25:27 "그 아이들이 장성하매 에서는 익숙한 사냥군인고로 들사람이 되고 야곱은 종용한 사람인고로 장막에 거하니"

하나님께서는 리브가 태속에서부터 에서와 야곱을 구별하셨습니다. 비록 야곱은 차남으로 태어났지만 장자인 에서로 하여금 야곱을 섬기도록 했습니다. 하나님께서는 리브가 태속에서부터 에서와 야곱의 유전자를 알고 계셨던 것입니다.

에서와 야곱은 같은 부모의 혈통을 받아 태어났지만 태어날 때부터 자라는 과정과 즐기는 문화와 삶의 가치관은 정반대로 달랐습니다. 에서는 태어날때부터 털이 많은 야성미 넘치는 거인으로 태어났고, 자라면서도 사냥과 고기를 좋아하고 수많은 여인들을 탐익했습니다. 뿐만 아니라 장자의 명분을 소홀히 생각하고, 분별력이 없고, 자기 힘만을 의지하고 살아가는 전형적인 세상사람이요, 육신적인 사람이었습니다.

그러나 야곱은 성품이 종용하고, 아담하고, 착했습니다. 그래서 가정에 머물러 살면서 장자의 명분을 소중하게 생각하고 매사에 분별력을 가지고 지혜롭게 살아가는 사람이었습니다. 그래서 야곱은 믿음의 족장이 된 것입니다. 하나님께서는 리브가 태에서부터 이러한 사실을 아셨습니다.

성경은 이들이 태어나기도 전에 에서를 들사람으로, 야곱을 종용하여 장막에 거하는 사람으로 기록을 하고 있습니다. 하나님은 그들이 태어나기도 전에 그들이 어떤 사람으로 살아갈 것을 다 아셨던 것입니다. 즉 그들의 유전자를 다 아셨던 것입니다. 이처럼 에서와 야곱의 삶은 분위기부터 큰 차이가 있었던 것입니다.

세상에 있는 다른 두 종류의 유전자

오늘날에도 하나님께서 택한 사람과 그렇지 않은 사람의 차이는 삶의 가치관과 분위기에서부터 큰 차이가 납니다. 세상 사람들은 에서처럼 능력이 많고, 멋지고, 탁월한 활동가들입니다. 사람들을 잘 사귈 줄 알고, 수완이 좋아서 돈도 잘 벌고, 잘 속이기도 하고, 교묘하게 빼앗기도 잘 합니다. 여러 여자들을 거느리고, 부와 권력을 독점합니다. 스스로 자기힘을 의지하고, 교만합니다. 이들은 세상에서 성공한 사람들입니다. 세상에서 부와 명예를 다 가진 사람들입니다.

그 대신 야곱은 성격도 차분하고, 활동반경도 가정을 벗어나지 못하고, 융통성도 없고, 사회적이지 못하고, 종교적입니다. 고지식하게 두 아내를 위해 14년을 채우고, 10번이나 품삯을 속아가면서도 바보처럼 잠도 못하고 일만했던 산머슴이었습니다. 그러나 야곱은 하나님을 의지했고, 장자의 명분을 소중하게 생각했으며, 하나님께 기도하고 그 명령에 따라서 살았습니다. 세상적으로 말하면 야곱은 실패한 사람과 같습니다. 그러나 두 사람의 인생을 결산해 보면 에서는 망했습니다. 야곱은 영원한 승리자가 되었습니다. 에서는 들사람이 되었지만 야곱은 이스라엘이 되었습니다. 속고 살아야 했던 야곱에게 하나님은 라반의 모든 재산을 빼앗아 주셨습니다.

그래서 에서는 멸망의 상징이요, 야곱은 구원의 상징입니다.

8. 사울의 유전자

아모리 족속의 유전자

삼상8:7-9 "여호와께서 사무엘에게 이르시되 백성이 네게 한 말을 다 들으라 그들이 너를 버림이 아니요 나를 버려 자기들의 왕이 되지 못하게 함이니라 내가 그들을 애굽에서 인도하여 낸 날부터 오늘날까지 그들이 모든 행사로 나를 버리고 다른 신들을 섬김 같이 네게도 그리하는도다 그러므로 그들의 말을 듣되 너는 그들에게 엄히 경계하고 그들을 다스릴 왕의 제도를 알게 하라"

사울왕은 사람이 택한 왕이었습니다. 그러나 다윗은 하나님이 택한 왕이었습니다.

　사울이 왕이 되는 과정은 하나님이 기뻐하시는 뜻이 아니었습니다. 하나님은 이스라엘 장로들이 왕을 요구할 때 자신을 버린 것이라고 하셨습니다. 그래서 사울왕은 비록 이스라엘의 초대왕으로 등극을 했지만 그의 이름은 영원히 사라지고 말았습니다. 사람으로부터 출발된 사울왕은 결국 불신앙과 교만으로 스스로 자멸하고 말았습니다. 사탄의 유전자는 항상 스스로의 힘을 믿고, 교만하고, 강포하고, 자립정신이 강하여 주위의 모든 사람들에게 피해를 주고 어려움을 주는 유전자입니다. 심지어 하나님과의 관계에서도 독립적이고, 이중적인 기회주의 태도를 취하므로 하나님께 은혜를 받을 수 없는 유전자입니다.

시기와 투기의 유전자

　사울은 가인처럼 시기와 투기로 망한 사람입니다. 사울은 니므롯처럼 교만과 탐욕으로 망한 사람입니다.

　사울은 전형적인 세상에서 성공한 사람입니다. 키가 크고, 능력이 있고. 그는 잘 생겼습니다. 그러나 그런것들이 결국은 자신을 파멸로 이끌고 말았습니다.

　성령이 떠나고 악귀가 괴롭게 한 사람이 되었습니다. 하나님께 길이 막히자 신접한 무당에게 자신의 운명을 물었습니다. 사울은 제사장 85인을 죽였습니다. 사울은 귀신들려 자신을 구원한 충신 다윗을 창을 던져 죽이려 했습니다. 사울은 전쟁 기념비를 세우고, 제사장만이 할 수 있는 번제를 드리고, 가인과 같이 시기심과 조급함 때문에 스스로 자멸한 사람입니다. 그는 자신의 잘못을 알면서도 자존심 때문에 돌이켜 회개하지 못한 유전자를 가지고 있습니다. 가룟 유다와 같이 스스로 죄는 뉘우칠 줄 알면서도, 하나님 앞에 엎드려 굴복하고, 회개할 줄 모르는 유전자였습니다.

기브온 사람의 유전자

　사울은 순수한 베냐민 지파 사람이 아닙니다. 베냐민 지파는 레위의 첩을 강간한 사건으로 이스라엘 전체와 전쟁을 해서 66,700명의

제3장 적그리스도 세력들의 유전자의 비밀
8. 사울의 유전자

남자중에서 남자 600명만 남고 다 전멸했습니다. 그래서 베냐민 지파는 자신의 경내에 머물며 종살이를 하고 있었던 거인족 네피림의 혈통을 이어 받은 가나안 아모리 족속인 기브온 족속과 여브스 족속을 편입시켜 무너진 지파를 복원합니다. 그때 사울의 조상들이 베냐민 지파로 편입이 됩니다.

삿20:4-5 "레위 사람 곧 죽임을 당한 여인의 남편이 대답하여 가로되 내가 내 첩으로 더불어 베냐민에 속한 기브아에 유숙하러 갔더니 기브아 사람들이 나를 치러 일어나서 밤에 나의 우거한 집을 에워싸고 나를 죽이려 하고 내 첩을 욕보여서 그로 죽게 한지라"

대상11:31 "베냐민 자손에 속한 기브아 사람 리배의 아들 이대와 비라돈 사람 브나야와"

삼하21:2 "기브온 사람은 이스라엘 족속이 아니요 아모리 사람 중에서 남은 자라"

대상8:29-33 "기브온의 조상 여이엘은 기브온에 거하였으니 그 아내의 이름은 마아가며 장자는 압돈이요 다음은 술과 기스와 바알과 나답 그돌과 아히오와 세겔이며 미글롯은 시므아를 낳았으며 이 무리가 그 형제로 더불어 서로 대하여 예루살렘에 거하였더라 넬은 기스를 낳았고 기스는 사울을 낳았고 사울은 요나단과 말기수아와 아비나답과 에스바알을 낳았으며"

당대에 가장 키가 크고, 준수하고, 화려하고, 능력있는 사람이 사울이라고 한다면, 다윗은 아버지 이새조차 외면했던 보잘 것 없는 아들이었습니다. 그러나 하나님은 외모를 보시지 않고 중심으로 보셨습니다. 가장 연약하고, 보잘 것 없는 다윗을 훈련시켜 영원한 메시야의 혈통을 이어가는 왕중의 왕으로 세우셨습니다.

다윗이 하나님 마음에 합한 사람이 될 수 있었던 것은 하나님의 자비하심과 긍휼이 풍성하신 하나님의 은혜임을 다윗은 시편에서 찬양을 하고 있습니다. 다윗은 충신을 죽인 살인자요, 간음자요, 전쟁을 통해 수많은 사람을 죽인 자입니다. 그럼에도 하나님은 다윗에게 영원한 언약을 세우시고 메시야 왕국을 약속하였습니다. 교회를 잔해했던 사울이 바울이 되었습니다. 그래서 바울은 나의 나된 것은 오직 하나님의 은혜라고 고백을 했습니다.

누가 예수님 안에서 교만할 수 있습니까? 누가 예수님 안에서 정죄하고, 판단할 수 있습니까? 아무도 없습니다. 오늘은 사울같이 교회를 잔해하지만 내일은 그가 교회를 위해 순교자가 될지는 아무도 모릅니다. 오직 주님만 아십니다.

구원받은 우리 모두는 무엇이 좀 다른 사람보다 좋아서가 아닙니다. 오직 하나님의 은혜로만 구원을 받았던 것입니다.

이것을 은혜의 유전자라고 합니다.

9. 거인족의 유전자
성경에 나타난 거인족

거인족 발굴현장

암2:9 "내가 아모리 사람을 저희 앞에서 멸하였나니 그 키는 백향목 높이와 같고 강하기는 상수리나무 같으나 내가 그 위의 열매와 그 아래의 뿌리를 진멸하지 아니하였느냐"

신3:11 "(르바임 족속의 남은 자는 바산 왕 옥뿐이었으며 그의 침상은 철 침상이라 지금 오히려 암몬 족속의 랍바에 있지 아니하냐 그것을 사람의 보통 규빗으로 재면 그 장이 아홉 규빗이요 광이 네 규빗이니라)" 침상의 길이는 4.5미터 폭은 2미터

민13:32-33 "이스라엘 자손 앞에서 그 탐지한 땅을 악평하여 가로되 우리가 두루 다니며 탐지한 땅은 그 거민을 삼키는 땅이요 거기서 본 모든 백성은 신장이 장대한 자들이며 거기서 또 네피림 후손 아낙 자손 대장부들을 보았나니 우리는 스스로 보기에도 메뚜기 같으니 그들의 보기에도 그와 같았을 것이니라"

창6:4 "당시에 땅에 네피림이 있었고 그 후에도 하나님의 아들들이 사람의 딸들을 취하여 자식을 낳았으니 그들이 용사라 고대에 유명한(거인족) 사람이었더라

제3장 적그리스도 세력들의 유전자의 비밀
9. 거인족의 유전자

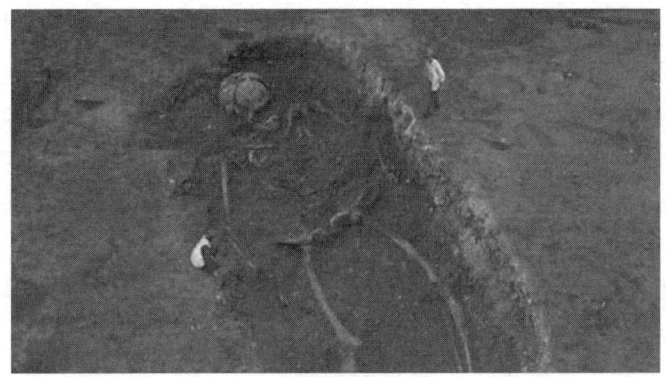

거인족 유골

역사적으로 확인된 거인족

길가메쉬 5미터. 시바여왕 2미터, 쥴리어스 시져 2.8미터, 골리앗 3.2미터, BC 200년 카르타고인 11미터, 1456년 프랑스 7미터 1577년 스위스 6.3미터 1613년 프랑스 8미터, 1950년 터키 4.57미터, 노아시대 10미터, 페루12미터

거인족들의 특징

수메르와 메소포타미아 바알 신전에서 제사장으로 섬겼던 사람들이 모두 거인족들인데 이들은 몰렉신에게 인신제사를 드리고, 사람의 고기를 먹었을 뿐 아니라, 난잡한 집단 성행위를 하고, 성격이 급하고, 난폭하여 폭군으로 기록되어 있습니다.

축제라는 카니발(Cannibal)의 어원은 식인종의 어원과 같은데 그 기원은 카나-발(Cahbal-Bal)로 그 뜻은 바알의 제사장(Priest of Baal)이란 뜻입니다.

바알의 제사장들이 사람을 잡아먹었던 바알 축제가 오늘날 Canibal의 기원한 단어가 된것입니다.

수메르 점토판에 의하면 고대 엘로힘 신들이 니비루라는 혜성을 타고 지구로 내려와 지구의 여인들과 성관계를 통해서 이종잡종 인간을 낳게 되는데 그를 아누나키라고 했습니다. 아나킴, 또는 아낙이라고 하는 아누나키는 거인족들로 민13:33에서는 네피림의 후손들이라고 했습니다.

이미 언급한대로 에녹은 네피림의 횡포에 대하여 하나님께 계시를 받고 노아홍수를 통해서 전멸될 것을 예언했습니다. 당시 네피림(거인족)들은 키가 10미터로 모든 것을 동물적인 욕심과 탐욕으로 행하는 폭군 중에 폭군이었습니다.

노아 홍수 후에도 네피림(거인족)의 유전자는 인류에게 전달되어 길가메쉬 니므롯으로 이어지고 여호수아 당시 아낙자손과 가나안의 아들 아모리 족속들에게 전달되었다가 진멸된 바 있습니다.

블레셋은 페니키아 즉 그리이스 이주민으로 네피림의 아리안족입니다. 골리앗의 키는 3.2m입니다. 그리고 그의 동생 라흐미 역시 거인족입니다.

대상20:5-6 "다시 블레셋 사람과 전쟁할 때에 야일의 아들 엘하난이 가드 사람 골리앗의 아우 라흐미를 죽였는데 이 사람의 창자루는 베틀채 같았더라 또 가드에서 전쟁할 때에 그곳에 키 큰 자 하나는 매 손과 매 발에 가락이 여섯씩 모두 스물 넷이 있는데 저도 장대한 자의 소생이라" 골리앗 동생의 창자루는 베틀채 같았고, 또 한 사람의 장수는 장대한 거인족으로 손가락과 발가락이 6개씩 모두 24개였다고 기록되었습니다.

이집트 바로와 권력자들이 모두 거인족들이었습니다.

가나안 7족속들이 모두 거인족들입니다.

성경에 나타난 거인족

하나님의 아들들과 사람의 딸들이 결합하여 네피림을 낳았고, 이 네피림들의 죄가 세상에 관영하여, 노아 시대에 하나님은 대홍수로 이들을 진멸하셨습니다.

그러나 이들의 후손 아낙이 살아남아 가나안 땅에 거주하여 왔습니다. 이것이 하나님께서 출애굽 후 가나안 땅으로 진군하는 이스라엘 족속에게 가나안의 모든 족속을 남겨두지 말라고 명하신 이유입니다. 이들은 가나안 땅에 쳐들어간 여호수아와 갈렙에게 진멸되었

제3장 적그리스도 세력들의 유전자의 비밀
9. 거인족의 유전자

고 몇 몇 남은자 골리앗과 그의 형 라흐마 등은 다윗과 그의 부하들에게 죽임을 당하며 아낙 자손은 성경에서 자취를 감추었습니다.

아낙 Anak Wikipedia 'Anak'에서 발췌 번역

아낙Anak은 이스라엘 민족의 가나안 정벌에 나오는 존재로 민수기에는 '힘이 세고 키가 큰' 거인 혼합종이며, 네피림의 후손인, Anakites (히브리어로 Anakim)의 조상으로 나옵니다.

민수기 13:33 "거기서 네피림 후손인 아낙 자손의 거인들을 보았나니 우리는 스스로 보기에도 메뚜기 같으니 그들이 보기에도 그와 같았을 것이니라"

여기에서 네피림이란 하나님의 아들들과 사람의 딸들 간에 태어난 잡종입니다.

성경은 아낙을 르바임 Rephaite

신명기 2:10-11 "(이전에는 에밈 사람Emites이 거기 거주하였는데 아낙 족속Anakites 같이 강하고, 키가 크므로 그들을 아낙 족속과 같이 르바임이라 불렀으나 모압 사람은 그들을 에밈Emites이라 불렀으며)"

성경은 아낙을 아르바 Arba

여호수아 15:13 "여호와께서 여호수아에게 명령하신 대로 여호수아가 기럇 아르바 곧 헤브론을 유다 자손 중에서 분깃으로 여분네의 아들 갈렙에게 주었으니 아르바는 아낙의 아버지였더라"

용어학상 아낙은 (긴) 목을 의미

아낙의 자손들은 민수기 13장에서 처음 언급되었습니다. 이스라엘 족속의 지도자 모세는 12지파에서 한 명씩을 뽑아 이들에게 네게브 길로 행하여 산지로 올라가서 가나안 땅을 정탐하고 돌아와 회중 앞에서 보고할 것을 명했습니다. 이 정탐꾼들은 네게브로 올라가서 헤브론에 도착하였는데, 이곳에는 아낙의 자손인 아히만과 세새와 달매가 사는 곳이었습니다.

40일 동안의 정탐을 마치고 이들은 두 사람이 마주 들어야 할 만큼 커다란 포도송이가 달린 가지를 막대기에 꿰어 메고 돌아옵니다. 이 정탐꾼 중 열 명은 모세에게 보고하기를 그 땅에는 과연 젖과 꿀이 흐르기는 하지만 그 땅 거주민은 강하고 성읍은 견고하고 심히 클 뿐 아니라 거기서 아낙의 자손들을 보았다고 하면서 그 곳을 치지 못할 것이라고 하였습니다.

민수기13:31-33 "그와 함께 올라갔던 사람들은 이르되 우리는 능히 올라가서 그 백성을 치지 못하리라 그들은 우리보다 강하니라 하고 이스라엘 자손 앞에서 그 정탐한 땅을 악평하여 이르되 우리가 두루 다니며 정탐한 땅은 그 거주민을 삼키는 땅이요 거기서 본 모든 백성은 신장이 장대한 자들이며 거기서 네피림의 후손인 거인들을 보았나니 우리는 스스로 보기에도 메뚜기 같으니 그들이 보기에도 그와 같았을 것이니라"

신명기, 여호수아 및 사사기에 아낙에 대한 언급이 간결하게 나옵니다.

가나안 땅 헤브론 즉 기럇 아르바에 있던 아낙의 자손 아히만과 세새와 달매는 여호수아와 갈렙에 의해 축출됩니다.

고대 이집트 중왕조 시대의 '이집트 저주서 Execration'에는 가나안 지방에 있는 정치적 적대자들의 명부가 있는데, 이 중에는 '아낙 사람들인 Anag '로 불리우는 족속이 나옵니다. 이들 아낙 족속에는 에룸 Erum, 아미야미무 Abiyamimu 와 아키룸 Akirum의 세 왕이 있습니다.

아낙Anakites은 수메르인들의 신 엔키Enki와도 연관이 됩니다. Robert Graves는 아낙과 블레셋 Philistia 간의 관련성을 고찰하여, 아낙Anakim을 그리스 신화에 나오는 Anactorians의 거인 왕Anax와과 동일시 하였습니다.

여호수아 11:21 "그 때에 여호수아가 가서 산지와 헤브론과 드빌

제3장 적그리스도 세력들의 유전자의 비밀
9. 거인족의 유전자

과 아납과 유다 온 산지와 이스라엘의 온 산지에서 아낙 사람들을 멸절하고 그가 또 그들의 성읍들을 진멸하여 바쳤으므로" 아낙은 아르바의 아들이며, 아히만과 세새와 달매의 아버지입니다.

민수기 13:22 "또 네갑으로 올라가서 헤브론에 이르렀으니 헤브론은 애굽 소안보다 칠 년 전에 세운 곳이라 그 곳에 아낙 자손 아히만과 세새와 달매가 있었더라"

발가락 12개 손가락 12개의 거인족

여호수아 15:13-14 "여호아께서 여호수아에게 명령하신 대로 여호수아가 기럇 아르바 곧 헤브론을 유다 자손 중에서 분깃으로 여분네의 아들 갈렙에게 주었으니 아르바는 아낙의 아버지였더라 갈렙이 거기서 아낙의 소생 그 세 아들 곧 세새와 아히만과 달매를 쫓아내었고" 아낙 자손은 이스라엘이 거주하기 이전에 가나안 땅에서 살던 원주민으로서, 요단강 서쪽 산간지방, 특히 헤브론 지역에서 살고 있었습니다.

여호수아 11:21 "그 때에 여호수아가 가서 산지와 헤브론과 드빌과 아납과 유다 온 산지와 이스라엘의 온 산지에서 아낙 사람들을 멸절하고 그가 또 그들의 성읍들을 진멸하여 바쳤으므로"

여호수아 14:12-15 "그 날에 여호외께서 말씀하신 이 산지를 지금 내게 주소서 당신도 그 날에 들으셨거니와 그 곳에는 아낙 사람이 있고 그 성읍들은 크고 견고 할지라도 여호아께서 나와 함께 하시면 내가 여호외께서 말씀하신 대로 그들을 쫓아내리이다. 여호수아가 여분네의 아들 갈렙을 위하여 축복하고 헤브론을 그에게 주어 기업을 삼게 하매 헤브론이 그나스 사람 여분네의 아들 갈렙의 기업이 되어 오늘까지 이르렀으니 이는 그가 이스라엘의 하나님 여호아를 온전히 쫓았음이라 헤브론의 옛 이름은 아르바라 아르바는 아낙 사람 가운데서 가장 큰 사람이었더라 그리고 그 땅에 전쟁이 그쳤더라"

신명기 9:2 "크고 많은 백성들은 네가 아는 아낙 자손이라 그에 대한 말을 네가 들었나니 이르기를 누가 아낙 자손을 능히 당하리오

하니"

사무엘하 21:16-22 "거인족의 아들 중에 무게가 삼백 세겔 되는 놋 창을 들고 새 칼을 찬 아스비브놉이 다윗을 죽이려 하므로 스루야의 아들 아비새가 다윗을 도와 그 블레셋 사람을 쳐죽이니 그 때에 다윗의 추종자들이 그에게 맹세하여 이르되 왕은 다시 우리와 함께 전장에 나가지 마옵소서 이스라엘의 등불이 꺼지지 말게 하옵소서 하니라 그 후에 다시 블레셋 사람과 곱에서 전쟁할 때에 후사 사람 십브개는 거인족의 아들 중의 삽을 쳐 죽였고 또 다시 블레셋 사람과 곱에서 전쟁할 때에 베들레헴 사람 야레오르김의 아들 엘하난은 가드 골리앗의 아우 라흐미를 죽였는데 그 자의 창자루는 베틀채 같았더라 또 가드에서 전쟁할 때에 그 곳에 키가 큰 자 하나는 손가락과 발가락이 각기 여섯 개씩 모두 스물 네 개가 있는데 그도 거인족의 소생이라 그가 이스라엘 사람을 능욕하므로 다윗의 형 심마의 아들 요나단이 그를 죽이니라 이 네 사람 가드의 거인족의 소생이 다윗의 손과 그의 부하들의 손에 다 넘어졌더라"

역대상 20:4-8 "이 후에 블레셋 사람들과 게셀에서 전쟁할 때에 후사 사람 십브개가 키가 큰 자의 아들 중에 십배 (Sippai, one of the descendants of the Rephaites)를 쳐죽이매 그들이 항복하였더라 다시 블레셋 사람들과 전쟁할 때에 야일의 아들 에하난이 가드 사람 골리앗의 아우 라흐미를 죽였는데 이 사람의 창자루는 베틀채 같았더라 (who had a spear with a shaft like a weaver's rod) 또 그 곳에서 전쟁할 때에 그 곳에 키 큰 자 하나는 손과 발에 가락이 여섯씩 모두 스믈넷이 있는데 그도 키가 큰 자의 소생이라(He was descended from Rapha) 그가 이스라엘을 능욕하므로 다윗의 형 시므아의 아들 요나단이 그를 죽이니라 가드의 키 큰 자의 소생 이라도 다윗의 손과 그 신하의 손에 다 죽었더라(These were descendants of Rapha in Gath, and they fell at the hands of David and his men)"

사무엘상 17:4 "블레셋 사람들의 진영에서 싸움을 돋우는 자가 왔는데 그의 이름은 골리앗이요 가드 사람이라 그의 키는 여섯 규빗 한 뼘이요"

10. 아리안의 유전자

적그리스도 세력의 적자 혈통의 유전자

이미 언급한 대로 아리안의 혈통은 적그리스도의 유전자의 가장 중요한 중심축입니다. 지금까지 순수 아리안의 혈통을 기준으로 적그리스도의 세력들이 활동을 하고 있습니다만. 정확하게 아리안의 혈통을 유전자 분석을 통해서 경계선을 정했지만, 이미 오랜 세월동안 혈통이 섞였기 때문에 현재 파악한 아리안의 순수혈통은 거의 없는 것으로 나타나 있습니다.

그러나 아리안 혈통의 DNA가 많이 섞인 인종과 지역을 중심으로 사탄의 세력들이 정치적인 권력과, 경제적인 힘과, 종교적인 통합을 이루어 가고 있습니다. 그런데 우리가 알아야 할 아리안의 유전자는 고대로부터 지금까지 대중에게 속한 것이 아니고, 각 지역을 지배하고 있었던 지배권력층이란 사실을 기억해야 그들의 세력을 쉽게 이해 할 수 있습니다.

현재 유럽연합을 중심으로 활동한 프리메이슨과 미국과 영국을 중심으로 활동을 하고 있는 일루미나티 세력들이 아리안이라는 명칭을 아주 중요하게 생각합니다.

그 이유는 자신들이 고등인간, 즉 엘리트 인간이라고 생각하기 때문입니다. 이들이 차별화 시킨 고등인간이란 창세기 6장에 나온 네피림입니다. 자신들은 지구에서 태어난 토착인간이 아닌 과학문명이 뛰어난 외계인이었다는 것입니다. 그래서 그들 스스로가 지구촌의 인간과 엄격한 한계를 정하고 지구촌의 신세계질서를 추진하고 있습니다.

세계를 지배한 13왕조의 혈통

실제로 유럽을 지배하고 있는 왕실의 혈통과 정치, 경제 권력의 핵심세력들의 혈통은 같습니다. 모든 유럽을 지배하고 있는 프리메이슨입니다. 유럽연합을 중심으로 활동하고 있는 주류세력들입니다. 미국의 백악관과 영국의 왕실의 혈통은 하나입니다. 이들 모두 유럽의 왕실의 혈통과 연결되어 있습니다. 세계를 지배하고 있는 13개 왕족들의 혈통이 있습니다. 이들이 모두 유럽과 영국과 미국을 통치하고 있는 아리안의 유전자들입니다.

실제로 유럽과 미국에서는 프리메이슨에 가입을 하지 않으면 절대로 주류사회로 진출할 수 없습니다. 미국의 연방정부의 주축세력들이 미국의 주인들이고, 유럽연합의 주축 세력들이 유럽의 주인들입니다. 모두 아리안의 유전자를 가진 사람들입니다.

아리안이란 고결함이란 뜻입니다. 자칭 그들은 자신들을 신이라고 합니다. 그리고 우리 지구촌의 인간을 가축과 동물처럼 취급을 합니다. 야웨종교는 하등인간들이 숭배하는 천한 신이기 때문에 양이나 소들을 잡아 제사를 드리지만, 자신들은 고등인간이기 때문에 인간을 잡아 인신제사를 드린다는 것입니다.

아리안의 두 번째 기원은 니므롯입니다. 바벨탑을 쌓았던 니므롯은 길가메쉬와 동일한 네피림 거인족으로, 백인인 거인족 세미라미스와 결혼한 후 그 후손들이 루시페리안 종교로, 수메르-이집트-앗수르-바벨론-메데 파사-그리스-로마-메로빙거왕조-바바리아왕조-합스부르크왕조-하노바왕조-스튜어트왕조-윈저왕조-백악관으로 역사를 이어오고 있습니다.

1973년에 발사한 유럽연합의 우주개발 프로젝트 이름이 아리안호입니다. 초대교회 이단인 영지주의, 그노시스주의, 카발라 종교에서부터 오늘날 여호와의 증인, 몰몬교, 안식교, 크리스챤사이언스, 뉴에이지 기독교와 같은 모든 이단의 중심 사상이 아리안니즘입니다. 아리안니즘은 예수님의 신성과 3위1체를 부인하는 이단입니다.

아라안의 혈통의 세 번째 기원은 주전 2000년경에 코카셔스 지역에서 남하하여 인도와 이집트와 에게해와 가나안에 재진입 했던 블레셋 혼혈족 아리안입니다. 또 한편의 기원은 코카서스 지역에서 동구라파 쪽으로 이동하여 핀란드, 노르웨이 등 동유럽으로 이주한 순수 백인인 노르딕 아리안입니다. 몽고와 중국서안을 거쳐 만주와 일본으로 이어지는 황색 아리안의 혈통이 있습니다.

아리안의 주 혈통은 게르만과 켈트족입니다. 뿐만 아니라 고트족,

훈족, 동이족까지 유전자가 섞였습니다. 세계 전체를 표본으로 아리안의 DNA을 검색한 결과 거의 모든 민족에게 유전자가 검색되었습니다. 단지 얼마나 많은 유전자가 포함되었는가가 관건이었습니다.

아리안의 유전자를 가진 세력들의 공통된 문화는 철기문화, 피라미드 문화, 공산주의 문화, 과두정권문화, 군사문화, 철저한 계급사회, 독재문화, 왕실중심의 문화, 사탄주의, 인신제사, 흑마술, 백마술 등입니다.

이런 문화를 가진 주된 세력들은 유럽, 북미, 남미, 중국서안, 북한, 일본, 인도, 이집트 등입니다.

11. 철기문화의 유전자

사탄의 세력들의 전유물인 연금술과 철제무기

철기문화는 연금술과 함께 고대과학의 상징입니다. 뿐 만 아니라 모든 나라들을 물리칠 수 있는 최첨단 무기의 상징입니다. 그래서 누가 먼저 더 강한 철제무기를 소유하느냐에 따라서 국가간의 우열이 가려지게 되었습니다. 고대 이후 현대까지 최첨단 무기를 가진 나라들이 제국을 이룩할 수 있었습니다.

아담이 타락한 이후 6000년 동안 최첨단 무기인 철제무기는 사탄의 세력들의 차지였습니다. 그들은 지금도 최신 무기를 개발하여 세계를 지배하고 있습니다.

가인의 7대손 두발가인이 사용한 철제무기

창4:22 "씰라는 두발가인을 낳았으니 그는 동철로 각양 날카로운 기계를 만드는 자요 두발가인의 누이는 나아마이었더라" 성경에 최초로 등장한 철제무기는 가인의 7대 자손인 라멕의 두 번째 아내인 씰라가 낳은 두발가인입니다. 이는 날카로운 철제무기를 만든 세계 최초의 사람입니다.

수메르 철기문화

BC 3000년에 수메르 메소포타미아에서 철병거를 사용하였습니다. 철기문화는 고대 가장 중요한 오늘날 과학의 상징이었습니다. 왜냐하면 당시 최신 병기였기 때문입니다. 역사적으로 철병기를 가진 나라가 세계를 지배했습니다. 오늘날에도 역시 개인의 경쟁이나 국가적인 경쟁에서 마지막은 전쟁입니다. 역사 이래 전쟁의 승패는 무기에 달려 있습니다. 그런데 놀랍게도 고대에서 지금까지 가장 강한 철기무기로 무장한 세력이 있습니다. 아리안 혈통입니다.

아리안 혈통은 수메르에서부터 철기문화를 가지고 메소포타미아, 인도, 이집트, 페니키아, 가나안을 정복했습니다.

특히 BC 2000년에 나타난 히타이트족은 두 사람이 탈 수 있는 철병거를 가지고 세계를 정복했습니다. 오늘날 세계를 지배하고 있는 미국과 유럽의 최첨단 무기도 역시 고대 그들의 조상들이 가진 것과 같은 것입니다.

인류 최초로 철제무기를 사용한 아리안 족

기원전 4000년 경, 수메르인은 지금의 이라크 지역에 인류 최초의 도시 국가를 건설합니다. 그런데 기원전 2350년 셈족의 한 갈래였던 아카드인이 수메르의 도시 국가들을 정복하고 메소포타미아의 패권을 장악합니다.

그리고 아카드의 왕인 사르곤 1세는 메소포타미아를 지배하는 최초의 셈족 황제가 됩니다. 아카드인이 수메르를 정복한 181년 동안 수메르 문화는 셈족화 되어 메소포타미아 전역과 이집트로 퍼져나갑니다.

아카드 왕국이 쇠퇴한 후, 한 동안 메소포타미아의 패권을 놓고 혼란이 계속되다가 기원전 2050년 수메르인에 의해 왕정복고가 일어납니다. 그러나 수메르인의 왕정복고는 약 100년간 지속되다 다시 멸망합니다.

그 뒤 메소포타미아의 패자가 된 것은 바로 함족인 바빌로니아였습니다. 기원전 1750년 경 바빌로니아의 함무라비 대왕은 다시 메소포타미아 지역을 통일합니다. 함무라비 대왕은 수많은 족속들을

제3장 적그리스도 세력들의 유전자의 비밀
11. 철기문화의 유전자

통합하는 중앙 집권 제도를 확립합니다. 그것은 제도의 통일을 뜻하기도 했지만, 사상적인 통일을 뜻하기도 했습니다. 함무라비 대왕은 각각의 족속들의 여러 신들을 모와 새로운 만신전을 세웁니다. 그런데 이 바빌로니아의 만신전의 주인, 신들의 왕은 바로 마르둑이었습니다.

영화를 구가하던 바빌로니아 왕국은 기원전 1530년 히타이트 인(人)에 의해 멸망합니다. 그런데 재미있는 것은 히타이트인이 셈족이 아니라 함족인 아리안이었다는 사실입니다. 히타이트인이 바빌로니아를 정복할 수 있었던 것은 그들의 신형 무기의 철제 검 때문이었습니다.

철기문화의 선구자 아리안

철기라는 새로운 기술을 처음 사용한 사람들은, 바로 이들 아리안이었습니다. 흑해와 카스피해 연안, 카프카스 지역에 살았던 코가 크고, 피부가 희고, 눈이 파란 아리안은 빠르면 기원전 20세기, 늦으면 기원전 17세부터 서쪽의 유럽, 남쪽의 메소포타미아 그리고 동쪽의 인도로 이동을 시작합니다. 그들의 왜 이동을 시작했는지는 아무도 모릅니다.

역사의 수수께끼라고 할 수 있습니다. 그들은 서쪽으로 이동하면서 크레타를 중심으로 한 미노아 문명을 무너뜨리고 남쪽으로 이동하면서 바빌로니아를 무너뜨립니다.

그리고 인도로 진출하여 하랍파 모헨조다르의 인더스 문명을 무너뜨립니다. 아리안이 이렇게 강력한 힘을 발휘할 수 있었던 것은 그들이 가지고 있던 신기술인 철제무기 때문이었습니다.

기원전 15세기 경, 흑해와 카스피해 연안에서 철을 숯불에 가열시키고 망치로 두드리는 제련 기술이 개발됩니다. 아리안은 동쪽으로, 서쪽으로, 남쪽으로 이동하며 자신들이 개발한 철기 문화를 곳곳에 전파합니다.

그들은 가는 곳마다 남자들을 죽여 정복하고, 여인들을 강간하고, 아이들을 노예로 삼았습니다. 그들의 정복을 통해 철기문화는 전 세계로 퍼져 나가게 되었습니다.

출14:9 "애굽 사람들과 바로의 말들, 병거들과 그 마병과 그 군대가 그들의 뒤를 따라 바알스본 맞은편 비하히롯 곁 해변 그 장막 친 데 미치니라"

애굽의 군대도 철병거로 무장을 하고 있습니다. 가나안 7족속들도 철병거로 무장을 하고 있습니다.

수11:3-5 "동서편 가나안 사람과 아모리 사람과 헷 사람과 브리스 사람과 산지의 여부스 사람과 미스바 땅 헤르몬산 아래 히위 사람들에게 사람을 보내매 그들이 그 모든 군대를 거느리고 나왔으니 민중이 많아 해변의 수다한 모래 같고 말과 병거도 심히 많았으며 이 왕들이 모여 나아와서 이스라엘과 싸우려고 메롬 물가에 함께 진 쳤더라"

블레셋도 철병거로 무장을 했습니다.

삼상13:5 "블레셋 사람이 이스라엘과 싸우려 하여 모였는데 병거가 삼만이요 마병이 육천이요 백성은 해변의 모래 같이 많더라 그들이 올라와서 벧아웬 동편 믹마스에 진 치매" 이스라엘을 공격했던 모든 나라들은 철병거로 무장을 했습니다. 애굽, 앗수르, 바벨론, 아람, 블레셋, 가나안 7족속, 메데파사, 그리스, 로마 등 그런데 이 모든 나라들이 네피림의 후손 아리안족입니다.

주전 8세기 한반도에 나타난 동이족의 철기문화

고구려의 태왕사신기에 고구려 주몽이 만주의 대국가를 건설할 수 있었던 것은 어느 나라도 당해 낼 수 없는 강력한 철제무기였다는 사실을 기록하고 있습니다. 한반도의 동이족이 주전 8세기에 만주 요녕성에서 철기문화를 이룩했다는 사실이 태백일사와 삼한관경본기에 기록이 되어 있습니다. 철(鐵) (고대어)이란 한자어는 쇠금변에 중국의 화가 아닌 우리의 동이가 붙어 있습니다.

최초의 철병거를 사용한 스키타이는 가나안의 아들 헷족속의 후손들입니다. 그리고 철병거로 세계를 제압했던 고대 바벨론도 가나안의 아들 아모리의 후손들입니다. 이들 모두 네피림의 피를 얻어 아리안 혈통의 반열에 들어 설 수 있었습니다.

오늘의 철병거는 첨단무기입니다. 항공모함, 대륙간 탄도탄, 전투기, 전폭기, 장거리 미사일, 탱크, 구축함, 핵잠수함, 자동화기, 화학무기, 진동파무기, 세균탄인 생물학 무기. 로봇 무기까지 다양합니다. 오늘 우리시대 세계를 제패할 수 있는 나라는 단 한 나라밖에 없습니다. 세계 최대 무기 강국 미국입니다. 미국은 스타워즈라는 우주전을 대비하여 미사일 방어체제까지 완성한 최초의 나라입니다. 세계 거의 모든 무기는 미국의 군산복합체에서 만들어집니다.

12. 동성애의 유전자

타락한 천사에 의해 퍼진 동성애

유다서6-7 "또 자기 지위를 지키지 아니하고 자기 처소를 떠난 천사들을 큰 날의 심판까지 영원한 결박으로 흑암에 가두셨으며 소돔과 고모라와 그 이웃 도시들도 저희와 같은 모양으로 간음을 행하며 다른 색을 따라 가다가 영원한 불의 형벌을 받음으로 거울이 되었느니라"

유다는 자기 위치를 떠난 타락한 천사들의 간음과 같은 색을 따라서 소돔과 고모라에 동성애가 시작되었다고 기록을 하고 있습니다.

동성애로 심판을 받은 소돔과 고모라

소돔은 동성애란 뜻이고, 고모라는 깊이 부패했다는 뜻입니다. 즉 소돔과 고모라는 동성애로 부패해서 인류 최초 불과 유황으로 하나님의 심판을 받았던 것입니다.

그런데 놀라운 것은 노아시대 타락한 천사들의 후손인 거인족 네피림들도 동성애와 수간과 같은 혼잡한 성행위를 통해서 멸망을 받았다고 예언자 에녹이 증언을 했습니다.

동성애로 망한 아낙과 가나안 7족속

뿐 만 아니라 네피림의 후손인 거인족인 아낙자손들과 가나안 7족속들도 동성애와 수간과 같은 난잡한 성행위를 통해서 가나안 땅에서 멸절이 되었습니다.

레위기18:22-25 "너는 여자와 교합함 같이 남자와 교합하지 말라 이는 가증한 일이니라 너는 짐승과 교합하여 자기를 더럽히지 말며 여자가 된 자는 짐승 앞에 서서 그것과 교접하지 말라 이는 문란한 일이니라 너희는 이 모든 일로 스스로 더럽히지 말라 내가 너희의 앞에서 쫓아 내는 족속들이 이 모든 일로 인하여 더러워졌고 그 땅도 더러워졌으므로 내가 그 악을 인하여 벌하고 그 땅도 스스로 그 거민을 토하여 내느니라"

동성애로 망한 템플 기사단

네피림의 후손들과 가나안 7족속들은 동성애와 같은 난폭하고 거칠은 변태성욕자들입니다. 그들속에 흐르는 유전자 자체가 동물적이며, 본능적입니다. 오늘날 포르노 산업을 이끌고, 타락한 성문화 산업을 이끌고 있는 세력들이 이들입니다. 미국의 Playboy 잡지를 발행하고, 헐리우드에서 온갖 추잡한 영화를 만들어 인류를 타락시키고 있는 세력들이 모두 사탄숭배자들입니다.

템플 기사단 역시 사탄숭배와 동성애로 심판을 받았습니다. 1년에 한 번씩 미국의 보헤미얀 글루브라는 별장에서 세계적인 유명한 사람들의 사교모임이 있습니다. 그런데 특이한 것은 오직 남자들만 참석하는 모임입니다. 1-2주 동안 계속되는 이 모임은 사탄숭배, 인신제사, 동성애 축제가 벌어지는 장소입니다. 매년 1500명 이상의 학계, 정계, 재개, 헐리우드 명배우, 언론, 비밀경찰, 방송, 예술게의 저명한 명사들이 참석합니다.

여기에 참석한 명사들은 모두 남성으로 미국연방은행 전 현직 총재, 백악관 전·현직 대통령, 영국의 전·현직 총리, 독일의 전·현직 총리, 세계은행 전 현직 총재, IMF총재. FBI ,CIA전 현직 국장 등, 이들은 모두 벌거벗고 부엉이에게 제사를 드리고, 자연계를 향해 찬양을 하고, 경배를 합니다.(동영상을 보시려면 "보헤미안 그루브"를 인터넷 검색창에서 치세요)

제3장 적그리스도 세력들의 유전자의 비밀
12. 동성애의 유전자

동성애법을 합법화시킨 나라

미국은 2007년 5월24일 동성애 찬성법 SB-777을 의회에 상정하고 2007년10월12일에 통과 시켰습니다. 현재 미국의 동성애자는 전체인구 10%인 3,300 만 명입니다. 그런데 놀랍게도 소수 흑인들을 제외하고 모두가 상류사회에 속한 사람들입니다. 상류 사회란 미국을 움직이고 있는 주류 사회(WASP)라는 것입니다.

현재 미국에서는 초,중,고등학교 학생들에게 동성애를 합법화 시키는 자랑스런 두 아빠와 두 엄마에 대해서 세뇌교육을 시작했습니다.

유럽에서 동성애법를 최초로 합법화 시킨 나라는 2001년 네델란드였습니다. 그후, 2003년 벨기에, 2005년 스페인. 캐나다, 2006년 남아공,브라질, 멕시코. 2009년 노르웨이. 스웨덴, 2010년 포루투갈, 아이슬란드, 아르헨티나, 2012년 덴마크, 2013년 우루과이, 뉴질랜드, 프랑스가 동성애를 허용하고, 동성애자들에게 자녀를 입양시킬 수 있는 법들을 통과시켰습니다.

왜냐하면 미국과 유럽이나 유럽의 식민지였던 남미의 상류사회 혈통들의 10%이상이 동성애 유전자를 가진 세력들이기 때문입니다.

과학에서 말하고 있는 동성애

그럼 과연 과학에서는 이에 대해 어떻게 규정하고 있을까요? 동성애가 선천적인 쪽에 가깝다는 연구결과가 발표된 것은 1991년이었습니다.

미국 솔크 생물학 연구소의 사이먼 리베이 박사는 남성 동성애자의 경우 여성에 대한 성충동을 지배하는 뇌 특정 부위의 크기가 정상 남성의 절반밖에 되지 않는다는 연구결과를 발표했습니다. 즉, 동성애자는 선천적으로 다른 뇌 구조를 지니고 있다는 의미였습니다. 그 후 미국 국립보건연구원의 딘 해머 박사가 발표한 연구결과도 동성애가 선천적일 가능성을 높였습니다. 해머 박사는 게이 76명의 가계도를 조사해 동성애 유전자가 모계로 유전되고 있다는 증거를 발견했습니다. 또 해머 박사는 동성애를 하는 쌍둥이의 염색체를 검사한 결과, 일정한 유전적 공통점을 찾아냈다고 발표했습니다.

이들의 연구결과처럼 동성애가 유전자에 의한 것이라면 한 가지 모순점이 발생하게 됩니다. 진화론적인 측면에서 큰 딜레마에 부딪히게 되기 때문입니다. 자식을 만들 수 없는 동성애 유전자가 어떻게 자연선택 과정에도 도태되지 않고 진화하며 보존될 수 있었을까 하는 점이 바로 그것입니다.

동성애 유발 유전자의 존속비밀

남성 동성애자가 여성과 결혼해 아이를 낳는 경우는 드뭅니다. 따라서 그런 성향이 후세에 이어질 가능성도 줄어들 것으로 이해되기 쉽습니다. 그러나 동성애자는 세대를 이어 계속 생겨나고 있습니다. '동성애는 유전자적 막다른 길'이라던 다윈의 진화론이 부딪히는 모순 중 하나입니다.

그러면 남성의 동성애 성향과 관련된 유전자는 도대체 어떻게 생존할 수 있는 것일까요. 이를 유전자적으로 설명한 연구결과가 나왔습니다. 영국의 과학전문지 '뉴사이언티스트' 인터넷판은 "남성에서 발견되는 동성애 관련 유전인자는 이를 함께 이어받은 여성들이 더 많은 아이를 갖게 유도한다. 그 결과 게이 남성의 자손 부족 현상에도 불구하고 게이 유전인자가 순환될 수 있는 것"이라는 이탈리아의 유전학자인 안드레아 캄페리오치아니 파두아대학 교수의 연구 결과를 소개했습니다.

캄페리오치아니 교수는 98명의 남성 동성애자와 100명의 이성애 남성을 대상으로 이들과 혈통상 가장 가까운 친척 4600명을 조사 대상에 올렸습니다. 이 조사에서 발견된 흥미로운 사실은 남성 동성애자의 친척 여성이 낳은 아이의 수가 이성애 남성의 친척 여성이 가진 자손 수보다 많다는 것이었습니다. 그러나 이런 현상은 모계 친척에서만 발견됐습니다. 조사 결과에 따르면, 동성애자의 어머니는 평균 2.7명의 아이를 낳은 데 비해, 이성애자 쪽은 2.3명에 불과했습니다. 또한 동성애자의 이모는 2.0명의 아이를 낳은 반면 이성애자 쪽은 1.5명이었습니다.

이 교수는 이에 대해 "남성의 성적 지향성에 영향을 미치는 유전인자가 여성에게는 생산성을 증대시킨다는 것을 보여주는 결과"라고 주장했습니다. 미국 스탠퍼드 대학의 신경과학자 사이먼 르베이 씨도 "이번 연구에서 확인되는 유전인자들은 남성에게는 동성애적 매력을, 여성에게는 전적인 이성애적 성향을 부여하는 듯하다"고 진단했습니다.

그러나 캄페리오치아니 교수는 "하나의 유전자가 이런 현상을 발생한다고 보지는 않는다"며 "과거의 연구사례에서 보듯, 성별을 결정짓는 X유전자와 일반 유전인자가 결합해 만들어 내는 현상일 것"이라고 지적했습니다.

열성 유전자인 모계사회를 중심으로 이어져 온 동성애

남성 동성애는 어머니쪽 유전자와 관련이 있으며 형을 많이 둔 사람에게 나타날 가능성이 크다는 연구결과가 나왔습니다.

이탈리아 파도바 대학 프란체스카 코르나 교수는 남성 동성애자와 이성애자 각각 백 명을 대상으로 부모와 친척 등의 동성애 여부를 조사한 결과 이 같은 결과를 얻었다고 주장했습니다. 조사결과 동성애자의 경우 어머니쪽 가족과 친척 3백96명 가운데 동성애자가 33명인데 비해 아버지쪽은 12명으로 적었습니다.

또 대가족에서는 남성 동성애자가 누나보다는 형을 많이 둔 경우가 대부분이었습니다.

코르나 교수는 이번 조사 결과가 동성애를 둘러싼 여러 수수께끼를 푸는데 도움이 될 것이라고 말했습니다. [jaebogy@ytn.co.kr]

의학계에서는 얼마 전까지만 해도 동성애를 '성도착증'의 일종으로 분류하였습니다. 최근까지 동성애가 생물학적으로 어떻게 결정되는가를 확인하려는 연구들은 주로 유전설(세포 유전학), 호르몬설(내분비계학), 뇌구조설(신경해부학)로 나누어지고 있습니다.

호르몬설을 주장하는 사람들은 어떤 남성 동성애자에게서 상대적으로 낮은 혈중 테스토스테론 농도나 약화된 남성 호르몬의 작용이 성조절중추 발달에 영향을 미쳐 동성애자가 된다는 학설이었습니다.

몇 년 전 미국 샌디에이고의 Salk 연구소는 사람의 본능을 주관하는 신진대사가 있는 뇌 속 시상하부의 경우 여자는 남자의 두 배의 크기인데, 게이들의 시상하부는 여자들의 구조와 같았다고 학계에 보고한 바 있으며, 또한 미국 의학계는 레스비언의 달팽이관을 살펴본 결과 보통 여자들의 달팽이관이 남자들의 달팽이관보다 섬세하고 예민한데 비해 레즈비언의 달팽이관은 남자들의 것처럼 둔탁하다고 학계에 보고하였습니다.

영국왕실의 혈우병 유전은 근친상간의 결과입니다. 영국의 혈우병은 빅토리아 여왕에서부터 시작되었습니다. 근친상간이나 동성애는 동일한 유전적인 현상입니다.

고대에서 지금까지 지켜온 사탄 숭배자들의 혈통의 비밀은 철저하게 모계 사회를 유지하고 있습니다. 그 이유는 자신들의 혈통이 지닌 비밀을 지키기 위한 것입니다.

유럽의 혈통은 합스부르크 왕조를 중심으로 한 혈통을 이루고 있습니다. 이들이 한 혈통을 고집한 것은 고대로부터 그들이 가지고 있는 권력과 재산과 명예를 지키기 위한 것입니다.

가인의 혈통으로부터 한 번도 빼앗겨 보지 않았던 세상의 제국들의 권력과 명예와 재산은 비밀스런 그들의 혈통을 통해서 지금까지 지켜 내려온 것입니다.

이들이 지켜온 혈통을 통해서 나타난 현상들은 간질병, 혈우병, 성도착증과 같은 것입니다.

13. 왕족의 유전자(Royal blood)

용상의 혈통의 유전자

용상이라는 왕의 보좌는 동양의 사상만이 아닙니다. 이미 유럽에도 용상의 혈통들이 있습니다. 드라코니아 제국으로부터 출발된 용상의 혈통들은 노아시대 네피림으로부터 시작해서 니므롯으로 이어지는 세상을 지배하는 영웅들의 혈통입니다.

이들의 혈통은 수메르, 에집트, 페니키아, 바벨론, 메데파사, 그리

제3장 적그리스도 세력들의 유전자의 비밀
13. 왕족의 유전자

스, 로마, 중세, 현대에 이르기까지 단 한 번도 세계적인 부와 명예를 잃어버리지 않았던 혈통입니다.

1500년의 역사를 이어온 영국의 왕실과 1776년부터 지금까지 미국의 백악관을 지배했던 혈통들이 모든 한 혈통입니다. 뿐 만 아니라 유럽의 모든 나라의 황실들이 역시 같은 혈통입니다. 이것을 왕의 혈통이라고 합니다.(타작기 1 적그리스도의 혈통 참고) 지금 현재 세계를 지배하고 있는 것은 보통 인간이 아니요, 자칭 자신들을 신이라고 하는 로얄블라드 입니다. 노아의 홍수심판도 네피림들에 의해서 왔듯이 말세지말에 또 다시 불과 유황의 심판이 네피림의 자손인 왕의 혈통들 때문에 일어나게 됩니다.

세계의 13개 혈통(blood line) 즉 13개 가족(13 Royal family)이 세계를 지배하고 있습니다.

그들은 세계 각국의 나라의 정부를 배후에서 조종하고, 자기들의 마스터 플랜에 따라 세계의 정치 경제, 전쟁 등 모든 것을 주관하고 있습니다. 그들은 일루미나티 사탄 의식을 행하는 자들이며 그 의식에 있어서 인간을 희생제물로 드리고, 희생제물인 인간의 피를 마십니다. 그들은 하나의 세계 정부를 세우기 위해서 19세기 초부터 마스터 플랜을 만들고 그것을 실행하여 왔으며, 그 이후의 세계의 역사는 그들에 의해 점점 크게 영향을 받았으며, 오늘날에는 완전히 그들에 의해 조종되고 있습니다. 이들은 렙틸리안 혈통을 유지하기 위해서 철저히 자기들끼리 혼인하며 이들 중에 여럿은 형상을 변화시킵니다.(Shape Shift)

1995년 보스니아의 회교도 7천명이 세르비아 인들에게 집단 학살 당할 때 유엔군인 네델란드 군은 그 학살자들을 보호했습니다. 이로 인해서 네델란드 정부가 비난을 받았지만, 네델란드의 베아트릭스 여왕(빌더버거 지도자)은 말하기를 이 집단 학살은 의식(사탄 제사 의식)의 과정이었다고 말하였습니다.

렙틸리안은 순종(FULL BLOOD)과 혼합종(HYBRID)으로 분류됩니다. 그들은 아리안 인종과 혼합합니다. 13개혈통 (bloodline)은 정도의 차이는 있지만 형상 변화의 능력을 가지고 있습니다. 그들이 아리안 인종과 혼합하는 것은 이 능력을 유지하기 위해서입니다. 그들은 또한 보통인간을 사탄 의식에서 제물로 쓰거나, 여러 가지 목적에 노예로 사용합니다.

그들은 노예들을 마인트콘트롤로 자기들의 용도에 맞게 사용하며, 노예들을 제물로 삼아 먹기도 하고, 그들을 노리개로 삼기도 합니다. 그들은 희생 제물을 죽이기 전에 극도의 공포에 사로잡히게 하는데 그렇게 해야만 pineal grand(뇌에 있는 송과체라고 하는 호르몬 샘) 이 자극되고, 그것이 렙틸리안을 자극하여 형상변화를 이루게 하기 때문입니다. 그래서 희생 제물은 끔찍한 고통과 공포속에서 죽임을 당합니다.

-ARIZONA WILDER는 영국 왕실의 사탄 의식을 주관하는 여자였습니다. 그녀는 그를 컨트롤하던 멩겔박사(나치 아우슈비츠의 의사)가 죽은 1990년에 마인드 컨트롤에서 벗어나서 모든 것을 책으로 증언하였습니다.

로스챠일드, 록펠러, 영국 왕실, 그리고 미국과 세계의 정치, 경제를 지배하고 있는 여러 패밀리들은 같은 혈통입니다. (BUSH-WINSOR-PISO bloodline) 유럽의 로얄 패밀리, 노블 패밀리들은 모두 그들끼리 혼인을 합니다. 이는 그들의 종족의 DNA를 유지하기 위해서입니다. 그들은 보통인간의 DNA가 아니고 파충류인 렙틸리언의 DNA와 포유류인 사람의 DNA가 결합되어 있으며 그래서 그들은 형상 변화(SHAFE SHIFT)를 할 수 있습니다. 고대의 전 세계의 왕들은 대개 이런 자들의 조상이었습니다.

캐시 오브라이언은 어렸을 때부터 일루미나티의 노예로 마인드 컨트롤되어 그들의 섹스 노예로 농락을 당하며 살아왔는데, 마크 필립이라는 사람과 만나서 거기서 벗어나서 자신의 당한 일을 책으로 증언하였습니다.

그녀가 본 사람들은 디 록펠러, 헨리 키신저, 죠지 부시, 빌 클린턴, 힐러리, 클린턴 알 고어, 엘리쟈베스 여왕, 필립 공, 퀸 마더, 올브라이트, 찰스 왕자, 토니 블레어 그리고 미국의 상원의원들이 포함되어 있습니다.

제3장 적그리스도 세력들의 유전자의 비밀
13. 왕족의 유전자

죠지 부시 대통령, 빌 클린턴 등이 살인 의식을 행하는 여러 가지 행동을 보았다고 증언을 합니다. 그들은 노예들을 들에 풀어 놓고 망원경 부착된 총으로 쏘아 죽이고, 노예들을 헬기에서 뛰어내리게 마인드컨트롤한 후 그것을 실행하는 것을 보았습니다.

저명한 입양기관들, 로마 카톨릭의 입양기관들은 유아들을 그들의 의식에 희생제물로 공급하고 있으며, 디즈니 랜드도 미아들을 공급하고 있습니다. 네바다에 있는 비밀 군사기지에는 유아를 케이지 안에 넣어두고 있으며, 지배계층의 휴양지인 캘리포니아의 보헤미안 글로브에서는 사탄 제사 살인 의식이 행해지며, 피를 마십니다.

캐시 오브라이언의 증언에 의하면 멩겔박사를 보았으며, 아돌프 히틀러도 보았다고 말합니다. (독일 패망 후 나치의 요원들은 거의 다 미국으로 이송되었습니다. 히틀러가 자살했다고 세간에는 알려지고 있으나 검시한 의사의 말에 의하면 시체의 치아를 보고 그것이 히틀러가 아님을 확인했다고 합니다. 히틀러는 로스챠일드가 지원에 의해 독일을 지배하게 된 것임이 지금 드러나 있습니다.)

인간의 오감은 무척 좁은 주파수 범위만 접촉할 수 있습니다. 주파수가 다르면 우리는 그들을 볼 수 없습니다. 그러나 파충류 인간들은 다차원적인 주파수를 마음대로 넘나들 수 있고, 이를 통해 인간의 마음을 조종할 수 있습니다. UFO를 목격한 사람들이 UFO가 순식간에 눈 앞에서 사라졌다고 말합니다. 예를 들면 그렇게 일순간 없어진 UFO는 실제로는 인간이 눈으로 볼 수 있는 주파수를 떠난 것입니다. 귀신들 또한 우리와 다른 주파수에 살고 있어 일순간에 나타나기도 하고 사리지기도 합니다. 같은 이치입니다.

다차원인들이 지구를 지배하는 막강한 권력자들로 위장하고 있습니다. 그들을 식별할 수 있는 방법은 그들의 눈을 잘 관찰하면 가능합니다. 그들은 지금도 앞으로도 더욱 더 높은 차원의 속임수인 초능력, 마인드 컨트롤, 텔레파시, 공간이동, 유체이탈과 같은 것들을 통해서 사람들을 멸망으로 이끌어 갈 것입니다.

오늘날 왕족으로 살면서 전 세계를 지배하고 있는 사탄 숭배자들은 노아시대 네피림의 후손들입니다. 이들은 피냄새를 맡게 되면 몸이 변형을 일으킵니다. 그들의 검은 눈동자는 수시로 파충류의 눈동자인 1자 모양으로 바뀝니다.

합스부르크 왕실의 유전병 주걱턱

유럽 최고 왕가 중 하나를 꼽으라면 20세기 초까지 제국을 유지했고 독일, 스페인, 오스트리아, 네덜란드를 지배했던 '합스부르크 왕가'를 들 수 있습니다. 합스부르크 왕가는 독일의 바바리아 왕조, 프랑스 로렌왕조, 영국의 하노바(윈저)왕조와 함께 현재 유럽을 지배하고 있는 사탄숭배와 인신제사를 드리는 왕실로 프랑크 왕국의 메로빙거 왕조의 후예들입니다.

합스부르크 왕조도 왕가의 안정과 권력의 유지를 위해 집안의 사람들끼리 혼인을 해야 했고, 그 결과 거의 모든 왕가의 사람들은 유전으로 인한 주걱턱 얼굴과 혈우병, 정신병을 대물림 받게 되었습니다. 합스부르크 왕가는 주걱턱 왕가로 유명합니다.

◀합스부르크 왕가의
유전병인 주걱턱

현재 남아 있는 합스부르크 왕가의 초상화를 보면 막시밀리안 1세가 주걱턱이었고, 그의 손자인 카를 5세도 주걱턱이었습니다. 카를 5세는 어릴 때부터 주걱턱이 너무 심한 상태라 입을 다물지 못했다고 합니다. 후에는 벌어진 입으로 파리가 날아 들어가는 것을 막기 위해 수염을 길렀다고 합니다. 신성로마제국과 오스트리아의 황제로 막강한 권력을 휘둘렀지만 유전적 질환은 피해가지 못했습니다. 앞서 설명한 돈 카를로스(스페인 펠리페 2세의 황태자)의 정신 발작 역시 근친혼으로 인한 비극이었습니다. 그리고 스페인 왕실에서 또

제3장 적그리스도 세력들의 유전자의 비밀
13. 왕족의 유전자

한 사람의 괴물이 태어나니 바로 카를로스 2세입니다. 일단 그의 족보를 살펴보면 카를로스 2세의 어머니는 아버지 펠리페 4세의 조카, 즉 고모가 외할머니입니다. 이렇게 위에서, 계속 섞인 혈통은 드디어 미친왕을 탄생시켰습니다. 참고로 그는 펠리페 4세의 아들 중 유일하게 살아남은 아들이었습니다. 근친혼으로 인하여 이들 사이에서는 정상적이지 못한 아이가 태어나는 일이 잦았습니다.

카를로스 2세 역시 주걱턱에 정신병을 가지고 있었고, 곱추였습니다. 병약했던 그는 6세가 되어서야 젖을 겨우 뗄 수 있었고, 그 후 몇 년 동안 재대로 걷지도 못하였으며 후에는 자손을 생산하지 못하여 결국 스페인을 다스린 합스부르크 왕가의 마지막 왕이 되었습니다. 그렇다면 이들의 아버지인 펠리페 4세는 어떤 모습이었을까요? 기록에 의하면 펠리페 4세는 기형적으로 발달된 주걱턱으로 인해 늘 침을 흘리고 다녔다고 합니다. 말하는데도 지장을 받아 왕이 하는 말은 잘 알아들을 수 없었다고 전해집니다. 하지만 가장 큰 문제는 심한 주걱턱 때문에 음식을 제대로 씹지 못해서 늘 죽같은 유동식만을 먹을 수 밖에 없었습니다. 그로인해 왕은 항상 병약했고, 결국 40대의 젊은 나이에 죽었습니다.

유럽의 역사를 보면 거의 90%이상이 메로빙거왕조의 후예들인 합스부르크, 바바리아, 로렌, 하노바, 윈저, 피렌체, 베네치아 왕실의 혈통들이 거미줄처럼 얽혀 있습니다. 그것은 비밀입니다. 왕실을 유지하기 위해 근친결혼을 해야 했었다고 역사가들은 기록하고 있지만, 가장 큰 비밀은 그들만이 가지고 있는 비밀종교인 사탄숭배와, 인신제사, 동성애, 마약, 마술, 신비주의 밀교 때문입니다.

이들 왕실을 통해서 1500년 동안 유럽에서 죽어간 사람만 수 억 명이 넘습니다. 이들의 권력 투쟁과 영토전쟁, 그리고 왕실간의 암투는 전 유럽을 피로 물들게 하였던 것입니다.

이들은 신처럼 바다같이 넓은 궁전과 정원을 꾸미고, 수 천, 수 만의 종들을 부리면서. 마음대로 골라 섹스를 즐기고, 수많은 어린 아이들을 인신제사로 폐기처분을 했습니다.

14. 신들의 유전자

6000년동안 신처럼 살았던 사람들

창3:5 "너희가 그것을 먹는 날에는 너희 눈이 밝아 하나님과 같이 되어 선악을 알줄을 하나님이 아심이니라"

사탄은 하와에게 선악과를 따 먹으면 하나님처럼 된다고 유혹을 했습니다. 하나님께서는 타락한 인간이 에덴동산 가운데 있는 생명나무를 따먹고 영생 할까봐 인간을 에덴에서 추방하고 화염검으로 접근을 막았습니다. 사탄 숭배자들은 하나님께서 예비하신 영원한 구원자 예수님을 외면하고 영생을 얻기 위해 현대과학과 여러 가지 비교를 통해서 생명나무를 공격하고 있습니다. 이것이 인간의 파멸로 이끄는 마지막 바벨탑입니다.

고대 인도를 점령한 아리안 혈통은 브라만교라는 캐스트 종교를 만들었습니다. 브라만, 군인, 농민, 노예로 구성된 4계급은 조상대대로 세습되는 제도입니다. 그런데 아리안족들은 신들과 왕족들의 계급인 브라만입니다. 지금까지 계속되어온 인도의 사탄주의 종교를 통해 아리안 혈통들은 인도 뿐 아니라 모든 나라에서 신처럼 굴림을 하고 있습니다.

아누나키신들

고대 수메르 종교에서 네피림 즉 아누나키들을 신이라고 했습니다. 엔, 엔키, 엘린이라고 불리운 아낙자손들은 스스로 신이 되었습니다. 이후에 아리안족들에 의해 세워진 모든 제국의 왕들은 스스로 신이 되었습니다. 인간 신들의 계보는 네피림-니므롯-에집트-페니키아- 인도-바벨론-앗수르-그리스-로마-중세-현대에 이르고 있습니다.

특히 오늘날 신세계 질서를 세우고 있는 프리메이슨 리더들은 스스로 신이라고 합니다. 뿐 만 아니라 그들은 앞으로 세워질 신세계 질서는 모든 인간이 신이 되는 종교가 될 것이라고 선포합니다.

느브갓네살이나 바로왕이나 로마 황제들은 자신들을 신의 반열에 올려 놓고 영생불사의 존재로 숭배를 받았습니다. 그리스 신화에 나오는 반인반신들의 종교는 오늘날 프리메이슨 종교입니다. 플라톤의 이상국가도 역시 사탄주의적인 신세계질서입니다.

오늘날 프리메이슨 랏지(교회) 리더들을 루시퍼라고 합니다. 빛을 나르는 신이란 의미입니다. 록펠러 센터 건물에 그려져 있는 조물주 그림은 프리메이슨(자유석공인)이 세계를 창조하고 있는 신이라는 그림입니다.

그들은 신세계질서가 세워지면 인간은 죽지도 않고, 병들지도 않은 영생불사의 신들과 같은 존재가 될 것이라고 선전을 합니다. 그것은 6000년 전에 사탄이 에덴에서 약속한 거짓말입니다. 오히려 그들이 약속한 신들은 영원한 지옥의 주인공이 될 것입니다.

1390-1990사이에 스페인에서 사라진 30만 명의 어린아이

스페인은 무적함대가 양국에 패하면서 국력이 기울기 시작해서 국가가 부도가 나고 1900년대 초반에는 유럽에서 가장 못사는 나라가 되었습니다. 내전이 일어났고, 1930년대 프랑코라는 독재가에 의해서 군사체제를 유지하게 되었습니다.

당시 프랑코 정부는 가톨릭교회와 손을 잡고 국민을 통치했습니다. 굉장히 엄격한 독재체제였기 때문에 조그만 법을 어기면 감옥에 끌려 들어가서 고문을 당하고 처형을 당했습니다. 모두를 위한 일이라는 미명아래 수많은 인권 침해가 일어났습니다.

스페인에서 벌어진 약 30만 명의 영아 유괴 사건은 대부분 이렇게 진행되었습니다.

이 사건이 일어날 때 산모들은 대부분 가난하거나, 미혼모였습니다. 혹은 둘 다인 경우도 있었습니다. 스페인은 최근 토마도 축제나 여러 파티문화가 많이 알려져 자유분방한 국가로 느껴지지만 사실 가톨릭 문화가 침투하여 매우 보수적인 국가입니다. 동거하는 커플도 아이를 낳기 위해서는 꼭 결혼을 해야 합니다.

미혼모가 아이를 낳을 경우 죄인이 됩니다.

대부분의 경우 아이는 검사를 받아야 한다며 태어나자마자 산모가 한 번 안아보지도 못하고 검사실로 옮겨 졌고, 약8-9시간 후 아기가 사망하였음을 산모는 통보받았습니다. 장례식 일정도 알려주지 않고, 아이의 시신도 보는 것을 허락받지 못했습니다.

"난 분명히 아이가 우는 소리를 들었어요" "아주 건강한 아이를 낳았다는 것을 본능적으로 알았어요" 아이를 잃은 수많은 어머니들의 증언입니다. 당시 산모들은 어리고, 가난하고 게다가 독재정권 밑에서 권위자에게 대항하는 것은 있을 수 없는 일이었습니다. 신부나 수녀가 알아서 묻어 줄 테니 염려하지 말아라고 하면 따지지도 못했습니다.

산모들은 어린아이가 죽지 않았다는 사실을 확신하지만 산모의 가족들은 산모가 아이를 잃은 충격으로 정신이 오락가락 한다고 믿고, 위로하고, 때로는 정신병자 취급을 했습니다.

어떤 산모들은 같은 병원에서 두 세번 아이를 낳았는데 그 때마다 아이가 죽었다는 이야기를 듣기도 했습니다. 나중에 알고 보니 죽었다는 이이들이 모두 돈을 받고 팔려나갔다는 것입니다. 간혹 죽은 아이라도 보여 달라고 산모가 울며 부탁하면 그제서야 아이를 보여주었는데 대부분 아이가 꽁꽁 얼어있는 시신이었습니다.

양심 고백한 간호사들의 증언에 의하면 산모가 아이를 낳기 위해 병원에 도착하면 그 아이를 데려가기 위한 양부모 역시 다른 방에서 대기하였습니다.

만일 산모가 입양을 보낼 것 같지 않아 보인다면 그들은 산모에게 어린아이가 죽었다고 말하였습니다.

아이를 보고 싶어하면 냉동고에 있는 아이중 인종과 성별이 비슷한 아이를 골라 울고 있는 부모에게 보여 주었다고 합니다. 몇 몇 간호사들이 이렇게 양심고백을 한 것은 이 일이 여전히 일어나고 있는 시절이었지만 경찰 수사는 커녕 기사도 낼 수 없었습니다. 그래서 사건은 묻혀버렸습니다.

그렇다면 죽지 않았던 어린아이들은 어디로 갔을까요?

제목에서 말하듯이 이 사건은 현재까지도 정확하게 알여지지 않는 미스테리입니다.

제3장 적그리스도 세력들의 유전자의 비밀
14. 신들의 유전자

약 30만명의 어린 아이들이 사라져 버렸던 것입니다.
이 사건은 자신의 양부모가 늙어 죽기 전에 이 사실을 알리면서 서서히 드러나기 시작했습니다. 당시 법적으로 입양을 하려면 오랜 시간이 걸렸기 때문에 아주 쉽게 입양을 하기 위해 친부모나 양부모 인적 사항이 없이 즉석에서 입양이 이루어져서 비밀을 평생 감추면 아무도 자신이 입양되어진 사람인 것을 알 수 없었다고 합니다.

당시 한 어린아이의 입양은 아파트 값 한 채의 값이었으며, 한 번에 지불할 능력이 없는 사람은 10-20년 일정 금액을 나눠어 지불했다고 합니다. 사라고사, 마드리드에 있는 큰 성당들이 운영하는 병원들에서 가장 많이 일어났다고 합니다.

이 사건이 전 세계에 알려지자 수많은 사람들이 자신의 이야기를 하기 시작했으며, 수많은 단체들이 설립되었습니다. 이제는 자신의 아이와 손주들도 있는 당시의 아이들이 부모님들을 찾아나섰고, 평생 아이를 그리며 눈물지었던 부모들이 양심고백을 했습니다.

아이가 죽어 장례식까지 갔던 가족들도 자신의 아이가 살아있을 수 있다는 것 때문에 무덤을 다시 파헤치는 일까지 있었습니다. 그러나 놀라운 것은 몇 십년 만에 파헤쳐진 무덤에는 텅 빈 관만 있고, 어린 아이는 없었습니다. 간혹 어떤 관에는 성인의 **뼈**만 한 두 개 있을 뿐이었습니다.

그러나 스페인 정부나 성당은 어떤 사과나, 사건의 진실을 규명하기 위한 노력도 하지 않았습니다. 그 이유는 말만 많고, 그에 대한 증거가 아무것도 없다는 것입니다.

그리고 한결같이 그럴리는 없었다는 것이었습니다. 그리고 관계자들은 원치않는 산모로부터 한 아이도 **빼앗은** 적이 없었다고 말을 했습니다. 모두 합법적으로 이루어졌다는 것이었습니다. 그러면서 단지 익명으로 된 것 뿐이라고 해명을 했습니다.

영국 BBC방송에서는 이를 토대로 다큐멘터리를 제작 방송하였습니다.

사탄숭배자들의 인신제사를 통한 신들의 잔치

사탄숭배자들이 인신제사를 행하는 가장 큰 목적은 자신들이 신이 되려는 욕망 때문입니다. 몰렉제사, 바알제사, 아세라제사, 잉카제국의 인신제사, 바로의 인신제사, 카르타고, 유럽, 현대에서 실행되고 있는 인신공회는 사탄숭배자들이 사탄으로부터 더 많은 능력과 권능을 얻기 위한 수단입니다.

특히 이들이 사용하는 마약과 약물, 독한 알콜, 블랙커피, 독한향불, 장기금식, 명상, 관상기도 등도 역시 사탄의 능력을 극대화시키는 방법입니다.

그러나 가장 크게 효과를 보는 것은 역시 인신공회입니다. 그래서 가장 큰 행사나 중요한 일을 앞두고, 가장 큰 목적을 이룰 때에는 어김없이 인신공회가 이루어졌습니다.

가나안 7족속의 주 종교가 몰렉종교입니다. 어린 아이를 산채로 불태워 죽이고, 제사장들이 그 고기를 먹는 것입니다. 또 살아있는 어린아이를 죽이고 피와 살을 먹는 것입니다.

또 다른 방법은 어린아이를 죽이고 심장만 뽑아 불태워 없애고 나머지는 먹는 것입니다.

인신제사를 행하면서 가장 큰 능력을 얻는 방법은 인신공회를 행하는 과정에서 인간은 스스로가 가장 큰 긴장감과 두려움을 갖게되고, 이러한 초인간 상태가 극에 달할 때 이성은 무너지고, 초인과 같은 신비스런 경험을 하면서 귀신과의 접촉이 깊이 이루어진다는 것입니다. 이는 마약이나 약물을 통해서 뇌파를 세타파로 떨어지게 하여 귀신들과 접촉하는 방법과 같은 원리입니다. 요즈음에는 컴퓨터를 연결하여 인공적으로 뇌파를 자극하여 마인드콘트롤, 환생체험, 유체이탈, 초능력을 개발하고 있습니다.

그러나 이와 같은 일들을 행하는 과정에서 가장 중요한 첫 번째 행사가 인신공회입니다. 특히 인신공회에서 가장 인기가 있는 대상은 갓 태어난 어린아이고 합니다.

스페인에서 강신술이 주로 전수되었던 곳은 세비야, 톨레도, 살라망카 등지의 동굴이었습니다. 이곳은 나중에 이사벨 1세에 의해 폐쇄되었습니다. 그 일대의 마녀들은 인육까지 먹는다는 비난을 받기

제3장 적그리스도 세력들의 유전자의 비밀
14. 신들의 유전자

도 했습니다. 구아치우스 신부는 자신의 저서 [마법개요]에 이런 의식을 잘 보여주는 삽화를 수록했습니다.

왼쪽 그림에는 마법사 두 명이 수의에 싸여있는 시체 한구를 무덤 속에서 끌어내고 있습니다. 그 뒤로는 마녀 넷이서, 우리가 앞서 보았던 그런 끔찍한 만찬 같은 것을 즐기기 위해 탁자 위에 시체를 눕히고 토막내는 장면을 보여줍니다. 그리고 원경에는 어떤 죄인이 교수형 당하자, 키가 아주 큰 마법사 하나가 죽음의 향연에 그 시체를 가져가기 위해 교수대에 묶인 밧줄을 자르고 있는 장면이 보입니다. 그리고 한 마법사는 어린 아이를 제물로 바치기 위해 단으로 갑니다.

오른쪽 그림은 1489년 콩스탕스에서 출간된 악마 연구가 울리히 몰리토르의 매우 희귀한 인큐내뷸라인 [마녀와 예언자]에는, 식탁에 둘러앉은 마녀들을 그린 그림이 있습니다.

여기서 마녀들은 갓 태어난 아이를 먹는 악명 높은 식사를 하고 있습니다. 모임을 주도하는 마녀는 사탄에게 은총을 빌면서 탁자 중앙에 있는 음식을 재물로 바치고 있습니다.

그렇다면 이렇게 인신공회를 행하며, 사람의 고기와 피를 마시는 존재들은 누구입니까?

가나안 7족속들의 후예들입니다. 이들은 이미 가나안에서부터 그런 일들을 하다가 여호와 하나님께 쫓겨났습니다. 그후 그들은 카르타고를 중심으로 페니키아인으로 활동하면서 신분을 유대인으로 세탁을 했습니다. 그래서 그들을 가나안의 검은 유대인이라고 합니다.

이들이 유대인으로 신분을 세탁한 가장 큰 이유는 사탄숭배와 인신공회를 정기적으로 행하기 위해 폐쇄사회를 유지하기 위한 것입니다.

그들의 철저한 비밀밀교에도 불구하고 그들이 살았던 지역의 사람들은 일정한 기간이 지나면 사악한 사실을 자연스럽게 알게 됩니다. 그렇게 되면 또 다시 그곳에서 대대적인 추방운동이 일어나는 것입니다. 이렇게 해서 유럽에서만 큰 유대인 추방이 41번이나 대대적으로 있었습니다.

결국 이들이 세계정부를 세우는 가장 큰 목적은 그동안 비밀스럽게 숨어서 행했던 사탄숭배와 인신공회를 전 인류와 함께 공개적으로 행하기 위한 음모입니다.

그래서 지금은 대대적으로 그들의 사탄숭배와 인신공회를 폭로하고 있습니다. 뿐 만 아니라 헐리우드 영화나, 팝음악이나 락음악을 동원하여 인신제사와 식인장면을 연출하고 있는 것입니다. 그림의 내용은 레이디 가가의 노래하는 장면인데 심장을 꺼내들고, 먹기 위해서 혀로 피를 빨고 있는 살벌한 장면을 연출을 하고 있습니다.

레이디가가 (심장의 피를 빨고 있다)

프리메이슨들은 지금도 그들은 신이라고 합니다. 그리고 우리는 가축으로 취급합니다.

비밀결사 철학자들이 주장한 신들의 정치

소크라테스도 인간은 양떼이기 때문에 신들이 정치를 해야 한다고 했습니다. 그래서 아테네 소피스트들과 전쟁을 하다가 스스로 자살하여 자신이 주장한 스파르타와 같은 초인에 의한 전제국가와 독재국가를 위해 희생을 했던 것입니다.

플라톤도 역시 이상국가인 "공화국"에서 스파르타와 카르타고와 같은 신적인 나라를 주장했습니다. 그가 주장한 이상국가는 민주주의 국가가 아니라, 독재국가, 전체주의, 공산주의였습니다. 소크라테스와 같이 신정치, 초인정치, 철인정치를 주장했습니다. 아리스토텔레스는 더 진보해서 철권통치를 주장했습니다. 그 결과가 그의 제자인 알렉산더 대왕을 통해서 그리스 제국에서 실행되었습니다. 알렉산더 대왕은 피정복지인들에게 그리스 언어와 문화와 정치와 사상을 주입시켰습니다. 그리고 현지인들의 모든 것을 말살시켰습니다. 만일 철권통치를 거부하면 인종청소를 실행했습니다.

그럼 소크라테스와 플라톤과 아리스토텔레스는 왜 그런 사상과 철학을 주장했습니까? 그리고 그런 말도 안되는 사상과 철학을 주장한 사람들을 누가 철학의 아버지로 세웠습니까? 가나안 7족속들입니다. 다시 말해서 자신들을 신이라고 말한 가나안 7족속들이 그렇게 한 것입니다.

그렇다면 소크라테스도, 플라톤도, 아리스토텔레스도 가나안 유대인이었습니까? 그렇습니다. 그들 모두가 가나안 유대인이었습니다.

지금 이 시간도 전 세계적으로 셀 수 없이 많은 어린 아이들이 인신공회를 위해 인신매매되고 있습니다.

15. 타락한 천사 유전자

벧후2:4 "하나님이 범죄한 천사들을 용서치 아니하시고 지옥에 던져 어두운 구덩이에 두어 심판때까지 지키게 하셨으며"
유1:6 "또 자기 지위를 지키지 아니하고 자기 처소를 떠난 천사들을 큰 날의 심판까지 영원한 결박으로 흑암에 가두셨으며"

골2:18 "누구든지 일부러 겸손함과 천사 숭배함을 인하여 너희 상을 빼앗지 못하게 하라 저가 그 본 것을 의지하여 그 육체의 마음을 좇아 헛되이 과장하고"

요한 계시록을 통해 천사들의 활동을 볼 수 있습니다. 바람을 다스리는 천사, 물을 다스리는 천사, 전쟁을 일으키는 천사, 사람을 구원하는 천사, 소식을 전해 주는 천사 등 이루 말할 수 없는 천사들이 계시록에서 활동하고 있는 모습을 볼 수 있습니다. 구약에서도 천사들은 사람들의 모습으로 나타나서 음식을 먹고, 대화하고, 여러 기적들을 일으켰습니다. 성경에서 타락한 천사들에 대한 기록이 많이 나옵니다. 그리고 그들에 의해서 땅이 더럽혀지고 황폐되었던 사실을 알 수 있습니다.

에베소서 6장에서 소개되고 있는 사탄의 조직은 사실상 타락한 천사들의 조직입니다.

하늘에서 심판을 받아 땅에 떨어진 사탄은 하늘의 천사 삼분의 일을 데리고 땅에 내려와서 군대조직으로 막강한 힘을 발휘하고 있습니다.

엡6:12 "우리의 씨름은 혈과 육에 대한 것이 아니요 정사와 권세와 이 어두움의 세상 주관자들과 하늘에 있는 악의 영들에게 대함이라"

요일2:15-16 "이 세상이나 세상에 있는 것들을 사랑치 말라 누구든지 세상을 사랑하면 아버지의 사랑이 그 속에 있지 아니하니이는 세상에 있는 모든 것이 육신의 정욕과 안목의 정욕과 이생의 자랑이니 다 아버지께로 좇아 온 것이 아니요 세상으로 좇아 온 것이라"

성경에서 세상이라고 말한 곳은 모두 사탄의 지배를 받고 있습니다. 오직 예수님을 믿고 구원받은 하나님의 백성들의 마음과 그들에 의해서 이루어진 예수님의 몸된 교회만이 유일하게 사탄의 세력과 관계가 없는 영역입니다.

천사들은 사람과 성관계를 맺을 수 없습니다. 그러나 구약에 보면 사탄은 타락한 천사들을 통해 계속해서 하나님의 형상으로 지은바 된 인간의 순수한 유전자를 더럽혀 왔습니다. 사탄은 에덴동산에서 뱀이라는 매개체를 통해서 하와를 유혹했습니다. 뱀은 하나님이 지으신 피조물 중에서 가장 뛰어난 지능과 술수를 가지고 있었습니다. 그래서 사탄은 뱀이라는 매개체를 통해 하와를 유혹했습니다.

오늘날 프리메이슨과 일루미나티에서 활동하고 있는 주세력들을 렙틸리언이라고 합니다. 즉 파충류 인간이라는 것입니다. 에녹서에 의하면 당시 네피림들의 모습이 머리는 도마뱀 모습이고 몸은 인간이었다고 합니다. 고대 수메르나 에집트 벽화에 그려져 있는 인간의 모습은 대부분이 반인반수입니다.

초대교회 영지주의나 그노시스 주지주의 이단들이 섬겼던 신이 타락한 천사였습니다. 그들은 초자연적인 능력과 이적을 동반하여 당시 십자가 순수복음을 타락시켰습니다.

오늘날 신사도 운동의 교리가 바로 타락한 천사운동입니다. 사탄이 광명한 천사로 둔갑을 한 것입니다. 히브리서는 타락한 천사를 숭배하고 있는 유대 카발리스트들을 위해서 사도 바울이 기록한 책입니다. 초대교회로부터 2000년이 지난 오늘이나 2000년 전이나 영적인 환경은 변한 것이 하나도 없습니다. 오히려 말세지말에 타락한 천사들의 활동은 극에 달하고 있습니다.

신구약 성경은 일관성 있게 하나님이 자기 형상대로 지은 인간을 더럽히고, 하나님의 구원 계획을 훼방하는 사탄의 세력들에 대하여 기록하고 있습니다. 여기에서 가장 중요한 한 가지 분별의 기준이 있습니다. 하나님의 형상으로 지은바 된 순수한 인간의 유전자인가? 아니면 타락한 천사의 네피림의 유전자인가?

신구약성경에 강조하고 있는 중요한 일관성은 메시야의 유전자만 있는 것이 아니고 사탄의 유전자도 있다는 사실입니다.

16. 공산주의 유전자

최초의 공산주의 바벨론

공산주의 시조는 니므롯입니다. 니므롯은 최초의 독재자이며, 모든 사람들을 벽돌처럼 획일화 시켜 하나님을 대적했던 악마입니다. 물질(빵)이라는 인간의 최대 약점을 이용하여 바벨탑을 쌓고, 모든 인간을 벽돌과 같은 획일화된 인간으로 만들어 자신의 왕국을 하늘까지 높이려 한 사람입니다.

유럽의 사회주의

그러므로 바벨탑은 공산주의와 전체주의 상징이기도 합니다. 유럽의 상징이 바벨탑입니다. 유럽의 정치, 경제가 모두 사회주의적인 공산주의 제도입니다. 복지정책 또한 그러합니다. 거의 모든 나라에서 평생 수입의 50% 이상을 세금으로 정부에 냅니다. 그럼에도 불구하고 유럽인들은 불평이 없습니다. 왜냐하면 수 백 년에 걸친 절대권력자들의 철권통치와 착취에 노예생활을 해 왔기 때문입니다. 근대에서부터 겨우 오늘의 보편화된 사회로 발전할 수 있었습니다. 그럼에도 불구하고 유럽 전체 사회 구조는 평균을 이룬 중산층 사회와 이민자나 노동자 계급인 하층계급과 귀족인 상위계급으로 확실하게 구분이 되어 있습니다.

정치, 경제, 과학 등 권력층에 해당하는 상위계급은 이미 1500년이 지나온 역사속에서 혈맹으로 뭉쳐져 철옹성을 이루고 있습니다. 다시 말해서 프리메이슨에 가입하여 자신의 생명을 담보로 내놓기 전에는 상위권으로 도약하는 길은 원천으로 차단이 되어 있습니다.

그래서 각 나라뿐 아니라 모든 유럽의 나라들은 정치벨트, 경제벨트, 금융벨트, 과학벨트, 의학벨트, 메스컴벨트로 카르텔을 형성하고 영국을 링크로 하여 미국과 일본, 소련, 중국, 인도의 다국적기업으로 연결이 되어 있습니다. 여기에서 가장 중요한 역할을 하고 있는 사령부는 역시 영국입니다. 혈통의 중심부는 독일입니다.

사탄주의 자들의 목표는 공산주의 유토피아

프리메이슨들이 세계를 공산주의 루시퍼 나라로 만들기 위한 과정으로 프로레타리아 혁명을 계획했습니다. 그 첫 번째 과정이 프리메이슨 아담스미스를 통해서 국부론을 만들어 보호 무역을 통한 무역전쟁을 감행한 것입니다. 프랑스가 프랑스 혁명을 통해서 제일 먼저 희생되었습니다. 그 후 러시아가 러시아 혁명을 통해 희생되었습

제3장 적그리스도 세력들의 유전자의 비밀
16. 공산주의 유전자

니다.

그 후 케인즈의 경제이론를 거쳐 오늘의 무한경쟁을 통한 1% 부자와 99% 빈민을 만들어 놓았던 신자유주의 경제원리를 넘어 마비되어간 세계경제를 다시 세우겠다고 내건 구호가 신세계질서입니다.

신세계질서는 마지막 지구촌의 대 혁명인 프로레타리아 공산주의 운동을 통해 전 세계를 그들의 손에 넣고자 하는 음모입니다.

세계를 지배하고 있는 프리메이슨들은 오늘의 신세계질서를 세울 수 있는 강력한 국가를 230년 전에 세우게 되었는데, 그 나라가 바로 오늘의 초 공룡국가인 미국입니다.

미국의 건국이념은 자유, 평등의 인권입니다. 그리고 이것을 이룩하기 위해 자유민주의와 자유시장경제를 선포했습니다.

그러나 이것이 모두가 아니었습니다. 이미 칼 마르크스의 역사적 변증법적 유물론을 통해 자본주의는 다시금 프로레타리아 계급투쟁을 통해서 공산주의로 돌아가도록 되어 있었습니다. 미국이란 나라가 바로 그 과정을 이어가기 위한 전략으로 세워진 것입니다. 계급투쟁을 통해서 자본주의에서 공산주의로 이어가는 다리가 길고 클수록 혼란은 커지는 것입니다.

미국은 이미 2006년 의도적으로 일으킨 경제위기를 통해 중산층을 무너뜨렸고, 결과적으로 1%부자와 99% 빈민으로 나누어졌습니다. 이제 계급투쟁의 작전을 시작할 때가 된 것입니다.

마지막 세상에 세워질 사탄의 공산주의 이상국가는 2500년 전부터 시작되었습니다. 플라톤 이상국가, 아리스토텔레스의 일원론, 루소의 사회계약론, 헤겔의 변증법적인 유물론, 다윈의 진화론, 칼 막스 자본론을 거쳐, 네오콘의 대부 네오스트라우스에 의해서 전 세계 체제를 하나로 묶어 완전한 공산주의 국가를 만들 수 있는 네오콘 사상으로 집대성 되었습니다.

이제 모든 시나리오는 끝이 났습니다. 이미 공산주의 세계정복은 시작되었습니다. 과거 레닌이나 스탈린이나 모택동과 같이 원시공산주의는 단순히 먹을 것만 약속한 것이었습니다. 그러나 앞으로 세워질 신세계질서속에서 세워질 공산주의는 질적으로 원시공산주의와 다릅니다. 정치, 경제, 사회, 종교, 과학, 사상, 예술, 우주천문학, 최첨단 바이오산업 등이 동원된 환상적인 지상의 유토피아가 펼쳐질 것입니다. 이것이 사탄주의자들이 꿈꾸어 왔던 천년왕국입니다.

현재 미국은 여러 가지 문제로 무질서 속에 빠져 들어가고 있는 병든 사자와 같이 보입니다. 그러나 실상은 그들이 꾸미고 있는 시나리오를 완성시키기 위해 의도적으로 미국을 망하게 하고 있는 것입니다. 그래서 전 세계를 혼돈으로 몰아가려고 하는 것입니다. 사자에게는 숨겨진 발톱이 있습니다. 그것은 세계를 지배할 수 있는 가공할 최첨단의 무기들입니다. 미국은 세계를 지배할 모든 무기를 확실하게 준비해 놓고 신세계질서 작전을 시작했습니다.

그래서 아무 나라도 미국에 대해서는 반기를 들 수 없는 것입니다. 반기를 드는 순간에 박살나기 때문입니다. 이것이 네오콘 사탄주의 사상입니다. 사상의 수소폭탄입니다.

미국이 UN과 함께 만들어 가는 세계가 바로 공산주의 루시퍼 나라입니다.

고대 공산주의 국가인 스파르타와 카르타고

오늘의 공산주의는 니므롯의 후예들인 가나안 7족속들에 의해서 사탄종교와 인신제사와 함께 그들의 폐쇄사회를 지키는 무기로 유지되어 왔습니다.

이들의 공산주의는 주전700년-400년 스파르타와 카르타고에서 꽃을 피웠습니다. 카르타고와 스파르타는 가나안 7족속의 후손들인 페니키안들로서 지중해를 중심으로 정복을 일삼았던 군국주의 나라들입니다. 특히 스파르타에서는 아이들과 아내들까지 공유화하여 전체주의 정치를 했습니다. 공산주의는 물질만 공유하는 것이 아닙니다. 폐쇄정치와 철저한 신분계급사회를 나눠서 통제정부를 지향하는 것입니다. 스파르타와 카르타고는 정복민들을 노예로 부렸습니다. 이들 나라의 특징은 모두 인신공회가 있었고, 광란의 성종교 파티인 바알 제전을 열었습니다.

특히 스파르타와 카르타고에서는 철저한 공산주의 사상과 사탄숭배 인신제사가 성대하게 이루어 졌습니다. 수많은 어린 아이들을 인신공양에 사용하였습니다. 카르타고에서는 수 만 명의 어린아이들이 희생되어 매장된 뼈들이 카르타고가 로마에 망하면서 전모가 들어나게 되었습니다. 그래서 카르타고는 식인국가로 유명합니다. 스파르타에서 전해 내려온 강한 아이로 키우는 전설은 7일 동안 밖에 버려 죽은 아이들이 모두 인신공회에 사용되었습니다.

다시 말해서 추운 산에다 태어난 아이를 버려서 7일 후에 찾아가 죽은 아이들은 인신제사로 사용하고, 살아 남아 있는 강인한 아이들은 키워서 스타르타 전사로 만들었던 것입니다.

공산주의 폐쇄사회의 비밀

공산주의 진짜 비밀이 있습니다. 그것은 그들이 말하는 평등한 공산사회가 모두에게 주어진 것이 아니란 것입니다. 다시 말해서 진짜 평등한 공산사회는 사탄승배와 인신공회를 행하는 주 혈통들에게만 주어지는 특권입니다. 전체 국민의 10% 미만에 해당한 비율입니다. 그래서 사탄숭배자들은 항상 과두정치, 귀족정치, 초인정치, 독재정치를 합니다. 이것은 오늘날 입헌정치와 의회정치로 발전했습니다. 이것을 내각책임제 또는 간접민주의라고 합니다. 다른 하층백성과 완벽한 경계선을 치고, 그들만이 그들이 원하는 정치를 마음대로 하면서도 철저하게 책임을 공유하여, 모든 문제를 스스로 해결한 것 같은 신뢰를 모든 사람들에게 확실하게 심어주므로, 외부로부터 쿠데타나 모든혁명을 막아주는 방패막이가 되는 최상의 정치형태인 것입니다.

그리고 만에 하나 모든 체제가 무너지는 지경에 이르러서도, 최소한의 보호막을 지킬 수 있는 권력의 핵과 같은 집단이 바로 공산주의 진짜 비밀인 것입니다. 그래서 공산주의는 소속된 집단이 스스로 무너뜨리지 않는 한 절대로 무너지지 않는 견고한 성인 것입니다.

북한이 그러한 집단이고, 중국이나, 소련이 그런 국가입니다. 그리고 미국이나 유럽을 지배하고 있는 상류층들이 바로 이런 공산주의 체제로 하나가 되어 뭉쳐 있는 것입니다.

그래서 미국이나 유럽에서 상류사회 즉 공산주의 체제를 통해 미래를 보장 받기 위해서는 자신의 목숨을 내 놓고 서약을 해야 합니다. 그런데 이 서약속에는 반드시 사탄숭배와 인신공회, 그리고 공산주의에 대한 충성을 먼저 맹약해야 합니다.

프리메이슨들이 지상에 세우기 위해 모든 사람들에게 자랑하고, 약속한 유토피아 국가의 진정한 주인은 보통 사람이 아닙니다. 모두 사탄숭배자들의 것입니다. 공산주의 주류들로서 조직된 그들만이 주인이 되는 세계가 될 것입니다.

프랑스 혁명에서 혁명을 일으킨 비밀결사들은 자유, 평등, 박애를 주장하고. 약속을 했습니다. 그래서 수많은 노동자, 빈민, 농민들이 혁명에 가담을 했습니다. 그러나 혁명이 끝나고 루이 16세는 죽었지만 바뀐것은 하나도 없었습니다. 더 많은 사람들이 반체제 죄목으로 죽었고, 더 심한 가난과 공포가 계속되었습니다. 그들이 약속한 자유, 평등, 박애는 일반 시민을 위한 구호가 아니라 혁명을 일으킨 주류세력들을 위한 것이었습니다. 결국 수많은 시민들은 속아서 피를 흘렸고, 그들이 만들어낸 그들의 적들을 위해 그들을 위해, 싸우다 아무런 보상을 받지 못하고 죽었던 것입니다.

신세계 유토피아도 마찬가지입니다. 지금은 사람들에게 미래의 아름답고, 안락한 천국같은 나라를 자랑하고, 선전을 하지만 오직 신들인 그들만의 세상입니다. 가축인간인 보통 인간은 이마와 오른손에 RFID칩을 받고, 양떼나 가축처럼 아무런 저항을 하지 못하고 착하게 그들이 정해준 구역 안에서 축구 경기나 보고, 섹스나 하고, 하루 하루 그들이 공급한 음식을 배급받아 먹고 살면서 동물적인 본능만 유지한 체 살아가는 비참한 존재가 될 것입니다.

신세계질서는 완전 거짓말입니다. 사기입니다. 절대로 믿어서도 안되고, 기대해서도 안됩니다. 오직 예수님 안에서만 구원이 있고, 예수님 안에서만 우리가 꿈꾸던 유토피아가 주어질 것입니다.

공산주의 비밀은 사탄숭배자들이 자신들의 사탄숭배와 인신제사의 비밀을 감추고, 자신들의 종족을 번식시키면서, 세상의 부와 명예를 지키고, 독점하려는 음모입니다. 그래서 공산주의 정치와 경제는 10%인 자신들을 지키기 위한 제도입니다. 북한도 2300만명의 주민 가운데 200만 평양시민과 100만의 군대를 위한 국가입니다.

중국 역시 8,620만 명의 공산당 나라입니다. 이들이 북한과 중국의 모든 권력과 경제의 주인입니다. 스파르타는 1만명의 스파르타인들이 24만명의 정복민들과 주변 국민들을 다스렸습니다. 스파르타 민주주의는 1만명의 스파르타인들의 몫이었으며, 나머지는 모두 노예 상태로 살아야 했습니다.

현대 볼세비키 공산 혁명을 일으켜서 러시아를 공산화하고, 동구라파와 중국을 공산화한 세력들이 모두 스파르타와 카르타고 출신들인 가짜 유대인들입니다. 왜냐하면 공산주의인 전체주의는 하나님의 구원의 역사를 대적하는 니므롯의 후예들이기 때문입니다.

니므롯이 바벨탑을 세워 하나님을 대적할 때 사용했던 정치가 바로 공산주의인 전체주의였습니다. 그래서 니므롯의 후예들은 지금까지 공산주의인 전체주의 정체를 발전시키면서 지상에 제2의 니므롯의 나라를 세우려하고 있는 것입니다.

현재 미국의 볼세비키 공산당 세력도 역시 검은 유대인(가나안 7족속) 출신들입니다. 북한을 비롯한 오늘날 공산주의 세력들은 사회주의라는 다른 용어를 사용하여 세계를 정복하고 있습니다.

공산주의 독재정치의 원조는 소크라테스

공산주의와 전체주의 사상가 중 원조는 소크라테스입니다. 그리고 그의 제자 플라톤입니다. 이들은 전체주의와 공산주의를 주장하면서 당시 아테네 민주주의를 공격해서 무너뜨렸습니다. 이후 마키아벨리, 루소, 토마스 모어등입니다. 특히 루소는 전체주의를 주장하면서 공산주의와 군국주의를 옹호하는 사회계약론의 책을 썼습니다.

또 다른 공산주의는 주후 7세기에 하자르 공화국에서 나타납니다. 하자르 공화국은 가나안 7족속들의 후손들로 유대카발라 종교를 국교로 공산주의 국가를 선포합니다. 그 후 하자르 공화국은 망하고 그들의 후손들이 동유럽으로 이주를 해서 18세기에 독일 일루미나티 창시자 아담 바이스 하우프트을 통해 시온의정서을 채택하고, 프랑스와 러시아 전쟁시 프랑스에 주둔하고 있는 러시아 장교들에게 공산주의 주체사상을 의식화 시켜, 볼세비키 혁명을 일으키게 해서 1917년 소련공산당 나라가 탄생하게 되었습니다.

세계 2차 대전 후에는 중국이 망하고 공산주의 중공이라는 나라가 세워집니다. 그리고 동구라파와 베트남, 동독, 북한 등 공산국가가 세워지게 되었습니다.

소련은 1917년 러시아 혁명을 일으켜 공산당을 세우고 1991년 12월21일 알마아타 선언을 통해 11개 독립국가로 해체가 되었습니다. 소련의 볼세비키 공산당 혁명에 가담한 99%가 슬라브 민족이 아닌 게르만 유대인들이었습니다. 아리안족인 사탄 숭배자들이 러시아 1000년의 기독교를 멸망시키고, 사탄종교로 정복을 한 것입니다.

소련의 공산국가는 완전히 유럽과 미국의 프리메이슨들을 통해서 세워진 나라입니다. 이들은 소련 공산국가를 세운 후에 막대한 자금을 지원하고, 온갖 과학기술과 핵무기, 우주개발과학 등 미국에 있는 모든 하드웨어를 지원하여 세계 2차 대전이 일어나기 전까지 미국과 같은 초대형 국가로 성장을 시켰습니다.

공산주의 자들의 거짓과 음모, 술수

그리고 미국과 소련은 세계 2차 대전의 승전국가가 되어 영국과 함께 UN를 통한 신세계질서의 기초를 그리게 되었습니다. 그중에서도 가장 큰 사건은 한반도 전쟁이었습니다.

프리메이슨의 세계정복의 전략이 있습니다. "적이 없으면 적을 만들어 적을 이기고, 너의 모든 목적을 이루라" "너가 적을 만들어 너의 적을 이기면, 너를 해할 적은 영원히 나타나지 않을 것이다" "그래서 네오콘의 적의 개념은 친구입니다. 우리는 너무나 그동안 바보짓만 했던 것입니다. 멍청이들처럼 말입니다.

이것이 사탄 숭배자들의 세계정복 전략입니다. 비빌결사는 미국과 소련이라는 최강의 국가를 경제적으로는 공산주의와 자본주의로 나누고, 정치적으로는 독재국가와 자유국가라는 두 개의 블록으로 세계를 나눈 후 세계를 두 편으로 줄을 세워 세계를 손쉽게 통치하려는 전략이었습니다. 이것이 무서운 공산주의 전략입니다.
　미국과 소련이 원수처럼 세계를 제패하기 위해 서로 싸운 것처럼 보였지만 사실상은 의도적으로 첩예하게 냉전체제속에서 대립하고 갈등한 것 처럼 위장을 했던 것입니다.
　미소 냉전 체제의 진실은 소련과 미국의 중심부 핵심권력자들이 같은 공산당 사탄숭배자들이었습니다. 미국과 소련를 통한 세계지배가 더디어지자, 1980년 대에 소련에 있는 유대인들은 자신들의 재산을 모두 소련에서 빼내어 500만이 넘는 검은 유대인들이 대거 미국과 유럽으로 이주를 합니다. 그래서 결국 그들이 세웠던 소련을 스스로 해체해 버립니다. 이것이 그 유명한 소련 공산주의 해체입니다.
　이것은 노벨 평화상을 받은 고르바초프를 통한 인위적인 해체가 아니라, 소련을 70년 전에 세웠던 볼세비키 유대인들이 스스로 소련을 해체시켜 버린 것입니다.
　소련 볼세비키 수많은 세력들이 미국으로 건너가 정착을 하였습니다. 그리고 남은 자들은 중국으로 넘어가서 제 2의 미국과 견줄만한 거대 공룡인 국가를 준비했습니다.
　이것이 소련을 해체한 이유입니다. 소련에서 빠져 나온 사탄숭배자들의 자금은 중국으로 대거 유입되었습니다. 그래서 중극은 엄청난 속도로 빠르게 전 세계 경제를 쥐락펴락 할 수 있는 경제대국이 되었습니다. 신세계질서를 세우는 과정에서 중공은 엄청난 일들을 감당해 낼 것입니다. 왜냐하면 볼세비키 유대인들이 인구 14억의 중국을 통해서 그들이 꿈꾸는 신세계질서를 이룩하려고 철저히 중국의 국부인 손문에서부터 작업을 해 왔기 때문입니다.
　현재 공산주의 볼세비키 세력들인 네오콘이 사탄 숭배자들의 중심 세력입니다. 첫째는 미국의 네오콘들입니다. 이들은 미국이 건국될 때부터 미국이란 나라를 자유주의와 자본주의 국가로 세워 단시일에 대국가로 성장시켜 미국이라는 나라를 붕괴시킴으로 전 세계를 뒤집어 신세계질서를 세우려는 장기적인 계획을 가지고 일하는 세력들입니다. 그리고 두 번째 공산당 볼세비키 세력들은 이스라엘입니다. 세 번째는 영국과 유럽제국입니다. 네 번째는 일본 사무라이

정권입니다. 다섯 번째는 중공과 북한입니다.

겉으로는 미국이 중국과 북한과 같은 공산 국가와 대립각을 세우고, 자유우방국가들을 지켜주는 수호신 역할을 하고 있는 것 같지만, 사실은 사탄 숭배자들의 세계경영의 전략일 뿐입니다. 진짜 내부로는 전 세계 인구를 5억으로 청소하고, 세계를 사탄숭배 공산주의 유토피아로 만드는 전략 중에는, 현재 미국과 대립각을 세우고 있는 나라들이 아주 중요한 역할을 하게 됩니다. 그래서 그들을 키우고, 지켜주고 있는 것입니다.

세계는 날마다 전쟁, 테러, 원전사건, 기상이변, 지진, 폭동, 살인사건들로 얼룩져 정신없이 돌아가고 있는 것 같지만 실상은 그 모든 이면에는 계획적으로 세계질서를 혼돈으로 몰아가고 있는 세력들의 시나리오라는 사실을 반드시 알아야 합니다.

메스컴에서 보도되는 내용들이 모두 그들의 시나리오라는 사실을 알고, 그 이면에서 그들이 만들어 가고 있는 음모들을 우리는 읽을 수 있어야 합니다. 예를 들어 아주 작고, 사소한 사건들이 침소봉대 되어 메스컴에 보도 되는 경우가 허다하고, 어떤 사건들은 잘 짜여진 각본대로 기사화 되어 그들이 원하는 방향으로 정치, 경제, 사회가 변화 되어가고 있다는 것입니다.

영토전쟁으로 위장한 중국과 일본의 갈등, 독도와 역사 왜곡 문제를 일으켜 한국과 대립하는 일본 네오콘의 음모, 북한 핵문제를 가지고 대립하는 미국과 한국, 중동의 민주화 운동, 동북아시아 평화협정, 토네이토, 지진, 원자력발전, 환경문제, 환율문제, 이런 수많은 문제들과 사소한 뉴스거리들 속에는 그들이 그런 뉴스를 담아내는 목적이 있다는 것입니다.

공산주의 자들의 사고력은 우리 보통 인간의 상상력을 뛰어 넘습니다. 특별히 우리 기독교인들에게는 공산주의는 사탄주의자들이 기독교를 파멸시키기 위해 만든 무기라는 사실을 반드시 알아야 합니다. 소련이 망했다고 공산주의가 망한 것이 아닙니다.

테러전쟁으로 위장한 세계 유명 도시에서 일어날 핵폭탄 전쟁, 지금 중동에서 일어나고 있는 민주화 전쟁, 이상기후로 인한 지구촌의 재난 등 이루 말 할 수 없는 전쟁과 혼란들을 준비되고 있습니다.

공산주의 자들의 폐쇄사회의 진면목

어린아이 인신제사

그럼 왜 이들이 공산주의를 고집합니까?

이들이 주장하고 있는 공산주의 국가주의는 이미 수 천 년동안 그들에 의해서 이어 내려온 사탄의 문화입니다. 타락한 천사가 자신의 세력들인 하늘의 천사 삼분의 일을 모아 하나님을 대적하다가 하늘로부터 땅으로 쫓겨나 땅을 조직적으로 지배를 하면서 땅에서 하나님의 나라가 이루어지지 못하도록 훼방을 하고 있는 것입니다. 니므롯이 시날 평지에서 한 나라를 세워 하나님을 대적했습니다. 사탄의 속성 자체가 교만하여 머리가 되려는 속성이 있습니다. 그래서 사탄은 역사 이래 단 한 번도 자신의 권력을 다른 사람에게 내어준 사실이 없습니다. 사탄의 속성 자체가 영웅적이며, 독선적이기 때문입니다.

다음은 독재자 사탄의 세력들이 모든 사람들을 자기편으로 묶기 위해서 무기가 있어야 합니다. 그 무기는 인간이 죄를 짓고 저주 받은 죽음이라는 미끼입니다. 즉 물질(빵)을 가지고 세상에 모든 사람들을 자기 노예로 만들 수 있다는 사실을 사탄이 잘 알고 있었습니다.

히2:14-14 "자녀들은 혈육에 함께 속하였으매 그도 또한 한 모양으로 혈육에 함께 속하심은 사망으로 말미암아 사망의 세력을 잡은 자 곧 마귀를 없이 하시며 또 죽기를 무서워하므로 일생에 매여 종 노릇하는 모든 자들을 놓아 주려 하심이니" 예수님이 오신 목적은 죽기를 무서워하므로 사망의 세력을 잡은 자 마귀에게 종노릇하는 우리를 해방시켜 주시기 위해 예수님이 인간의 몸을 입고 오셨습니다. 그리고 죄값을 갚아 주심으로 우리를 하나님의 자녀 삼아 주셨습니다. 하나님의 자녀를 삼아 주셨다는 의미는 단지 문자적인 의미만 아닙니다. 부모가 자녀들에게 모든 것을 넉넉하게 공급하고 지켜 준 것 같은 풍성한 삶을 누릴 수 있는 자격을 주셨다는 것입니다.

그러나 사탄은 이러한 사실을 믿고 누리지 못하게 하려고 온갖 방법으로 사람들을 기만하고 기롱하는 것입니다. 사탄의 세력들은 세계 경제를 파멸시킬 것입니다. 전쟁으로, 기상이변으로, 환율전쟁으로, 무역전쟁으로, 폭동과 노동운동으로 그렇게 할 것입니다.

자유시장경제 자본주의는 공산주의로 넘어가는 과정

부익부 빈익빈 자본주의 병폐는 결국 공산주의 사회를 다시 부활시킬 것입니다. 그렇게 되는 날에 사탄의 세력들은 사탄의 종교를 받아드리는 조건으로 빵을 줄 것입니다. 만약 사탄종교를 거부하면 빵을 먹지 못하고 굶어 죽을 것입니다. 이것을 위해 지금 세계적으로 준비되고 있는 것이 베리칩의 전략입니다. 치료, 매매, 신분보장, 직장보장, 사회안정망, 세계평화에 기여하는 일등 시민의 상징으로 666 베리칩의 제도는 완벽하게 준비되고 있습니다. 단지 교리적인 이유나 자기중심적인 교만으로 인해 성경 말씀을 곡해하고 거부한다면 통곡할 때가 올 것입니다.

계13:16-18 "저가 모든 자 곧 작은 자나 큰 자나 부자나 빈궁한 자나 자유한 자나 종들로 그 오른손에나 이마에 표를 받게 하고 누구든지 이 표를 가진 자 외에는 매매를 못하게 하니 이 표는 곧 짐승의 이름이나 그 이름의 수라 지혜가 여기 있으니 총명 있는 자는 그 짐승의 수를 세어 보라 그 수는 사람의 수니 육백 육십 륙이니라"

사탄숭배자들이 공산주의를 고집한 이유중에서 가장 큰 이유는 무엇입니까?

그들은 파충류 인간입니다. 그러므로 운명적으로 그들은 유전자가 같은 사람들끼리 결혼을 해야 하고, 운명적으로 하나가 되지 않으면 세상에서 존재하기가 불가능한 존재들입니다. 뿐만 아니라 사탄은 창세전에 하나님이 가지신 교회의 비밀을 알고 있었습니다.

교회안에서 이루어야 할 삶의 공동체

교회는 구원 받은 개인이 한 지체가 되어 예수님의 온전하신 몸을 이루는 비밀입니다. 이것을 천국의 비밀이라고 합니다. 하나님의 나라 비밀이기도 합니다. 사탄 숭배자들은 이 놀라운 교회가 지상에 세워지는 것을 가장 싫어합니다. 그래서 개인이 구원을 받지 못하도록 재를 뿌리고, 구원받은 성도들이 성경에 나타나 있는 아름다운 교회를 세우지 못하도록 결사적으로 음해하고 분열을 일으키고 있는 것입니다.

사도행전 2장에 보면 예루살렘에 초대교회가 세워지자 날마다 구원을 받은 사람이 넘쳤고, 세상 사람들은 교회를 부러워하고, 존경하며, 칭찬했으며, 예수님의 몸으로 지체가 된 성도들은 날마다 함께 떡을 떼고, 찬송하고, 기도하면서 행복한 삶을 누렸습니다. 이것이 사탄이 가장 싫어하는 교회입니다. 그래서 사탄은 온갖 방해와 핍박과 박해를 통해 초대교회를 무너뜨리기 시작했습니다. 그러나 교회 머리되신 예수님이 다시 오시면 창세전에 계획된 하나님의 비밀인 교회가 아름답게 완성될 것입니다. 뜻이 하늘에서 이룬 것 같이 땅에서 이루어 질 것입니다. 이것이 천년왕국의 비밀입니다.

사탄의 세력들이 기를 쓰고 이 땅에서 이룩하려는 사탄주의 공산당 유토피아는 하나님의 비밀인 교회를 짝퉁으로 변질 시켜 하나님의 뜻을 훼방하려는 사탄의 수준 낮은 술책일 뿐입니다. 그러나 그것으로 결코 하나님의 뜻을 한 치라도 변경시킬 수 없을 것입니다.

사탄이 약속한 이 땅의 유토피아는 없습니다. 오직 예수님 만이 영원한 나라의 왕이십니다. 세상 사람들은 먹고 살기 위해 루시퍼를 왕으로 영접하지만 구원받은 우리는 우리 죄를 위해 십자가에서 죽으신 예수님을 왕으로 모시고 설령 굶어 죽을지라도 예수님을 부인

하지 않습니다. 이것이 순교입니다. 앞으로 이것이 구원이 될 것입니다. 공산주의자들에게서 구원을 얻을 수 있는 유일한 방법은 순교입니다.

다시 한 번 노파심으로 말씀드립니다. 공산당 이론을 확립하고, 혁명을 준비하고, 공산당 운동을 하고 있는 모든 유전자들은 가나안 유대인 즉 독일계 하자르계 유대인들과 카르타고 유대인들입니다.

그러나 놀라운 사실은 록펠러나 로스차일드 같은 세계적인 부호들의 재산은 이름만 개인으로 되어있고, 모든 재산들이 철저하게 전 세계적인 그들만의 조직에 의해서 관리되고 한 형제로서의 사랑과 희생의 공산주의 경제 원리에 의해서 공유된 목적을 이루는데 아낌없이 투자되고 있다는 사실입니다. 예를 들어 록펠러 재단은 페미니즘 즉 여성해방운동을 위해서만 일년에 수천만 달러를 투자한다는 것입니다.

오늘날 성경에서 강조하고 있는 세계 한 교회, 한 형제가 철저하게 개 교회주의로 독립되고, 개신교 안에서는 지체들인 교회가 경쟁의 상대로 돌변해 버린 안타까운 모습은 모두가 사탄 주의자들의 교회 분리 전략의 결과입니다.

교회도 목숨을 걸고 자신들의 성역을 스스로 깨뜨리고, 예수님의 피를 나눈 한 형제의 사랑으로 완벽한 공동체를 이룩하여 사탄주의 공산당 유토피아의 전략을 무력화 시켜야 할 것입니다.

17. 마약의 유전자

황금과 유향과 몰약이 예수님께 드린 제물이라고 한다면, 마약과 인신제사와 동성애 섹스는 사탄에게 주는 제물입니다. 루시퍼를 섬기는 사탄주의 자들이 마약을 소중하게 생각하는 가장 큰 이유는 마약이 귀신과 접촉할 때 사람의 뇌파를 세타파로 만들어 주는 역활을 하기 때문입니다. 마약은 사탄숭배 제사에 반드시 있어야 하는 필수품입니다. 마약을 매개체로 루시퍼와 만남을 이룩할 수 있기 때문입니다.

제3장 적그리스도 세력들의 유전자의 비밀
17. 마약의 유전자

마약은 헐리우드 배우들과 감독, 그들이 키우는 과학자. 소설가, 음악가, 철학자, 예술가 등 모든 이들이 마약을 통해 무아지경에서 귀신과 접촉을 하여 초능력을 경험하고, 신비한 체험을 통해 새로운 창작을 가능하게 하는 통로로 쓰고 있습니다.

사람의 행동을 좌우하는 뇌파가 4종류 있습니다.

베타파는 14-40(100)헬츠인데 평균 베타파에서 높이 올라갈수록 일상에서 긴장하고, 적대적이며, 난폭하게 변하는 뇌파입니다.

알파파는 8-13헬츠인데 긴장이 풀리고, 평화를 유지시키고, 유대관계와 공동체 의식을 깨우쳐 주는 뇌파로 해변을 거닐거나, 자연에서 휴식을 취할 때 나타나는 뇌파입니다.

세타파는 4-7헬츠의 뇌파인데 비몽사몽 간을 유지시키는 뇌파로 잠들기 직전의 상태입니다. 세타파는 창의력과 기억력을 증대시킨 뇌파로 오늘날 가장 많이 연구되고 개발되고 있는 뇌파입니다.

감마파는 0.5-3.5헬츠의 뇌파인데 잠들 때 나타나는 뇌파입니다. 감마파의 뇌파가 흐를 때 우리 몸은 성장호르몬이 배출되어, 피로가 풀리고, 치료가 왕성하게 이루어지는 뇌파입니다.

마약은 우리 뇌파를 인위적으로 빠르게 세타파로 이동을 시키며, 그때 사탄제사 주변에 가득한 귀신들과 접촉이 이루어져서 신비적인 체험을 하게 되는데 이것이 프리메이슨들이 마약을 사용하는 목적입니다.

마약을 전 세계에 지하경제를 통해 유통시킨 사람은 이태리 마피아 단을 창설한 지쉐페 마찌니입니다. 마찌니는 아담 바이스 하우프트 다음에 일루미나티 제 2대 수장을 지냈던 사람입니다.

지금도 로스차일드 세 개의 계열회사에서 마약을 상품을 다루고 있습니다. 미군이 작전을 하고, 주둔하고 있는 대부분의 지역에서 마약들이 생산 유통되고 있습니다. 클린턴 전 대통령은 마약의 왕입니다. 부시도 어릴 때 마약에 중독된 사람이었습니다.

프리메이슨 마약왕 빌 클린턴

미국의 많은 대통령이 프리메이슨이었지만 빌 클린턴을 특별히 소개하는 이유는 그가 프리메이슨의 모범을 보여 주었기 때문입니다. 클린턴은 아칸소 주에서 태어났고 어릴 때부터 총명해 프리메이슨에서 매년 1명씩 뽑아 정치 지도자로 육성한다는 로즈 장학금을 받고 옥스퍼드 대학에서 공부했습니다. 어릴 때부터 정치에 뜻을 둔 그는 돈과 권력을 쥐고 있는 프리메이슨에 가입해 최고봉인 33도까지 올라갔고, 프리메이슨 단체인 CFR, 삼변회, 빌드버그의 회원이 됩니다. 35세에 미국에서 최연소로 아칸소주 주지사가 된 그는 12년 동안 권력조직을 만들고, 아칸소 진흥기관이라는 단체를 만들어 마약거래로 돈을 법니다. 이를 위해 사설 비행장까지 만들어 마약을 실어 날랐는데 거기서 일하던 테리 리드와 배리 실이라는 사람이 불법적인 일을 폭로하게 됩니다.

테리 리드는 공군장교였고 CIA에서 마약 밀매하던 요원이었고, 클린턴 밑에서 마약을 운송하는 비행기 조종을 하다가 양심의 가책을 받아 여러 기관에 폭로하였으나, 미국의 모든 권력을 잡고 있는 프리메이슨들에 의해 받아들여 지지 않고 오히려 자신이 마약 밀매 혐의로 입건됩니다.

또 다른 조종사 배리실은 무기와 마약 밀매 사실을 워싱턴 포스트 기자에게 고발했으나 프리메이슨 사주의 제지로 보도되지 않고 살해당합니다. 이 밖에 비행장 근처에서 6명의 청소년이 마약거래를 목격했는데 그들은 한명씩 차례 차례 살해 당합니다. 마약거래에서 긁어모은 돈과 프리메이슨의 언론 지원으로 클린턴은 쉽게 대통령에 당선됩니다. 대통령이 되고 난 후에 클린턴은 르윈스키와의 섹스 스캔들로 곤욕을 치뤘지만, 그것은 빙산의 일각에 불과합니다. 클린턴은 시도 때도 없이 발동되는 성욕을 참지 못하고 경호원들을 통해 여자들을 닥치는 대로 끌어들여 섹스행각을 벌였는데 이를 폭로한 경호원은 면직되거나 살해당했습니다.

변호사였던 힐러리 여사는 자신이 소유한 로즈로펌을 통해 각종 특혜를 누리며 돈을 벌었습니다. 1993년 화이트워터 사건이 발생해 그의 비리가 드러나려 하자 클린턴은 비리를 은폐하기 위해 그의 고향친구이자 백악관 수석고문인 빈스 포스터를 살해하고 관련 자료를 파기해 위기를 넘겼습니다.
　위기 때마다 그가 살아 남을 수 있는 이유는 프리메이슨이 장악하고 있는 언론계와 법조계가 그의 뒤를 봐주었기 때문입니다.
　아칸소 주는 작은 지역이지만 엘리트(프리메이슨)의 거점인 곳입니다. 록펠러 그룹의 '윈드럽 록펠러(미국의 석유 부호로 그 역시 프리메이슨)'가 이곳에 큰 농장을 갖고 있고, 프리메이슨의 지파인 스코틀랜드파의 근거지로, 테러조직인 'KKK(Ku Klux Klan)'의 본거지기도 합니다. KKK단은 프리메이슨의 한 지파인 '말타의 십자'에 속하며, '황금 원의 기사'라고 하는 프리메이슨 계보의 후신입니다. 원래 이 계보는 '로스차일드(대부호이자 높은 계급의 프리메이슨)'의 지휘를 받았다가 근래에 와서는 이스라엘 비밀정보국인 모사드의 조종을 받고 있습니다.

코스모스 해설자, 베스트 셀러 작가, 과학계의 대부, 세이건이 찬양하는 마약의 능력

　'미스터 X'는 과학계의 영웅인 UFO 비밀주의 수호자이며, UFO 회의론의 대부인 칼 세이건이 마약을 찬양하며 동료 교수의 책에 사용한 '닉네임'입니다. 영국의 탐사보도주의 저널리스트이자 언론인인 데이비드 사우스웰은 자신의 저서〈비밀과 거짓말〉이란 책에서 UFO회의론의 대부인 칼 세이건에 대해 이렇게 폭로하고 있습니다.
　"마약을 예찬한 미스터 X – 칼 세이건은 마리화나를 피우는 동안 최고의 연구업적을 달성했다."
　최근 미국에서 출간된 '칼 세이건 전기'중 윌리엄 파운드스톤이 쓴 칼 세이건 전기와 키 데이비드슨이 쓴 칼 세이건 전기에도 그의 마약 복용과 찬양 사실은 분명히 언급하고 있습니다. 이중 윌리엄 파운드스톤의 칼 세이건 전기는 국내에도 출판되어 나와 있습니다.
　과학계에는 아인슈타인을 제외하면 표지모델이 될 만한 인물이 별로 없습니다. 사실 일반대중이 이름을 아는 과학자는 극히 드물지만, 칼 세이건은 주목할 만한 현대 과학자입니다. 세이건은 텔레비젼 시리즈인〈코스모스〉의 해설자로 나서 전 세계적인 인기를 끌었고, 베스트셀러 과학책 여러 권을 집필하는 등 과학을 대중화하는 선도적인 활동을 하여 이례적으로 일반 대중에게 널리 알려졌습니다.

외계와의 접촉에 대한 그의 소설이 〈콘택트〉라는 영화로 각색되어 인기를 끌면서 대중적으로 가장 잘 알려진 과학자라는 그의 입지가 더욱 굳어졌습니다. (세이건 사후엔 스티븐 호킹이 뒤를 이었습니다.)

세이건은 책과 텔레비전 이외의 분야에서도 여러가지 중요한 업적을 이루었습니다. 다른 별들에 인간의 메시지를 보내는 골든 레코드판을 보이저 우주탐사위성에 설계했고, 목성의 위성 유로파에 바다가 있다는 이론을 내놓았습니다. (결국 갈릴레오 우주선이 이를 입증했습니다.) 그런 세이건이 평생 숨겼던 비밀은 그가 정기적으로 마약인 마리화나를 피웠다는 사실과 마리화나 덕분에 최고의 업적을 이루었다고 그가 굳게 믿었다는 사실입니다.

세이건이 사망한 후 전기 작가 키 데이비드슨(윌리엄 파운드스톤)은 세이건이 마약을 복용한 사실을 폭로했으며, 또한 세이건이 동료 교수인 레스터 그린스푼 박사의 마리화나 찬양 서적 〈마리화나를 다시 생각한다〉에 글을 기고한 악명 높은 미스타-X라고 밝혔습니다.

1999년 그린스푼은 세이건이 미스터 X이며 마리화나에 취한 상태에서 퓰리처상을 수상한 〈에덴의 용〉을 집필했다고 확인해 주었습니다. 이 에세이에서 미스터 X 곧 칼 세이건은 다음과 같이 적고 있습니다. "마리화나를 피우면 한 번도 제대로 감상하지 못했던 분야인 미술에 대한 감식력이 크게 향상되었다. 다른 능력도 향상되었다. 즐거움을 배가시켰다. 마리화나는 한편으로 격렬한 감성을 느끼게 하면서도, 다른 한편으로는 눈앞에 수많은 이미지가 지나가게 함으로써 정신을 분산시켜 오르가즘을 늦춘다…"

세이건은 좀 더 시적으로 이렇게 말했다. "마리화나에 취한 채 만화경을 통해 이글거리는 불을 바라보는 것은 특별히 감동적이고 아름다운 경험이다"라며 마약을 높이 찬양하고 있습니다. 여러분이 아는 UFO회의론의 대부의 진실을 영국의 탐사 전문 기자와 최근 나온 그의 전기는 폭로하고 있습니다.

서점에 가셔서 윌리엄 파운드스톤이 쓴 〈칼 세이건 〉전기를 읽어 보십시오. 거기에도 그가 마약을 복용했다는 문구와 그것을 찬양했다는 문구가 나옵니다. 전기 작가가 쓴 책입니다. 키 데이비드슨이 쓴 〈칼 세이건 전기〉에서는 더 적나라하게 나옵니다. 당장 서점에 가셔서 칼 세이건 전기를 사서 읽어 보십시오. 탐사보도 전문 작가의 주장도 진실입니다.

칼 세이건은 미국정부와 프리메이슨이 키운 허구로 가득찬 우주론과 UFO비밀주의 수호를 위한 과학적 회의론자들의 악랄한 음모를 수행했던 것입니다.

세이건이 죽은 이후 지금은 스티브 호킹 박사가 말도 안되는 가짜 우주론을 전 세계 사람들에게 알리고 있습니다.

영국 동인도 회사는 아편 무역 회사

초창기 영국에서는 유태인 추방운동이 일어난 후 유태인의 공직 제한으로 인해 유태자본은 로스차일드 시대 이전까지 프리메이슨과 협력했습니다. 가톨릭에 대항하여 국왕 권력을 중심으로 종교는 개신교, 정치는 프리메이슨, 자본은 유태자본 삼위일체 방식으로 나아갔던 것입니다.

300인 위원회란 프리메이슨과 동인도회사의 통합이라고 보면 되는 겁니다. 더 정확히는 프리메이슨과 동인도회사를 모두 해소시키고, 새로운 조직으로 등장한 것입니다. 그 첫 사업이 시온의정서라고 볼 수 있겠습니다.

로스차일드 이전 유태자본이 성공한 것은 푸거 가문과의 차별성이 었습니다. 이들은 국왕 권력을 강화시키는 것이 자신들에게 재앙이 된다는 점을 잘 알았습니다. 그래서 로마 원로원에서 보는 것과 같은 귀족정치를 중심으로 한 것입니다. 물론 내세운 것은 대의민주주의였습니다. 그러나 그것은 하나의 핑계였습니다.

로스차일드 시대로 접어들면서 프리메이슨의 역할이 매우 축소될 수 밖에 없었습니다. 무엇보다 중국과의 마약 무역 때문입니다. 마약 무역에 전념하기 위해 국유본은 미국을 독립시킨 것입니다. 또한

1820년대 중국에서 마약 판매를 금지시키니 마약 무역에 전념하기 위해 그들이 세운 미국을 독립시켜 영국의 프리메이슨을 죽인 셈입니다.

초창기 미신대륙은 집단 아편 농장

초창기 미국은 죽음의 땅이었습니다. 죽음의 땅으로 가려는 사람이 없자 프리메이슨 회사에서 사람을 강제로 모집해서 미국 땅에 보냈습니다. 그중에 메이플라워도 있었습니다.

죠지 워싱턴이나 토마스 제퍼슨은 모두 사악한 아편 노예 농장주였습니다. 초창기 미국은 별 볼일 없는 땅이었습니다. 중앙은행은 별 게 없었습니다. 아무 것도 아니었습니다. 오죽하면 해밀턴이 파산하겠습니까? 유일하게 안심하고 돈을 벌 수 있었던 것은 건강한 사람들을 잡아다가 노예로 파는 것, 황금을 발견해서 노다지를 얻는 것, 집단 아편 농장을 개발하여 아편을 밀매하는 것들 뿐이었습니다.

그래서 인도에서 재배해서 중국으로 밀매를 했던 동인도 회사는 서인도회사를 만들어 신대륙을 아편과 마약 생산지로 개척하여 돈을 벌었던 것입니다.

아편무역의 대명사 동인도 회사

네델란드에서 영국으로 이동한 검은 유대인들의 자본으로 동인도 회사가 설립되고 이후 로스차일드가 지배적인 세력이 됩니다. 또한 귀족 작위도 받습니다. 물론 하원의원 공직 진출도 이루어집니다.

이후 이들은 중국을 완전히 지배하기 위해 전심전력하다가 인도에서 아편을 재배하고, 중국으로 밀매하여 막대한 수입을 올리다가, 아편전쟁을 일으키고 빼이징까지 상권을 장악합니다. 나중에 동인도 회사를 해체하고, HSBC와 같은 은행들을 출현시켜 중국을 완전히 장악하고 있습니다.

오늘날 마약이 유통되는 비밀 통로

오늘날 세계 마약을 관리하는 최대조직은 FBI와 CIA입니다. 그리고 세계 최대 마약 운반 유통경로는 미군들입니다. 전 세계에 점령군으로 주둔하고 있는 미군의 비행기는 어느 나라든지 통관 절차 없이 자유롭게 출입하면서 마약을 전 세계로 유통을 시키고 있습니다. 현재 미군이 주둔하고 과거에 전쟁을 했던, 남미 콜럼비아, 니카라과, 중동 아프카니스탄, 동유럽 코소보, 동남아시아 베트남 등은 모두 마약의 생산과 유통이 이루어지고 있는 전략적인 지역입니다. 이 중에서 아프카니스탄은 세계 마약 1위 생산국입니다. 미군이 주둔하고, 전쟁을 하는 곳에는 항상 석유, 마약, 금(돈벌이)이 있는 지역입니다.

프리메이슨 300인 위원회는 로스차일드로부터 지금까지 전 세계 마약을 밀매하는 기관입니다. (참고 타작기1 적그리스도의 무기 "마약")

18. 철학과 사상의 유전자

1) 첫 번째 비밀 결사인 소크라테스
   (BC 469~BC 399)

철학의 비밀결사의 원조

역사는 소크라테스를 철학의 아버지라고 부릅니다. 그래서 동서양의 모든 철학과 사상의 뿌리는 소크라테스로부터 출발했습니다. 그렇다면 과연 누가, 언제, 어디에서부터 소크라테스를 철학의 아버지라고 불렀을까요?

최초로 누가 소크라테스를 철학의 아버지라고 부르게 되었는지는 아무도 모릅니다. 단지 역사가 그렇게 말하고 있기 때문에 모두가 다 소크라테스를 철학의 아버지라고 부르게 된 것입니다. 그렇다면 그렇게 말 할 수 밖에 없는 역사는 과연 누구의 역사이며, 그 역사의 사상의 뿌리는 무엇입니까? 그리고 소크라테스로부터 시작된 철학과 사상은 2400년 동안 어떻게 발전되어 왔습니까? 만일 우리가 이것을 알기만 한다면 철학과 사상을 통한 사탄 세력의 음모를 정확하게 파악할 수 있을 것입니다.

사상과 철학을 통해 인간을 세뇌시킨 비밀결사

사탄은 지난 6000년 동안의 인류 역사를 단 한 순간도 내버려 두지 않고, 철저하게 관리해 오고 있습니다. 인간의 가치척도를 평가하고, 인생의 근본 문제를 정의하는 철학과 사상은 그 시대에 살아가는 인생관으로, 무척이나 중요합니다. 왜냐하면 각 시대마다 철학과 사상이 그 시대에 사는 사람들의 성공적인 생활의 가치척도의 기준이 되었기 때문입니다.

그래서 사탄의 세력들은 100년, 200년 앞서서, 그들이 미리 준비한 그들의 사람들을 통해 철학과 사상을 만들어, 교육하게 해서 지금까지 그들이 원하는 대로 인류를 지배하고 통치해 올 수 있었습니다. 이것을 철학과 사상의 유전자라고 하는 것입니다.

만일 여러분이 진정으로 거듭난 그리스도인이라고 한다면 철학과 사상의 유전자를 읽고, 경악하지 아니할 수 없을 것입니다. 어떻게 사탄의 세력들이 지난 2400년 동안 각기 다른 시대와 문명 사이에서 이렇게 조밀하게 그들의 사상과 가치관들을 교육시켜, 인류를 지배하고 통제하여 그들이 원하는 역사로 이끌어 올 수 있었는지를 확실하게 알 수 있을 것입니다.

소크라테스의 생애

소크라테스는 그리스 아테네 출생으로 부친은 카르타고 출신 석공(mason)이었습니다. 모친은 산파였으며 중류가정에서 태어났습니다. 그는 소년 시절에 보통 교육을 받고 장성해서 기하학과 천문학, 자연학 등의 고등 교육도 받았습니다. 한 동안에는 아버지와 함께 석공으로 일을 했습니다. 그는 늙어서까지도 모르는 것을 배우는 것은 조금도 부끄러울 것이 없다 고 말하며 리라(하프의 일종)를 배웠다고 합니다. 소크라테스는 나이 오십이 되어서 크산티페와 결혼하여 3명의 아들을 두었습니다.

소크라테스는 자신을 아테네에서 가장 현명한 사람이라고 했는데 그 이유는 "자신만이 자신이 아무것도 모른다는 사실을 알고 있었기 때문"이라고 했습니다. 그리고 그는 평생 너 자신을 알라고 외쳤습니다.

소크라테스의 사상과 죽음의 비밀

소크라테스가 죽은지 무려 2400년이 지났지만, 그 이름은 아직도 수많은 사람의 입에 오르내리고 있습니다. 소크라테스가 마지막 순간에 제자들의 탈출 권유를 거부하고, 감옥에서 독배를 마신 것은 틀림없는 사실입니다. 그보다 먼저 소크라테스는 무슨 죄를 지었기에 사형을 당했을까요? 그것도 민주주의가 찬란하게 꽃이 피었던 아테네에서 말입니다.

소크라테스가 법정에 서게 된 것은 신에 대한 불경죄와 청년들을 타락시켰다는 죄목이었습니다. 하나는 종교적인 죄요, 또 하나는 윤리적인 죄였습니다. 그러나 아테네에서는 소크라테스 이전부터 이미 다양한 종교적인 견해가 등장했으며, 일부 소피스트들의 극단적인 윤리적 사상까지도 허용하는 등 매우 자유로운 분위기였습니다. 소크라테스 자신도 그러한 분위기에서 70평생을 자유롭게 토론하고 가르치면서 살았습니다.

그런데 왜 아테네 법정은 70세가 다 된 노인을 죽여야만 했을까요? 그것은 정치적인 이유 때문일 것입니다. 그러나 아테네는 정치적인 사상 역시 매우 자유분방하게 논의되었으며, 사상의 자유, 언론의 자유를 억압했다는 기록은 찾아보기 어렵습니다. 그렇다면 왜 소크라테스만이 자신의 사상 때문에 죽어야 했을까요?

그 동안 소크라테스의 재판과 죽음에 대한 연구가 전혀 없었던 것은 아닙니다. 그러나 대부분의 연구가 소크라테스의 제자들인 플라톤과 크세노폰의 저술을 기초로 소크라테스를 옹호하는 입장으로 이루어졌습니다. 그 결과 소크라테스에게 사형을 선고한 아테네 법정은 위대한 철인을 죽인, 역사상 씻을 수 없는 오명을 남기게 된 것입니다.

그런 이유에서 타락한 민주주의가 어떤 잘못을 범할 수 있는가를 보여주는 대표적인 사례가 되었습니다. 그러나 여기서는 아테네 민중의 입장에서 소크라테스의 재판과 죽음을 조명하기로 하겠습니다. 자신과 다른 사상에 대해 놀라우리만큼 관용적인 아테네인들이 한 철학자를 죽인 데에는 구체적인 이유가 있었습니다.

소크라테스의 재판에 얽힌 수수께끼를 풀기 위해서 먼저, 아테네 민중들의 사상과 소크라테스의 철학이 얼마나 큰 차이를 드러내고 있는지를 살펴보고, 그러한 사상적 차이가 정치적으로 어떤 의미를 가지고 있는가를 알아보겠습니다. 또한 왜 소크라테스는 70세가 다 되어서야 재판을 받게 되었고, 무죄 석방될 수 있는 길이 있었음에도 소크라테스는 왜 그것을 거부했는지를 밝혀내고, 가벼운 처벌로 끝날 수 있었던 재판이 왜 사형까지 갔고, 탈출을 거부했는지 등, 우리가 궁금해 하는 많은 문제들을 파헤쳐 보겠습니다.

지금부터 보다 냉철한 태도로 소크라테스의 삶과 철학을 검토하고 아울러 아테네 민주주의 사상과 그 역사적 배경을 살펴보겠습니다.

소크라테스의 절대왕정과 아테네의 민주주의 충돌

소크라테스는 세 가지 기본적인 철학적 문제에 대해서 대부분의 아테네인들과 일반적인 고대 그리스인들과는 너무 근본적인 차이가 났기 때문에, 조국 아테네와 대립되기 시작했습니다. 이런 차이점들은 평범한 사람들과 관련이 없는 단지 추상적인 것이 아니라, 아테네인들이 누리고 있었던 자치 정부의 기초에 도전하는 것들이었습니다.

첫 번째 불일치는 인간 공동체의 본질에 대한 것이었습니다.

인간 공동체를 그리스인들은 폴리스, 즉 자유 도시로 인식을 했습니다. 그러나 소크라테스는 양떼와 같은 단순집단으로 인식을 했습니다.

그리이스인들이 보기에 폴리스는 다른 인간 공동체 형태들과는 구별되는 특수한 성질을 가지고 있었습니다. 그것은 아리스토텔레스가 말했듯이 가부장제의 가족, 군주제, 주인제도 등과 같은 공동체의 초기 양식들과 구별되는 "자유인의 공동체"였습니다.

폴리스는 자율적으로 통치되었고, 지배받는 자가 곧 지배하는 자이기도 했습니다. 이는 아테네 시민의 높은 도덕심과 자부심이었고, 수준 높은 이성의 상징이기도 했습니다. 아리스토텔레스가 묘사했듯이, 시민들은 "번갈아 가면서 통치하고 통치 받았다." 주요한 관직은 선출로 채워졌지만 그 밖의 많은 관직은 모든 시민들에게 정치에 참여할 동등한 기회를 주기 위해 추첨으로 채워졌습니다.

모든 시민은 법률이 제정되는 민회에서 발언하고, 투표할 권리가 있었고, 법률이 적용되고 해석되는 법정에서 배심원이 될 권리가 있었습니다. 이런 점들은 기원전 4세기에 아리스토텔레스가 서술하기 오래 전부터 존재했던 그리스 정치의 기본적인 특징이었습니다. 따라서 이런 것들이 소크라테스가 살았던 시기의 아테네인들의 삶을 지배했으며, 바로 이 같은 기본 전제들에 대해 소크라테스와 그의 제자들은 동의하지 않았던 것입니다.

소크라테스의 정치이상은 소수에 의한 통치도 아니고, 다수에 의한 통치도 아닌 그의 제자 크세노폰의 〈메모라빌리아〉에 나온 대로 "아는 자"가 통치하는 것이었습니다. 그것이 동시대인들에게는 가장 절대적인 형태의 왕정으로 복귀하는 것이라고 여겨졌습니다. 그리고 왕정을 옹호하는 자체가 자유 폴리스에 대한 전적으로 대립하는 것이었습니다. 소크라테스 제자 크세노프의 〈메모라빌리아〉를 보면 소크라테스는 정치의 기본원리를 다음과 같이 말하고 있습니다. "명령하는 것이 통치자의 일이며, 복종하는 것이 피통치자의 일이다." 피통치자에게는 동의 대신 복종이 요구되는 것입니다. 물론 이것은 대부분의 그리스인들, 특히 아테네인들이 거부하는 독재주의의 원칙이었습니다. 소수로 제한되어 있건 아니면 다수로 제한되어 있건, 시민의 평등한 권리는 모든 그리스 도시 국가에서 기본적으로 주어진 것이었습니다. 그러나 소크라테스는 기본적으로 불평등을 전제로 하고 있었고, 통치자와 피통치자는 경계를 넘어설 수 없는 절대적인 영역이었습니다. 또한 소크라테스는 좋은 충고를 거절하고, 그것을 제안하는 사람들을 죽여 버릴 수 있는 통치자를 제거할 수 있는 시민들의 권리를 어디에서도 인정하지 않고 있었던 것입니다.

이에 아테네인들은 자신의 목적이 아무리 자애로운 것이라고 주장하더라도, 한 공동체를 한 사람의 절대적인 의지에 맡길 수는 없다는 상반된 입장을 보인 것입니다. 그들은 먹을 것만 먹고, 한가롭게 살아가는 양떼로 대접받기보다는, 자랑스런 폴리스 시민이 되기를 원했던 것입니다. 소크라테스가 주장하는 "아는 자"를 통한 1인 독재정치는 아테네 시민들에게는 치욕적인 것이었습니다.

이제 우리는 소크라테스와 아테네인들 사이의 근본적인 철학적 차이점들을 드러내는 첫 번째 결론을 내릴 수 있습니다. 소크라테스와 그의 제자들은 인간 공동체를 왕이 통치해야 하는 집단, 즉 목자가 보살펴야 하는 양떼와 같은 집단으로 보았던 것입니다. 반면에 아테네인들은, 인간이 다른 동물과 달리 이성(로고스)을 가지고 있고, 따라서 선악을 구별할 수 있으며, 폴리스에서 자기 자신을 통제할 수 있는 "정치적인 동물"이라는 것을 믿었습니다. 그것은 결코 사소한 차이가 아니었습니다. 소크라테스와 그의 추종자들이 주장하는 절대왕정이나 군주제와 같은 제도를 옹호한 것은 민주주의에 익숙한 자유로운 아테네 사람들의 가치관과 반대되는 사상이었던 것입니다.

인간은 교육으로 선한 덕을 가지게 할 수 없는 악한 존재이다

소크라테스와 그의 도시 아테네와의 기본적인 두 번째 차이점을 살펴 보겠습니다. 차이점은 두 가지 문제와 관련된 것인데, 첫째는 '덕이란 무엇인가' 하는 것입니다. 소크라테스가 덕을 정의하려고 결실 없는 많은 시도를 하면서 내린 유일한 정의는, 덕은 지식과 같다는 것이었습니다. 이것은 '지식이란 무엇인가' 하는 두 번째 문제를 제기합니다. 이 문제들은 철학의 기본적인 물음이며, 아직도 해결되지 않은 채 논의되고 있는 과제입니다. 그러나 이 문제들은 불가피하게 정치적인 관련성을 가지고 있습니다.

만일 덕이 지식이라면, 그것은 아마도 다른 형태의 지식처럼 가르쳐질 수 있었을 것입니다. 그리고 가르쳐질 수 있다면, 특정 소수에게만 한정될 수 없고, 많은 사람들, 즉 신흥 중간 계층인 상인들과

제3장 적그리스도 세력들의 유전자의 비밀
18. 철학과 사상의 유전자

장인들, 심지어 평민들도 배울 수 있었을 것입니다. 그래서 그 다수가 덕을 가지고 있다면, 그들은 도시를 통치하는데 한 몫을 차지할 자격이 있고, 그 몫은 부정될 수 없었을 것입니다.

그러나 소크라테스는 '지식이란 무엇인가' 하는 문제를 다루는데 있어서, 정반대 방향으로 나아갔습니다. 소크라테스와 그의 제자들에게 덕은 지식이고, 지식은 평범한 사람은 얻을 수 없기 때문에 평범한 사람들인 다수는 스스로 통치하는데 필요한 지식이나 덕을 소유할 수 없다고 정의했습니다. 따라서 소크라테스는 자신의 기본적인 명제, 즉 인간 공동체는 양떼와 같은 무리이고, 그러므로 스스로 통치하도록 맡겨 놓을 수 없다는 명제로 되돌아오게 됩니다. 이런 소크라테스의 인간론은 처음부터 좌우를 분별할 수 없는 보통 가축 인간과 모든 것을 알고 있는 엘리트 인간으로 구분한 것이었습니다. 이렇게 평범한 인간에게 있는 기본적인 덕과 지식을 인정할 수 없다고 함으로써 소크라테스의 가르침은 바로 폴리스의 핵심을 공격한 것이었습니다. 소크라테스는 인간의 덕인 지식은 위로부터 내려오는 것이지, 교육이나 훈련으로 얻어지는 것이 아니라고 해서 당시 수사학이나 교육을 통해서 부와 명예를 독점하고 있었던 아테네 소피스트들을 정면으로 공격하고 나선 것이었습니다.

당시 아테네 민주주의와 소피스트들의 활동은 평민에게 존엄성을 부여해 준 반면에, 소크라테스의 견해는 평민과 소피스트들을 격하시켰습니다. 이것이 화해할 수 없는 차이점이었습니다. 이 차이점은 소크라테스와 이른바 소피스트들 간의 반목으로 발전된 것입니다. 소피스트들은 자신들이 지식과 덕의 교사라고 주장했습니다. 만일 소크라테스의 주장이 옳다면 지식도 덕도 가르쳐질 수 없으니, 소피스트들은 사기꾼이 되어 버린 것입니다.

소크라테스는 아테네인들에게 덕을 권하면서도, 그것은 가르칠 수 없는 것이고, 교육될 수도 없는 것이라고 주장을 했습니다. 그가 왜 교사임을 부인하고, 덕도, 지식도 교육될 수 없다고 주장을 했을까요? 이것은 세 가지 가능한 이유를 들어 설명할 수 있습니다.

하나는 정치적인 이유이고, 둘째는 철학적인 이유이며, 셋째는 개인적인 이유입니다.

정치적인 이유는 그의 반민주적인 시각과 관련 있습니다. 소크라테스의 부모는 카르타고 출신이었습니다. 고대 카르타고 정치는 절대군주제로서 번영과 발전을 했던 고대 공산주의 국가였습니다. 그래서 소크라테스는 카르타고 절대 과두정치에 대한 깊은 애정이 있었던 것입니다. 소크라테스의 절대 왕정과 절대 군주제는 "아는 자"가 통치하고 나머지 사람은 복종해야 한다는 독재정치였습니다.

철학적인 이유는 소크라테스 자신이 절대적인 가치의 확실성을 추구했지만, 결국에는 이것들이 얻어질 수 없는 것이라는 것을 처절하게 깨달았기 때문입니다.

개인적인 이유는 소크라테스의 제자 가운데 가장 유명한 두 사람인 크리티아스와 알키비아데스가 동성애자와 같은 매우 혐오스런 자들이었고, 아네테 정부를 전복시키는 반란을 일으켜 많은 사람을 학살했던 사람이었습니다. 소크라테스의 제자인 크세노프는 소크라테스도 동성애자였다고 기록을 하고 있습니다.

아테네 사람들에게 이들의 범죄 전과는 소크라테스가 덕의 교사로서 실패자라는 증거로 제시될 수 있었던 것입니다. 그러나 자신이 덕을 가르쳐 세울 수 있는 교사임을 부인함으로써 저들의 개탄스러운 이력에 대한 책임을 면할 수 있게 되었던 것입니다. 덕은 지식이며, 참된 지식은 교육이나 훈련으로 도달할 수 없고, 또한 가르쳐질 수 없는 것이라면, 자신의 가장 촉망받는 제자들이 그렇게 악한 자들이라는 것이 밝혀졌다고 해도, 소크라테스 자신은 비난받지 않을 수 있었던 것입니다.

소크라테스의 "너 자신을 알라" 라는 무서운 궤변철학은 그 시대 사람들에게 너희가 아무것도 모르고 있다는 사실을 깨닫고, 스스로 무식한 양 떼와 같은 가축인간이 되어 스파르타와 카르타고의 독재정치를 조건 없이 받아 드리라는 경고였습니다.

소크라테스의 "너 자신을 알라" 라는 철학은 자신을 비롯한 그의 제자들과, 그 시대에 살았던 아테네 시민들에게 스스로 인간임을 포기하고, 절대군주의 초인정치로 세워진 인간 목장의 양떼가 되라는 것이었습니다.

이것은 오늘날 사탄의 세력들이 세우고 있는 신세계질서, 지구촌 인간 목장화의 기본 교리와 같은 사상입니다. 이 사상은 네오콘 사상의 기본 사상입니다.

소크라테스는 소피스트들에 의해서 법정에 서게 되었고, 끝까지 자신의 주장을 철회하지 않았으며, 결과적으로 당시 신들로 추앙을 받고 있었던 소피스트들을 통해서 신성모독죄로 독살을 선고 받았습니다.

소크라테스는 얼마든지 독살을 면하고 탈출할 수 있는 기회들이 있었고, 제자들의 도움이 많이 있었지만 스스로 죽음을 택하면서 악법도 법이란 유명한 말을 남겼습니다. 소크라테스의 악법도 법이란 말의 의미는 자신 스스로가 자기 생명를 포기하면서까지 자신이 주장한 절대군주, 독재정치의 사탄왕국의 정치이념과 사상을 위해 자신의 생명을 던졌던 것입니다.

그러니까 소크라테스는 당시 아테네에서 살았던 사람 중에 한 사람도 알아주거나, 인정해 주지 않았던 자신의 사상과 철학을 죽음으로 알리려 했던 것입니다.

이것이 사탄의 세력들이 소크라테스를 위대한 철학자의 아버지로 미화시키고 분칠한 이유입니다. 그는 위대한 철학자가 아닙니다. 그는 한 낱 사탄주의 사상에 노예가 되어 사탄왕국을 세우기 위해 자신의 생명을 사탄에게 인신제사로 희생한 불쌍한 사람입니다.

소크라테스가 사형선고를 받은 진짜 이유

소크라테스와 플라톤은 아테네 민주주의를 경멸하고 스파르타와 카르타고 정치를 이상국가로 생각한 사람들이었습니다. 그 이유는 아테네 역사에서 그렇게 역동적인 역할을 한 장인들과 상인들로 이루어진 중산층이 스파르타와 카르타고에서는 시민권을 갖지 못했던 천한 계급이었기 때문입니다. 소크라테스가 스파르타에 반해 버렸다는 것은 크세노폰과 플라톤이 그를 묘사한 것에서 입증이 됩니다.

가장 잘 알려진 증거가 플라톤의 〈크리톤〉입니다. 플라톤이 재판이 끝난 뒤 감옥으로 소크라테스를 보러 와서 탈출을 계획하고 있다고 말합니다. 하지만 소크라테스는 탈출하기를 거부합니다. 그는 악을 악으로 갚지 않겠다고 말합니다. 그가 부당하다고 생각하는 판결로부터 생명을 구하기 위해서 스스로 법을 어기지 않겠다고 말합니다.

소크라테스가 죽음을 통해 세우고자 했던 법은 그리이스의 법이 아니라, 자신이 주장하고, 따랐던 스파르타 법이었습니다. 상상으로 꾸며진 법과의 대화에서 법의 개념은 국가와 개별적인 시민과의 계약으로 설명됩니다. 이것이 아마 세속적인 문헌에서 최초로 나타난 사회계약설일 것입니다. 이후 마키아벨리의 군주론과 루소에 의해서 사회 계약설로 발전해서 종교 개혁이후에 절대왕정이 다시 등장하게 됩니다.

소크라테스가 스스로 죽음을 택한 이유는 자신이 세운 악법의 왕국인 스파르타 절대왕정을 세우기 위해 스스로가 희생양이 되어 버린 것입니다. 소크라테스가 말한 악법은 그리이스 법정에서 자신을 죄인으로 사형시킨 스파르타법을 말합니다. 소크라테스는 자신안에 주체사상으로 세운 스파르타를 위해 스스로 목숨을 버린 첫 번째 자살 특공대였습니다.

즉 소크라테스는 자신의 죽음을 통해서 끝까지 자신의 존재 목적인 자신이 속한 regime을 지키려 했던 것입니까? 소크라테스가 이렇게까지 목숨을 걸고 지키려한 절대왕정의 정체는 무엇입니까? 소크라테스는 운명적으로 자신의 조상들이 속한 regime을 스스로 벗어날 수 없었습니다. 왜냐하면 그것은 이미 태어나기 전부터 정해져 있었기 때문입니다. 그것이 소크라테스를 죽게 만든 것입니다. 그에게는 더 이상의 생존의 목적이 없었습니다.

소크라테스 죽음은 사상적인 결단이나 자신이 주장하고 있는 철학을 옹호하기 위함이 아닙니다. 죽음으로서 그것을 지키지 않으면 안 되는 절대적인 선택이었습니다. 이것이 오늘날까지 6000년 동안 사탄주의가 사라지지 않고 맥을 이어온 이유입니다. 눈에 보이는 어떤 지도자의 명령에 의해서가 아닙니다. 100년 200년 사는 사람이 있어서 시나리오를 쓰고 각본을 짜기 때문에 유지되어온 역사가 아닙니다. 눈에 보이지 않는 영적인 세력과 운명적으로 결합된 혈통들이 지구상에서 스스로 생존하는 방법이 목숨을 걸고 지켜야 하는 regime밖에는 더 이상의 대책이 없기 때문입니다.

아테네 민주정부를 정복하기 위한 세 번의 전쟁

소크라테스의 재판이 있기 약 10년 전인, 주전 411년과 주전 404년에, 적국인 스파르타와 공모한 불만 세력들은 그리스의 민주정을 전복시켜 독재 정권을 수립하고, 공포 정치를 시작했습니다. 재판이 있기 겨우 2년 전인 주전 401년에, 그들은 다시 민주정의 전복을 기도했습니다. 소크라테스의 측근들 가운데 두드러지게 부유하고, 젊은 인물들이 세 번에 걸친 아네테 정부 전복 전쟁에서 모두 주도적인 역할을 수행했습니다. 그들은 주전 411년의 400인 독재 정치와 30인 폭정으로 도시를 공포로 휘몰아 넣었을 때, 돌격대원이 되었던 것입니다. 하지만 첫 번째 독재 정치인 400인 독재는 단지 3개월밖에 가지 않았고, 두 번째 독재 정치인 30인 폭정은 8개월 간 지속되었습니다. 짧지만 잊을 수 없었던 그 기간은 수많은 공포로 가득찬 시기였습니다.

주전 411년과 404년에 아테네 민주주의는 대중의 봉기에 의해서가 아니라, 소수의 모반자들에 의해 전복되었던 것이었습니다. 그들은 폭력과 속임수를 동원했으며, 아테네 안에서는 지지 세력이 거의 없었기 때문에 적국인 스파르타와 손을 잡아야 했습니다. 특히 주전 404년의 30인 폭정은 8개월이라는 짧은 통치 기간에 그들이 죽인 아테네인들 약 1,500명은 펠로폰네소스 전쟁이 끝나기 전 마지막 10년 동안에 스파르타인이 죽인 아테네인들의 수를 거의 능가했습니다. 이는 민주시민들이 죽음을 당한 엄청난 유혈 전쟁이었습니다.

바로 이 사건들이 민주주의 왕국인 아테네에서 소크라테스의 재판과 죽음에 얽힌 문제들을 풀 수 있는 비밀이 된 것입니다. 소크라테스가 주장한 절대 왕정의 사상과 철학은 당시 세 번의 전쟁의 사상적인 근거가 되었습니다. 그리고 전쟁과 학살의 주동자 중에 유명한 두 제자, 크리티아스와 카르메니데스들과 같은 부류의 젊은이들이 있었습니다. 30인 폭정은 분명히 불법으로 시작하여 깡패를 동원한 폭력을 행사하는 억압적인 방법으로 수많은 시민과 현자들을 살해했습니다. 그러나 지금까지 소크라테스 옹호자들은 아테네에 있었던 세 번의 전쟁은 아테네 민주정치가 중우정치가 되어 스스로 무너진 전쟁이라고 주장을 합니다.

소크라테스는 스파르타 비밀 결사였습니다. 그는 오늘로 말하면 선진사회가 되어 잘 살아가는 대한민국에서 소외된 소수 빈민집단의 사람들에게 북한 공산주의 주체사상을 심어 반체제혁명을 주동하는 간첩과 같은 사람이었습니다. 만일 제가 오늘날 소크라테스가 되어 소수 소외된 대한민국의 불만세력들에게 북한 공산주의 주체사상으로 무장시켜 대한민국을 전복시키기 위해 반체제 운동을 하다가 발각되어 잡혀 사형선고를 받으면서도 악법도 법이라고 한다면 지나가는 소도 웃을 수 밖에 없을 것입니다. 소크라테스는 완전히 사탄에게 속아 가룟 유다처럼 희생된 정신병자인 것입니다. 그런 그가 어떻게 철학의 아버지가 될 수 있습니까?

소크라테스의 기소와 재판과정

아테네인들이 소크라테스를 기소했을 때, 그 자체가 옳지 않은 것이었습니다. 언론의 자유로 유명한 도시가 언론의 자유를 행사했다는 죄로 한 철학자를 기소한 사건은 아테네 민주주의 자체에 대한 스스로의 모순과 불명예였습니다. 주전 411년과 404년에 아테네 민주주의가 전복되고, 다시 401년에 위협을 받았던 세 번의 정치적 모반으로 놀란 아테네인들이 소크라테스를 기소했을 때, 그것은 아테네적인 정신이 아니었습니다. 그만큼 당시 아테네 민주주의가 성숙되어 있었습니다. 그럼에도 불구하고. 아테네 시민들이 소크라테스를 고발하지 않을 수 없었던 이유는 소크라테스가 조직한 비밀결사의 음모가 드러났기 때문입니다.

소크라테스는 아테네 민주주의를 말살시키고, 전복시키기 위해, 아테네 민주정치를 악용할 비밀 결사체를 조직하고, 아테네 민주주의를 무너뜨릴 수 있는 반대 사상을 조직적으로 교육하여, 자유스런

제3장 적그리스도 세력들의 유전자의 비밀
18. 철학과 사상의 유전자

아테네 언론을 통해서 시민들에게 퍼뜨렸던 것입니다.

결국 아테네 시민들은 그들이 자랑한 언론의 자유를 중지시키고 소크라테스를 법정에 세운 것은 스스로 패배를 자인한 것이 되었습니다. 반면, 소크라테스는 자신이 법정에서 유죄선고를 받는 것은 패배가 아니라 아테네 민주주의에 대한 자신의 스파르타 철학의 승리로 인식을 한 것입니다.

소크라테스가 소피스트들의 교훈을 무력화 시키고, 젊은이들에게 자신의 스파르타 정치 체제를 따르도록 해서 발생한 세 번의 아테네 민주정에 대한 반체제 전복 사건들은 소크라테스의 기소를 설명하는데 도움을 주고는 있으나, 소크라테스의 기소를 정당화해 주는 것은 아니었습니다. 소크라테스의 재판은 사상에 대한 기소였고, 그는 스스로 아테네 언론의 자유와 사상의 자유의 첫 번째 순교자가 되기를 원했던 것입니다. 그렇게 해서라도 아테네 민주정을 무너 뜨리기를 원했던 것입니다. 그래서 소크라테스를 첫 번째 비밀 결사로 보는 것입니다.

그가 자유의 문제로 자신을 변호하고, 국가의 기본적인 전통에 호소했다면 고민하는 배심원들을 그에게 유리한 쪽으로 쉽게 변화시킬 수 있었을 것입니다. 하지만 소크라테스는 결코 언론 자유의 원리에 호소하지 않았습니다. 그가 그런 변호를 하지 않은 한 가지 이유는 그의 재판에서의 승리가 곧 그가 경멸한 아테네 민주주의 원리의 승리가 되는 것을 의미하였으며, 또한 그의 무죄 판결은 아테네 민주주의를 정당화시켜 주는 것이 되었기 때문이었습니다.

오히려 소크라테스와 변호인들은 끝까지 자신들의 체제와 사상의 우월성을 주장하면서, 자신들의 행위를 정당화 시켰습니다. 재판이 진행되는 과정의 법정에서 소크라테스 변호인단들은 배심원들에게 연설할 때, 어조는 불쾌할 정도로 과장과 오만한 말투를 사용하였으며, 스스로를 높임으로써 나쁜 감정을 유발시켰습니다. 그들은 수많은 시민을 죽이고, 학살했던 것에 대해서 조금도 죄의식이 없었고, 오히려 당당하게 자신들의 죄를 정당화 했습니다. 이것이 오늘날 사탄주의 공산 독재세력들이 사용한 주체사상이고, 엘리트 인간과 가축인간, 지구촌 인종청소를 정당화한 이론이기도 합니다. 사탄주의 네오콘 사상입니다. 이 사상이 2400년 동안 우리가 학교에서 배우고 있는 발전하는 사상과 철학의 진실입니다.

　이러한 사탄주의 철학은 이미 아름다운 아테네를 멸망시켰습니다. 수많은 죄없는 사람들을 죽인 살인자들에게 자비와 긍휼을 베풀려는 아름다운 아테네 착한 사람들을 오히려 능멸하고 자기들이 판 저주의 무덤에 스스로 눕고 말았습니다.

　교회가 세상과 하나될 수 없은 원리가 이것입니다. 마지막 때 소크라테스 철학이 위력을 발휘하고 있습니다. 그의 죽음이 찬란하게 자살특공대라는 미명아래 높임을 받고 있습니다. 그러나 하나님의 교회는 잠잠합니다.

　소크라테스 변호인단은 마치 죽기로 작정한 짐승들과 같았습니다. 그래서 배심원들로 하여금 유죄를 더 확실하게 굳히도록 했습니다. 만일 소크라테스 변호인단에서 좀 더 타협적인 태도와 조금 더 부드러운 변호를 하면서 아테네 정서에 호소했다면, 민주화된 아테네 배심원들의 사형선고는 없었을 것입니다. 소크라테스의 죽음은 스스로 자신의 입술에 독약을 묻힌 격이 되었던 것입니다.

　그 유명한 플라톤의 "소크라테스의 변명"은 더도 아니고, 덜도 아니고, 불쌍한 한 인간의 죽음을 미화시켜 자신들의 목적을 이룩하려는 세력들이 꾸민 사기극에 불과한 것입니다.

　이것이 2400년 전에 아테네에서 있었던 역사적인 사건이었습니다. 그는 철학자의 아버지입니다. 오늘날 세계를 지배하는 사탄의 세력들이 사용하고 있는 공산주의 독재정치를 위한 엘리트 인간과 무조건적으로 복종하고 그들에 의해서 사육되는 가축인간의 지구촌 목장화가 소크라테스의 철학이었던 것입니다. 놀라운 사실은 소크라테스의 전체주의 절대 군주론은 니므롯의 바벨탑 사상입니다. 뿐만 아니라 마지막 사탄 왕국인 공산주의 유토피아의 지구촌 인류 목장화 프로젝트 사상이기도 합니다.

　오늘날에도 사탄의 세력들은 그들이 사용한 마인드,콘트롤을 통해, 수많은 사람들을 자신들의 체제와 사상을 위해 자살 특공대로

제3장 적그리스도 세력들의 유전자의 비밀
18. 철학과 사상의 유전자

훈련시켜, 조정하고 있으며, 히틀러와 같이 귀신에게 지배받은 채널러들을 통해 수많은 사람들을 죽이는 테러와 전쟁을 시행하고 있습니다. 이것은 2400년 전에 있었던 철학의 아버지인 소크라테스의 사탄주의 철학이 오늘날 우리시대에 완성되어 가고 있는 것입니다.

왜 역사는 소크라테스를 철학자의 아버지로 만들었습니까?

소크라테스를 철학자의 아버지로 만든 역사는 누구의 역사입니까?

누가, 언제, 어디에서 소크라테스를 철학자의 아버지로 추대했습니까?

오늘날 초,중,고,대학에서 학생들이 배우고 있는 철학자의 아버지 소크라테스는 사탄이 감쪽같이 인류를 속이고 역사에 등장시킨 기획된 인물입니다. 그의 사상이 기획되었고, 그의 철학이 철저하게 기획되었던 것입니다. 그동안 세계를 지배했던 사탄의 세력들이 승자편에 서서 모든 교과서와 철학과 사상을 자신들의 것으로 옷을 만들고, 인류로 하여금 그들이 만든 옷을 비싼 값으로 사서 입게 하여, 지금까지 우아하고. 성공적인 인생을 살아가고 있다고 착각하게 만들었던 것입니다.

소크라테스는 사탄의 세력들이 키운 첫 번째 비밀결사였습니다.

2) 플라톤(주전428-318)
최초로 공산주의 국가를 이상국가로 주장한 사람

'유토피아' 란 말을 처음 사용한 사람은 16세기 초 영국의 인문주의자 토마스 모어입니다.《유토피아》는 플라톤의 (국가)와 성 어거스틴의 (하느님의 도성)에서 영향을 받았습니다. 비단 모어뿐만이 아니라 오늘날까지 인류는 수많은 문학 작품 속에서 다양한 이상향들을 그려 왔습니다. 플라톤의 "공화국"은 인류에게 이상국가을 소개한 최초의 교과서입니다.

플라톤은 "공화국 Republic"이란 책에서 이상적인 통치자로 철인정치(철학자)를 주장했습니다. 이는 소크라테스가 주장한 "아는 자"를 통한 통치를 플라톤은 철학자의 통치로 이상국가를 정의한 것입니다. 그리고 플라톤에 의해서 정해진 이상국가의 대상은 소크라테스와 마찬가지로 스파르타였습니다.

　플라톤은 국가(Republic)라는 책에서 지성에 의해서만 도달할 수 있다는 '이데아계'의 존재를 주장했습니다. 그가 주장한 이데아 세계가 곧 그가 꿈꾸었던 유토피아였습니다. 관습이나 도덕에 얽매이지 않고, 자신의 철학적 신념과 상상력을 바탕으로 새로운 유형의 국가를 만들었습니다. 그가 이 책에서 그린 국가는 사유 재산의 폐지, 공동생활... 배우자와 자녀의 공유, 우량아 확보를 위한 출산규제까지 주장했습니다. 또한 국가를 커다란 인간으로 보고 국가도 통치자(이성), 군인(격정), 생산자(욕구) 세 가지 계층으로 구성되며, 이들의 조화에 의해 '올바름'을 달성할 수 있다고 보았습니다.

　특히 5권에서는 수호자들의 공동생활, 재산의 공유, 자녀와 배우자의 공유, 남녀의 평등과 권리, 철인 통치자의 필요성 등에 대한 내용들이 기록되어 있습니다.

　플라톤이 '국가'를 통해 주장하고자 하는 핵심적인 사상 중의 하나는 엘리트주의입니다. '엘리트'라는 말은 본래 '고급상품' 즉 '명품'을 뜻하는 단어였습니다. 그러다가 17세기 무렵에 와서 '선택된 사람' 또는 '사회에서 핵심적인 역할을 하는 사람'이라는 뜻으로 바뀌게 됩니다. 엘리트주의는 이들 선택된 사람들 중심으로 생각하는 것을 말합니다. 즉 소수의 엘리트가 사회나 국가를 지배하고 이끌어 나가야 한다는 것입니다.

　엘리트주의의 시조는 플라톤이라고 할 수 있지만, 엘리트주의를 체계적으로 연구한 사람은 이탈리아의 경제학자였던 빌프레도 파레토(1848~1923)입니다. 그가 엘리트주의를 주장하게 된 계기는 개미였습니다. 어느 날 파레토는 개미들의 움직임을 유심히 관찰하게 되었습니다. 그런데 이상한 점을 발견하게 됩니다. 대부분의 사람들이 알고 있는 것처럼, 모든 개미가 항상 열심히 일하는 것은 아니라는 진실을 깨닫게 된 것입니다. 그의 관찰에 의하면, 사실상 열심히 움직이며 일을 하는 개미는 전체 개체 중 20%정도에 지나지 않았답니다.

　이를 신기하게 생각한 파레토는 다시 열심히 일하는 개미만을 따

제3장 적그리스도 세력들의 유전자의 비밀
18. 철학과 사상의 유전자

로 모아 놓고 관찰하기 시작했습니다. 그런데 그 부지런한 개미의 집단에서도 일하는 개미와 일하지 않는 개미가 생겨났으며, 그 비율은 역시 20%였습니다. 이러한 현상은 노는 개미에서도 마찬가지여서, 놀기만 하는 개미를 모아 놓았을 때 그 안에서 일하는 개미와 여전히 노는 개미의 비율이 20%였습니다. 개미의 생활에 큰 호기심을 가진 파레토는 벌의 생활도 관찰하여 역시 비슷한 결과를 얻어냈습니다. 그러자 파레토는 인간 사회를 대상으로 연구하여, 역시 같은 결과를 얻어냅니다. 어떤 집단의 경우에도 20% 정도만 열심히 일을 하고, 나머지 80%는 대충 살고 있다는 것을 발견한 것입니다.

파레토는 이러한 현상을 '20대 80의 법칙'이라고 불렀고, 세상 사람들은 이를 '파레토의 법칙'이라고 불렀습니다. 현대 엘리트주의의 창시자가 된 파레토는 엘리트가 건강하게 존재하는 사회는 앞으로도 발전이 가능한 사회, 안정된 사회라고 주장했습니다. 나아가 국가의 정책도 상위 20%의 엘리트들에 의해 주도된다고 보았습니다.

파레토의 생각은 경제적인 관점에서 보면 어느 정도 일리가 있다고 할 수 있습니다. 예를 들어 기업 매출의 80%는 20%의 우량 고객에 의해서 이루어지고 있는 경우가 많습니다. 하지만 엘리트주의는 많은 문제점을 가지고 있습니다.

엘리트주의가 가장 주목 받았던 시기가 제1차 세계 대전 이후 히틀러의 나치스가 독일 정권을 잡을 무렵이었다는 사실에 주목하면 그 위험성을 알 수 있습니다. 나치스는 엘리트주의가 낳은 대표적인 불행의 표상이었습니다. 최근에는 엘리트주의에 반대하는 이론인 '롱테일(Long Tail)법칙'이 등장했습니다. 머리에 해당하는 상위 20%가 아니라 꼬리에 해당하는 나머지 80%가 사회에 더 큰 영향을 끼친다는 이론입니다.

순위가 정해진 플라톤의 이상국가

플라톤은 이상국가의 순위를 정했습니다. 1위 철인정체(이상국가), 2위 명예정체(스파르타식 국가), 3위 과두정체(경제적으로 부유한 사람들이 지배하는 국가), 4위 민주정체, 5위 참주정체 순으로 훌륭한 국가라고 정의를 내렸습니다. 충격적인 것은 플라톤이 민주국가를 끝에서 두 번째로 꼽고 있다는 사실입니다. 그만큼 플라톤과 그 스승인 소크라테스는 민주주의를 혐오한 것입니다.

플라톤은 인간은 동등하지 않으며, 타고 난 능력의 차이가 있다고 보았습니다. 뛰어난 능력을 지닌 자가 통치를 하고, 그렇지 못한 사람은 통치를 받는 게 당연하다는 것입니다. 그리고 이것이 결과적으로 전체 민중들에게 이익이 된다는 것입니다. 이것은 "아는 자"를 통한 절대통치와 "모르는 자"의 절대복종의 정치체제인 소크라테스의 정치철학과 일치합니다.

플라톤의 이상국가는 소크라테스와 같이 조국인 아테네보다 적국이었던 스파르타를 더 추구했습니다. 스파르타는 소수의 정복민이 다수의 피정복민을 다스렸던 공산주의 계급 사회였습니다.

결론으로 플라톤의 이상국가는 2400년 전에 소수 엘리트를 통한 절대권력의 통치, 남녀평등, 사유재산 폐지와 공산주의 경제체제, 배우자와 자녀들의 공유개념, 히틀러가 주장했던 우성인자끼리 대를 이어야 하는 상상 할 수 없는 급진적인 사상으로 가득차 있었습니다.

한 마디로 플라톤의 공화국이란 이상국가는 부국강병을 추구하는 전체주의 국가관입니다. 자녀와 배우자와, 재산을 국유화시켜 공개념하고, 우성인자끼리 결합하여 자식을 낳고, 모든 자녀들을 한 곳에 모아 국가가 교육하고 훈련시킨 전체주의 1등 시민으로 세뇌를 시키는 공산주의 국가입니다.

너무나 놀라운 사실은 플라톤의 공화국이란 이상국가가 오늘날 사탄의 세력들이 꿈꾸고 있는 유토피아 공산주의라는 사실입니다. 사유재산 폐지, 가정폐지, 국가폐지와 같은 사상들은 2500년 동안 일관성 있게 유지되고 발전된 사탄의 체제입니다.

플라톤의 공화국에 소개된 반지의 제왕

다음은 플라톤의 공화국이란 책에서 소개된 반지의 제왕의 이야기입니다.

제3장 적그리스도 세력들의 유전자의 비밀
18. 철학과 사상의 유전자

　서남아시아에 리디아라는 나라가 있었습니다. 리디아는 페니키아 제국의 일국으로 기원전 7세기부터 1세기 동안 번성했던 왕국인데, 한때 그리스 도시를 정복할 정도로 전성기를 누렸습니다. 게다가 이들은 인류 최초로 화폐를 주조했습니다. 그 주인공이 바로 '기게스의 반지' 이야기로 유명한 기게스 왕입니다. 고대 그리스인들에게 리디아는 화폐 주조의 기원이기도 하지만 '참된 주인' 이라는 말이 시작된 곳이기도 합니다. 기게스가 바로 최초의 참된 주인이라는 뜻입니다. '참된 주인' 의 출발은 본래 동양과 서양에서 '폭군' 이란 뜻으로 쓰여 왔습니다. 본래 리디아어 "참된 주인"(tyrannos)은 종교적 신성 권력과 대비되는 그냥 물질세계를 다스리는 강력한 통치자를 가리키는 말입니다.

　리디아에 기게스라는 사람이 있었는데 그는 왕에게 고용된 양치기였습니다. 어느 날 폭풍과 지진이 일어나 땅이 갈라졌습니다. 기게스가 양에게 풀을 먹이던 곳에 빈 공간이 드러났고, 놀란 기게스는 갈라진 땅속으로 내려갔습니다. 거기에는 그는 조그마한 문이 달린 청동으로 된 말을 보았는데, 말의 속은 텅 비어 있었고, 사람 키보다 조금 커 보이는 시체만 달랑 하나 놓여 있었습니다. 이 시체는 다른 것은 아무것도 걸친 게 없었지만 손에 황금 반지를 끼고 있었습니다. 기게스는 반지를 빼 가지고 밖으로 나왔습니다. 어느 날 양치기들이 왕에게 목동 일을 매월 보고하는 모임에 기게스도 그 반지를 끼고 참석했습니다. 우연히 만지작거리던 반지를 손 안쪽으로 돌렸는데, 기게스가 갑자기 없어진 것입니다. 놀란 기게스가 황급히 반지를 바깥쪽으로 돌렸더니, 다른 사람들 눈에 다시 보이게 되었다고 합니다. 그 반지의 힘을 알아차린 기게스는 다시 한 번 시험해 보았는데 결과는 똑같았습니다. 투명인간이 되게 하는 반지를 갖게 된 기게스는 반지를 안으로 돌리고는 투명인간이 되어 왕비의 처소에 드나들었고, 결국 왕을 살해한 후 리디아 왕국을 차지했습니다. 이 새로운 왕이 바로 기게스 왕입니다. 한마디로 순진한 양치기가 부도덕한 권력자로 변하는 이야기입니다. 이로부터 기게스의 반지는 처벌을 받지 않고 나쁜 짓을 해도 되는 자유를 의미하게 되었습니다.

메디치가 왕조에서 번역된 플라톤 철학 사상

메디치 왕조의 코시모 데 메디치는 엄청난 사비를 들여 그리스어로 쓰여진 플라톤 철학의 전집을 마르실리오 파치노에게 라틴어로 번역을 하도록 해서 주후 1463년 출간하게 했습니다. 그후 소크라테스와 플라톤의 철학이 예수회와 일루미나티 세력들에 의해서 오늘날의 사탄왕국인 유토피아 공산주의 프로젝트로 완성된 것입니다.

3) 아리스토텔레스 (시나키즘 synarchism의 원조)

아리스토텔레스는 플라톤의 제자로서 플라톤의 이원론을 일원론으로 발전시킨 학자입니다. 플라톤의 철학은 기하학주의를 거쳐 관념적에서 연역법적으로 진행한다면, 아리스토텔레스의 철학은 생물학주의를 거쳐 경험적에서 귀납법적으로 진행하는 것이 특징입니다.

아리스토텔레스는 유대카발라 철학자로서 알렉산더 대왕의 스승입니다. 특히 아리스토텔레스는 스승 플라톤의 이원론을 일원론으로 체계화시키면서 스승인 플라톤의 이데아 우선론을 부인하고 물질선제론을 주장해서 다윈의 진화론과 칼 막스의 자본론 철학의 기초가 되었습니다. 뿐만 아니라 아리스토텔레스의 물질선제론인 일원론은 창조론을 부인하는 철학의 시조일 뿐 아니라 플라톤의 스승인 소크라테스가 주장했던 인간 양떼화 철학을 완성시킨 철학자입니다.

즉 모든 피조세계를 물질화시킴으로 사탄주의 왕국인 시나키즘(synarchism)의 효시가 되었습니다. 아리스토텔레스의 시나키즘(synarchism)인 전체주의는 그의 제자 알렉산더 대왕에게 전수가 되어 알렉산더 대왕은 그가 점령한 모든 정복지의 종교, 문화, 도덕을 무자비하게 말살시켜 버렸습니다. 그리고 그리스 문화와 종교와 언어와 도덕을 강제로 심었습니다.

이와 같은 알렉산더 대왕의 시나키즘은 오래전부터 페니키아 문명을 중심으로 그리스와 지중해의 패권을 다투었던 가나안 족속들과 일전을 피할 수 없게 되었습니다.

그래서 그리스와 로마로 이어지는 문화는 바벨론과 페르시아와 페니키아로 이어지는 문명과 정면 충돌을 일으킬 수 밖에 없었던 것입니다.
　마지막 때 이 세상에 등장할 나라가 바로 아리스토텔레스의 일원론인 전체주의 국가입니다. 아리스토텔레스에 따르면 모든 물체는 질료(hyle)와 형상(eidos)으로 이루어져 있습니다. 이것을 4원인설(Four Causes)이라 합니다.
　(1)질료인(Material Cause) (2) 형상인 (Formal Cause) (3) 동력인 (Efficient Cause) (4)목적인 (final Cause) 으로 나누며, 동력인과 목적인은 결국 형상인에 포함되어 모든 물체는 크게 질료와 형상으로만 이루어지게 됩니다. 따라서 질료는 가능태(potentiality, dynamism)에서 현실태(actuality, energeia)가 됩니다. 사물에 있어서 그것이 구현하고자 하는 형상은 그 사물의 본질(essence, to ti en einai)이 됩니다. 이러한 그의 사고를 목적론(teleology)이라 합니다. 즉 존재하는 사물은 모두 목적을 가지고 있다는 말입니다.
　아리스토텔레스는 이 목적을 중요하게 여겼으며, 목적에도 서열을 두었습니다. 순수질료(pure matter)에서 순수형상(pure Form)까지의 목적론적 가치서열체계(Hierarchy)라는 것을 만들었습니다. 이를 아리스토텔레스의 형이상학(Metaphysics)이라고 합니다.
　순수질료〈순수질료+형상=질료〈앞에서 만든 질료〉+형상=질료〈앞에서 만든 질료〉+형상=질료〈……………〈순수형상이란 과정을 거치는 과정에서 순수질료가 가장 낮은 단계이고 순수형상이 가장 높은 단계가 됩니다. 순수질료는 애초에 있는 것으로 창조된 것이 아니고, 순수형상은 목적론적 실현태(entelechy, entelecheia, 목적을 구현한 완성태)라 하고 같은 말로는 하나님(God), 부동의 시동자(unmoved mover)라고 합니다. 여기에서의 하나님은 기독교에서의 하나님이 아니라 범신론적인 하나님이고, 부동의 사동자라는 말은 자신은 움직이지 않으면서 다른 모든 것들을 움직이게 한다는 말입니다. 이것이 아리스토텔레스의 신관입니다. 당연히 순수형상은 그럴 것입니다. 왜냐하면 아리스토텔레스의 형이상학에 의하면, 목적을 위해 있고, 모든 것은 목적이 있기 때문입니다.
　아리스토텔레스는 '무로부터의 창조'를 인정하지 않습니다. 순수질료는 창조된 것이 아니라 애초에 있는 것일 뿐입니다. 순수형상으로서의 신은 단지 우주의 창조주가 아닌 디자이너(범신론)입니다. 아리스토텔레스부터 헤겔에 이르기까지 2천여 년 동안 서양철학은 같은 변증법적 구조를 지니고 있습니다. 변증법이라 하는 것은 정(thesis), 반(antithesis), 합(synthesis)의 과정은 반드시 지양(autheben)이라고 하는 가치론적 고양의 성격이 있다는 것을 뜻하는데, 이는 쉽게 말하자면, 순수질료를 정이라 정하고, 형상을 반이라 정하면, 정과 반이 합해서 다시 정이 나오고, 그 정이 다시 반과 합쳐져서 합이 나온다는 뜻입니다. 서양철학은 이러한 맥락을 가지고 있습니다. 칸트의 이론도 마찬가지입니다. 칸트의 이론은 합리론자들의 순수이성이 정이고, 경험론자들의 순수경험이 반이다. 그것들이 합해져서 그 궁극체가 두 사상의 절충안이 된다는 것입니다.

아리스토텔레스의 철학은 생성론(becoming)적 측면이 강해 보이나, 사실은 플라톤의 이원론을 약간 변형시킨 존재론에 불과합니다. 아리스토텔레스의 철학은 불철저합니다. 있는 것은 있는 대로 족하고, 있는 것이 반드시 어떤 목적(telos)을 구현하기 위해 있는 것은 아닙니다. 소크라테스도 아리스토텔레스도 인간의 행복(eudaimonia)에 관심을 두었습니다. 서양철학은 '플라톤 vs 아리스토텔레스의 주석'의 구조입니다. 사족을 붙이자면, 막스의 공산사회는 유토피아(utopia)이며, 그것은 플라톤의 이데아와 상통합니다. "모든 역사의 단계는 목적론적 구현을 위해서 존재한다."는 막스의 유물변증법적 주장은 아리스토텔레스의 형이상학과 플라톤의 이원론을 발전시킨 이론입니다.

4) 마키야벨리의 군주론 (이태리)

마키야벨리의 군주론은 소크라테스의 "아는 자"의 정치와 플라톤의 "철인 정치"처럼 1인 독재정치를 미화한 것으로, 절대군주와 이를 지지하는 인민들에 의해서 이루어진 국가가 최상의 국가라는 사실을 강조합니다. 마키야 벨리는 타락한 인민들의 크고 작은 죄악을 다스려 질서 있는 국가를 만들기 위해서는, 통치자인 군주가 어떤 권모술수를 쓰더라도 정당화 될 수 있다고 주장합니다.
이런 정치 이론은 왕권신수설과 함께 유럽의 절대왕정 시대를 열었고, 나찌와 파시즘을 발흥시켰습니다. 그리고 오늘날 사탄주의 세계정부의 정치이론이 되었습니다.
마키야벨리는 군주론을 1513년에 몇 달 만에 탈고했습니다. 당초에 군주론을 집필한 동기는 大로렌초의 아들로서 피렌체의 지배자였던 줄리아노 데 메디치에게 바치려는 데 있었으나, 줄리아노는 1516년에 36세로 사망했습니다. 그래서 예정을 바꾸어서 마키야벨리가 바치려고 한 인물은 우루비노공(公)로렌초였습니다. 그러나 그것도 실현되지 못한 채 마키야벨리는 사망하고, 군주론이 출간된 것은 그가 사망한 후인 1532년입니다. 그가 사망한 후 5년이 되어서 비로소 "군주론"은 햇빛을 본 것입니다.

계몽주의자들이 예찬한 군주론

"군주론"이 발간된 후 250년 동안 마키야벨리는 "악마의 책"의 저자로서 규탄을 받아 왔습니다. 그에 대한 평가가 새로이 내려진 것은 계몽시대입니다. 계몽시대의 사상가인 몽테스키외와 루소에 의하여 책이 소개되고 각 나라어로 번역이 되어 출판이 되었습니다.
루소는 그의 저서인 "사회계약론"에서 군주에게 조언하는 것 같으면서도, 실은 인민에게 위대한 교훈을 준 것이 군주론이고 따라서 그것은 공화주의자의 교과서라고 했습니다.

마키야벨리의 인간론과 운명론

"원래 이 세상의 일이란 운명과 神의 지배에 맡겨져 있는 것으로서, 인간이 아무리 고심해도 세상의 진로를 뒤바꿀 수는 없다. 아니 대책조차 세울 수가 없다," 라고 말합니다.

5) 계몽주의(Enlightenment)(Illuminati)(Lucifer)
계몽주의 개념

15-16세기에 일어난 르네상스와 종교개혁은 교황에게 집중된 권

력을 빼앗아 분산시키는데 성공을 했습니다. 그러나 이제 교황에서 분리된 권력이 각 나라의 왕들에게 집중이 되었습니다. 이것을 깨뜨리기 위해 등장한 사상과 철학이 계몽주의 운동입니다.

그래서 계몽주의는 17세기 ~18세기 후반에 걸친 유럽의 지적운동으로 절대 군주체제에 대한 일반적인 가치관과 철학 및 지성에 대한 맹렬한 지적 공격을 의미합니다. 주요역할을 담당했던 사람들은 몽테스키외, 볼테르, 달랑베르, 디드로, 로크, 홈즈, 루소등의 계몽 사상가들입니다.

이들은 자연, 인간, 신, 이성에 대한 개념을 새롭게 정립하여 종합적인 세계관을 이루려했으며, 예술, 철학, 정치학 등에서 혁신적인 움직임을 산출해 냈습니다. 특히 계몽주의 사상에서 가장 중심적인 것은 이성의 축성으로, 인간은 이성의 힘에 의하여 우주를 이해할 수 있으며 그 조건도 개선시킬 수 있다는 것입니다. 여기서 합리적인 인간이 추구해야 할 목표는 지식, 자유, 행복입니다.

계몽 사상가들은 과학적 성과를 인정하고 자연 질서를 존중하는 태도를 취하면서, 종교를 등에 업고 권력을 행사한 왕들에 대하여, 자연적이고 합리적인 방식으로 추구하고, 이성의 개념을 보다 과격하게 종교에 적용시켰습니다. 몽테스키외는 상대주의적 입장을 견지했지만 볼테르는 뉴톤의 사상을 수용하되 종교적 요소를 제거하는 과격한 이신론의 입장을 보였습니다.

계몽주의적 개혁 프로그램

몽테스키외는 입헌군주정의 수립을 추구했고, 루소는 정치 이론으로 사회계약을 진정한 공동체를 수립하기 위한 절차로 제시하며, 인민주권이라는 개념을 통하여 민주주의적 전망을 제시했습니다.

18세기에 접어들면서 중산층은 권력보다 부를 중시하는 경제 이념을 열망하며, 케네 등은 중농주의 이론을 통하여 토지 소유자들에게 농업 경영에 투신할 것을 촉구했습니다.

루소는 경제적 평등이 동반되지 않으면 정치적 민주주의가 불가능하다고 확신하면서 경제 구조에 대한 전면적 개편을 모색했습니다.

제3장 적그리스도 세력들의 유전자의 비밀
18. 철학과 사상의 유전자

18세기 후반에는 모렐리 와 마블리는 "평등이 자연의 법칙"이란 전제에서 사유재산이 사회적 불행의 원천임을 설파하며 공산주의적 계몽주의 입장을 수립했습니다. 계몽주의의 실천과 원칙 사이의 관계는 복잡하지만 그 개혁 프로그램에 따라 다양한 사상이 출현했습니다.

계몽주의 사상은 아담 스미스의 국부론인 자본주의 경제를 탄생시켰으며, 이어서 맬서스의 인구론과 다윈의 종의 기원론을 통해 칼 마르크스의 공산주의 자본론을 탄생시켰습니다.

계몽주의 비밀, 이성이 신이다

일루미나티(Illuminati)는 '자칭 천재(선각자), 광명파' 라는 뜻으로, 라틴어인 Lucifer 빛을 나르는 자에서 나온 단어입니다.

계몽주의의 원조는 1534년 예수회를 창설한 이그나티우스 로욜라입니다. 예수회는 광명파인 일루미나티(Illuminati)로 맹목적인 신 중심의 종교세계를 인간의 정치, 경제, 사회, 교육, 의료기술로 대체시켜, 기독교를 파괴시키기 위해 천주교 안에서 시작된 사탄의 비밀 결사체입니다.

결국 이그나티우스 로욜라는 예수회를 통해 성전중심으로 하나님을 섬기고, 예배하는 일체의 종교적인 패러다임을 계몽하여 인간의 삶의 현장인 정치, 경제, 사회, 교육, 의학 분야로 대체시키는데 성공을 했습니다. 즉 천지를 지으신 하나님, 인류의 죄를 구속하신 예수님을 컴퓨터 과학과 유전자 치료와 정치 민주화와 경제 공산화와 같은 것들을 통해서 잊어 버리도록 했던 것입니다. 이것은 내세의 구속의 종교를 파괴시키고, 문화와 과학이라는 현실종교로 대체시켜 버린 것입니다.

이것이 현대 과학의 바벨탑입니다. 니므롯이 바벨탑을 쌓아 배도를 했듯이 계몽주의는 현대판 배도의 원리인 과학의 바벨탑입니다.

1776년 5월1일 독일에서 아담 바이스 하우프트를 통해 시작된 제2의 일루미나티 운동은 17-18세기에 일어난 계몽주의 핵심운동입니다.

몽테스키외, 루소, 볼테르, 프란시스 베이컨, 아담 스미스와 같은 사람들은 정치, 경제, 사회에서 활동을 했지만 아담 바이스 하우프트는 비밀결사로서, 숨어서 계몽주의 사상가들을 지원하고, 키워서 역사를 이끌어가도록 지휘 감독을 했던 사람입니다.

르네상스와 계몽주의 운동을 통해서 이루어진 종교개혁, 사회개혁, 정치개혁, 경제개혁은 유럽의 신 구교간의 100년 전쟁, 30년 전쟁을 일으켰으며, 독일의 루터교, 영국의 성공회, 네델란드와 스코틀랜드 장로교, 프랑스의 개혁교회인 위그노를 탄생시켰습니다. 영국의 권리청원, 명예혁명, 권리장전, 프랑스혁명, 미국의 건국과 독립전쟁으로 이어졌습니다.

역사적으로 사탄의 기독교 파괴운동인 계몽주의가 나타남으로 개신교는 일시적으로나마 보수적으로 놀라운 복음전도운동이 전 세계적으로 일어났습니다. 뿐만 아니라 진보적으로는 위그노와 청교도 신앙운동을 통해서 정치, 경제, 교육, 의술의 비약적인 발전을 가져왔습니다.

결과적으로 복음 전도 운동으로 확산된 보수주의 개신교는 은사운동과 영성운동을 거쳐 번영신학과 대교회주의로 전락했으며, 진보주의 개신교는 종교사학파의 등장과 함께 성경을 신화화하고, 정치, 경제, 과학을 발전시켜 이 땅의 평화와 유토피아를 정착시키는 도구로 전락되고 말았습니다.

결국 이그나티우스 로욜라, 예수회의 계몽주의 운동은 정치, 경제, 과학의 발달로 성경적인 창조의 신앙과 예수님의 십자가 부활신앙을 역사의 뒤편으로 몰아내 버리는데 성공을 했습니다. 결국은 풍요와 다산의 신, 바알과 아세라 종교가 거대한 니므롯의 바벨탑 종교로 재무장을 하고, 인류 역사 마지막에 등장하고 있는 것입니다.

6) 루소(Jean-Jacques Rousseau) (프랑스) (1712년-1778년)

'루소가 태어나지 않았더라면 프랑스 혁명은 일어나지 않았을 것이다' 라는 나폴레옹의 지적과 프랑스 대혁명으로 물러난 루이 16세는 '나를 몰아낸 것은 바로 이 두 놈이다' 라고 말한 '두 놈' 중 한 사람이 바로 루소입니다.

루소는 프랑스 혁명 11년 전에 죽었습니다. 루소가 살았던 역사적인 배경은 절대권력이 유럽을 지배하였던 시대였습니다. 프리메이슨이었던 루소는 절대권력을 무너뜨릴 수 있었던 자유, 평등, 박애 3대 프랑스 혁명의 구호를 만든 사람입니다.

루소는 자연으로 돌아가라는 자연주의 철학자였습니다. 뿐만 아니라 불평등의 기원, 사회계약론, 에밀과 같은 책을 저술한 계몽주의 사상가입니다.

그러나 루소의 사상을 자세히 살펴보면 루소가 외쳤던 자유, 평등, 박애는 허구이며, 루소의 사상도 깊이 들어가 살펴보면 소크라테스, 플라톤, 마키아벨리의 사상과 일치함을 알 수 있습니다. 질서 정연하게 자연으로 돌아가라고 설파를 하고 있지만 루소가 상상하면서 그렸던 자연과 이상국가도 역시 고대 스파르타와 카르타고였습니다.

루소의 사회계약론(Du Contrat Social)

루소는 사회 계약론의 근거가 되는 "불평등의 기원"에서 인간은 평등하게 태어나나, 성장하는 과정에서 불평등이 발생하여 불행하게 되는데, 첫째는 신체나 지적인 불평등이고, 둘째는 사유재산의 불평등이라고 말했습니다.

첫째 신체나 지적인 불평등은 태어나서 자라나는 과정에서 강한 사람과 약한 사람이 나누어지고, 지능이 높은 사람과 지능이 낮은 사람이 나타남으로 해서 불평등이 시작된 다는 것입니다.

둘째 태어날 때는 평등하지만 성장하는 과정에서 사유재산이 많은 사람과 사유재산이 없는 사람 사이에서 또 불평등이 이루어진다는 것입니다. 그러므로 이런 원천적인 불평등을 해결하기 위해 사회 계약이 필요하다고 했습니다.

루소는 인간의 불평등을 해결하는 방법으로 자연으로 돌아가라고 했습니다. 왜냐하면 자연은 가장 공평하고 가장 자유스럽다는 것입니다.

"자유롭게 태어난 인간이여, 자연으로 돌아가라"

루소가 주장한 일반의지와 공동선

　루소는 홉스와 로크의 사회계약론적 전통을 포기하지 않았으며, 이를 보다 발전된 형태로 전개하고자 했습니다. 사회를 구성하기 위한 합의(合意)를 로크는 지배자와 피지배자 간의 계약으로 본 반면, 루소는 인민들 상호간에 맺는 계약으로 보았습니다.

　사람들은 상호간에 자연적 자유를 양도함으로써 전체가 융합된 일반의지(general will)를 만들며, 각 개인은 그 명령에 따라야 합니다. 그에 의하면 국가가 개인들의 단순한 집합체가 아니라 공동선(共同善, common good)을 이루는 중심으로 한 정치적 공동체일 경우에만 국가의 권위를 인정하는 것이 합리적이라는 것입니다. 이러한 공동선을 분간해 주는 것이 공동체의 일반의지이며, 일반의지는 개별의지와 구분됩니다.

　국가권력은 이렇게 집약된 일반 의지로, 공동의 선을 추구하기 위해 절대권력을 가져야 한다고 했습니다. 여기에서 말한 절대권력은 일반의지를 모은 전체 인민의 연합체란 것입니다. 그러므로, 루소에 있어서 사회란 다수결에 의해 좌우되는 단순한 개인의 집합체가 아니라, 자신의 모든 권리를 공동체에 양도하여 공동의 선을 추구하는 집단이라고 말했습니다. 따라서 일반의지에 의해 지배되는 공동체는 일반의 선이나 공동선을 추구하며, 그에 대해서 모든 시민은 동등한 지위를 갖게 됩니다. 결과적으로 루소의 일반의지 관념은 대의제에 의한 간접 민주정치 및 다수결 원칙을 거부하는 것입니다.

　이와 같이 루소가 주장한 사회계약의 본질에는 국가와 주권을 여러 개로 나누어질 수 없다고 봅니다. 왜냐하면 일반의지는 결코 분리될 수 있는 것이 아니기 때문입니다. 일반의지가 분리될 수 없기 때문에 이를 실현하는 국가권력은 당연히 분리될 수 없다고 보는 것입니다.

　따라서 '일반의지'가 정치기구의 최고 결정자이며 주권, 법, 권리, 정부도 모두 이 의지의 표현이요, 속성인 것입니다. 이 인민의 '일반의지'는 절대적이어서 잘못된 일도 없을 뿐더러 예외를 인정하는 일도 없고, 타인에게 양도하거나 분할되거나 하는 일도 없어야 합니다. 다시 말해 이것은 가장 철저한 인민 주권론이요, 종래의 모든 국가관을 뒤엎기에 충분한 것이었습니다.

루소의 사회계약설을 근거로 이상적인 국가가 탄생한다면, 소크라테스의 "아는 자의 통치"와 플라톤의 "철인정치"를 통한 공화국 스파르타입니다.

7) 찰스 다윈(1809년-1882년) (영국)

1859년 11월 22일 영국에서 찰스 다윈의 '종의 기원'이란 책이 출판되었습니다.

원제목은 (On the Origin of Species by Means of Natural Selection, or the Preservation of Favoured Races in the Struggle for Life : 자연선택 혹은 생존경쟁에서 유리한 종의 보존에 의한 종의 기원에 대하여)입니다.

다윈은 이 책에서 모든 생명체는 신의 섭리가 아니라, 자연의 선택 과정에 따라 진화한다고 주장했습니다. 인간도 예외가 아니라는 것입니다. 자연선택이란 자연계에서 생활 조건에 적응하는 생물은 생존하고, 그렇지 못한 생물은 저절로 사라지는 것을 말합니다.

이 책에서 가장 유명한 말은 "지구상에 살아남은 종(種)은 가장 강하거나 가장 지적인 종이 아니라, 변화에 가장 잘 적응한 종이다"라는 부분입니다.

이 책은 변이, 유전, 경쟁이라는 세 가지 핵심 단어로 간추릴 수 있습니다. 생물의 형질에는 충분한 변이가 존재합니다. 생존 경쟁을 거쳐 주어진 환경에 더 잘 적응한 변이가 다음 세대로 유전됩니다. 진화가 일어나려면 이 세 가지 조건은 반드시 충족돼야 합니다. 진화는 자연선택이라는 메커니즘에 따라 반드시 일어날 수 밖에 없습니다.

'약육강식'이나 '적자생존'이라는 용어는 같은 시대 영국의 철학자이자 경제학자였던 허버트 스펜서가 처음 사용했습니다.

칼 마르크스는 "이 책은 내 견해에 대해 자연사적인 근거를 제공해주고 있다"고 반색하며 18년 뒤 출간한 '자본론'을 다윈에게 헌정했습니다.

칼 마르크스의 자본론을 근거로 한 공산주의 사상의 가장 중요한 이론 중 하나는, 인간을 모든 만물과 같은 진화의 존재로 인식하고 있다는 것입니다. 그래서 소크라테스의 가축 인간 이론을 지속적으로 발전시켜 나가는 것입니다.

"모든 것은 발전한다"

'종의 기원'은 인간의 사고체계에 엄청난 파장을 낳았습니다. 인류문명이 시작된 이래, 인간 위에서 군림하던 신을 몰아낸 사고의 혁명을 가져왔습니다. 신이 삼라만상을 창조했다고 생각하던 사람들에겐 충격이 이만 저만이 아니었습니다.

또 다른 충격은 인간 자체의 위상을 격하시켰습니다. 다윈은 인간을 철저하게 동물계의 일원으로 여겼습니다. 인간이 다른 동물과 별개의 존재가 아니라 동일한 자연 질서의 일부라고 본 것입니다. 그때까지 인간은 창조에서 특별한 위치를 차지하고 있었습니다.

'종의 기원'에는 길게 뻗은 나뭇가지와 비슷한 도표로 진화를 설명하는 계통수 하나가 나옵니다. 생물종이 나뭇가지처럼 공동 조상으로부터 갈라져 나가며 새로운 종으로 진화하고 멸종한다는 사실을 표현한 그림입니다. 여기서 인간은 구체적으로 등장하지 않지만 무수히 많은 생물체와 똑같이 나뭇가지 중 하나일 뿐입니다.

'종의 기원'은 자연과학의 경계를 넘어 정치, 철학, 사회, 문화, 예술 전반을 이전과 완전히 뒤바꿔 놓았습니다. 생명체가 진화한다는 놀라운 발상은 우주와 만물이 영원하지 않으며, 모든 것은 발전한다는 인식도 깨우쳐 주었습니다. 독일 나치는 아리안족의 우수성을 내세우는 논거로 이 책을 강조했습니다. 생물학자 리처드 도킨스의 지적처럼 진화론 만큼 가장 다양하고, 가장 많이 왜곡돼 적용된 사례도 흔치 않았습니다.

프랜시스 크릭과 더불어 DNA의 이중나선 구조를 밝혀내 노벨상을 받은 제임스 왓슨은 "다윈은 인류 역사상 가장 중요한 인물이다. 내 어머니보다 더 중요하다. 그가 없었다면 생명과 존재에 대해 어떻게 알 수 있었을까"라고 할 정도로 진화론을 극찬했습니다.

인류 역사에 심대한 영향을 끼친 마르크스의 '자본론'과 프로이트의 '꿈의 해석'이 현대에 와서 일정 부분 상처 입은 것과 달리 '종의 기원'은 여전히 그 가치를 뽐내고 있습니다.

8) 헤겔의 관념론적인 변증법과 마르크스의 유물론적 변증법

변증법적인 역사연구

현대에 들어와서 물질과 역사발전에 대한 원리에 대하여 여러 가지 이론들이 발표되면서 정착된 이론들 중에 하나가 헤겔의 관념론적인 변증법과 마르크스의 유물론적인 변증법이 있습니다. 변증법이란 현대 과학에서 증명된 물질세계의 발전 원리입니다. 현재 과학적으로 밝혀진 바에 의하면, 어떤 물질이든 인력과 척력운동을 하고 있다고 합니다. 예를 들면, 돌은 돌을 구성하는 원자들 간에 서로 끌어당기는 인력과 서로 떨어지려고 하는 척력이 동시에 작용하면서 그 모습을 유지하고 있다는 것입니다. 인력과 척력은 서로 0이 되는 경우가 없으며, 1 : 99에서 다시 2 : 98 : 99 : 1을 왔다 갔다 하면서 물질이 끊임 없이 변하고 있고, 발전하고 있다고 합니다.

헤겔은 이와 같은 원리로 정반합의 관념론적인 변증법인 역사발전 이론을 정립했고, 마르크스는 유물론적인 변증법을 사용하여 역사발전의 이론을 연구했습니다.

관념론적 변증법(헤겔)과 유물론적 변증법(마르크스)

세계를 이해하고자 할 때 세계를 관념(의식)으로 볼 것이냐, 물질로 볼 것이냐로 구분할 때 관념론적이라는 것은 세계를 관념(이성)으로 이해한다고 보면 됩니다.

헤겔의 관념론적 변증법은 관념(절대이성)(정)이 먼저 존재하고, 절대이성에서 물질(세계)(반)이 산출됩니다. 변증법적으로 발전 변화하면서 관념도 변화합니다.
 마르크스의 유물론적 변증법에서는 물질이 먼저 존재하고, 관념은 물질에서 생성된 것이라고 보는 것입니다.
 대표적으로 관념론은 신이 세상을 창조했다는 것입니다. 그래서 결과로 물질세계가 존재한 것입니다. 신이라는 관념이 세상이라는 물질을 만들어냈다는 것이 대표적인 관념론입니다.
 유물론은 먼저 물질이 있었고, 물질이 과학적인 적자생존의 원리를 따라 진화하는 과정을 통해 발전하는데 인간의 역사도 같은 원리로 발전한다는 것입니다.
 이렇게 물질적인 세계관으로 역사를 보는 것을 유물사관이라고 하는데, 그것은 사회를 두 가지로 구분해서 관념적 부분(상부사회, 귀족사회)과 물질적 부분(하부사회,노동자,생산자)으로 구분하게 됩니다.
 그래서, 물질적 부분의 변화가 관념적 부분의 변화를 추동하게 된다는 주장이 유물사관이 됩니다.
 예를 들어 봉건주의 사회에서 자본주의로 이행하는 경우, 생산력이 그만큼 발전했기 때문에 그러한 체제의 변화가 가능해졌다고 이야기하는 사관입니다. 물질적인 부분이 관념론적인 부분을 변화시킨다는 것입니다. 그러므로 물질적인 부분을 우선으로 설명이 되고 있는 것입니다.
 이것은 극단적으로 인간의 가치는 이성에 있는가? 아니면 육체에 있는가? 에 대한 대답은 당연히 관념론으로는 이성에 있지만, 유물론적으로는 육체에 있다는 것입니다. 그래서 인간에 대한 가치와 정의도 유물사관으로 보면 동물이나 가축과 같은 존재일 수 밖에 없는 것입니다.

마르크스 유물론(唯物論, Materialism)

 물질을 제1차적·근본적인 실재로 생각하고, 마음이나 정신을 부차적·파생적인 것으로 보는 철학입니다. 유물주의(唯物主義)라고도 하는 이론은 정신을 바로 물질이라고 주장하는 입장입니다. 뿐만 아니라 정신은 물질인 뇌의 상태, 속성. 기능이라고 정의를 내립니다. 다시 말해서 뇌라는 물질이 없으면 이성이나 정신도 없다는 것입니다. 사람의 육체가 없으면 그 사람의 영혼도 없기 때문에 물질인 육체가 중요하다고 합니다.

마르크스 유물사관은 인간을 가축이나 동물처럼 취급하고, 인간속에 있는 영혼이나, 아름다운 하나님의 형상의 가치에 대하여 무시합니다. 그래서 사탄주의 철학입니다.

변증법적 유물론(辨證法的唯物論, dialectical materialism)

과학이 발달하기 전에는 물질의 세계를 무시했습니다. 그러나 과학이 발달하면서 물질의 세계도 일정한 법칙과 원리에 의해서 물질의 세계가 발전하고 있음을 알았습니다. 다윈의 진화론과 원자와 분자와 전자와 같은 과학의 원리를 발견하므로 물질세계를 연구하는 철학들이 발전하게 되었는데 그것이 바로 변증법적인 유물론입니다.

물질의 기본적인 속성은 운동입니다. 변증법적 유물론에서는 물질적인 토대가 없으면 운동이 있을 수 없듯이, 어떤 물질도 운동이 없으면 존재할 수가 없다고 합니다. 여기서 운동이라 하면 단순히 기계론적인 의미에서 뿐만 아니라 모든 종류의 변화라는 의미에서도 이해되어져야 합니다. 기계론적인 운동 양식 이외에도 변증법적 유물론은 그 이상의 운동 양식들, 즉 물리학에서 알려진 운동 형태(예를 들면 전자기적 과정들)와 화학적, 생물학적 그리고 사회적 형태의 운동들을 가리키고 있습니다. 따라서 물질은 끊임없이 진행되는 과정에 있습니다. 그러나 변증법적 유물론은 이런 과정을 영겁회귀라고 생각하지 않고 오히려 높은 단계의 어떤 것으로의 진화라고 생각합니다.

20세기 초부터 물질구조에 대한 자연과학의 연구는 원자층을 돌파하고 소립자층에 도달하여 300여종의 소립자를 발견하였습니다. 소립자도 역시 기본이 아닙니다. 과학은 바야흐로 다음 층, 즉 콰크(층자)를 탐색하고 있습니다. 이런 층들과 입자들은 그 형태가 다종다양하고 특성도 각기 다르지만 그것들의 객관적 실재성은 개변할 수 없습니다.

현대 물리학에서는 반물질이라는 개념을 사용하고 있는데, 어떤 사람은 글자 풀이에 매달려 그것을 물질에 대한 부정이라고 오해하고 있습니다. 반물질이라는 것은 반입자로 구성된 물질을 가리킵니다.
　이를테면 반물질의 원자는 반원자핵(즉 반양성자와 반중성자의 집합체) 및 핵 밖에서 운동하는 양전자로 이루어졌습니다. 최근 몇 해 동안에는 고에너지 가속장치를 핵반응에 이용하여 반중양성자와 반헬륨핵을 제조하였습니다. 이것은 우주에 반입자로 구성된 실물이 존재할 수 있다는 것을 설명합니다.
　입자와 반입자의 차이는 다만 전하의 부호, 자극의 거리 등 구체적 특성과 관련되며 기타 허다한 특성은 같습니다. 반물질은 철학적 범주가 아니며, 물질과 상반되는 것을 가리키는 것도 아닙니다. 반물질도 마찬가지로 물질의 일종 구체적 형태입니다. 이와 같은 과학적 발견은 물질관 문제에 있어서 관념론의 허황한 이론을 심대하게 타격하였을 뿐만 아니라 형이상학적 유물론을 끊임없이 비판하고 있으며 변증법적 유물론의 정당성을 더욱 더 실증하고 있습니다.
　현대 인류의 자연 과학은 우주의 모든 생명체를 구성하는 DNA의 주성분인 단백질을 분석하여 생명창조의 근본 원리에 근접했다고 합니다. 다시 말해서 모든 생명체를 구성하고 있는 DNA 성분이 99.9%가 동일하다는 결론속에서 이제 사람이나, 동물이나, 식물이나, 모든 생명체들이 거의 근본이 같은 성분에 출발하여 변증법적 유물론에서 말한 것 처럼 아주 높은 차원으로 진화하고 있다고 합니다.
　물의 원자가 수소 2개와 산소 1개로 이루어 졌지만 섭씨 0도 이하에서는 고체로, 섭씨 0도에서 99도 사이에서는 액체로, 섭씨 100도 이상에서는 눈에 보이지 않는 기체로 승화하듯이 지구촌의 상승기온과 환경적인 변화로 인하여 물질도 변화하고, 물질인 사람의 신분도 상승하여 그들이 원하고 꿈꾸는 새로운 지구촌의 유토피아가 다가오고 있다고 합니다. 이것이 칼 마르크스의 역사적 유물론적인 변증사관입니다.
　유물론적 변증법은 자연, 인간, 사회, 우주, 그리고 사상의 운동과 발전에 관한 일반적인 법칙들을 연구하는 학문입니다. 유물론적 변증법의 법칙들은 모든 실체에 대하여 즉 외적 세계(자연과 사회)와 내적인 사상에 대하여 모두 장악하고자 합니다.

공산주의 변증법적인 유물론의 철학은 물질 세계를 모든 가치척도의 근본으로 보면서도 그 물질의 출발이 무엇인지를 정의하지 못합니다. 창조주 하나님의 존재를 부인하고, 물질의 선제설을 근거로 현대 과학의 원리를 사용하여 인류를 속이고 있는 허구일 뿐입니다.

아무리 물질을 세분화 시켜, 초과학의 기적을 이루고, 단백질 연구로 DNA 합성을 통해 수많은 진화의 성과를 밝힌다 할지라도 생명의 근본은 오직 하나님께서로 나온 것이지 물질의 성분에서 나온 것이 아니라는 사실을 아는 그 순간 하나님의 심판을 받을 것입니다.

그들이 말한 진화는 말뿐입니다. 이미 우리가 현대 과학이라는 것을 알지 못했던 시대에도 식물은 열매를 맺혔고, 자연은 하나님의 말씀의 진리대로 지어져서 그 목적대로 지금까지 존재하고 있는 것입니다. 현대과학이 알아낸 것은 진화가 아니라 이미 하나님께서 작동시키신 진리의 일부분을 알아낸 것 뿐입니다. 그러나 사탄주의자들은 그들이 발견한 과학의 진리를 진화라고 말을 합니다. 그것 자체가 속임수입니다. 그래서 세상 학문을 초등학문이라고 한 것입니다.

오늘날 변증법적인 유물론을 통해서 그들이 꿈꾸는 과학적인 지구촌의 유토피아는 하나님을 대적한 거대한 바벨탑으로 심판을 받을 것입니다.

하나님을 알지 못하고, 예수님의 십자가 대속의 은총으로 구원을 받지 못하고, 영적인 눈이 열리지 못한 모든 인류는 사탄의 세력들이 쌓고 있는 과학의 바벨탑에 속아서 하나님을 배도할 것입니다.

9) 포스트모더니즘 (postmodernism)

인간성 파괴운동의 시작

포스트모더니즘은 사탄의 인간성 파괴운동입니다. 르네상스와 종교개혁을 통해 교황에게 집중된 권력을 **빼앗아** 분산시키고, 계몽주의 운동을 통해 왕들에게 집중된 권력을 **빼앗아** 시민들에게 나눠주는데 성공한 사탄주의자들은 이제 인간 한 사람, 한 사람 속에 있는 하나님의 형상인 지, 정, 의 인격을 파괴시켜 전체주의 인간 목장화를 추진하려고 인간성 말살 운동인 포스트 모더니즘 운동을 일으켰습니다.

의미와 전개

포스트 모더니즘은 1950년대 세계 2차 대전의 잉여물로 발전한 인류 역사와 세계정부를 역설했던 프리메이슨 역사학자 아놀드 토인비가 처음으로 사용한 개념이며, 1960년대 프랑스에서 코제프를 중심으로 활발하게 나타난 사회적, 문화적, 학문적 현상들을 포괄적으로 지칭하는 용어입니다. 학문적으로는 1979년 리오타르에 의해 학술적 용어로 사용되어 등장했습니다.

포스트 모더니즘은 문학, 건축, 미술, 등의 예술을 비롯해 철학, 미학, 사회학, 정치학 등 학문 분야에 전반적으로 나타난 기본적인 인식체계의 변화 현상을 아우르는 개념으로 탈 이데올로기, 탈 사회, 탈 도덕, 탈 종교 운동입니다.

포스트모더니즘과 모더니즘의 차이

포스트모더니즘은 쉽게 말하면 모더니즘의 반대라 생각하면 됩니다. 그러므로 포스트모던과 모던의 차이를 보려면 먼저 모던을 알아야 할 필요가 있습니다.

모더니즘은 데카르트 이후 전개된 계몽주의적 세계관을 가리킵니다. 중세 신의 세계에서 탈피해 인간의 주체성을 강조하기 시작한 데카르트의 철학은 당연스럽게 인간 이성과 합리성에 대한 믿음을 펼쳤습니다. 실재와 진리, 객관성과 중립성, 법칙과 논리, 구조와 분석 등의 개념들이 핵심적인 근간을 이루며 시간과 공간을 초월한 보편적, 절대적 근거가 존재한다는 신념체계이었습니다.

모더니즘은 합리주의, 근대정신(이성에 의한 질서 확립), 자유인의 삶(이성에 의한 삶), 보편적 진리의 근원으로서의 이성 등 이성에 대한 무한한 믿음을 전제로 하는 사고방식을 전개했습니다.

이러한 가치관을 바탕으로 모더니즘의 시대에 공교육 제도가 확립되었습니다. 서구 공교육제도는 합리성, 체계성, 객관성, 조직성, 효율성 등을 그 특징으로 하는 보편적 가치체계를 가르침으로써 학생들로 하여금 이성적인 삶을 영위하도록 하는 것으로 인식되었습니다.

그러나 포스트모더니즘은 지식의 절대성과 객관성이라는 모더니즘의 근본 전제를 부정합니다. 이는 교육체계에도 영향을 미쳐 학교에서 배우는 지식은 절대적인 것이 아니기 때문에 교육에 뿌리 깊이 박혀있던 신념과 인식체계의 근거를 와해시키는 것입니다.

다시 말해서 인간의 이성을 바탕으로 이루어진 모든 가치 체계를 부인하는 것입니다. 도덕을 부인합니다. 권위를 인정하지 않습니다. 종교를 부인합니다. 관습을 부인합니다. 그래서 포스트 모더니즘을 인간성을 말살시키는 사탄의 사상이라고 합니다.

계몽주의를 통해 개인에게 심어진 모든 가치관을 깨뜨려 한 사람 한 사람을 사막의 모래와 같이 만들어 버리는 사상입니다.

전교조 운동을 일으킨 포스트 모더니즘

이러한 포스트모더니즘의 사고는 학생들에게도 큰 영향을 미쳤습니다. 모더니즘은 교사가 가진 일관성 있는 가치관의 교육을 학생들에게 실시 할 수 있었지만, 포스트모더니즘은 교사를 중심으로 기성 세대가 가진 모든 진리들이 부정되므로, 교사들이 학생들에게 가르칠 내용이 없을 뿐 아니라, 학생들 스스로가 가진 개별적인 가치관들이 추구하고 권장해야 할 진리가 되므로 공교육제도가 무너지고, 사회나 국가의 존립기반 자체가 무너지게 된 것입니다.

전통적인 교육은 학생들을 가르쳐야만 하는 수동적인 존재로 보았습니다. 그러나 포스트모더니즘은 그들이 지식을 재해석하고 재창조하는 능동적이며 주체적인 존재로 간주합니다. 즉 학생을 백지나 미성숙한 존재로 보는 것이 아닌 하나의 주체로 보는 것입니다. 따라서 지식을 이해하고 습득하는 수동적 존재가 아닌 학생들의 관심, 흥미, 기호, 사유 및 행동양식 등에 깊은 관심과 주의를 가져야 합니다. 나아가 교육의 과정에 적극적으로 참여시켜 그들의 가진 비판적 능력과 창의성, 상상력을 신장 발현하도록 해야 합니다.

이러한 교육은 일정한 가치관을 가지고 학생들을 이끌어 가는 교육이 아니라 학생들이 추구하는 것을 성취하도록 도와주는 도우미 역할만 하게 하므로 실제로 교사의 할 일은 없어지는 것입니다. 그래서 미래도 기약할 수 없는 것입니다.

학생들을 완전히 무장해제 시킨 것이나 다름이 없습니다. 정보화 시대에 수 천, 수 만의 정보들이 무차별적으로 들어 옵니다. 포스트모더니즘을 통해 어느날 갑자기 유치원 학생들이 성인과 똑같은 정보와 똑같은 지식으로 살아가는 세상이 된 것입니다. 나이의 영역도 없어지고, 성별의 영역도 없어지고, 도덕의 기준도 없어지고, 모든 것이 제로 상태로 게임이 새롭게 시작된 것입니다. 한 마디로 판도라 상자를 한 꺼번에 열어버린 것과 같은 현상이 벌어진 것입니다.

그래서 포스트모더니즘은 사탄의 마지막 인간성 말살 정책입니다. 모든 인류를 타락시켜, 마음대로 살아가도록 해서, 모든 종교를 파괴시키고, 모든 국가를 파괴시키고, 모든 가정을 파괴시키고, 모든 문화를 파기시켜 세계를 하나로 묶기 위한 고도의 전략인 것입니다.

여기에 대하여 교회는 속수무책입니다. 특별히 우리 자녀들의 정신과 신앙은 무차별적으로 공격을 받고 있습니다. 그러나 교회는 잠잠 합니다.

인간성 말살 프로젝트

포스트모더니즘은 지금까지 가지고 살았던 모든 가치관들이 부정되는 사상입니다. 그래서 총체적으로 말하면 탈 이념, 탈 문화, 탈 종교, 탈 가정, 탈 국가 사상입니다.

그렇다면 포스트모더니즘에서 가장 중요시 여기는 사상은 무엇입니까? 감정입니다. 이성대신 감성이 중요시 되는 것이 포스트모더니즘의 사상입니다. 그러므로 모든 사람들은 자신의 감정에 따라서 살 수 있는 자유와 권리가 있다는 것입니다. 결과적으로 포스트모더니즘 사회는 이성을 도적질해 가고, 감정만 남겨두어서 닥치는 대로 살아가게 하는 것입니다.

그래서 사람들은 무한정 쾌락을 추구합니다. 물질을 추구합니다. 무질서를 즐깁니다. 무절제한 사람으로 세상을 지옥으로 만들어 갑니다. 결과적으로 사람들은 울타리가 필요한 가축인간이 되는 것입니다.

이런 무절제는 무질서를 가져오고, 무질서는 무정부 상태를 가져와서 통제 사회로 이어지는 건널목 역할을 하는 것입니다. 사탄주의자들은 그들이 만든 포스트모더니즘이란 사상과 철학을 통해서 인간을 완벽하게 통제할 수 있는 감옥을 만들어 놓고, 잠시 동안 인간들이 즐기는 것을 지켜 보고 있는 것입니다.

포스트모더니즘의 뉴에이지 문화

이 운동은 미국과 프랑스를 중심으로 학생 운동, 여성 운동(페미니즘), 흑인민권 운동 제3세계 운동, 종교다원주의 운동 등의 사회 운동과 전위예술, 니체, 하이데거의 실존주의를 거친 후 포스트모던 시대는 J.데리다, M.푸코, J.라캉, J.리오타르에 이르러 시작되었습니다. 니체의 허무주의와 프로이트의 영향을 받은 이들은 계몽주의 이후 서구의 합리주의를 되돌아보며 하나의 논리가 서기 위해 어떻게 반대 논리를 억압해왔는지 보여 줍니다.

J.데리다는 말하기가 글쓰기를 억압했고, 이성이 감성을 억압했고, 백인이 흑인을 억압했고, 남성이 여성을 억압했고, 나이 많은 사람이 나이 어린 사람을 억압했다고 하면서 이분법을 해체시켜 보여주었습니다.

그래서 포스트모더니즘의 사상과 철학과 종교와 예술은 탈 권위, 탈 남성, 탈 백인, 탈 유럽, 탈 서양, 탈 진리, 탈 소유, 탈 권력으로 이동하여 마지막 사탄의 종교이면서 문화인 뉴에이지 문화와 종교를 탄생시켰습니다.

민주주의와 포스트모더니즘

　민주주의와 포스트모더니즘은 다양화와 다양성 존중이라는 명제에 부합한 사상입니다. 개인의 자유와 권리가 보장되고, 동시에 소수자 한 사람, 한 사람에 대한 배려와 보호까지 생각한다면 민주주의와 포스트모더니즘은 같은 사상입니다.

　그런데 이 두 사상 안에는 무서운 음모가 있습니다. 개개인의 인간의 욕망과 탐욕을 보장하면서 구성원 전체의 자유와 질서를 유지할 수 없는 모순이 있기 때문입니다. 이것은 마치 시한폭탄과 같고, 자살특공대와 같은 이론입니다. 오늘의 순간의 자유와 쾌락을 통해 내일의 영원한 죽음을 가져오는 제도이기 때문입니다.

　아테네 민주주의는 오늘날 포스트모더니즘보다 더 자유스럽고, 더 관용했습니다. 그러나 세 번의 테러와 같은 폭동을 통해 무너지고 말았습니다. 포스트모던니즘은 반드시 무정부상태로 전락하고 수많은 인간의 탐욕과 욕망이 폭발하면서 결국은 인류전체가 감옥에 갇힌 죄수와 같이 통제사회로 들어갈 수 밖에 없을 것입니다.

Trans Humanism (개조된 인간)

　사탄의 세력들이 꿈꾸고 계획하고 있는 인간개조 프로젝트입니다. 포스트모더니즘을 통해 인간성을 파괴하고, 무너진 인간성 안에 유전자 변이와 주파수 진동을 통해 인간으로 하여금 기본적인 욕망의 포로가 되게 하여 지구촌에 완벽한 인간 양떼 목장화를 이룩하려는 시도입니다. 포스트모더니즘은 완벽 통제 사회로 나아가는 길목입니다.

Post Humanism (인간 이후의 인간)

　신인간(Neo Man)(godman)입니다. 창세 3장에서 뱀이 약속한 선악과를 따먹으면 하나님처럼 된다는 약속이 이루어집니다.

　그러나 미안하게도 신인 인간은 모두가 다 되는 것이 아닙니다. 엘리트들인 그들만의 잔치가 될 것입니다. 나머지 인간은 노예나 농노처럼 가축이나 짐승처럼 살아갈 것입니다.

결국 소크라테스와 플라톤이 주장한 이상국가가 세워질 것입니다. 이 세상, 마지막 날에 세워질 니므롯의 바벨탑 나라입니다. 그러나 그 나라는 일반 인간에게는 상관이 없는 나라일 뿐 아니라 불과 몇 년 안에 영원히 불태워질 나라가 될 것입니다.

10) 아놀드 토인비, 아인슈타인이 말하는 세계정부
아인슈타인의 세계정부

독일에서 미국으로 도피해 간 유대인이며, 프리메이슨인 위대한 물리학자 알버트 아인슈타인은 원자탄을 만들어 히로시마에 투하함으로 2차 대전을 종식하게 했으나, 장차 이 무서운 위력을 가진 핵무기가 온 세상을 파멸시킬 수도 있다는 것을 경고하였습니다.

그는 1950년 텔레비전에 방영된 그의 연설에서, 다가올 핵전쟁의 위협에서 전 세계를 구원하고 국가간의 평화를 유지하기 위해서는 초국가적인 행정체계, 즉 세계정부가 세워져야 한다고 강조했습니다. 1975년 11월 16일자 한국일보에 "세계정부 수립이 안되면 21세기 전에 핵전쟁"이라는 제하의 기사는, 모든 국가들이 그들의 주권을 포기하고, 전체적인 단일 세계정부 수립에 동의하지 않는다면, 미래에 핵전쟁이 일어날 것이라고 하버드 대학교와 메사츄세츠 공과대학의 원자 전문가들의 경고를 싣고 있습니다.

1976년 1월 8일 중앙일보에 "25년 안에 세계정부 수립"이란 제목 밑에, 세계8개 지역의 사회과학자들이 보다 나은 세계를 이룩하기 위해 구성한 '세계질서연구소'의 소장이며 러트커즈 대학의 국제법 교수인 사울 멘들로비츠의 예언이 다음과 같이 실려 있습니다. "서기2천년까지 세계정부가 수립될 것이라는 데 대해서는 더 이상 이론의 여지가 없다. 내가 보기에는 금세기 말에 탄생될 세계정부의 형태는 무기경쟁으로 인한 위기, 폭력사태의 발생, 식량, 인구 및 환경 불균형등 피치 못할 요인에 의해 고도로 탄압적인 소수 독재정부가 될 것이다. 세계사회의 세부 내용은 완전 보편화된 무장해제, 효율적인 평화유지, 제3당사자에 의한 정치분쟁의 해결, 세계환경 보호를 위한 기준 등이 될 것이다."

아놀드 토인비 세계정부

프리메이슨 세계적인 석학 아놀드 토인비는 그가 쓴「인간 스스로의 선택」이라는 저서에서 말하기를 "전쟁은 5천년간 인간사회가 전쟁수행에 소요되는 경제 잉여물을 처음으로 생산해 낸 이래 고질적인 문명병이 되어왔다. 하나의 제도가 되다시피 한 전쟁은 오직 세계정부로만 대체될 수 있다."(1976. 5. 4. 서울신문)고 했습니다.

아놀드 토인비 박사는 1956년 10월 2일 일본을 방문했을 때 그의 강연 중에서 "세계는 앞으로 일정한 세월이 지나면 지방적인 특이성을 그대로 보유하는 공통된 문명을 가지게 될 것이다."고 단언하면서 "세계인민들은 드디어는 지방 시민권과 아울러 세계시민권을 공유하게 될 것이며, 전자가 후자에게 소속될 것인데, 이것은 마치 연방과 주의 관계와 흡사할 것이다."라고 언급하였습니다. 또한 그는「세계와 서구」라는 저서에서 (p.181~182) "인류는 즉각 세계정부를 수립하든지, 그렇지 않으면 세계정부 수립에 실패를 보거나 이를 지연시킴으로써 그 벌로 인류 자멸을 감수하든지 인간은 누구나 끝장을 내기를 원하지 않고 있으므로 인류는 이 계고장이 인간에게 명하는 바를 수행해야만 한다."라고 말했습니다.

러셀의 세계정부

영국의 프리메이슨 철학자 버트란트 러셀은 그의 논문「인류의 장래」에서 다음과 같이 언급하고 있습니다. "현 20세기가 끝나기 전에 정말 예견할 수 없는 어떤 돌발사태가 발생하지 아니하면 다음의 세 가지 곧, 이 유성(지구)상의 모든 생명은 물론 인류의 멸망, 지구상의 대폭적인 인구감소에 따르는 야만 시대로의 복귀, 모든 무기의 독점권을 장악한 단일 정부하의 세계통일 중의 어느 하나가 실현될 것이다."

11) Synarchism (악마주의)

가나안 7족속의 세계정복의 원리

Synarchism란 단어는 원래 합치다란 뜻입니다. 그래서 Synarchism을 공동지배라고 부릅니다. 또는 특수한 용어로 악마주의라고도 합니다. 네오콘들이 다스리는 획일화된 regime을 말합니다.

시나키즘은 가나안 7족속들이 꿈꾸는 세계정복의 원리입니다. 특히 이들이 세계정복을 위해 선포한 시온의정서에 나타난 전략들이 모두 시나키즘에 해당하는 것들입니다. 한 마디로 악마주의라고 말할 수 있습니다.

시나키즘은 네오콘의 사상을 그대로 실천하는 정치적인 용어입니다. 그동안 시나키즘이란 악마주의는 가나안 유대인들만이 알고 실천한 비밀주의였는데, 이제 버젓이 온 세계 사람들 앞에 펼쳐 놓고 실천하는 정치이론이 되고 말았습니다. 그만큼 그들의 비밀 전략이 성공을 거두고 있다는 증거입니다.

세계정복의 사탄니즘

시니키즘은 사탄주의자들이 이 세상에서 행하는 마지막 사상과 철학입니다. 즉 그들이 원하는 세상을 만드는 최고의 원리인 것입니다. 힘이 다스리는 세상, 거짓이 왕노릇하는 세상, 어떤 수단과 방법으로든지 목적만 이루고 나면 끝나는 세상이 시나키즘의 원리입니다.

시나키즘은 사탄의 세력들이 자신들의 조직을 관리하고 다스리는 원리이기고 합니다. 한마디로 철저한 전체주의 사상입니다. 특공대와 같이 하나 되어, 원하는 목적을 신속정확하게 이룩하고, 모든 증거를 단숨에 제거해 버린 완전범죄와 같은 무서운 사상입니다. 그러므로 시나키즘에 한 번 빠져 들어가면 영원히 붙잡힌 노예가 되어 버리고 맙니다.

영국을 점령한 시나키즘

가나안 7족속의 페니키아 문명을 통해 스파르타와 카르타고를 거쳐 피렌체와 베네치아에 정착한 검은 유대인들은 지중해 중심의 해상 무역이 지리상의 발견으로 세상이 넓어지자, 네델란드 암스테르담으로 기지를 옮겨 금융의 꽃을 피우다가, 엘리자베스 1세 때 영국으로 기지를 옮겨 윌리암 3세를 통해 명예혁명을 일으키고 완전히 영국을 장악하게 됩니다. 그 후 검은 유대인들은 미국을 건국하고, 오늘의 미국을 시나키즘 사상으로 무장을 시켜 전 세계를 점령해 나가고 있는 중입니다.

지구촌 인간 목장화 프로그램

시나키즘 즉 악마주의란 자동화, 기계화 내지는 완전 노예화된 사회로 저절로 굴러가는 국가를 말합니다. 마치 시계와 같이 수많은 부속품들이 자기 자리에서 쉬지 않고 돌지만 그것에 의해서 정확하게 시간이 맞아 돌아가는 것과 같은 기계적인 사회를 말합니다.

시나키즘은 인간을 가축으로 만드는 프로젝트입니다. 포스트모더니즘을 통해 인간성을 말살시켜 인간으로 하여금 방향감각을 잃게 하고, 시카니즘이란 독약을 투여해서 완전히 통제받은 가축인간으로 전락시키는 음모입니다. 그러므로 시나키즘은 포스트모더니즘을 통해 죽은 인간을 다시 한번 확인 사살하여 완벽하게 인간성을 제거하는 사상이기도 합니다.

사탄주의자들의 신적 프로그램

그러므로 시나키즘은 사탄주의자들을 신적인 위치로 끌어 올리는 동시에 모든 인간은 가축인간으로 전락 시키는 사상과 철학입니다.

이런 나라는 인류 최초로 니므롯에 의해서 세워졌습니다. 바벨론입니다. 바벨론의 백성들은 모두 다 기계로 찍어낸 벽돌과 같은 존재였습니다. 획일화, 상품화, 양떼화 된 백성들이었습니다. 그래서 니므롯은 모든 사람들을 동원해서 하나님을 배반하고 대적할 수 있었던 것입니다.

적그리스도의 세력들이 마지막 때 하나님을 배반하고 대적하기 위해 반드시 세워야 할 나라가 바로 시나키즘 국가입니다. 그래서 시나키즘을 통한 전체주의 국가는 사탄의 궁극적인 목적입니다.

제3장 적그리스도 세력들의 유전자의 비밀
18. 철학과 사상의 유전자

하나님의 구원계획을 파괴시켜온 시나키즘

하나님은 인간을 흙으로 빚으시고, 인간안에 하나님의 형상을 넣으셔서 하나님을 반역한 사탄을 정복하고 다스리도록 했습니다. 그러나 인간은 사탄의 유혹에 넘어가 범죄하게 되고, 하나님의 형상을 잃어 버리고 오히려 사탄의 종이 되어 버리고 말았습니다. 그러나 하나님은 예수님을 보내 주셔서 인간의 죄를 속죄하여 주시고, 사탄의 권세 아래 종노릇하는 인간을 구원하여 주셨습니다. 그리고 창세전부터 예정하신 구원을 이루어 가고 계십니다.

사탄은 하나님의 형상으로 창조된 인간을 파멸시킴으로 하나님을 대적하고, 배반하게 합니다. 그것이 사탄의 목적입니다. 사탄은 인류 역사 6000년 동안 하나님의 형상으로 지어진 인간속에 하나님의 형상을 무너뜨리고, 하나님의 구원계획을 파괴시킴으로서 하나님의 계획을 무력화 시키기 위해 인류를 속여 왔습니다.

최초 에덴동산에서 시작된 시나키즘

사탄은 선악과를 따 먹으면 눈이 밝아 하나님처럼 된다고 거짓말로 하와를 넘어뜨렸습니다. 하나님이 선악과를 따 먹지 못하게 하는 것은 인간이 하나님처럼 되는 것을 막기 위함이라고 이간질을 했습니다. 이런 궤술로 인간으로 범죄케하여 자신의 수중에 들어오도록 했습니다. 이것이 에덴에서 있었던 최초의 시나키즘 사건입니다. 시나키즘은 사탄의 궤휼입니다.

사탄의 시나키즘의 목적

사탄의 영적인 전쟁의 목적은 하나님의 형상으로 지어진 인간을 파멸시켜 하나님을 대적하게 하는 것입니다. 에덴동산에서 사탄은 뱀을 통해 하와를 유혹하여 선악과를 따먹게 하고 인간을 짐승으로 만들었습니다.

결국 선악과 사건을 통해 하나님의 형상으로 지은바 된 인류에게 사탄과 같은 영적인 존재들이 들어오게 된 것입니다. 이들을 적그리스도의 세력들이라고 합니다.

이들의 목적은 인간을 철저하게 파괴시키는 것입니다. 그래서 인간을 완전히 자신들의 노예로 만드는 것입니다. 이것을 인간 양떼화 프로젝트라고 합니다. 일명 humancattle이라고 합니다.

노예와 가축의 차이

노예와 가축은 차이가 있습니다. 노예는 언제든지 주인을 배반할 수 있습니다. 노예는 언제든지 자신의 주인을 죽이고 대신 주인이 될 수 있습니다. 그러나 가축은 주인을 배반하거나 죽일 수 없습니다. 왜냐하면 가축과 주인은 완전히 본질이 다르기 때문입니다.

사탄의 세력들이 인류 6000년 역사를 통해서 끊임없이 추구해 온 목적은 인간 목장화를 통한 인간성 파괴운동입니다. 즉 하나님의 형상으로 지은바 된 인간을 가축으로 추락시키는 것입니다. 그리고 자신들은 인간 가축위에 군림하는 신이 되는 것입니다.

이것이 사탄의 문화입니다. 이들이 자랑하는 신세계질서는 인류를 위한 것이 아닙니다. 프랑스 혁명에서 내걸고 시민들을 선동했던 자유, 평등, 박애는 시민들의 몫이 아니었습니다. 완전히 혁명을 일으켰던 프리메이슨의 몫이었습니다. 시민들을 속이는 구호에 불과했던 것입니다.

그들이 자랑하고 있는 신세계질서도 역시 그들만의 세상일 뿐입니다. 신세계질서가 회복되면 인간은 처절하게 가축인간으로 전락하게 될 것입니다. 그리고 그들은 신이 되어 아무런 염려와 근심 없이 세상을 즐기게 되는 시대가 될 것입니다.

악마주의는 이와 같이 사탄의 목적입니다. 뱀을 통해 에덴에서, 네피림을 통해 지구에서, 니므롯을 통해 시날평지에서, 아낙자손을 통해 가나안에서, 아리안을 통해 코카셔스에서, 함족을 통해 이집트에서, 가나안 7족속을 통해 스파르타와 카르타고에서, 카발라 종교를 통해 바벨론, 페르시아, 프랑스 메로빙거, 독일 바바리아, 오스트리아 합스부르크, 베네치아, 피렌체, 네델란드, 영국, 미국으로 옮겨갔습니다. 미국은 UN이라는 거대한 공용을 움직여 세계를 10구역으로 나누어 마지막 적그리스도의 나라를 세우기 위해 박차를

제3장 적그리스도 세력들의 유전자의 비밀
18. 철학과 사상의 유전자

가하고 있습니다.
　소크라테스 양떼화 정치, 플라톤의 이상국가. 아리스토텔레스의 일원론의 Synarchism, 마키야벨리의 군주론, 토마스 모어의 유토피아, 루소의 계몽주의, 다윈의 진화론, 칼막스의 자본론, 아담스미스 국부론, 토인비의 역사철학, 코제프의 포스트모던니즘, 레오 스트라우스의 네오콘은 악마주의 사상과 철학의 계보와 역사입니다.
　악마주의의 정치철학은 네피림의 공포정치, 니므롯의 전제정치, 아리안 인도의 계급정치, 이집트의 신정치, 스파르타의 군사정치, 카르타고의 과도정치, 베네치아의 경찰정치, 스탈린의 공산정치, 히틀러의 우생정치, 무솔린의 파시즘 정치, 적그리스도의 컴퓨터 유전자 완벽 통제정치 등이 있습니다.
　역사적으로 적그리스도의 상징인물은 다음과 같습니다. 니므롯, 길가메쉬, 바로, 한니발, 알렉산더, 나폴레옹, 히틀러, 무솔린, 스탈린, 모택동

12) 사상가들이 추앙하고 있는 적그리스도의 나라의 모델, 스파르타(카르타고)

소크라테스와 플라톤이 추앙했던 스파르타는 어떤 나라입니까?

인구비율
　스파르타 민주주의는 4%만 참여할 수 있었습니다.
　스파르타는 소수가 다수를 다스리는 군국주의 국가였습니다.
　스파르타 시민으로 지배계급은 1만명(전체인구 4%) 기타 피지배계급은 24만명(96%)이었습니다. 당시 경쟁국이었던 아테네 민주주의 정치와 비교하면 아테네는 80%이상이 직접 민주주의 제도에 시민이 참여를 했습니다. (아테네 시민 80% 중간, 노예 20%)

정치제도
　스파르타의 정치제도는 1만의 지배계급인 시민들의 참여하는 것으로 두 명의 왕과 원로회의와 민회로 구성되어 있었습니다.

이러한 제도는 오늘날 내각책임제 국가의 양원인 상하원의 시작이기도 합니다.
 또 왕을 대신할 과두정치를 위해 5명의 에포르라는 감독관을 두었습니다.

원로회의
* 60세 이상의 귀족 28명으로 구성된 원로회의(Gerousia)가 정치적 실권
* 원로회의 의원의 임기는 종신
* 국가 행정을 감독, 자문, 법령을 기안, 모든 중요한 소송사건의 판결, 행정, 입법, 사법의 권한

민회
* 민회(appela)는 원로회의 안을 인준, 혹은 거부, 모든 관리들을 선출함.
* 전쟁과 평화, 동맹과 조약 같은 국가 중대사는 민회의 표결로 최종적으로 결정
* 민회의 회원 자격은 중무장 보병으로 복무할 만한 재력이 있는 30세 이상의 남자 시민에게만 한정

에포르 (감독관, 과두정부, 국무총리)
* 과두제에서 최고 행정권은 왕에게 있지 않고, 왕권을 견제하고 왕보다도 더 큰 권한을 가진 5명의 에포르(Ephors)에게 있음.
* 감독관'을 뜻하는 에포르는 원로회의와 민회를 주재, 시민생활을 검열
* 대외관계, 군사문제, 노예관장, 국가재정, 교육등에 관한 권한 및 입법에 대한 거부권
* 신생아의 양육 여부를 결정, 신탁이 흉조를 나타낼 때에는 왕까지 폐위
* 에포르의 권한은 점차 확대, 원로회의 지지를 받는 경우 거의 절대적인 영향력을 행사

제3장 적그리스도 세력들의 유전자의 비밀
18. 철학과 사상의 유전자

스파르타의 정치체제는 매우 효율적으로, 정치적 안정과 스파르타 시민의 헌신적 봉사는 많은 다른 그리스인의 선망의 대상이었습니다. BC 500년경 강력한 세력으로 부상, 펠로폰네소스 동맹의 중심 국가가 되었습니다. 왕정하의 귀족 과두제를 바탕으로 군국주의 정치를 했습니다.

새로운 정치, 경제, 사회적 제도 자녀들의 국유화

스파르타의 사회적인 특징은 자녀와 아내를 국유화한 것입니다. 자녀는 7세가 되면 국가 교육기관에서 20세까지 군사훈련을 받습니다. 스파르타는 남자와 여자가 차별이 없었기 때문에 남녀가 함께 기숙하면서 군사훈련과 종교훈련을 해야 합니다. 특별히 남녀가 거의 반라의 상태로 군사훈련과 종교훈련을 합니다. 7세-13세 과정 14-19세 중고등과정 20세 집중훈련 후 20세부터 60세까지 군인으로 복무를 해야 합니다.

아내들의 공유화 (국유화)

스파르타는 능력 있는 많은 군인들을 양산하기 위해 아내들을 공유했습니다. 남녀가 결혼을 해서 부부가 되더라도, 더 우수한 자녀를 낳을 수 있는 조건만 맞으면 자신의 남편과 아내가 아니더라도, 관계를 해서 자녀를 낳을 수 있었습니다. 조건은 우수한 혈통의 DNA를 가지고 있어야 했습니다. 다윈의 진화론에서 적자생존이라는 논리를 적용한 것과 같습니다.

똑똑하고, 잘 생기고, 능력 있고, 힘이 세고, 키가 크고, 건장한 남자들은 자신이 원하는 여자들을 취해서 수많은 국가 재산이 아이들을 낳을 수 있었던 것입니다. 이것은 플라톤의 이상국가에서도 추천되었던 제도였습니다. 몰몬교에서 추진하고 있는 일부다처제의 이론과 같습니다.

종교행사

스파르타의 종교행사는 카르타고와 같이 인신제사를 드리고 집단성의 축제를 벌이는 제도입니다. 이는 가나안의 바알과 아세라 제전과 같은 종교축제입니다.
 이들의 종교 축제는 국가적인 번영과 부국강병을 위한 축제이기도 했습니다. 그래서 성인 남녀가 벌거벗고 춤을 추며, 노래를 하면서, 성적인 축제를 벌렸습니다. 그리고 동물과 인신제사를 드렸습니다.

공동식사제도
 스파르타인들은 15인 단위로 클럽을 만들어 공동식사를 해야 했습니다. 이는 군대 전투를 위한 조직을 일상화한 것인데, 특히 저녁은 거의 매일 공동 식사로 고정되었습니다. 이를 위해 개인은 일정한 비용을 세금형식으로 정기적으로 국가에 상납해야 했습니다.

경제제도
 원칙은 공산주의로 국가가 모든 경제 활동을 통제했지만 일정하게 분배된 자신의 몫에 대하여는 사유재산을 기본적으로 인정을 했습니다.

피지배 계급에 대한 완벽 통제 사회를 구성한 스파르타
 스파르타의 지배계급은 카르타고와 같이 정복자들입니다. 그리고 피지배인들은 정복을 당한 주변 국민입니다. 그리고 정복을 당한 현지인들은 노예가 되었습니다.
 정복자들은 수효가 적고, 반면에 정복당한 피지배인들은 수효가 많기 때문에 항상 이들의 조직적인 반역을 두려워했습니다. 그래서 북한의 오가작통법과 같은 통제체제를 항상 유지했습니다. 피지배인들의 반란에 대비하여 스파르타 여인들은 남자와 똑같은 군사 훈련을 받았고, 체력단련을 해서 근육이 남자와 같았다고 합니다.
 스파르타 지배인들은 항상 전쟁을 하기 위해 원정을 자주 나갔기 때문에, 피지배인들의 반란을 두려워해서 완벽 통제정치체제를 유지했습니다. 자신들이 정복한 국가에서 똑똑한 사람이나, 키가 크고 건장한 사람들은 처음부터 모조리 죽여서 반역을 대비했습니다. 재산이 많다거나, 권력을 가졌던 토호부족세력들은 모두 멸절시켜 버렸습니다.

제3장 적그리스도 세력들의 유전자의 비밀
18. 철학과 사상의 유전자

그리고 항상 수시로 감시망을 가동시켜 피지배인들의 반역을 미리 차단했습니다. 그래서 스파르타를 폐쇄사회라고 부릅니다. 오직 정복자인 스파르타인들만의 자유세계를 지향했던 국가였습니다.

그들이 이렇게 폐쇄국가를 만들 수 밖에 없었던 이유는 간단합니다. 그 이유는 그들만이 가지고 있었던 비밀종교를 지키기 위해서였습니다.

6000년 동안 사탄의 세력들이 감추고, 숨겼던 1급 비밀이 지금까지 그들이 폐쇄사회를 지켜 온 이유입니다. 소크라테스는 "아는 자"라고 속였습니다. 플라톤은 철인이라고 미화시켰습니다. 마키야 벨리는 군주라고 했습니다. 그러나 그들은 모두 사탄숭배자들로서 인신제사를 행하였던 자들이었습니다. 운명적으로 그들은 그 종교를 떠나서는 살아갈 수 없는 regime 이었습니다.

고정된 신분 사회

그들의 세 가지 신분의 계급간 이동은 거의 없습니다. 드물게 노예 계급이 해방되는 일이 있었지만 시민권 부여는 되지 않았습니다. 가장 중요한 사회적 위치로 민주주의에 참여했던 귀족계급은 전체 주민의 극히 일부에 불과한 1% 스파르타 시민(homoioi)이었습니다.

토지 경작은 전적으로 노예의 몫이었고, 스파르타 시민계급은 오로지 군사와 정치만 했습니다. 스파르타 시민은 다른 계급을 지배하고, 외적을 방위하기 위해 일생을 군대에서 복무해야 했습니다. 그래서 매일 저녁에 시행되는 저녁 공동식사는 최고의 사교클럽을 능가한 초호화판 파티였습니다.

또 다른 반 예속적인 페리오이코이(perioikoi)는 라코니아 일대의 도시에 사는 사람으로 주로 상공업에 종사를 했습니다. 그들은 자유민이었지만 지방 도시의 자치권이나 전체 폴리스의 통치에는 참여할 수 없었습니다.

노예

노예(heilotai)는 정복지의 원주민으로, 토지경작, 가내노동을 담당했습니다. 이들은 가정을 꾸밀 수 있었고, 생계를 위한 최소한의 재산이 주어졌습니다. 노예는 국가 소유로 매매 또는 해방될 수 없었습니다. 국가에 의한 토지분배가 있을 때 토지와 함께 스파르타인에게 노예들이 배당되었습니다. 노예들은 자신의 토지를 떠날 수 없었고, 착취와 탄압의 대상이 되었습니다. 항상 반란의 기운이 있었고, 반란의 혐의를 받는 노예는 즉석에서 처형되었습니다.

스파르타의 시민생활

스파르타 시민들의 사회체제는 거의 변화하지 않고 2세기 동안 지속되었습니다.

시민은 상호간에 철저히 평등하며, 시민생활을 지배하는 복잡한 사회규칙에 얽매여 살아야 했습니다. 국가에 대한 봉사가 최고 의무였습니다. 가정생활은 국가를 위해 희생해야 했습니다. 항상 공동체 생활을 해야 하는 군사문화 때문에 남편들도 자기 집을 한 밤중에 잠깐 들러야 했을 정도였다고 합니다.

시민들은 일생동안 군대생활을 해야 하며, 개인의 취미가 희생된 강제 속에서, 강인한 정신과 튼튼한 신체 유지를 유지하고, 절약과 근검의 덕목을 세워서 국가발전에 이바지 해야 했습니다. 출생 후 신체 검사를 받아 허약한 아이는 죽여 버렸습니다. 유아 살해와 처분권은 부모가 아니라 국가가 가지고 있었습니다. 결혼을 하지 않을 자유가 없고, 결혼 후에도 마음대로 가정생활이 허용되지 않았습니다.

현대 공산주의와의 상이점

스파르타는 생산수단인 토지와 노예가 적어도 이론상 집단 소유, 공동식사를 위해 농업생산물의 일부를 국가에 헌납해야 했습니다.

공산주의의 핵심은 모든 생산수단이 공동체의 소유이어야 하고 다른 사람의 노동을 착취해서는 안되며, 모든 사람이 다같이 공동체의 복리를 위해 일하며, 부는 필요에 비례해서 분배해야 했습니다.

스파르타는 왕정과 귀족정의 혼합체제로 실제로는 귀족 과두제인 군국주의 국가였습니다. 노동을 하지 않는 세습 귀족이 있었으며, 소수에게 정치적 특권이 독점되었습니다. 상공업은 개인들에 의해

운영이 되었습니다. 스파르타는 공산주의보다는 파시즘에 가까운 보호 장치였던 것입니다.

스파르타는 사탄주의자들의 폐쇄국가의 모델

소크라테스, 플라톤, 마키아벨리, 토마스 모어, 루소가 그렸던 나라는 스파르타였습니다. 스파르타와 같은 또 하나의 국가는 카르타고였습니다. 이 두 나라는 가나안 7족속들이 자신들의 사탄숭배와 인신제사를 숨기고, 바벨탑을 쌓고, 하나님을 대적했던 니므롯처럼 세계를 지배하기 위해 세운 나라입니다.

지금부터 2500년 전에는 지중해의 가장 작고 작은 한 나라에 불과했지만 오늘에서는 세계를 지배하는 사탄의 세력들에 의해서 역사에 전면으로 등장하기 위해 거대한 밑그림이 그려져 가고 있는 나라입니다.

유럽의 사회주의 국가들, 소련, 중국, 북한, 미국은 지금 강력한 스파르타 국가로 진화되고 있습니다.

마지막에 세워질 니므롯의 나라가 스파르타와 카르타고와 같은 나라이며, 북한과 같은 나라입니다. 특히 북한이라는 나라는 적그리스도의 세력들이 만든 작품중의 걸작품입니다.

북한의 정치, 경제. 사회 체제는 마지막 지상에 세워질 적그리스도 왕국의 모델입니다. 오늘의 북한이라는 나라는 2500년 전의 스파르타와 카르타고와 하나도 다를 바 없는 복사판입니다. 북한은 스파르타의 현대적인 부활입니다. 태양신, 공산주의, 군사문화, 통제사회, 무종교 사회가 그것입니다.

19. 드라큘라의 유전자

드라큘라 원조인 블라드 3세

드라큘라의 본명은 블라드 3세. 그의 아버지는 블라드(2세)입니다. 그는 블라드 3세라고 칭하지만 일부 사서에는 블라드 4세 또는 블라드 5세로도 기록되었습니다. 루마니아에 있던 소국 왈라키아의 영주였던 그는 포로와 범죄자들을 말뚝으로 인체를 세로로 꿰어 죽이는 잔혹한 처벌을 가했기 때문에 '꼬챙이로 찌르는 자'라는 의미의 '체페슈'라는 별칭을 얻어 '블라드 체페슈'로 널리 알려졌습니다. 블라드 체페슈가 '드라큘라'라는 호칭도 아울러 가지게 된 것은 용맹했던 그의 아버지 블라드 2세가 헝가리 왕으로부터 '용(Dracul)'이라는 작위를 받았기 때문이라 합니다. 드라큘라라는 말은 루마니아어로 '용의 아들'이라는 의미입니다. 이는 해석하기에 따라서 악마의 아들이라는 뜻도 됩니다. 동쪽으로는 흑해 너머 오스만 튀르크, 서쪽으로는 헝가리, 남쪽으로는 불가리아, 북쪽으로는 트란실바니아와 몰도비아와 접한 왈라키아는 헝가리 왕국에서 독립한 공국(公國)으로, 14세기 초 드라큘라의 조상 바사라브 1세가 세웠습니다. 전통적으로 왈라키아 군주는 헝가리 왕의 가신(家臣)이었습니다. 왈라키아의 왕위는 세습제이기는 했으나 장자상속제가 아니라 왕가의 혈통 가운데 유력한 왕족을 귀족들이 왕으로 선출하는 제도였기 때문에 왕위를 둘러싼 내분이 그치지 않았습니다. 거기다 왈라키아를 둘러싼 국제 정세는 험난하기 그지 없었습니다. 이슬람 세력에 대한 유럽의 방패막이 구실을 하던 동로마제국이 1453년 오스만튀르크에게 결국 무너져 왈라키아는 오스만튀르크의 직접적인 공세에 마주치게 되었고, 세력이 정점에 달하던 헝가리 왕국도 로마 카톨릭 세계의 수호자를 자처하며, 왈라키아 뒤쪽에서 오스만튀르크와 대립하고 있었습니다. 왈라키아는 로마 카톨릭과 이슬람이라는 양대 세력의 충돌지로 전락할 운명이었습니다.

드라큘라 왕자의 잔인함

드라큘라의 아버지 블라드 2세 드라큘라는 급변하는 주변 정세를 살피며 '줄타기' 외교로 자국의 독립을 유지했습니다. 상황에 따라 오스만튀르크와 헝가리 사이를 교묘히 오간 것입니다. 드라큘라는 동생 라두와 함께 오스만튀르크에 인질로 잡혀 소년 시절을 보냈습니다. 1448년, 그가 홀로 고국에 돌아왔을 때, 그의 아버지 블라드 2세와 형 미르체아는 헝가리와 손잡은 귀족들의 농간으로 이미 암살당한 후였습니다. 관 속에 남아 있는 아버지와 형의 처참한 모습은 그들이 산 채로 매장되었다는 사실을 한 눈에 보여주고 있었습니다. 배신자들에 대한 드라큘라의 분노와 복수심은 이루 말할 수 없었습니다.

드라큘라는 오스만튀르크의 지지를 받아 17세의 나이로 왈라키아의 통치자가 되지만 그의 집안과 숙적 관계인 다네스티 일족과, 왕권을 좌지우지하며 사리사욕을 채우기에 바빴던 귀족들의 위협으로 두 달 만에 왕위를 버리고 피신합니다.

몰다비아를 거쳐 헝가리로 피신하여 재기를 노리던 그는 1456년, 백여 명의 군사를 거느리고 야습을 감행하여 다네스티 일족을 몰아내고 다시 왕위를 탈환합니다. 드라큘라의 두 번째 치세는 1462년까지 이어졌습니다. 이 시기, 그는 내부의 적을 과감히 숙청하고 외부의 공격에 대비했습니다. 이 시기는 그의 위업이 가장 돋보인 때이기도 하지만 소름끼치도록 잔인한 행동을 저지른 때이기도 합니다. 그는 왕위를 되찾고 나서 수백 명에 달하는 귀족을 꼬챙이에 꿰어 죽이는가 하면, 당시 상권을 장악하고 폭리를 취하던 독일계 상인들을 처형하거나 추방하였고, 신자와 도둑을 엄히 처벌하였습니다.

따라서 귀족들과 독일계 상인들은 그를 암살하기 위해 혈안이 되어 있었으나, 백성들은 그를 열렬히 환영했습니다. 왈라키아에서는 상업이 번창했으며, 배신자와 도둑이 사라지고 질서가 유지되었습니다.

루마니아의 민족 영웅, 드라큘라

내부적으로 정적을 숙청하고 질서를 잡는 한편, 드라큘라는 산꼭대기에 견고한 성을 쌓아 다가올 오스만튀르크의 공격에 대비했습니다. 그러던 어느 날, 오스만튀르크에서 신임 인사차 사신이 파견되어 왔습니다. 오스만튀르크 사신들이 자신들의 관례라며 터번을 벗지 않자 드라큘라는 그들의 머리에 쇠못을 박아 시체로 돌려보냈습니다. 1461년, 10만 명에 달하는 오스만튀르크 군대가 왈라키아를 침공했습니다. 이 때 드라큘라의 군사는 불과 수천 명 남짓했다고 합니다. 열세에도 불구하고 드라큘라는 급습과 게릴라전으로 적군을 격파하고 수만 명의 포로를 꼬챙이에 꿰어 매달아 적의 간담을 서늘하게 했습니다.

기록에 의하면 10만 명의 포로들을 잔인한 방법으로 고문하고 죽였습니다. 살아있는 포로의 눈을 뽑고, 불로 태우고, 트란실바니아 브라스보 마을에서 블라드는 수 천명의 포로들을 찔러 죽이도록 명령하고, 살육당한 시체 옆에서 차분하게 식사를 했으며, 1461년에는 오스만 터키군에게 쫓겨 후퇴하면서 포로로 잡힌 터키군들을 막대기에 꽂아 시체숲을 만들어 전시를 했습니다.

자신의 아버지를 암살했던 루마니아 귀족들을 식사만찬에 초대해 산채로 불태워 죽였습니다. 불륜을 저지른 일반 백성 중 여자들만 산채로 살가죽을 벗기고, 음부를 도려냈습니다. 한 농부의 아내는 남편의 속옷을 작게 만들어 줬다는 이유 하나만으로 시뻘겋게 달궈진 쇠고챙이를 음부에 찔러 입으로 뚫고 나오도록 했다고 합니다. 1462년에 아이들을 화로에 구워서 어머니들에게 먹였다는 기록도 있습니다.

드라큘라 조카 딸인 엘리자베스 바토리

16세기 종교개혁과 신,구교 갈등으로 칼빈의 교리를 따르는 이들의 마녀 사냥이 시작되었습니다. 100만 명 설도 있으나 10만 명이 종교 재판에 회부되어 3만 명이 처형되었습니다.

엘리자베스 바토리는 드라큘라 블라드 조카 딸로 1560년 트란실베니아(현재 루마니아 서북부의 고원지방)에서 가장 유서 깊고, 부유한 영향력 있는 집안의 딸로 태어났습니다. 바토리家는 유럽제일의 합스부르크家와 비견될 정도의 명문가로 집안엔 군주나 추기경도 있었고, 사촌은 헝가리 왕국의 수상이었습니다. 가장 유명한 친척은 이슈르반 바토리 (1533-1586)로, 1575년 부터 86년 까지 트란실바니아의 군주였으며 폴란드의 왕이었습니다.

15살 때 바토리는 페렌츠 나다스디 백작과 결혼을 하는데, 백작은 당시 26살이었고, 남편이 아내의 성을 따랐던 것으로 알려져 있습니다. 이들 부부는 체터(Csejthe) 성에 살았으며, 백작이 워낙 전쟁을 좋아했던 관계로 거의 떨어져 지냈습니다. 그 때문에 남편 페렌츠 백작은 헝가리의 검은 영웅 (Black Hero of Hungary)이란 별명을 얻었습니다. 남편이 전쟁터에 나가 있는 동안 바토리는 백모가 가르쳐준 채찍 다루는 기술을 연마하고 톨코라는 하인이 바토리에게 신비주의, 악마숭배 등을 전수한 것으로 알려져 있습니다. 장군의 아내로 엄격하게 처신하라는 시어머니의 강압과 압제로 감옥이나 다름없는 규제속에서 그녀는 점차 말이 없고, 냉담하고, 음습한 여인으로 변모했습니다.

여기에 더하여 "바토리家"의 유전병인 간질로 추정되는 발작 증세도 그녀를 정신적으로 피폐하게 하는데 크게 일조했습니다. 바토리家는 근친상간에 의한 유전병으로 유명해 숙부는 간질로 죽었고, 숙모는 황음에 빠져 남편 세 명을 먼저 보낸 가문이었다고 합니다. 바토리는 낯선 남자와 눈이 맞아 도망했다가 한참 후에나 성으로 돌아온 것으로 알려져 있는데, 남편인 백작은 금방 이를 용서했다고 합니다. 거의 남편과 같이 있지 않았기 때문에 아이도 갖지 못했고, 결혼한 지 10년이 지난 1585년에 딸 안나를 낳았고, 다음 9년 동안엔 딸 우슐라와 카르리나를, 그리고 1598년에야 비로소 외아들 폴을 낳았는데, 이 기나긴 기간 동안 바토리는 유모인 이오나쥬, 집사 야노스 유자르, 하인 톨코, 숲에 사는 마녀 다부라와 또 다른 마녀 도로타야 센테시 등과 함께 수시로 젊은 하녀들을 고문했던 것으로 전해지고 있습니다.

이 행위들이 더욱 더 끔찍한 행위로 발전하게 된 계기는 남편의 죽음이었습니다. 남편 페렌츠 백작은 1604년 51세의 나이로 전장에서 전사했고, 이것이 큰 충격이었던지 Bathory 는 끔찍한 괴물로 돌변해 버렸습니다. 자기에게 너무나 강압적이었던 시어머니를 성에서 쫓아내면서부터, 본격적으로 악마숭배에 빠져 들어 처음엔 말이나 기타 동물들을 제물로 사용했지만, 나중엔 인간 제물을 바쳤습니다.

바토리의 이같은 끔찍한 고문과 살인의 진정한 목적은 젊음을 되찾는 것이었습니다. 바토리는 뛰어난 미모와 우유빛 같은 고운 피부를 갖고 있어 수많은 남성들을 달고 살았는데, 마흔이 넘으면서 곱고 아름다운 얼굴과 피부가 삭아 들어가고 있음을 개탄한 바토리는 젊은 처녀의 피로 목욕을 하여 예전의 미모를 되찾으려 했습니다.

　어느 날 머리를 빗겨주던 하녀가 실수를 하여 머리가 심하게 땡겨지자, 바토리는 하녀의 따귀를 때렸고, 좀 심하게 때렸는지 하녀의 뺨이 손톱에 긁혀서 피가 났습니다. 그런데 그 피가 바토리의 손에 떨어졌고, 바토리는 순간적으로 손의 피부가 탱탱하게 변하는 것을 보았다고 합니다. 젊은 처녀의 피가 젊음을 되찾을 수 있는 "비밀"이라 생각한 그녀는 그 이후 수시로 처녀를 잡아다 죽여서, 그 피로 목욕을 했습니다. 발목을 밧줄로 묶어서 거꾸로 매단 다음 목을 따서 그 피를 받아 목욕을 했으며, 가끔 아름다운 처녀 아이가 잡혀오면 "특별 메뉴"로 피를 마시기도 했습니다. 처음엔 잔에 받아 마셨지만, 마지막엔 직접 목을 물어뜯어 생피를 그냥 받아 마셨다고 합니다.

　그녀의 잔혹한 성품을 말해주는 것 중에 배나무 사건이 있었습니다. 그녀의 영지에 사는 농부의 딸 하나가 배가 고픈 나머지 배를 하나 훔쳐 먹는 사건이 발생했습니다. 바토리에게 아첨을 하는 하인들이 이 소녀를 밀고했습니다. 바토리는 소녀를 잡아다가 고문하기로 했습니다. 그러나 소녀는 고문을 하기도 전에 배를 따먹은 일을 자백하고 말았습니다. 바토리는 소녀를 용서하기가 싫었습니다. 그러나 많은 농부들이 지켜보고 있어서 관대한 처분을 내린다면서 배나무에 하룻 동안 묶어놓게 했습니다. 그 대신 그녀는 하녀에게 시켜 이 소녀의 전신에 꿀을 발라놓도록 했습니다. 꿀 냄새를 맡은 벌들이 사방에서 날아오기 시작했습니다. 소녀는 처절한 비명을 질렀으나 소용이 없었습니다. 수 천, 수 만 마리의 벌들에게 쏘인 소녀는 온몸이 퉁퉁 부어서 죽었습니다. 그래도 벌들은 그치지 않고 날아와 그녀의 몸에 달라붙은 꿀을 먹으려고 아우성이었습니다. 그녀가 죽자 이번에는 개미와 구더기가 달려들어 그녀의 시체를 파먹었습니다. 농부들은 에르체베트 바토리의 잔인한 처신에 진저리를 쳤습니다. 그러나 그녀는 권력의 중심에 있었기 때문에 농부들은 감히 불평을 말할 수도 없었습니다.

제3장 적그리스도 세력들의 유전자의 비밀
19. 드라큘라의 유전자

1600년부터 1610년 까지 바토리는 연속적으로 젊은 처녀를 살해하여 모종의 악마적 종교 의식을 거친 후 그들의 피로 목욕을 했다고 하는데, 죽은 이에 대한 마지막 배려였는지, 시체를 근처 교회로 보내 신부로 하여금 장례를 치르게 했다고 합니다. 그러나 "원인모를 죽음"을 당한 처녀의 수가 너무나 많아지자 그 신부는 더 이상 장례를 치뤄주지 않았고, 소문이 날까 두려운 나머지 바토리는 신부를 불러다가 누구에게도 비밀을 발설하지 못하도록 친히 협박을 했다고 전해집니다.

시간이 지날수록, 처녀의 피는 처음 만큼 효과가 없는 것처럼 보였습니다. 이에 측근들은 천한 농촌 처녀가 아니라 귀족 처녀의 피가 더 효과가 있다고 부추기고, 이에 바토리는 성내에 귀족적 소양을 가르치는 "귀족 여학교"를 설립해 한 번에 25명 씩 학생을 받았습니다. 물론 이들도 농촌 처녀들처럼 끔찍하게 살해당하기 시작했는데, 이때쯤부터 바토리는 조심성을 잃어 갑니다. 시체는 들판이나 헛간, 성 바로 옆 창가, 근처 채소밭 등에 아무렇게나 묻고, 시체 네 구를 성벽 밑으로 그냥 떨어뜨린 적도 있다하니 당연히 꼬리를 잡히기 시작해 소문이 퍼지기 시작했고, 그러다 희생자 하나가 극적으로 탈출해 정부 당국에 신고했기 때문에, 마티아 왕은 바토리의 사촌이며 그 지방 영주인 기오르기 투르소(Gyorgy Thurzo) 백작에게 명하여 진상을 조사하라고 명령했습니다.

1610년 12월 30일 성문을 부수고 안으로 들어간 조사팀은 아연실색하지 않을 수 없었습니다. 온몸의 피가 모두 빠져버린 젊은 여자 시체가 있었고, 꼬챙이에 찔린 채 아직 살아있는 여자도 몇 명 있었으며, 지하실에 내려가 보니 온갖 종류의 고문으로 신체가 훼손된 젊은 처녀들이 수두룩했습니다. 곳곳에서 피가 말라붙은 칼, 송곳 등의 고문 도구들이 발견되고 게다가 성 주변을 파보니 여자 시체가 50여구나 나왔습니다. 재판은 1611년에 열렸지만, 정작 바토리는 재판에 참석하지도 않았으며, 유무죄에 관해서도 일체 언급을 하지 않았습니다. 재판에서 집사인 유쟈르는 처녀 37명을 살해했으며, 그 중 여섯은 일자리를 찾아 성에 들어왔던 여자였다고 자백했는데,

대개는 몇 주일 심지어는 몇 달 동안이나 고문을 당하다가 죽었다고 했습니다.

바토리는 모든 것을 일기에 써서 기록에 남겼고, 이 기록에는 유쟈르의 자백과는 다르게 612명이 살해 당했음이 적혀 있었습니다. 허공에 매달아 놓은 철창에 처녀를 집어넣고 쇠꼬챙이로 찔러 피를 흘리게 하면, 바토리가 그 철창 밑에 서서 밑으로 흐르는 피로 "샤워"를 했습니다. 고문은 대개 수하들이 담당했지만, 가끔은 백작 부인이 직접 처녀들을 고문하는 경우도 있었다고 하는데, 이 끔찍한 사건에 연루된 사람은 모두 목이 잘린 후 화형을 당했고, 수뇌급 두 명은 손가락을 잘린 후 산채로 불에 타죽었지만, 바토리만은 오로지 귀족이라는 이유 하나로 목숨을 건졌습니다. (법적으로도 귀족은 처형할 수 없다고 함)

바토리는 그대신 높은 탑 꼭대기에 감금되었는데, 음식을 넣어주는 작은 구멍 이외에는 창문 하나 없는 어두운 방이었다고 합니다. 먹다 남은 음식찌꺼기로 연명하면서도 그녀는 참회의 말 한 마디 없었습니다. 감금 4년만인 1614년 8월 말, 54세의 나이로 엘리자베스 바토리는 어두운 감방에서 세상을 떠났습니다. 주민들의 반대 때문에 그녀의 시신은 그곳에 묻힐 수 없게 되었고, 그녀가 에체드 혈통의 마지막인 것을 감안하여 헝가리 동북부 지역의 에체드에 묻혔습니다.

바토리는 굉장히 아름다운 미인이었으며, 천사처럼 선해 보이는 용모였고, 특히 피부가 거의 환상에 가까울 정도로 우유빛이었다고 전합니다. 바토리는 제대로 교육을 받은 여자였을 뿐 아니라 남자를 능가할 정도로 명석했다고 하는데, 당시의 군주들이 거의 글을 읽지 못했던 반면, 바토리는 헝가리어는 물론 라틴어, 로마어에도 능통했으며 지적 수준이 상당한 경지에 올라있었다고 전합니다. 그녀가 죽은 후에도 100년 이상 바토리의 이름을 거론하는 것이 금지되었을 만큼, 악명이 하늘을 찔렀습니다.

스토커의 "드라큘라"는 루마니아 군주 드라큘라를 모델로 한 것이 아니라, 실은 바로 이 여자 바토리라고 주장하는 학자들도 여럿 있

제3장 적그리스도 세력들의 유전자의 비밀
19. 드라큐라의 유전자

습니다.
　바토리가 즐겨 사용한 고문 도구는 철의 처녀로, 독일의 유명한 기술자에게 특별 주문 제작한 것으로 실제 사람처럼 아주 정교하게 만든 철제 인형이었습니다. 등신대의 벌거벗은 인형으로 피부는 사람과 똑같은 색이고, 기계장치로 눈과 입도 열리고 머리카락도 있었습니다. 여자를 벌거벗겨 인형 앞에 놓으면 톱니바퀴가 움직여 인형은 두 팔을 올려 여자를 감싸 안습니다. 다음에 인형의 가슴이 열리는데 그 안은 비어있습니다. 좌우로 펼쳐진 문에 다섯 개의 칼날이 있습니다. 인형의 몸 안에 갇힌 여자는 칼로 전신을 찔려 뼈가 부서지고, 처녀의 온몸을 사정없이 찌르면서 피를 뽑아냅니다. 그 피는 인형안의 홈을 따라 흘러 바토리의 욕조로 쏟아지게 되어 있습니다.
　또 다른것은, 철의 새장이란 도구인데 철창으로 만든 새장 같은 곳에 처녀를 가둬 놓고 도르래로 천정까지 들어 올린 뒤 버튼을 누르면 철장안에서 날이 선 칼날들이 튀어 나와 처녀의 몸을 꽉 조이며 난자합니다. 새장 아래에 있던 바토리는 그 쏟아지는 피를 맞으며 샤워를 했습니다.
　바토리 백작 부인의 재판 기록은 아직도 헝가리에 보관되어 있다고 합니다. 그 사건이 일어났던 지역에서는 아직도 그녀의 이름을 부르는 것이 금기시 되어있습니다.

사탄숭배자들의 인신제사의 목적

　바알의 제사장들은 인신제사를 행하고, 사람의 피를 마시고, 살을 먹었습니다. 그 이유는 사탄 숭배자들의 혈통에 심각한 문제가 있기 때문이라는 것입니다. 즉 일정한 시간이 지나면 바토리처럼 살이 녹아 내리거나, 피부에 비늘 같은 것이 생겨나고, 검게 썩어가기 때문이란 것입니다. 그러나 인간의 피를 마시고, 살을 먹으면 그런 상태가 다시 사람의 본 상태로 회복된다고 합니다.
　뿐만 아니라 사탄의 세력들이 모계 혈통을 이루고, 근친상간을 통해 종족을 보존하였는데, 그 이유는 유전학상 열등 유전자가 종족 보전에 우성 유전자보다 강하다는 것이 통계적으로 나와 있고, 요즈음에는 과학적으로 증명이 되었습니다.

그러므로 사탄의 세력들이 여신을 숭배하고, 모계혈통을 중요하게 여긴 이유는 하와와 네피림과 니므롯의 부인 세미라미스로 이어지는 사탄의 혈통을 유지시키는 정책입니다. 사탄 세력들의 유전자 비밀은 거의 여성인 열성유전자를 통해서 지금까지 유지되고 있는 것입니다.

세계 각 나라에서 사라지는 어린 아이들

1939년부터 1989년까지 50년동안 스페인에서 사라진 어린 아이들이 30만명이라는 기록이 나타났습니다. 특별히 스페인 마드리드 대성당 병원을 중심으로 일어난 어린아이 입양과 매매에 대한 기록들이 나타났습니다.

잉카인신제사

보헤미얀그루브인신제사

몰렉어린아이제사

1290년대 영국에서의 유대인 추방운동

영국에서 일어난 유대인 추방운동의 시발은 영국의 어느 조용한

제3장 적그리스도 세력들의 유전자의 비밀
19. 드라큘라의 유전자

시골에서 일어난 살인사건이 동기가 되었습니다. 공연을 마치고 집으로 돌아가던 한 어린 소년의 시체가 찢겨진 시체로 외딴곳 시냇가에서 발견이 됩니다. 그런데 마을 소년들이 증언한 내용은 옆 마을에 사는 유대인 남자가 어린아이의 목을 뜯어 피를 마시고 죽였다는 것이었습니다. 어린아이들의 증언대로 9명의 용의자 중에서 한 사람이 체포되어 처형을 당하고, 주위에 사는 유대인들의 추방운동이 전 영국으로 확산되어 1290년 영국의 유대인 추방운동이 펼쳐지게 되었습니다.

오늘날에도 계속되는 인신제사와 사탄숭배

프랑크 첫 번째 왕조인 메로빙거 왕조는 사탄숭배와 인신제사가 발각되어 비잔틴 콘스탄틴 대제와 샤로링거 왕조에 의해서 멸망을 했습니다. 이들의 혈통은 오스트리아 합스부르크 왕조와 독일의 바바리아왕조 프랑스 로렌왕조로 숨어들어갑니다.

그 후 합스부르크왕조는 전 유럽의 왕실과 혈맹을 맺어 오늘날 하나의 유럽을 만드는 축이 되었습니다. 그래서 EU의 상징은 바벨탑입니다. 유로화폐 동전의 그림은 짐승을 탄 여신입니다. 에로우페라는 세미라미스와 이 여자를 사랑하여 소가 되었던 제우스 신입니다.

오늘날에도 사탄숭배와 인신제사는 그들만의 비밀제전으로 시행되고 있습니다. 그런데 놀랍게도 이렇게 비밀리에 시행되어온 사탄숭배와 인신제사가 언론과 매스컴에 상징과 그림을 통해 공개적으로 등장하고 있습니다.

헤비메탈과 락 음악에 나타난 악마주의(Diabolism)

오늘날 현대음악과 전위예술이란 이름으로 시행되는 모든 예술의 특징 중 하나는 사탄니즘입니다. 피를 마시고, 피로 목욕을 하고, 심장을 손에 들고 피를 솟구치게하는 퍼포먼스들이 유행하고 있습니다. 죽음을 예찬하는 노래 가사들과 마약과 약물 중독으로 망가져가는 인류의 모습들이 예술이라는 미명아래 인류에게 교육이 되고 있습니다. 폭력, 전쟁, 파괴, 폭발, 살인, 좀비족, UFO, 외계인, 로봇인간, 트랜스휴먼니즘, 집단죽음 등이 소재로 다루어 지는 오늘의 현대예술은 바로 사탄주의자들이 계획한 시나키즘을 통한 인간성 파괴운동입니다.

20. 피라미드의 유전자 (과학의 유전자)

피라미드에 미쳐 있는 사탄주의자들

왜 사탄주의자들은 피라미드에 열광을 합니까? 왜 그들은 자신들을 네피림의 후손, 즉 우주에서 온 엘로힘의 자손이고, 왜 지구촌의 인간은 가축이라고 합니까?

소크라테스부터 오늘에 이르기까지 왜 비밀결사는 초인정치를 주장했으며, 그들 자신들은 신이라고 합니까? 왜 그들은 철저하게 자신들의 정체를 감추고 지금까지 왔으며, 왜 피라미드를 가지고 전 세계 사람들을 지배하려고 합니까?

이집트 피라미드, 프랑스 루브르 박물관 피라미드, 프리메이슨 상징 피라미드, 1달러 미국 지폐에 있는 피라미드, 워싱톤 도시계획에 입안된 피라미드, 중국 장안에 있는 피라미드, 북한 평양에 있는 피라미드 유경호텔, 미국 라스베가스에 있는 피라미드, 세계적인 다국적 기업의 로고에 있는 피라미드, 락 음악과 K팝 영상에 가득한 피라미드, 등 세상은 온통 피라미드로 도배가 되어 있습니다. 그 이유가 무엇입니까?

그들이 피라미드에 열광하고 있는 이유는 단지 밀교나 신비주의에 있지 않습니다. 지금부터 4500년 전에 있었던 불가사이한 과학의 결과입니다. 오늘의 컴퓨터 과학과, 유전자 공학을 통해서 전 세계를 지배하고 있는 사탄주의 자들의 조상들이 어떤 존재인가를 가장 쉽게 알 수 있는 방법이 바로 피라미드 유전자입니다. 즉 과학의 유전자입니다. 왜 그들이 자신들을 엘리트라고 하고, 우리 인간은 가축이라고 하는지 알 수 있습니다.

오늘날 그리스도인들이 얼마나 자기중심적이며. 얼마나 어리석은지 알 수 없습니다. 맹신주의 내지는 기복신앙에 빠져서 상식이하의 생각과 자기당착에 빠져 있습니다. 즉 자신의 생각과 가치관에 상반된 것들에 대해서 무조건적으로 배척하고, 단죄하고, 판단해 버리는 교만으로 가득차 있다는 것입니다.

사탄주의자들이 피라미드의 전시안을 가지고 모든 것을 알고 있다고 말한 이유는 단지 밀교주의나 신비주의적인 속임수가 아닙니다. 그들이 지금 세계를 접수하려고 한 무기들이 결코 종교적인 속임수만을 가지고 시도하고 있는 것이 아닙니다. 오히려 우리가 알지 못하고 있는 사이에 발전시킨 과학과 철학과 정치와 경제를 가지고 당당하게 세계를 접수해 나가고 있다는 사실을 직시해야 합니다.

프랑스 루브르 박물관 피라미드

현대과학도 풀 수 없는 피라미드의 비밀

피라미드는 이집트 쿠푸왕의 무덤으로서 2.5톤의 돌을 250만개를 쌓아서 만든 것입니다.

그리스 역사가 헤로도토스는 10만 명의 일군들이 3개월씩 교대로 20년 동안 만들었다고 추론을 했습니다. 돌과 돌 사이의 이음새는 일정하게 1/50인치(약 0.5mm 이하)인데 돌무게가 100톤이 나가는 것도 있는 것을 고려한다면 믿을수 없는 건축 기술이라 여겨집니다.

바퀴도 발명되지 않았고, 말이나 노새 등 하역 동물도 없었던 고대 이집트에서 밑변의 네 모서리가 0.1%의 오차도 없이 정확하게 동서남북을 가리키고 있는 피라미드를 건설한 것을 어떻게 설명할 수 있을까요?

그 거대한 돌들을 두부처럼 반듯하게 잘라 빈틈없이 맞추어 끼운 기술은 누구에게서 배운 것일까요? 피라미드가 수학적이고 천문학적인 개념들을 구체화시킨 것이라면, 어떻게 고대 이집트의 건축가들은 다른 문명에 비해 그처럼 앞선 지식들을 가질 수 있었을까요? 지구표면에 있어서의 위치, 역시 놀라운 점을 시사하는데, 죠셉 시즈와 그의 동료의 연구에 의하면 피라미드의 위치는 대륙의 질량 중심에 위치해 있고, 지구 전체의 면적을 거의 정확히 4등분하는 중심에 위치한다는 것입니다. 즉, 동서방향으로는 그리니치 동방 31도선인 가장 긴 경선과 남북방향으로는 북위 30도선으로 대륙의 가장 긴 축을 이루는 지점이라는 것입니다. 지구를 종횡으로 가장 길게 나누는 유일한 지점이고 그 지점에 거대 피라미드가 서 있다는 것은 기존의 피라미드에 관한 논의 이상으로 더 중요한 의미를 가지고 있습니다.

대 피라미드가 건설된 당시는 철이 발견되기 전이었으므로 돌 블록을 연마하기 위한 연장은 돌과 구리로 된 것이 고작이었습니다. 연마한 돌을 운반하는 데 사용된 연장도 썰매와 밧줄, 도르래, 미끄러져 내리기 쉬운 진흙과 경사로를 만들기 위한 벽돌이 고작이었으므로 이 거대한 석조 건축물이 세워질 수 있었던 것을 불가사의 중의 불가사의라고 부르는 것은 오히려 당연한 일입니다.

이집트의 기자에 있는 피라미드는 모두 제4왕조(B.C. 2600~B.C. 2480)에 만들어진 것입니다. 가장 큰 것은 쿠푸왕의 피라미드로 높이가 148미터에 이릅니다. (현재는 137미터) 다음으로는 카프레 왕의 것으로 136미터, 세 번째가 멘카우레 왕의 것으로 62미터에 달합니다. 밑변의 길이가 233미터인 쿠푸왕의 피라미드는 각 모서리가 동서남북으로 향하고 있고 완전한 직각을 이루고 있습니다. 평균 2.5톤의 돌을 250만개 쌓아 올리면 그 무게가 엄청날 것입니다. 따라서 이렇게 무거운 건조물은 상당히 탄탄한 기초위에 세우지 않으면 세월이 흐르면 토대가 무너지기 시작하다가 마침내 그 건조물도 붕괴 될 것입니다. 그러나 이집트의 피라미드는 4,800년의 기간 동안 장엄함을 드러내며 우뚝 서 있습니다. 진정 세기의 신비이며 놀라운 기적이 아닐 수 없습니다.

20. 피라미드의 유전자

피라미드는 동서 남북 방향으로 정확히 곧게 서 있으며, 단지 진북방향으로 3분 빗나가 있는데, 현대에 잘 지어졌다고 하는 파리천문대도 진북방향에서 6분정도 빗나가 있는걸 보면, 그 정확성에 놀라움을 금할 수 없습니다. 1978년 "암호가 해독된 거대 피라미드"라는 책을 쓴 레이몬드는 그 조차도 지층의 함몰로 인한 것일 뿐이라고 말했습니다.

많은 현대 건축가와 공학자들은 현대의 여하한 기술로도 이러한 건축물을 지을 수 없다는데 동의합니다. 이는 인간의 지식과 기술의 진화 법칙이 잘못되어 과거에 더 정확한 과학적 건축이 지어졌다는 결론을 얻어 많은 과학자들을 당황하게 하고 있습니다.

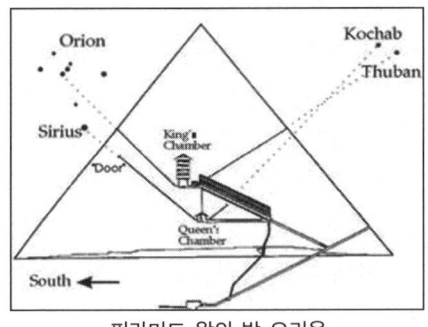

피라미드 왕의 방 오리온

피라미드는 누가 무슨 목적으로 세웠습니까?

"고대사의 아버지"로 불리는 헤로도투스가 피라미드가 건축된 2천년 뒤에 이 건축물에 대해 학문적 논의를 제기한 이후 크게 두 부류의 입장으로 나뉘어져 논의가 진행 되어 오고 있습니다. 첫 번째 그룹은 피라미드가 신의 계시라는 입장이고, 다른 그룹은 이에 반대하는 연구자들로 피라미드가 아틀란티스 시대에 잊혀진 과거의 지식과 기술의 산물 혹은 과거에 고도로 진보되고 번영한 그러나 현재에는 사라진 어떤 과학문명에 의한 것으로 믿고 있습니다. 즉 이들은 노아에게 신이 방주를 만들게 하여 신의 뜻을 알렸듯이, 신이 피라미드의 건축을 지시했다는 입장에 반대하는 것입니다. 전자의 입장을 지지하거나 관점을 가졌던 사람들로는 아이작 뉴튼경, 죤 테일러, 스콧틀랜드의 천문학자 스미스, 조셉 스위스, 러더포드 등입니다. 이 관점에는 회의적이지만 거대 피라미드에 열정적인 사람들은 페트리, 노르만 로키어 등이며, 피라미드 파워(에너지 연구)를 연구한 사람은 보비스, 패트릭 플래나건이고, 불가사의 지역 등 신비주의적인 관점에서는 에반스, 톰킨스등이 연구하였습니다.

현재의 연구 결과로는 거대 피라미드의 건축자는 이집트의 파라오인 체옵스(Cheops, 쿠푸라고도 불림)였으며 그는 당시 예언자에게서 지시를 받아 건축을 했었던 것으로 알려지고 있습니다.

애굽 태양신인 라(Ra)는 하늘에서 땅으로 내려온 엘로힘이란 신인데 땅의 여왕인 도트와 결혼해서 바로를 낳았다고 합니다. 바로는 엘로힘의 아들인 신으로 이집트를 통치하였는데 피라미드는 하늘의 다른 엘로힘 신들이 거주하고 있는 혜성(오리온과 시리우스)과 교신하는 기지국이며, 또 엘로힘 외계인들이 지구를 방문 할 때 좌표를 알려주는 일종의 UFO기지와 같은 곳이라고 합니다.

피리미드는 인간의 머리에서 나온 건축물이 아니라 하늘에서 내려온 그들의 신인 엘로힘이 가르쳐준 대로 지은 기지라는 것입니다. 그리고 피라미드는 신세계 질서가 세워질 때 또 지구를 방문한 또 다른 엘로힘 신들이 지구로 들어오는 관문 역할을 할 것이라고 합니다.

특히 이집트 신인 호루스는 인간으로서 엘로힘 신인 바로가 되었는데, 그는 원수 세트와 싸울 때 잃어버린 한 쪽 눈을 어머니인 도트가 뱀의 눈으로 끼워줘 모든 것을 알게 되었다고 합니다. 이것이 피라미드 꼭대기에 있는 전시안입니다.

피라미드는 태양신에게 인신제사를 드렸던 신전이다

전 세계에 흩어져 있는 피라미드로는 이집트, 중국 장안, 멕시코 아즈텍 문명, 페루 잉카문명, 일본의 해저 피라미드가 있습니다. 이 피라미드들의 공통점은 태양신에게 인신공회를 했던 장소, 즉 신전이라는 점입니다. 그래서 바로가 죽으면 그 신전에 모셨던 것입니다. 지금도 태양신을 섬기는 공산주의자들은 레닌을 방부처리하여 신으로 모시고 있고, 김일성, 김정일의 시신 또한 방부처리해서 그들의 신전에 모시고 있습니다.
 특히 성경에 아벨이 양을 잡아 제사드릴 때 하늘에서 불이 내려와 제물을 태웠습니다. 엘리야가 갈멜산에서 기도할 때 하늘에서 불이 내려와 번제물을 태웠습니다. 사탄주의 자들은 사람을 잡아 인신공회를 행하였습니다. 이는 여호와 하나님이 번제를 받으시고 불로 임하신 것에 대한 모방이었습니다.
 그들은 불이 내려와 제물을 태운 것을 보고 태양신(불신)을 섬기고 동물대신 사람을 희생하여 제사를 드렸습니다.

피라미드 안에 있는 과학의 비밀

 1864년에 발간된 찰스 피아지 스미스의 〈위대한 피라미드에서의 우리의 상속〉이라는 600쪽에 달하는 두꺼운 책에서 우리는 피라미드와 우리의 지구사이에 머리카락이 곤두설 정도로 많은 연관성이 있다는 사실을 읽을 수 있습니다.
 케오프스 피라미드의 높이에 10억을 곱하면 대략 지구와 태양사이의 거리와 일치하는데, 그것은 말 그대로 정말 우연 때문일까요? 피라미드를 관통하는 자오선이 대륙과 대양을 정확히 절반으로 나눈다는 것 역시 우연일까요? 피라미드의 밑면 둘레를 '2×높이'로 나누면 그 유명한 루돌프의 숫자인 파이(3.1416)가 되는 것 역시 우연일까요? 지구의 중량에 대한 계산법과 건축물에 놓여진 암석바닥이 세심하고도 정확하게 수평을 이루고 있다는 것도 단순한 우연일까요? 피라미드의 비밀은 현대과학이 오늘에서야 밝혀낸 지구와 태양의 거리, 지구의 둘레을 측정하는 원주의 공식인 파이(3.1416), 지구의 수평중력, 별자리와의 관계 등 이루 말할 수 없는 미스테리가 많은 것을 어떻게 설명할 수 있을까요?
 피라미드는 대륙과 대양만 둘로 똑같이 나누는 게 아니라, 아울러 대륙의 중심에 놓여 있습니다. 그리고 커다란 피라미드에서 지구 중심까지의 거리는 피라미드에서 북극까지의 거리와 정확히 일치합니다. 이것이 우연이 아니라면 이 사실을 믿기란 매우 어려운 일이겠지만 - 피라미드의 건축부지는 지구의 공모양과 대륙과 대양의 분포에 대해 정확히 알고 있었던 어떤 존재에 의해 정해진 것이 분명합니다.

　우리는 여기서 피리 레이스 제독의 지도를 떠올리지 않을 수 없습니다. 11,000년 전에 만들어진 피리 레이스의 지도는 이집트 카이로를 중심으로 남극과 북극이 그려져 있습니다.

　그 당시의 기술 수준에 비추어 볼 때 동서남북에 정확히 일치하는 방향성, 놀라울 만한 건축상의 정확성, 더구나 그 높은 곳에서도 한 치의 빈틈도 없이 거대한 돌들을 정확하게 맞추어 끼운 기술들을 어떻게 설명할 수 있을까요? 이 대 피라미드가 복잡한 수학적이고 천문학적인 개념들을 구체화시켰다고 하는데, 이집트의 고대 건축가들만이 다른 문명에 비해 그처럼 앞선 지식들을 가질 수 있었던 원인은 무엇일까요?

　지구상에서 인간이 만든 고대 유물 중에서 피라미드처럼 철저한 연구가 이루어진 것은 없습니다. 그럼에도 어떠한 결론도 내리지 못하도록 하는 것은 무엇입니까? 게다가 우리를 더욱 당혹스럽게 만드는 것은 피라미드를 건설한 목적들이 너무나도 다양하게 제기된다는 것입니다. 이들 모든 이론을 간명하게 한 틀로 묶을 수 없다는 데 바로 피라미드의 진실과 신비가 있는 것입니다.

　19세기 말, 영국인 천문학자 리차드 프록터는 고대 천문학이라는 명제를 걸고 피라미드 연구에 대한 새장을 열었습니다. 그는 대 피라미드가 완성되기 전에도 우주 관측소 역할을 했다는 것을 증명하려고 애썼습니다. 내부 통로가 정남북향(正南北向)으로 되어 있고, 또 26도로 경사지어 있는 것으로 보아 대 피라미드가 천체 관측 장소로 적합하다는 것입니다. 그는 고대 학자들이 복도 북쪽의 개구부를 통하여 천체 현상을 연구하여 북쪽 하늘의 지도를 만들 수 있었으며, 그럴 경우 하늘의 80도를 커버할 수 있다고 주장하였습니다.

　프록터의 이론은 1894년에 영국의 유명한 천문학자이자 헬륨을 발견한 노만 로키어가 그의 저서 『천문학의 입문』에서 피라미드와 별에 대해 서술하면서 지지를 받았습니다. 로키어는 피라미드가 해가 뜨고 지는 방향과 특정 별자리를 향하고 있음을 지적했습니다. 특히 그는 영국에 있는 스톤헨지의 거석과 피라미드를 비교하는 논문을 발표하여 많은 학자들의 지지를 받았습니다.

　미국인 리비오 스테시니는 고대 이집트인들이 천문학적인 자료에 근거하여 정확한 경도와 위도의 길이를 계산하였다고 발표했습니다. 경도와 위도는 유럽에서도 18세기가 되어서야 정확히 측정되었는데 이것은 대 피라미드가 세워진지 4,000년이 훨씬 지나서였습니다.

　이제 쿠푸의 대피라미드를 말할 때마다 항상 경탄의 대상이 되는 건축 기술에 대하여 알아봅시다.

　제일 먼저 피라미드가 고대 이집트인들의 지식만으로는 결코 건설할 수 없었을 것이라는 증거로 왕의 현실을 거론하는 경우가 많습니다. 왕의 방으로 알려진 현실은 높이 5.8m, 길이 10.5m, 폭 5.25m로 바닥에는 열다섯 장의 두터운 화강석판이 깔려 있고 벽은 100여 개의 가공된 화강석으로 구성되어 있습니다. 이 벽에 사용된 화강석은 100톤 이상의 무게로 추정되며, 또한 천장은 50톤의 무게의 화강석 아홉 장으로 구성되어 있습니다. 이 엄청난 하중은 5층의 공간으로 분산되어 있으며 대피라미드의 경이를 말할 때 빠지지 않는 단골 메뉴입니다.

　그리고 현실에서 '천체창'이라고도 불리는 환기 구멍이 발견된 것입니다. 피라미드의 현실에는 남쪽과 북쪽으로 높이 20센티미터, 폭 22센티미터의 환기 구멍이 있습니다. 미국의 천문학자 트림블은 남쪽의 환기 구멍이 기원전 2600년에서 기원전 2400년경에는 왕의 방이 오리온 자리의 세 별에 정확하게 조준되어 있었다고 발표했습니다. 이것을 근거로 이 구멍은 환기 구멍이라기보다는 천체창이라는 명칭으로 더 많이 불리게 된 것입니다. 왕비의 방이라고 알려진 곳에도 천체창이 있는데 시리우스 별을 향해 조준이 되어 있습니다.

바티칸 베드로성당

워싱톤 국회의사당과 오벨리스크

기자 피라미드의 별자리 지형배치

　기자 피라미드의 지형배치가 밤하늘의 별자리의 배치와 거의 흡사하다라는 사실을 알고 있는 이는 드물 것입니다. 그 별자리는 겨울에 유독 빛나는 별자리로서 오리온의 삼태성(三太星: 알 니탁, 알 닐람, 민카타)입니다. 기자 피라미드의 배치에서 세 피라미드를 일직선으로 그어보면, 멘카우레 왕의 피라미드라 불리우는 세번째 피라미드가 조금 어긋나 있다는 것을 알 수 있습니다. 그런데 이 세번째 피라미드의 배치는 오리온자리의 세번째 자리의 별(민타카)의 위치와 같은 형태를 보이고 있습니다. 더욱이 별빛의 선명도로 알 수 있는 별들의 크기도 기자 피라미드들의 규모와 일치하고 있습니다. 스핑크스 또한 사자자리의 별자리와 일치하고 있습니다.

　그런데 놀라운 것은 중국의 장안과 멕시코의 테오티우아칸의 피라미드도 기자 피라미드 배치가 똑같이 배치가 되어 있다는 것입니다. 천문학적인 견지에서만 보면 고대 이집트인들은 임의의 방위를 알아낼 수 있었습니다. 쿠프의 대피라미드에서 보면 방위에 있어 평균 오차가 3′ 6″에 지나지 않았습니다. 케프렌의 경우는 5′, 미케리노스의 경우는 14′ 의 차이가 나는데 이러한 오차는 놀랄 만큼 정확한 것입니다. 예를 들어 엄밀한 정밀도를 요구하는 건축물 중에는 천문대가 있습니다. 오늘날 대표격인 천문대로는 파리 천문대와 그리니치 천문대가 있는데 이 천문대들은 자오선 방향에 대해 각각 6′ 과 9′ 씩 오차가 나 있습니다.

　더욱이 이집트인들이 피라미드가 건설되기 몇 천 년 전부터 태양, 달, 별, 행성들의 운동을 세밀하게 관측하고 있었다는 사실이 여러 자료에서 나타났습니다. 그들은 시리우스의 움직임을 관측하여 달력을 만들었으며, 매년 정기적으로 발생하는 나일강의 홍수가 시작되는 날과 큰개자리 시리우스 별이 정해진 날짜의 동트기 직전과 직후에 나타나는 것을 정확히 탐지하여, 일 년이 365.25일이 되는 것도 알았습니다. 한 달이 30일로 된 12개월에 여분으로 5일을 더해 1년으로 하였습니다.

　피라미드를 건설하는데 가장 필요한 것은 체적과 표면적을 계산하고 수직을 세우는 것인데 이집트인들이 그 방법을 숙지하고 있었다는 것은 놀라운 일입니다. 대피라미드를 살펴보면 이집트인들이 원주율=3.1416과 황금비율=1.618을 알고 있었다는 것을 확인할 수 있습니다. 또한 대피라미드의 내부에서도 의식적으로 기하학 지식을 적용한 것을 발견할 수 있습니다. 그래서 중력을 이용한 피라미드의 에너지를 왕과 왕비의 방으로 모을 수 있었던 것입니다.

현대적인 측량기기로 측정

대피라미드의 밑변 길이는 230.3m에 대해 최대 4.4cm의 오차뿐입니다. 피트리의 측정보다 3배 정도 어긋나지만 여전히 그 정밀도는 1/5,000(0.02%) 미만입니다. 그리고, 대피라미드의 밑면의 네 모서리는 직각입니다. 밑면의 남동쪽 모서리는 90° 0' 33",이고, 북동쪽 모서리는 90° 3' 2", 남서쪽 모서리는 90° 0' 33", 북서쪽 모서리는 89° 59' 58" 로서 90° 에 대해서 최대 변위의 오차는 0.07% 이내입니다. 전체 건물의 방향은 그 네 밑변이 각각 정확하게 동서남북을 가르키고 있습니다. 우선 북쪽 변은 2' 28" 서쪽 방향으로 돌아가 있고, 남쪽 변은 1' 59" 서쪽으로 향하고 있으며, 동쪽 변은 5' 30" 북쪽으로, 서쪽 변은 2' 30" 북쪽으로 향하고 있습니다.

그 방향의 오차는 0.015%로, 어긋난 최대 변위로 따지면 1.1m에 해당하는 것입니다. 이정도 정밀한 건축에서 방위를 결정하는 데에는 나침반을 사용할 수 없습니다. 나침반은 정북을 가리키지도 않을 뿐더러 자기장의 변화로 수시로 그 방향이 조금씩 변하기 때문입니다. 오늘날에는 천문용 방위각 측정 장치를 사용해서 원하는 방위를 구하는데, 로그표를 참고한 계산법이 뒤따라야 합니다.

어떻게 해서든 대피라미드 밑변의 방위를 결정했다고 해도, 실제 건축에 들어가면, 또 다른 문제에 직면합니다. 바로 대각선 공법입니다. 대각선 공법은 전체 모양의 뒤틀림을 방지하기 위해서 반드시 사용해야 하는데 그 대각선 측량이 불가능했습니다.

대피라미드 가운데 돌출된 암석이 측량의 시야를 가렸기 때문입니다. 건축이 진행되면 피라미드 시야를 피라미드 자체가 완전히 가리기 때문에 측정이 불가능 했을 텐데도 놀랍게도 뒤틀림이 거의 없이 정확히 사각뿔의 중앙으로 모이도록 건축되었습니다.

영국의 그리니치 천문대의 자오선빌딩

현대의 가장 방위가 정확하고 모서리의 각이 직각에 가까운 건축물은 어떤 것입니까? 그것은 측량탑이나 천문대 정도입니다. 대표격인 건축물이, 전 세계의 시간을 정하는 기준이 되는 영국의 그리니치 천문대의 자오선 빌딩입니다. 이 건물 중앙의 남북을 잇는 선, 즉 자오선이 바로 0°이기 때문에 이건물의 남북 방위는 매우 중요한 것입니다. 그러나 실제로 측정한 결과 각 천문대는 자오선 방향에 대해 6호분과 9호분씩 틀어져 있었습니다. 이에 비해 4500년 전에 지었던 대피라미드는 3호분 남짓 어긋나 있을 뿐입니다.

피라미드와 공산주의 비밀

피라미드가 있는 곳에는 공산주의가 따라 다닙니다. 현재 프리메이슨들은 모두 공산주의자들입니다. 중국의 서안(장안)에 100개가 넘는 피라미드 단지가 있습니다. 역시 중국이 왜 공산화되었는 알 수 있는 증거입니다. 북한의 단군릉, 장수왕의 무덤, 유경호텔이 피라미드입니다. 미국의 워싱톤에 피라미드가 있습니다. 미국은 볼세비키 공산당들이 지배하고 있는 나라입니다. 이스라엘이 삼각형 즉 피라미드 두 개를 포갠 국기를 가지고 있습니다. 현재 이스라엘은 공산주의 국가입니다.

잉카피라미드

멕시코 아즈텍피라미드

제3장 적그리스도 세력들의 유전자의 비밀
20. 피라미드의 유전자

북한장수왕피라미드

피라미드는 사탄숭배, 인신공회, 신비주의 종교의 상징입니다.

피라미드 안에는 과학, 종교, 신비, 정치, 경제와 역사가 있습니다. 사탄주의자들이 피라미드를 가지고 자신들은 고대에 우주선을 타고 지구에 도착한 엘로힘이었다고 주장을 합니다. 그래서 지금도 고대 피라미드의 세상과 같은 초과학 시대를 통해서 지구촌의 유토피아를 만들겠다고 합니다.

이것을 피라미드 유전자라고 합니다. 과학의 유전자라고 합니다.

중국장안피라미드 100개

북한 단군능 피라미드

북한 피라미드호텔 유경

북한광명성 인공위성

타작기 2

북한 김정은 프리메이슨포즈

스탈린 프리메이슨포즈,
나폴레옹, 모짜르트,
마르크스, 레닌, 타파예트

피라미드와 고인돌

노무현대통령 피라미드묘지

1달라피라미드

헤지스톤 피라미드

중국서안(장안) 피라미드
(높이180m 밑변300m)

21. 음악의 유전자

사탄 루시퍼는 음악의 천사장

겔28:13 "네가 옛적에 하나님의 동산 에덴에 있어서 각종 보석 곧 홍보석과 황보석과 금강석과 황옥과 홍마노와 창옥과 청보석과 남보석과 홍옥과 황금으로 단장하였었음이여 네가 지음을 받던 날에 너를 위하여 소고와 비파가 예비되었었도다."

사탄 루시퍼는 하나님의 피조물 중에 가장 아름답게 창조된 존재였습니다. 뿐만 아니라 이렇게 루시퍼가 화려하고, 아름답게 창조된 것은 소고와 비파로 하나님을 찬양하도록 하였습니다. 그러나 그가 너무나 화려하고, 아름답게 창조되어 교만하여 타락했습니다.

타락한 루시퍼는 음악의 전문가답게 오늘날 사탄음악을 통해 세계 모든 사람들을 파멸시키고 있습니다. 음악의 유전자를 통해서 최초의 악기를 만들었던 유발로부터 오늘에 이르기까지 음악을 통해 인간성을 파괴시키는 사탄의 음모를 살펴보도록 하겠습니다.

사탄음악의 종류는 어떤 것들이 있습니까?

사탄 음악의 여러 종류와 장르가 있습니다. 사단 메시지를 효과적으로 전달하는 전략이 됩니다. 사탄음악에 중독된 사람들은 대부분 폭력, 음란, 반항, 약물 복용과 같은 타락이나 아니면 우울증, 환상이나 환청, 가위눌림, 자살과 같은 정신적 문제를 일으키는 증상을 보입니다. 그러나 이런 증상들이 결국 동일한 종착점으로 간다는 것입니다. 그것이 바로 사단숭배와 접신입니다.

헤비메탈 음악

헤비메탈은 한마디로 "환각의 음악"입니다. 한 실험에서 개를 가두어 놓고 계속 헤비메탈을 틀어놓았더니 개가 미쳐서 침을 흘리며 사나워졌다는 결과가 나왔습니다. 헤비메탈의 신(神)으로 불러지는 밴드는 '주다스 프리스트' 입니다. 주다스 프리스트란 '유다의 사제' 란 뜻으로 예수님을 배반한 유다를 섬기는 제자들이라는 뜻이 됩니다. 즉 예수 그리스도를 겨냥한 욕설 중의 하나입니다. 이들이 부르짖는 내용은 주로 폭력, 파괴, 혼돈, 예수 그리스도에 대한 모욕 등입니다. 주다스 프리스트의 노래 한 곡을 소개해 보겠습니다. '날 산 채로 먹어요(Eat Me Alive)'라는 노래입니다" 나는 짐승처럼 맥박에 따라 헐떡거리고 있습니다. 열기에 숨이 찬 쾌락의 지대에서 자랐습니다. 모든 마디를 부숴 놓을 정도로 창자가 뒤틀리는 광기에 빠져 있습니다. 나는 총을 들이 대고 당신이 나를 산 채로 먹도록 협박하겠습니다.

헤비메탈에도 여러 가지 종류가 있습니다.

① Death Metal · Black Metal (죽음의 소리)

Death Metal은 죽음과 파멸을 다루는 장르입니다. 살인·자살·시체·악마·마약·폭력·강간 등 끔찍한 사단의 메시지가 들어가 있는 반면, Black Metal은 악마적이고 반 기독교적 가사, 마귀와 드라큘라, 귀신 등이 그 주 내용입니다. Death Metal · Black Metal의 대표적인 가수로는 크레이들 오브 피스(Cradle of filth), 버줌(Barzum), 디사이드(Deicide 하나님을 죽이는 사람), 홀(Hole), X-Japen의 멤버 히데, 카니발 콥스(Cannibal Corpse 사람 잡아먹는 시체) 등이 있습니다.

② Hard Core (하드코어)

원래 포르노 영화에서 사용되던 용어로, 요즈음에 모든 문화 영역에서 Hard Core가 뜨고 있습니다. 우리나라 영화 가운데서 Hard Core 장르에 새로운 바람을 불러일으킨 것이 바로 한석규, 심은하 주연의 "텔미썸팅"이라는 영화입니다. 이 영화에서 한석규는 형사로, 심은하는 용의자로 나옵니다. 심은하의 역은 사람을 계속 토막 내어 살해하는데, 그 장면이 너무 섬뜩하고 엽기적입니다. 그 이후로부터 Hard Core 영화가 심심찮게 우리 영화 가운데서 제작되었는데 "손톱","장화홍련"등이 그것입니다. 현재 대중음악에서도 최전방에 서 있는 것이 바로 이 "하드코어"와 "트랜스(테크노 종류)"

입니다.

음악에서 Hard Core는 더 노골적이고, 극단적입니다. 하드코어는 1970년대 펑크에서 시작된 극단의 저항적, 반항적인 음악입니다. 우리가 너무나 잘 아는 서태지의 음악이 바로 하드코어의 종류입니다. 서태지는 이 하드코어와 테크노에다가 힙합을 가미해 새로운 음악을 내놓았습니다.

③ Speed Metal (스피드 메탈)

스피드메탈은 매우 빠른 비트와 짧은 노래, 엄청난 고음보컬과 사운드로 이성을 마비시키는 흥분이 스피드 메탈의 무기입니다. 헬로윈과 메탈리카가 대표적인 밴드입니다.

록 음악(Rock)

록은 '네 멋대로 하라'는 반항적인 메시지와 '지금, 이 자리에서 즐기라'는 쾌락적 메시지가 담겨있는 절망과 허무주의 음악입니다. 죽음의 음악으로도 불리웁니다. 록은 한마디로 반항적이고 사단 숭배적입니다. 그렇다면 그 종류를 알아보겠습니다.

① 하드록(Hard Rock)

한 마디로 지옥의 심장소리를 들려주는 음악입니다. 하드록을 제대로 알려면 하드록의 가수들을 보면 알 수 있습니다.

앨리스 쿠퍼라는 가수가 있습니다. 이 가수는 산 병아리를 죽여 내장을 청중들에게 던지기도 하고, 살아있는 사람같이 만든 인형을 조각조각 잘라 피를 튀기게도 합니다. AC/DC란 그룹의 이름은 바이섹슈얼을 나타내는 은어 입니다.

② 록큰롤 (Rock and Roll)

성적인 음악입니다. 개를 철창에 가두어 놓고 계속 록큰롤을 틀었더니 개가 흥분하여 사정까지 했다는 것은 우리도 잘 알고 있는 사실입니다. Rock and Roll이라는 용어 자체가 걸고 구른다는 성적인 표현을 나타내고 있는 것만 봐도 이 음악이 얼마나 음란한 음악인 지 알 수 있습니다. 록큰롤의 대표적인 가수 앨비스 프레슬리의 인생을 봐도 알 수 있습니다. 앨비스는 전 세계에 걸친 대중적 인기와 엄청난 부를 거머쥐는 대단한 성공을 맛보았지만, 그의 말년은 비참하기 그지 없었다는 사실은 누구나 다 아는 사실입니다. 그는 성공 뒤 무분별한 섹스, 마약 복용과 같은 육체적 쾌락에 빠져 서서히 파멸로 들어섰습니다.

결국 그는 영적 문제라 인정할 수밖에 없을 정도로 탐식했고, 이것의 결과로 온 비만증 치료제와 불면증을 해결하기 위한 수면제, 다시 잠에서 깨기 위해 각성제를, 그리고 습관적인 마약 복용으로 인해 한 달에 1200개의 알약을 복용해야만 삶을 유지할 수 있을 정도로 약물에 빠져 살았습니다. 게다가 앨비스는 수많은 어린 여자들과 음란에 빠졌으며, 관음증이라는 정신문제까지 와버렸습니다. 결국 42세의 짧은 나이에 자신의 저택 화장실에서 금색 잠옷을 걸친 채로 심장마비로 쓰러져 생을 마감하고야 말았습니다.

그런데 주목할 점은 이 록큰롤의 제왕이 죽는 순간까지 손에 들고 있었던 것은 점성술과 성(性)체위에 관한 사진 책이었다고 하니, 사단이 가져다 준 그 영적 문제가 얼마나 심각한 지 알 수 있습니다. 엘비스 플레스리도 프리메이슨들에게 이용당하고 사라져 버린 것입니다.

③ 펑크록(Punk Rock)

펑크(Punk)라는 말 자체가 성적인 흥분 상태를 나타내는 말입니다. 따라서 펑크 음악은 성적인 묘한 소리를 질러내는 것과 아프리카의 우상숭배 때 연주되는 다양한 리듬이 그 특징이라고 말할 수 있습니다. 펑크록은 섬뜩한 분위기의 차림을 주로 하고 나타납니다. 예를 들면 은을 사용한 다양한 굵기와 디자인의 팔찌, 끝 부분이 잘려나간 검은 가죽장갑, 옷핀, 라틴어가 적힌 섬뜩한 해골 모양, 앵크의 모양의 십자가, 거꾸로 된 십자가, 로만 십자가 등을 착용하고 다닙니다.

대표적인 가수로인 섹스 피스톨즈는 "나는 적그리스도이며, 무정부주의자이다. 나는 파괴를 원한다"라고 주장하고 다녔습니다. 섹스 피스톨즈는 공연시 면도칼을 옷에 달아 서로 몸을 부닥치게 하여 온통 피바다로 만들게 합니다. 비정상적인 흥분에 빠진 청중들을 향해 이렇게 외칩니다. "만일 너희가 우리를 정말로 사랑한다면 서로의 몸에 상처를 내라"라고 펑크록을 좋아하는 청소년들이 폭력 세계로 빠져드는 것은 어쩌면 당연한 결과인지도 모릅니다.

④ 글램 록 (Glam Rock)

글램 록은 화려한 분장과 섹슈얼리티, 감각적인 사운드를 내세워서 펑크, 하드록과 함께 70년 대를 주도했던 장르중 하나입니다. 핑크 플로이드로 대표되는 1970년대 프로그레시브의 진지함에 대한 반작용으로 생겨났습니다. 원색으로 물들인 머리, 두터운 화장, 무지개빛깔을 휘날리는 복장 등 시각적 표현을 매우 중시했습니다.

음악적으로는 정통 락큰롤에 기반을 두고 있었으며, 거의 음악은 연기에 비해 부차적이었습니다. 상당히 퇴폐적인 분위기를 풍기는 음악으로 동성애적인 내용도 많고, 또 실제로 동성애, 양성애를 즐겼다고 하는 가수들도 많습니다. 일본의 비주얼 락이 글램락의 영향을 많이 받았다고 할 수 있습니다.

글램락의 대표가수로는 데이빗보위, 브라이언이노, 브라이언 리, 이기팝, T.렉스 등이 있으며 퀸도 글램락 성향이 짙은 밴드중 하나입니다. 미국의 키스, 보이조지의 컬쳐클럽 역시 글램락 계통 밴드입니다. 그룹 KISS는 음악스타일로는 글램록을 추구했으나, 내용면에 있어서는 악마주의 색채를 지닙니다.

KISS는 Knights in Satan's Service의 첫머리 기사를 합친 것으로 "사단을 섬기는 기사들"이라는 뜻입니다. 그들은 한 콘서트에서 3만 3천명의 청중들에게 "불의 신, 천둥의 신이 너희의 순결한 영혼을 앗아갈 것"이라고 외치게 했으며, 또 10분 동안 '바알세불'을 외치게 하였으며, 이들은 〈천둥의 신 God of Thunder〉이라는 노래에서 "나는 귀신에 의해 길러졌다. 나는 너에게 천둥의 신과 로큰롤 앞에 무릎 꿇으라고 명령합니다. 우리는 너의 순결한 영혼을 훔칠 것이다"라고 노래합니다.

뉴에이지 음악

오래 전에 인기가 많은 노래가 있었습니다. 국악풍임에도 불구하고 어른들은 물론 유치원 꼬마들까지 이 노래를 무심결에 흥얼거릴 정도로 인기입니다. "…오나라 오나라…"를 반복하고 있습니다. 전에 최고의 인기를 누렸던 MBC 드라마《대장금》의 주제곡입니다. 그런데《대장금》의 주제곡 "오나라"라는 노래가 바로 뉴에이지 음악이라는 것을 아는 사람이 드뭅니다. 이 노래를 만든 임세현은 영국에 유학까지 갔다 온 뉴에이지 음악가입니다. 임세현은《대장금》뿐만 아니라 한 때《대장금》과 같이 최고의 시청률을 기록했던 MBC 드라마 '허준', '상도', '위풍당당 그녀' 등 10여 편의 드라마에서 음악감독을 맡으며 주목 받아왔습니다. 특히 그가 처음으로 맡았던 사극 '허준'에서는 예진 아씨의 테마곡 '송인'의 노래를 세계적인 소프라노 조수미씨에게 맡겨 국내 사극 음악의 개념을 일거에 뒤집어 놓았습니다. 사극이라고 해서 전통 국악인에게 맡긴 것이 아니라 현대적으로 옷을 입혔고, 결과는 대히트였습니다.

'새롭고 통일된 사회 및 종교 질서를 위해 동양의 신비 종교와 서양의 기독교를 결합시켜라. 어제의 두 개의 큰 문명은 내일의 하나의 문명으로 탄생될 것이다' 라는 뉴에이지 음악인 것입니다. 앞서도 언급했지만 뉴에이지 음악에 중독되면 반드시 두 가지 결과가 나타납니다. 그것이 바로 자살성 우울증과 같은 정신병과 그리고 접신입니다.

클래식 음악

일반적으로 클래식은 안전하다고 생각하는 사람들이 많습니다. 그러나 클래식에도 사단은 손을 뻗치고 있습니다. 모짜르트, 베토벤, 시벨리우스, 파가니니, 리스트는 사단을 숭배하는 프리메이슨의 일원이었다는 사실은 두 말 할 것도 없이 잘 아는 사실입니다. 이 중 파가니니 음악은 음란이라는 영적 문제를 가져다 주기까지 합니다. 그런데 파가니니의 바이올린 음악은 슈만, 쇼팽, 베를리오즈, 리스트, 브람스, 라흐마니노프 등의 낭만파 음악가들에게 막대한 영향을 주었을 만큼 천재적입니다.

지금도 피아노를 전공하는 학생들에게 쇼팽, 리스트의 〈연습곡〉이 텍스트라면, 바이올린을 전공하는 학생들에게 있어 파가니니의 〈바이올린을 위한 무반주 카프리스〉는 마치 바이블과 같은 곡이라 하겠습니다. 이런 파가니니가 복음을 경멸했다는 것은 시사하는 바가 큽니다. 복음을 회피한 파가니니는 끊임없이 도박, 변태적 음란, 그리고 몇 년씩 사라져 마귀에게 영감을 얻는 등 심각한 영적 문제에 시달렸습니다. 파가니니가 얼마나 시달렸는지 얼굴만 봐도 사람들이 이상하다고 느낄 정도였습니다. 그럼에도 불구하고, 한 번 그의 음악을 들으면 잊지 못할 정도로 뛰어났다고 합니다.

그러나 파가니니 역시 말년에 비참한 최후를 맞이했습니다. 이탈리아 니차에서 죽었을 때 카톨릭 교회에서 그의 매장을 거부하는 바람에 관속에 넣어진 채로 몇 달 동안을 니차의 별장에 방치되어 그 시체의 악취가 부근 일대까지 풍겨나갈 정도였습니다. 결국 교회에 끝까지 안치되지 못하고 그 이름조차 제명되어져 버리고, 어느 병원에 옮겨져 사람들의 뇌리에서 잊혀져 버렸습니다. 요즈음에 스와핑이 사회적 물의를 일으키고 있습니다. 그런데 주목할 사실은 이 스와핑이 이뤄지는 장소에서 파가니니의 음악이 자주 이용되어진다는 것은 음악이 얼마나 무서운가를 알 수 있습니다.

Gothic(고딕) 음악

고딕음악은 어둠, 슬픔, 고난, 비애, 외로움, 자신파괴, 등을 노래하는 장르입니다. 고딕마다 다르지만 때로는 사탄주의와 뱀파이어, 폭력도 다룰 때도 있습니다. 사탄숭배자 마릴린 맨슨이 한 때 고딕음악을 접목한 작업을 한 적도 있습니다. 고딕은 하나의 삶, 문화로서 대표적인 그룹이 Bauhaus입니다. 고딕밴드들은 어둡고, 우울하고, 자살적 충동의 가사들이 많습니다. 이 고딕음악팬들은 어둠을 좋아하므로 검은 옷에 검은 메이크 업, 검은 손톱, 립스틱을 합니다. 대표적인 밴드로는 The Cure, Siouxsie and the Banshees,

Joy Division, Godhead등이 있습니다. 필자가 봐도 특이한 팬들이라고 봅니다. 세상을 굉장히 어둡게 사는 분들이라고 생각합니다. 이 고딕 팬들은 삶의 어둠, 슬픔, 고난 등이 삶의 아름다움이라고 생각합니다.

Jass 음악

재즈 음악은 1900년 무렵에 미국 남부의 뉴올리언즈 (항구도시) 지역을 중심으로 처음 탄생되었습니다. 1920년대부터 1970년대까지가 재즈 음악의 전성기로 불리지만, 탄생 이후, 수많은 유명 재즈 뮤지션들이 탄생, 활동하였고, 전 세계적으로 수많은 팬들이 생겨났습니다. 재즈 음악은 흑인 음악으로서 아프리카, 유럽, 그리고 미국 대중 음악의 특징들이 혼합되어 있습니다. 워낙에 변화무쌍한 장르의 음악이기 때문에 전문가들조차 정확한 정의와 특징들을 단언하지 못한다고 합니다.

재즈 음악에는 다양한 스타일이 존재하는데, 대표적인 스타일만 꼽아도 모던재즈 (modern jazz), 재즈락(jazz rock), 소울재즈 (soul jazz), 블루스(blues), 라틴재즈 (latin jazz), 펑크재즈 (funk jazz), 스윙재즈 (swing jazz), 락앤롤재즈 (rock and roll jazz)등이 있습니다. 재즈 음악의 경우, 워낙에 스타일이 다양해서 "재즈 음악이다", "아니다"라는 논쟁이 끊이지 않을 정도라고 합니다.

재즈 음악에 가장 대표적으로 사용되는 악기로는 색소폰, 트럼펫, 클라리넷, 피아노, 기타, 베이스, 플룻, 트롬본, 튜바, 드럼 등이 있고, 보컬 재즈 음악 역시 변함없이 사랑받고 있는 장르 중 하나입니다. 흔히 재즈 음악하면 금관 악기 (brass instrument)를 많이 떠올리는데 클라리넷과 플룻 (목관 악기 -wood wind instrument)도 재즈 음악에 대표적으로 사용되는 악기들입니다. 변화무쌍한 박자 때문에 드럼 역시 재즈 음악에없어서는 안 될 중요한 요소입니다.

재즈 음악의 요소 중 가장 중요하다고 할 수 있는 것이 바로 즉흥연주 (improvisation)입니다. 바로 이 요소 때문에 재즈 음악은 그 연주가에 따라 전혀 다른 느낌으로 해석될 수 있고, 이것은 다른 음악 장르와는 크게 대조되는 특징입니다. 다른 음악 장르들은 작곡가의 의도에 따라 악보에 쓰여진 대로만 연주를 해야 합니다. 그렇지만 재즈 음악은 얼마든지 재해석이 가능하고, 그렇기 때문에 다른 음악 장르에 비해 훨씬 더 창의적이라는 의견도 많습니다.

즉흥 연주라는 요소 때문에 수많은 재즈곡들은 매번 전혀 다른 느낌의 곡이 탄생하기도 합니다. 즉흥 연주야말로 재즈 음악의 가장 큰 매력이라고 말하는 사람들도 있지만, 그와 동시에 즉흥 연주 때문에 재즈 음악을 두려워하는 사람들도 많이 있습니다. 자유로움이 느껴지는 그 즉흥성 때문에 재즈의 매력에서 헤어 나오지 못하고 있기 때문입니다.

Hip-Hop 음악

힙합은 대중음악의 한 장르를 일컫는 말인 동시에, 문화 전반에 걸친 흐름을 가리키는 말이기도 합니다. 힙합이란 말은 '엉덩이를 흔들다'는 말에서 유래했습니다. 당초에는 1970년대 후반 뉴욕 할렘가에 거주하는 흑인이나 스페인계 청소년들에 의해 형성된 새로운 문화운동 전반을 가리키는 말이었습니다. 따라서 힙합을 '미국에서 독자적으로 만들어진 유일한 문화'라고 평하기도 합니다.

힙합을 이루는 요소로는 주로 네 가지, 랩·디제잉·그라피티·브레이크댄스가 거론됩니다. 주로 전철이나 건축물의 벽면·교각 등에 에어스프레이 페인트로 극채색의 거대한 그림 등을 그리는 그래피티(낙서미술), 비트가 빠른 리듬에 맞춰 자기 생각이나 일상의 삶을 이야기하는 랩, 랩에 맞춰 곡예 같은 춤을 추는 브레이크 댄스 등이 있으며, 디제잉은 LP레코드 판을 손으로 앞뒤로 움직여 나오는 잡음을 타악기 소리처럼 사용하는 스크래치·다채로운 음원(音源)을 교묘한 믹서 조작으로 재구성하는 브레이크 믹스 등의 독특한 음향효과로 주목을 끌었습니다. 이러한 기법은 테크놀로지의 급속한 발전으로 힙합 운동 출신의 '사운드 크리에이터(편곡자)'들을 등장시켰고, 이들이 만들어낸 사운드는 1980년대에 미국 대중음악의 새로운 경향의 하나로 정착되었습니다. 1990년대에 들어서면서 미국에서 시작된 힙합은 전 세계의 신세대들을 중심으로 '힙합스타일'이라고 하여, 보다 자유스럽고 즉흥적인 형태의 패션 · 음악 · 댄스 · 노래, 나아가 의식까지도 지배하는 문화 현상이 되었습니다.

세기말 악마주의 록의 교주 '마릴린 맨슨'

2005년 미국 콜로라도주 덴버시 교외 리틀턴의 컬럼바인 고등학교에서 일어난 집단 살인사건은 역사상 최악의 학교 총기 사고로 기록되고 있습니다. 무려 15명의 학생과 교직원이 총격으로 숨진 이 무서운 살인 사건은 '트렌치 코트 마피아'라는 학내 불량 서클의 단원으로 알려진 딜런 클레볼드(17)와 에릭 해리스(18)라는 두 학생에 의해 자행되었습니다. 나치의 대량 학살과 죽음을 상징하는 트렌치 코트(레인 코트의 일종)와 스키 마스크 복장을 한 두 사람은 학우와 교사들에게 무차별적으로 소총을 난사하고, 사제폭탄을 투척하여 학교를 피바다로 만든 뒤, 스스로 목숨을 끊는 것으로 이 '세기의 살인극'을 마감했습니다. 평소 '이상한 아이들'로 불리며 교우들로부터 따돌림을 받아온 이들은 중세기풍의 고딕문화와 백인 우월주의, 나치 문화 등에 심취해 온 것으로 알려지고 있습니다.

이번 사건 관련 보도 중 우리의 시선을 붙잡는 대목이 몇 가지 있습니다.

첫째는, 이들의 기독교에 대한 철저한 증오심입니다.

이들은 미처 피하지 못하고 책상 밑에 엎드려 떨고 있는 여학생들에게 다가가 하나님을 믿느냐고 물은 뒤 '그렇다'고 대답하자 그 자리에서 머리에 총을 쏘아 '즉결처분' 했습니다. 또 하나는, 두뇌가 명석하고 음악과 시에 남다른 재능을 보인 범인들이 바로 악마주의 록 그룹 '마릴린 맨슨'의 광적인 팬이었다는 사실입니다. 미국의 부유한 중산층 동네에서 일어난 이번 사건은 물질적 풍요 속에서 영화나 비디오 게임같은 오락 문화에 깊이 빠져 폭력과 섹스, 살인 등에 대한 도덕적 불감증을 키워 온 미국 십대들의 병적 상태가 표면으로 드러난 사건으로 분석되고 있습니다.

이와 함께 이번 사건은 데스 메탈(death metal)이나 쇼크 록

(shock rock)등의 악마주의 록 음악이 '단순한 볼거리' 차원을 넘어 그 추종자들을 무고한 인명을 살상하는 '악마적 인간'으로 만드는 데 사용될 수 있다는 하나의 결정적 증거가 되고 있습니다. 마릴린 맨슨(Marilyn Manson)이란 그룹명은 요절한 전설적 스타 마릴린 몬로의 이름과 여배우 샤론 테이트 등 다섯 명을 살해하여 역사상 가장 잔인한 연쇄 살인광으로 기록되고 있는 찰스 맨슨의 이름을 합성한 것으로. 그룹명을 자신의 이름으로 붙인 보컬리스트 마릴린 맨슨(본명 브라이언 워너)을 주축으로 한 미 플로리다 출신의 5인조 그룹으로, '검열의 한계를 깨 부순다'는 슬로건을 내걸고 1990년에 결성되었습니다.

맨슨은 왜 기독교를 증오하는가?

마릴린 맨슨은 잔혹한 폭력과 퇴폐적인 성, 마약찬양 등 반사회·반인륜적 내용과 극단적인 무대 퍼포먼스로 악명을 떨칩니다. 극한의 잔혹성과 추악함, 음란과 광기로 얼룩진 맨슨의 초(超)엽기적 무대행위는 인간의 상상을 넘었습니다. 충격적 퍼포먼스로 무대에서 자신의 몸을 흉기로 자해하거나 변태적이고 도발적인 성행위 장면이 거침없이 연출됩니다.

맨슨 공연의 하이라이트는 단연 종교적 집회 형식을 띤 퍼포먼스입니다. 교주인 맨슨이 설교단에 올라 '적그리스도 찬가(Antichrist superstar)'를 부르며 기독교에 욕설과 저주를 퍼부을 때 맨슨의 신도들의 환호는 절정에 달합니다.

맨슨은 왜 기독교를 증오할까요?

맨슨이 어린 시절 10년간 다녔던 보수적 기독교 학교의 경험에 대한 반감이 크게 작용한 것이라고 말합니다. 그는 그 후 기독교를 위선적인 종교로 증오해왔다고 합니다. 맨슨의 모든 노래는 그리스도와 교회에 대한 불타는 증오심에서 비롯되고 있습니다. 그가 자신의 음악과 모든 퍼포먼스를 통해 전달하려는 메시지는 한 가지에 초점이 맞춰져 있습니다. "모든 사람들(특히 미국인)을 각성시켜 독재(파쇼)적 기독교의 억압으로부터 자유케 하는 것"입니다.

그는 록 가수이기 이전에 이 세상에 반기독교 교리를 전파하는 열심있는 악마교의 전도자입니다. 그는 실제로 94년 미 사단교회(church of satan)의 교주인 앤튼 라베이(Anton Lavey)를 만나 명예 사탄교 목사(reverend)직을 수여받기도 했으며, 라베이와 함께 악마주의 역사의 또 하나의 거대 축을 이루고 있는 알레이스터 크로올리(Aleister Crowley)의 뒤를 잇는 세 번째 짐승(the great beast) 역을 자처하기도 했습니다.

프리메이슨 보컬 그룹 비틀즈

비틀즈는 1960년 리버풀에서 결성된 영국의 록 밴드로 상업적인 성공을 거두어 팝뮤직의 역사를 새롭게 썼다고 평가를 받고 있습니다. 비틀즈 멤버로는 리듬기타에 존 레논, 베이스기타에 폴 맥카트, 리드기타에 조지 해리슨, 드럼, 보컬에 링고스타로 구성되어 있었습니다.

스키플 재즈 장르와 록큰롤에 뿌리를 두고, 이 그룹은 포크 록에서 환각적 팝에 이르기까지 많은 장르에 걸쳐 활동을 하였습니다. 때로는 클래식과 다른 형식적인 요소들을 가미하였습니다. 그들의 폭발적인 인기는 비틀매니아 라는 이름으로 나타났다가 그들의 작곡이 복잡미묘해짐에 따라서 변해 갔습니다.

1960년대 미국과 유럽을 휩쓸었던 허무주의 사상과 퇴폐사상으로 히피족들을 양상시키는 문화적인 혁명으로 발전했습니다.

존 레논의 죽음

1980년 비틀즈 멤버였던 존 레논의 죽음 뒤 자신의 신변안전에 큰 위협을 느꼈던 해리슨은 자신의 집을 첨단 보안 장비로 보호하고 있었으나, 괴한은 철통같이 삼엄한 해리슨 가옥의 경비를 뚫고 유유히 침실에 들어와 그를 칼로 찔렀습니다. 비틀즈를 결성한 존 레논과 폴 메카트니, 링고 스타, 그리고 조지 해리슨은 모두 초기에 스코티쉬 랏지의 프리메이슨 멤버였으나 조지 해리슨은 1980년 레논의 죽음 뒤 프리메이슨 조직을 탈퇴하였고, 링고 스타는 1982년, 그리고 폴 메카트니는 1987년에 탈퇴했습니다.

제3장 적그리스도 세력들의 유전자의 비밀
21. 음악의 유전자

비틀즈 사탄뿔 666싸인

해리슨은 칼을 든 괴한이 어떻게 자신의 집 침실에 들어와 그를 기다리고 있을 수 있었는가에 관한 경찰과 언론의 질문에 아무런 대답을 하지 못해, 아직까지도 미스테리로 남아 있습니다. 범인이 쓰러진 뒤 꽃병으로 한 번 더 그의 머리를 내리 치려다 그가 떨어뜨린 칼을 본 올리비아는 구불구불한 칼의 손잡이 양면에 뚜렷한 프리메이슨 심볼이 새겨져 있는 것을 본 뒤, 자신의 남편이 프리메이슨 괴한에게 공격 당했다는 사실을 짐작할 수 있었습니다. 33세인 살인미수범 마이클 에이브라함은 스코티쉬 랏지의 메이슨 멤버로 언론에는 '비틀즈를 마녀집단으로 착각한 정신이상자'라고 보도가 되었으나 실제로 정신감정 테스트에는 그가 완벽한 정상인이라는 결과가 나왔습니다.

33도 정신을 숭배한다는 스코티쉬 랏지는 괴한이 해리슨씨를 공격하는 날을 12-30-99로 정해, 이는 12(1+2=3), 30(3+0=3), 9(3x3)로 스코티쉬 랏지에게는 매우 뜻 깊은 날이었습니다. 해리슨은 정확히 런던시각으로 새벽 3시 33분에 칼에 찔렸는데, 3시 32분경에 괴한을 발견했던 해리슨은 그에게 "원하는 게 뭐냐? 당신은 누구냐?"라는 질문을 하였으나, 괴한은 정확히 1분 33초를 아무 말 없이 기다리고 있다가 해리슨을 공격했습니다.

과연 조지 해리슨은 영국 최강의 프리메이슨 그룹인 스코티쉬 랏지의 괴한에 의해 제물로 바쳐질 뻔 한 인물이었을까? 왜 33을 숭배하는 스코티쉬 랏지는 조지 해리슨을 2000년이 되기 이틀 전 제물로 바치려 한 것이었을까요?

혹시 조지 해리슨의 살인 미수 사건은 19년 전 1980년 12월에 사망한 존 레논의 죽음과 연관이 있는 것은 아닐까? 비틀즈 멤버 중 존 레논은 1980년 뉴욕 집 근처에서 총으로 암살을 당해 죽었고, 2001년 조지 해리슨은 암으로 인해 죽었습니다. 폴 매카트니와 링고 스타는 아직까지 활동을 펼치고 있습니다.

사탄주의 얼라이스터 크로올리의 지배 받았던 비틀즈

부시 전 대통령의 부인 바바라 부시의 친아버지이며, 사탄교 저자 크로올리는 프리메이슨 33도로 황금여명단 고위 사제입니다. 그는 "**완전한 순결성과 지성을 갖춘 백인 남아가 가장 최상의 희생 제물이 된다**"고 말하였습니다. 크로올리는 록음악에 다대한 영향을 끼쳤습니다. 대다수의 미국인들이 모르는 바는 많은 섬뜩한 느낌을 주는 음악들이 크로올리와 그의 사탄주의의 신실한 추종자들에 의하여 작곡되고 불리어 졌다는 것입니다. 기타리스트 지미 페이지는 사탄 주의자 얼라이스터 크로올리의 신실한 추종자였습니다. 크로올리는 자신을 짐승 666이라고 공공연히 말한 사람입니다.

얼라이스터 크로올리는 33도 97등급 프리메이슨이며, 20세기의 마스터 사탄주의자로 알려져 있습니다. 1971년에 기타리스트 지미 페이지는 롤크 네스 해변가에 있는 크로올리의 볼스킨 하우스를 매입하였습니다. 크로올리는 거기서 마귀적인 사탄 마술의식과 인간 희생제를 실제로 행하였습니다. 기타리스트 지미 페이지는 실제로 콘서트에서 마술적 의식을 행하기도 하였습니다.

그들의 노래 "천국에 이르는 계단"에 언급되는 "5월의 여왕"은 크로올리가 지은 시의 이름을 의도적으로 인용한 것입니다. 페이지는 그들의 앨범 레드 제플린 III의 비닐에 크로올리의 유명한 시귀 " 당신이 원하는 것을 하세요. 그대로 이루어지도록"을 새겨 넣었습니다. 페이지와 로버트 플란트는 제플란의 노래들은 " 천국에 이르는 계단"도 그렇지만 "자동 술기"(손가는 대로 의식 없이 쓰는 것)로 만들어 졌다고 합니다.

비틀즈라는 영웅을 탄생시킨 장본인이 바로 그 유명한 사탄주의자 얼라이스터 크로올리입니다. 1967년 대부분의 사람들은 크로올리가 누구인지 몰랐습니다. 그러나 비틀즈는 분명히 그에 대하여 알고 있었습니다.

비틀즈 멤버인 존 레논은 인터뷰에서 비틀즈의 "모든 사상"은 크로올리의 그 악명 높은 "당신이 원하는 것을 하라"는 귀절에 있다고 하였습니다.

크로올리는 록큰롤에 대단한 영향을 미쳤습니다. 인터내셔널 타임즈는 크로올리를 "히피의 소리없는 영웅"이라고 지칭하였습니다. 매릴린 맨슨의 노래 "비참한 기계"에는 "텔레마의 수도원으로 가려 한다"라는 가사가 있는데 이 텔레마의 수도원은 바로 사탄주의자 얼라이스터 크로올리의 사원입니다.

프리메이슨을 거부한 마이클 잭슨의 죽음

2009년 6월 25일 마이클 잭슨은 영국에서의 대 공연을 하루 앞두고 갑작스럽게도 심장마비로 죽었습니다. 그러나 여기에는 많이 의심스러운 점이 있습니다.

첫째 : 2009년 봄 경까지도 마이클 잭슨의 건강에는 아무 이상이 없었다는 것입니다. 런던에서의 공연을 앞두고 4시간에 걸친 장기간의 검사에도 마이클 잭슨의 건강에 이상한 점은 발견되질 않았습니다.

둘째 : 마이클 잭슨의 직접적인 사망의 원인은 심장 마비로 인한 사망인데, 심장마비가 발생한 원인이 타인에 의한 정맥주사로 인한 급성 프로포폴 중독이었습니다. 그러나 주치의 콘래드 머레이는 자신은 25mg만 투약했을 뿐 자기가 자리를 빈 사이에 마이클 잭슨이 스스로 투약했다고 주장했습니다.

만약에 마이클 잭슨이 스스로 투약을 했다면 그렇게 죽을 정도로 다량 투약을 했을까 만약 전에도 그러했었더라면 혼자서 그렇게 다량의 투약을 했었던 경력이 있었을 것입니다. 그렇게 했다면 2009년 봄에 있었던 건강진단에서 약물 중독 증세나, 혈중 약물수치가 높게 나왔었을 것이나 그러한 결과가 없었습니다.

조셉 괴벨스가 말했던 것처럼 대중들은 처음 거짓말을 들으면 거부하지만 계속해서 듣게 되면 의심하게 되고, 나중에는 믿는다고 했던 것처럼 이미 공교육이 붕괴될 대로 붕괴되어 제대로 글조차 쓸 수 없는 무식한 인구가 많은 미국 사회에서 마이클 잭슨을 몰락시키는 것은 너무나도 쉬웠습니다. 더구나 그가 이룩했던 위대한 업적이 스캔들과 합쳐지면서 그에 따른 대중의 실망감과 분노는 훨씬 더 커질 수 있었습니다. 이로 인해 마이클 잭슨은 죽기 전까지 끊임없이 각종 스캔들과 구설수에 시달리며 괴로워해야 했었던 것입니다. 그리고 그의 명성이 바닥을 쳐서 끝이 났다 싶었을 때, 마이클 잭슨이 다시 재기를 꿈꾸며 대중의 관심을 받자 갑자기 심장마비로 죽어버린 것입니다.

CCM으로 둔갑한 뉴에이지 음악

CCM이 사탄이 교회를 무너뜨리기 위한 교묘한 전략으로 사용되고 있습니다.

한국의 CCM 문화적 특징은 세상적인 문화에 있어서는 한류라는 이야기를 많이 하게 되는데, 한국의 찬양 및 영성에 있어서도 점점 한류화를 시켜 나가고 있는 분위기가 나타나고 있음을 느껴 볼 수 있습니다.

한국의 CCM 문화라는 것에 대해서 열악한 일반 상업적인 대중음악 시장에서의 흥행에 너무 관심을 가지게 되고, 나름대로 상업적인 부분에 대한 고민을 하면서 진정한 찬양 혹은 CCM의 본질은 뒤로 하고 흥행을 염두하고 음반제작으로 접근하려는 성향을 보이고 있습니다.

이렇게 한 이유중 하나는 세상적인 젊은이들을 문화적인 동질감을 느끼게 하여 보다 쉽게 교회 안에 들어오게 하겠다고 하는 좋은 의도로 포장하여 JESUS MUSIC으로 출발한 미국의 CCM계에서

제3장 적그리스도 세력들의 유전자의 비밀
21. 음악의 유전자

조차 사용하고 있지 않는 힙합(랩) 스타일의 음악조차 아무런 검증이나 조치가 없이 어느 순간부터 교회 행사나 예배 준비찬양 등에서 자연스럽게 사용하고 있는 우를 범하는 것을 볼 수 있습니다.

1998년도에 브랜던 그래험이 쓴 베스트셀러 소설인 The Whitest Flower 를 읽고 롤프 뢰블란이 영감을 받아 작곡한 곡으로써 이후에 The Whitest Flow의 작가이자 작사가인 브랜든 그래험에게 롤프 뢰블란이 작사를 의뢰하여 만들어진 곡이 바로 You Raise Me Up 입니다.

브랜던 그래험의 베스트셀러인 "The Whitest Flower" 소설의 줄거리는 19세기 아일랜드의 대기근을 배경으로 역경과 부조리에 대항하여 싸우는 여인의 삶을 그린 소설이며, 이 소설에서 강조하는 주된 내용은 인간의 사랑과 이성만으로도 인생의 고난을 이겨 나갈 수 있음을 보여주는 내용으로 되어 있습니다.
하나님과 예수님과는 전혀 관계 없는 내용입니다. 오직 남여의 사랑 관계를 통해서 서로를 일으켜 주는 뉴에이지 음악입니다.

뉴에이지 듀오인 Secret Garden(Duo)는 음악으로써 유럽과 한국에서 가장 상업적으로 흥행에 성공하였습니다. 그렇다면 그들은 자신들의 이름인 "Secret Garden"을 어떻게 정의 했느냐 하면 1997년도에 발매된 그들의 앨범 중 "White Stones의 앨범의 소개와 그 앨범에 소개된 "Sanctuary"에서 이렇게 이야기 하고 있습니다.

"누구나 자기 안의 어딘가에 비밀의 정원을 가지고 있습니다. 그 곳은 우리가 어려움을 당할 때 위안을 얻을 수 있는 곳이며, 때로는 그 안에 조용히 칩거하며 기쁨과 묵상에 잠길 수 있는 장소입니다. 나의 음악들은 이런 나의 비밀의 정원에서 찾아낸 것들입니다."

Secret Garden(Duo)은 나아가 그 비밀의 정원(secret garden)이 바로 우리의 영혼이 거하는 처소라 말합니다.

성소(聖所)는 명상과 고요한 주시를 위한 신성한 장소입니다. 그곳이 바로 우리 안에 있는 비밀의 정원입니다. 그곳은 영적인 내면의 방(spiritual inner room)이며, 우리는 그 곳에서 이성의 등불을 밝힐 수 있습니다 "(앨범 'White Stones' 중 'Sanctuary성소' 해설에서)" 뉴에이지 듀오인 시크릿가든(Secret Garden(Duo))은 자신들이 이러한 뉴에이지 영성을 위한 부분에 깊이 관여하고 있으며, 뉴에이지의 명상과 뉴에이지 영성을 통해 그들이 곡들을 써왔음을 스스로 이야기 하고 있습니다.

뉴에이지 음악은 인본주의를 강조하고, 우리안에 있는 영성을 키우게 한다는 미명 아래 온갖 영적으로 악한 것들로 조합하여 만든 치명적인 독약임을 크리스찬들은 알아야 합니다.

뉴에이지 음악은 감성주의, 이성주의, 합리주의, 신비주의로 인간의 영혼을 부지불식간에 병들게 하는 사탄의 교묘한 궤계가 있음을 알아야 합니다.

뉴에이지 음악이 만들어지게 된 배경의 사상적인 맥락에서 보면 사이버마약과 일맥상통하게 중첩되는 부분들이 상당히 많습니다. 뉴에이지 음악에 많이 심취되어온 사람이라면 이미 이러한 사이버마약과 유사한 부분에 오래 동안 노출되어져 왔다고 생각할 수 있을 뿐만 아니라 영혼이 많이 병들고 쇠약해 졌을 것입니다.

세계를 휩쓸고 있는 K-POP

미국과 영국의 프리메이슨들을 중심으로 세계 2차 대전 이후에 유행했던 사탄의 음악이 서서히 동양으로 넘어와 한국의 K-POP 가수들을 통해 세계를 열광시키고 있으며, 이렇게 한국의 K-POP를 전 세계에 퍼뜨리고 있는 세력들이 바로 프리메이슨 자본들과 매스컴들입니다.

뉴에이지 음악을 통해 신세계질서를 이루어가고 있는 세력들이 동양과 서양의 모든 종교와 문화와 예술을 하나로 통합하기 위한 전략으로 K-POP를 세계로 퍼뜨리고 있는 것입니다.

K-POP 가수들을 통해 전 세계로 퍼져 가는 음악속에는 섹스, 사이보그 인간, 외계인, UFO, 살인, 전쟁, 폭력, 지옥, 죽음, 자살, 피라미드, 불사조, 부엉이, 올빼미, 염소, 사탄뿔, 전시안, 시리우스별, 육망성, 오망성, 컴퍼스와 직각자, 검은 제복, 환생, 초혼, 마술,

마약, 약물복용, 인신제사, 사탄숭배, 악마주의, 피흘림, 동물제사, 노동운동, 통제사회, 유전자 공학, 트랜스 휴먼, 네오맨, 신인간 등과 같은 프리메이슨 소제로 가득차 있습니다.

22. 전쟁의 유전자

전쟁을 축제 문화로 여기는 사탄주의자

　사탄주의자들의 전쟁의 개념은 루시퍼 사탄에게 제사드리는 축제입니다. 루시퍼 사탄은 파괴와 죽음. 피흘림을 좋아합니다. 그래서 사탄숭배자들은 정기적으로 전쟁을 일으켜 그들의 신인 루시퍼를 기쁘게하는 것입니다. 우리에게는 전쟁이 끔직한 재앙이지만 사탄숭배자들에게 전쟁은 놀이문화요, 축제인 것입니다. 전쟁을 통해서 사탄도 기쁘게하고 결과적으로 막대한 금과 은의 보화와 넓은 땅을 거저 얻을 수 있어 좋은 것입니다.

　그러므로 사탄숭배자들은 고대로부터 철제무기를 개발하였습니다. 그리고 오늘날에도 최신 무기로 무장을 했습니다.

　사탄숭배자들이 전쟁을 일으키는 원리가 있습니다. 적이 없으면 적을 만들어 키웁니다. 그래서 그 적과 전쟁을 통해서 인신공회를 행하고, 더 확실한 자신들의 체제를 굳혀갑니다.

　사탄숭배자들에게는 자신들이 만든 적만 있게 하는 것이 특징입니다. 그러므로 그들에게는 진짜 적은 없는 것입니다. 항상 두 가지 체제를 만들어 줄을 서게 합니다. 밖에서 보면 두 체제가 앙숙이 되어 극과 극을 다투고 있는 것 같습니다. 그러나 사실은 두 체제 모두 그들이 만들어 놓은 울타리입니다. 카발라 종교의 원리가 그들의 정치철학의 원리입니다.

　세상에는 야훼종교와 루시퍼 종교가 치열하게 전쟁을 합니다. 아인소프라는 절대자는 절대로 세상에서 일어나는 일을 참견하지 않습니다.

　지금도 그들은 전 세계를 둘로 나누어 전쟁을 하게 하고 싸움과 경쟁을 유도합니다. 좌파와 우파, 공산주의와 자본주의, 독재와 민주,

가진자와 못가진자. 야당과 여당 등 그러면서 그들은 둘 다 지원을 하고 두 체제사이를 잘 관리하므로 완전하게 세상을 지배하면서 그들이 원하는 목적을 아주 쉽게 이루어가고 있는 것입니다. 이것이 그들의 전략입니다.

세계 2차 대전 이후 소련과 미국의 냉전체제가 만들어졌습니다. 이것이 우연히 된 것이 아니라 그렇게 인위적으로 만들었던 것입니다. 사실은 소련의 지도부나 미국 워싱톤의 지도부나 똑같은 볼세비키 공산당들이었습니다.

사탄주의자들의 경제는 전쟁의 경제학입니다. 어떤 경우에서도 인류는 쉬지 않고 전쟁을 했습니다. 인류의 전쟁의 현장에는 항상 그 전쟁을 계획하고 실행했던 자들이 있었습니다. 그들의 정체가 바로 전쟁을 통해서 사탄을 섬기고 돈벌이를 했던 사탄주의자들이었습니다. 그들의 산업은 무기를 만드는 산업입니다. 그래서 이 나라와 저 나라를 이간시켜 전쟁을 하게하고 전쟁하는 두 나라 국가에 무기를 팔아 막대한 전쟁의 이익금을 챙기는 거머리와 같은 존재들입니다.

세계1차 대전이 그러했습니다. 세계 2차 대전이 그러했습니다. 전쟁을 준비해 일으킨 자들이 그들이었고, 전쟁하는 나라에게 무기를 팔아 돈을 벌었던 자들도 그들이었습니다.

미국은 1차 세계 대전 전에는 채무국이었습니다. 그러나 1차 세계 대전 후 모든 채무를 갚아 버립니다. 2차 세계 대전 후에는 세계의 모든 금들을 독차지 하면서 가장 부유하고 강한 나라로 등장합니다.

지금도 세계를 지배하는 프리메이슨은 세계를 두 개의 부류로 나눴습니다. 경찰국가와 조폭국가입니다. 경찰국가는 정의를 지키고, 평화를 추구합니다. 그러나 조폭국가는 전쟁을 준비하고, 테러를 일삼고, 평화를 위협합니다. 이 두 세력이 지구촌 전역에서 충돌합니다. 그 가운데 전쟁이 일어나고 사람들이 전쟁을 준비하는 과정에서 수많은 전쟁물자가 소비되어 최신무기 공장을 운영하면서 무기를 만든 사탄주의자들은 막대한 수입을 얻고, 그 돈으로 더 차원이 높은 무기를 만들어 아무도 자신들을 넘어뜨리지 못하게 합니다.

지금도 사탄주의자들은 돈을 아무리 많이 주어도 가장 성능이 좋은 최신무기들은 절대로 팔지 않습니다. 언제나 한 차원 수준이 낮거나, 한물 간 고철들만 돈을 주고 판매를 합니다.

성경에 나타난 인류의 역사도 전쟁의 역사입니다. 제국들의 흥망성쇠는 모두 전쟁을 통해 결판이 났습니다.

UN과 미국 군산복합체 연결고리

소련의 붕괴로 위기를 맞이했던 전 세계의 군산복합체는 맹렬한 기업합병을 통해 기사회생했습니다. 1989년 소련의 멸망은 군산복합체의 밥그릇을 빼앗아갔습니다. 그 동안 소련을 주적으로 상정해 왔던 냉전체제는 끊임없는 전쟁준비를 강요했고, 군산복합체는 이러한 냉전체제에 기생하면서 막대한 이윤을 획득했습니다. 냉전 기간중 군산복합체는 소련 악마 만들기를 통해 전쟁의 이데올로기화에 열중하였습니다. 거대한 악마 소련이 사라졌으므로 군산복합체가 기를 쓸 수 없게 되었던 것입니다.

조폭 무법자 국가를 탄생시키다

군산복합체는 이러한 위기를 타개하기 위하여 '무법자 국가(Rogue State)'라는 새로운 조폭국가를 만들어 냈습니다. 즉 북한·이란, 이라크와 같은 제3세계 반미국가의 대량파괴무기(미사일, 생물·화학·핵무기 등)확산을 새로운 주적으로 상정하여 군산복합체의 부활을 꾀한 것입니다. 미국의 군·산·학(학계)·정(백악관, 펜타곤, 의회) 복합체는 이라크 핵개발 위협론을 최대한 부풀려 걸프전을 일으킨 다음 수백억 달러의 전쟁과 석유 잉여금을 챙겼습니다.

개점휴업 상태이었던 미국 군수공장이 걸프전 기간중 야간작업에 돌입할 정도로 성황을 맞이했습니다. 패트리어트 미사일 등 무기공장 창고에 쌓아둔 재고를 일시에 정리한 다음 새로운 첨단무기 개발비를 걸프전에서 뽑아냈습니다. 걸프전에서 재미를 본 미국 군산복합체는 기수를 동아시아로 돌려 북한 위협론(핵개발 의혹)을 조작하기 시작하여 1994년에는 북한과의 전면전을 불사했습니다. 북한을 두들겨 아시아에서 전쟁특수를 누리자는 것이었습니다.

1950년 6월 25일 새벽 4시 - 한국 전쟁 발발

6,25 한국 전쟁은 미국과 일본의 군산복합체에게 막대한 수입을 가져다 주었습니다. 베트남 전쟁 역시 전쟁물자 재고를 처분하는 찬스가 되었습니다. 6,25 전쟁 이후 북한에 의하여 군산복합체의 전쟁특수 놀음이 꺾일 무렵 또 다시 북한 핵문제를 가지고 호황을 누리고 있습니다. 미국의 군수산업은 유럽의 군수업계와 기업합병(M&A)을 시도함으로써 신자유주의 노선에 따른 구조조정을 하였습니다. 구미의 군·산 초국적 자본(무기 메이저)은 시대의 흐름인 세계화(Globalization)전략과 정보화 전략에 따라 세계경제의 군사화와 전쟁의 첨단과학화(사이버 전쟁)를 시도하면서 신자유주의적 구조조정을 마친 것입니다.

세계경제의 군사화는 안보문제를 논외로 하는 초법적인 WTO(세계무역기구) 협상을 통하여 이미 이루어 졌습니다. 전쟁의 첨단과학화는 SDI(전략방위 구상)의 복사판인 BMD(탄도미사일 방어 계획 : ballistic missile defense)를 통하여 시도했습니다. NMD(미국 본토 미사일 방어체제 : national missile defense)와 TMD(전역 미사일 방어체제 : theatre missile defense)를 총괄하는 BMD는 북한 위협론을 근거로 하고 있습니다. 다시 말하면 북한 위협론이 미국 군산복합체의 먹이 사슬이 되었던 것입니다. 북한의 핵·미사일이 위험하다고 언론을 통해 호들갑을 떨수록 미국 군산복합체의 무기장사가 잘됩니다.

BMD군확과 군산복합체

냉전 시대에 막대한 군수 이익을 안겨준 소련 위협론 못지 않은 것이 탈 냉전 시대의 북한,이란,무슬림테러 위협론입니다. 북한이 아시아의 안보를 해치는 원흉이므로 아시아·태평양 국가의 모든 자원을 동원해서라도 북한·북한군을 붕괴시키지 않으면 안 된다는 이데올로기를 미국의 군산복합체가 전세계적으로 유포했습니다.

이러한 전쟁 이데올로기가 1994년의 북한 핵개발 위협론에 따른 전쟁 소동과 최근에 와서는 북한 장거리 탄도 미사일 개발 위협론입니다. 미국의 군산복합체는 이른바 '대포동 미사일 증후군(syndrome)'을 퍼뜨린 다음 북한 미사일이라는 악마를 퇴치하기 위한 BMD(NMD, TMD)군확을 서두르기 시작했습니다. 연구 개발비가 천문학적인 돈이 드는 'BMD 우산'을 북한에 씌우려는 움직임 자체가 미국 군산복합체에게는 황금알을 낳는 거위가 되었던 것입니다.

일본 자본주의까지 동원한 TMD 군확

미-일 자본동맹의 군사적 표상인 미-일 군사동맹은 북한 미사일 위협에 대처한다는 명분을 내걸고 TMD 개발에 나섰습니다. 이러한 미-일의 TMD개발 동맹에 충격을 받은 러시아-중국-북한이 TMD 반대전선을 꾸리는 바람에 아시아에 신냉전 전선이 형성되고 있습니다. 재래식 무기에 의한 냉전의 독버섯을 빨아먹고 자란 군산복합체가 생존을 위해 'TMD 신냉전'을 90년대 중반부터 북한이라는 지렛대를 사용하여 준비해 온 것입니다.

남북 정상회담의 평화 분위기가 고조되어 북한 위협론이 사실상 사라졌던 시절에도 TMD 신냉전'을 포기하지 않았던 것을 보면, 북한 미사일 위협론은 하나의 구실에 불과했던 것입니다. TMD를 통하여 군산복합체의 오랜 숙원인 SDI 우주군확을 복원시킴으로써 지구촌 차원에서 군사적 잉여가치를 얻겠다는 신자유주의적 야망을 노골적으로 드러내고 있는 것입니다. 이렇게 하늘과 땅과 우주에 까지 방위 그물을 쳐서 방어체계를 확립하는 이유는 앞으로 있을 신세계질서 수립과정에서 외계인 침공을 기정 사실화 하려는 음모도 있습니다.

미국 군산복합체의 사활이 걸려있는 BMD개발에 상상을 초월하는 자금이 들어가고, 그 개발 이윤을 군산복합체가 챙기고 있습니다. 그리고 각 나라에 안보 위협을 극대화시켜 그들의 방위체제로 통합을 시도하고 있습니다. 록히드 마틴(Lockheed Martin)사가

BMD 연구개발을 통해 막대한 수익을 올렸고, 보잉(Boeing)사는 꿈의 기술이라는 '비행기에 레이저 빔을 설치하는 연구개발'을 주도하고 있습니다. 또한 미쓰비시를 비롯한 일본의 주요 군수업체들이 TMD의 주사업체로 선정되었습니다. 미국 군산복합체는 일본을 끌어들여 일본의 첨단기술을 취득하려고 혈안이 되어 있습니다.

이러한 미국의 속마음을 알고도 TMD군확에 참여하려는 일본 정부는 TMD를 통하여 아시아 지역에서 일본의 군사적 영향력을 확대하려고 합니다. 1998년에 일본 정부는 TMD의 미-일 공동개발을 위해 98년도 예산에서 약 4억 4천만 엔의 조사실험비를 계상하였는데, 이는 앞으로 소요될 개발비 총액 2조엔의 극히 일부에 불과합니다. 94년 9월 1일 일본 방위장비 공업회(128개 방산업체로 구성)는 TMD의 기술적 과제를 검토하는 '방공시스템 연구회'를 조직하고 TMD에 투입 가능한 기술개발 분야를 설정했습니다.

이 연구회에 미쓰비시 중공업, 가와사끼 중공업, 도시바, 미쓰비시 전기, NEC, 히다찌, 후지쓰 통신, 오끼전기 공업 등 핵심 방위산업체가 참여하는 등 일본 자본주의를 총동원되고 있습니다. 만일 일본이 TMD 연구개발에 참여할 경우 소요예산은 1999년~2003년 기간 동안 200~300억엔이 되며, TMD 체계구축 비용은 4,390~15,600억엔 정도가 될 것으로 추정되고 있습니다.

한국의 출혈 강요하는 TMD 군확

이와 같이 TMD 연구 개발에 쏟을 거대한 일본 자본이 미국 군산복합체의 손아귀로 들어감은 물론입니다. 미국 군산복합체는 일본의 자본만 긁어모으는 게 아닙니다. 미국 군·산·정 복합체는 한국에도 손을 벌려 TMD 군확에 참가하라고 종용하고 있습니다. 1999년 4월 30일 미국 국방부는 '동아시아 전역미사일 배치 계획'이라는 보고서를 의회에 제출했습니다.

즉 한국·일본·대만 등에 대한 TMD 배치계획이라 할 수 있는데, 당시 한국에 대한 권유사항으로는 △한국 전역 방어를 위해 사드 SADE 미사일(戰域 高高度 미사일) 4기 △ 수도 방어를 위해서는 저층 미사일 3기와 패트리어트 PAC3 미사일 25기(25포대의 의미로 봐야 할 것임)를 배치하거나 해상발사 저고도 미사일(NAD) 11기가 필요하다고 지적했습니다.

미사일 잡는 미사일로 장거리,전고도,전천후 방공미사일

미국은 TMD 계획의 일환으로 PAC3 25기 즉 60억 달러 어치의 구매를 한국에 요구하고 있으나, 실제로 한국 국방부가 PAC3 1개 대대 구입비용으로 잡고 있는 액수는 10억 달러 규모이었습니다. 한국 돈으로 1조 2천억 정도라고 할 수 있었습니다. 한국의 1년 국방 예산이 14조에 조금 못 미치고, 이 중에서도 특히 전력 증강사업에 투입 가능한 비용이 약 5조 정도에 불과한 것을 감안하면 단일 무기체계 구입비용으로는 지나치게 많은 액수이었습니다. 1조 2천억 원이라는 한국 국민의 혈세(국방비)가 미국 군산복합체의 호주머니로 들어가게 되었습니다. 북한 미사일에 대비하여 '미-일-한 TMD 공조체제'가 필요하다고 역설하는 미국 군산복합체가 한국·일본 자본과 민중의 고혈을 빨아먹고 있는 것입니다.

미국 군산복합체의 노다지 'TMD'

이처럼 TMD는 미국 군산복합체에게 노다지입니다. 지금까지 TMD에 1천억 달러 이상이 들어갔고, 앞으로 6백억 내지 1천 2백억 달러가 더 들어갈 것으로 예상되기 때문입니다. 지난 2년 동안만도 22억 달러에 이르는 미사일 방어 관련 수주액의 60%는 보잉, 록히드, 레이시온, TRW 등 4대 방위산업체가 받았습니다. 연구개발 단계에서 독과점적 지위를 확보한 이들이 미사일 방어가 생산배치 단계에 들어갈 경우 돈방석에 앉을 것은 뻔한 일입니다.

군산복합체로 대변되는 미국 자본주의가 북한과 'TMD 이데올로기전(戰)'을 벌이며 (평화 시기일수록 위기에 직면할 수밖에 없는) 군수업계에게 금덩이를 안겨주고 있습니다. 미국의 공화당 보수파와 군수산업이 유고공습 이후 무기주문 물량이 감소한 상황에서 TMD(및 NMD) 군확을 성사시킨 것입니다. 평화를 두려워하는 미국 자본주의가 TMD 군확을 통해 군수업계의 이익을 철저하게 보장하면서 북한을 희생양으로 삼아 군산복합체의 먹이사슬을 새롭게 만들어 가고 있는 것입니다.

신자유주의 전쟁양식과 MAI의 '안보' 예외조항

신자유주의 경제체제는 신자유주의형 전쟁양식을 초래합니다. 국민국가의 경계선을 없앤 신자유주의는 국경 없는 다국적 전쟁을 일으키고 있습니다. 미국의 군산복합체는 신자유주의 노선에 입각한 '국경 초월의 전쟁(borderless war)'을 종용하고 있는 것입니다. 걸프전·유고전(코소보 공습)에서 처럼 다국적 군산복합체가 다국적 나토(NATO)군을 동원하여 다국적 무기로 '제3세계 반미 무법자 국가(Rogue State)'를 공격한 전쟁양식에 주목해야 할 것입니다.

이러한 지구적 차원의 전쟁에 대비하기 위해서 WTO 신자유주의체제의 다자간 투자협정(MAI)은 군산복합체에 초법적인 특혜를 부여했습니다. 정부의 개입을 반대하는 신자유주의에서 안보사항은 예외적인 특권을 누리고 있습니다. '국가안보'라는 이해를 관철시키기 위한 프로그램들은 MAI의 신자유주의적 조치들로부터 제외되어야 한다는 것입니다. 여기에는 군대, 무기체계 개선, 무기생산, 그리고 군수산업에 대한 직접적인 정부지출이 포함됩니다. MAI의 관련 조항에 따르면 협약 당사자국들은 필요 불가결한 안보상의 이해를 위해 그에 상응하는 어떠한 행동도 할 수 있습니다. 안보를 위해서는 무기생산의 길을 무제한 열어주어야 한다는 MAI 협정 자체가 '무법자(Rogue)'임은 말할 나위도 없습니다.

이와 같이 안보를 위해서 방위산업에 정부가 무제한 투자를 할 수 있는 길을 MAI협정이 열어줌으로써 미국 군산복합체의 마지막 고삐가 풀린 셈입니다. 신자유주의의 족쇄마저 벗어난 군산복합체는 지구촌 차원에서 군사잉여금을 축적할 자유를 얻었습니다. 즉 신자유주의의 제도권 밖에서 우주(BMD)군확을 벌이는 한편 세계 곳곳의 분쟁에 개입하며 신속대응군을 즉각 동원할 체제를 UN차원에서 확보를 한 것입니다. 홀가분하게 신자유주의의 틀 마저 초월하여 언제나 전 세계적으로(globally) 신속대응군을 파견하겠다는 세계화 군사전략(군사전략의 세계화)을 군산복합체가 구상하고 실천에 옮기고 있는 것입니다. 이는 최첨단 무기를 통한 세계정복을 UN의 이름으로 끝내겠다는 계획입니다.

다국적 기업을 통해서 국가의 벽이 무너졌습니다. 이제는 세계의 안전, 평화, 환경, 테러, 영토분쟁 이라는 명분을 통해 전 세계는 엄청난 UN의 신속대응군을 통해 신속하게 하나의 체제로 빠르게 통합이 될 것입니다. 그리고 세계 평화와 안전이라는 대의 명분 앞에 망설이는 국가나 단체는 가차없이 제거될 것입니다.

지구촌을 떠도는 신자유주의의 초국적 자본을 지키기 위한 물리력(폭력; Gewalt, force)이 미군이며, 미군의 신속대응군화를 위해 '나토 신전략' 개념과 '미-일 신가이드라인' 체제가 마련되었습니다. 나토의 신전략 개념과 미-일 신가이드라인에서 말하는 주변사태란 제국주의적인 군산복합체의 변방(frontier) 즉 군산복합체의 잉여가치 창출의 최전방인 북한·이라크·유고 등에서 일어날지 모르는 전쟁·분쟁을 말합니다. 이 전쟁에 이미 주한미군과 한국군은 언제든지 세계 어느곳에든지 출동할 수 있는 소파개정이 끝이 났습니다.

'군사혁신(RMA)'을 향한 구미 군수업계의 기업합병 물결

걸프 전쟁이 터졌을 때 이라크에는 매일 2,500회의 출격을 감행한 미군을 포함한 연합군의 공습으로 무려 6천 개의 폭탄과 2천톤의 무기가 투하되었습니다. 걸프만에 배치된 미 전투함으로부터는 1개당 230만 달러의 토마호크 미사일이 288개나 발사되었습니다.

그래서 하루 16억 달러의 전쟁비용이든 걸프 전쟁을 중심으로 냉전해체 뒤 쌓여만 가던 미국무기의 재고를 정리한 실습장이 되었습니다. 걸프 전쟁 때도 그랬고 미국의 유고 공습 때도 그랬습니다. 미국은 거의 피를 흘리지 않으면서 최신식 무기로 하늘에서 일방적으로 공격하는 새로운 형태의 전쟁을 했습니다. 그렇게 없어진 미사일 재고를 채우기 위해 새 미사일이 보충되고 그래서 군수업체는 수입이 늘어간 것입니다.

　미국인의 피를 흘리지 않고 다국적 신속대응군을 동원하여 전격적으로 전쟁을 완료한다는 새로운 전략 개념을 뒷받침하고 있는 것이 '군사혁신(RMA; Revolution in Military Affairs)' 또는 '전자 전쟁(Cyber War)' 입니다. 미국은 1990년대에 들어서 컴퓨터·통신에 의해 정보를 수집·분석하고 전쟁을 수행하는 '군사혁명' 에 주력하고 있습니다. 기존의 재래식 무기를 없애고 '군사혁명' 에 입각한 새로운 전자무기로 무장하기 위해서는 대대적인 신규 투자가 불가피한데, 歐美의 군산복합체는 이것을 노리고 구조조정(병기생산 체제의 Restructuring)을 해왔습니다. 물론 歐美 군산복합체의 구조조정이 미래의 전쟁양태에 대비한 RMA 중심의 무기수요 창출과정(이 과정에서 걸프전·코소보 공습이 일어났다)을 고려하면, 歐美의 군산복합체가 'RMA형 구조조정' 을 위해 기업합병을 했다고도 말할 수 있습니다.

군산복합체는 인류에 전쟁을 선사하는 악의 꽃

　죽음의 상인 집단인 군산복합체는 경제의 군사화와 군사의 경제화를 통해 자본을 축적해왔습니다. 군산복합체는 신자유주의의 군사적 전령입니다. 1997년의 금융위기로 몸살을 앓고 있던 아시아 각국을 순회한 미 국방장관은 미국 무기 구매를 강요했습니다. 한국을 비롯한 아시아 주요국이 경제위기를 타개하기 위해 국방비 지출·미국 무기 구매를 줄일까 염려한 미국 군산복합체가 국방부 장관을 파견한 것입니다. 이미 신자유주의의 그물망 속에 빠진 아시아 각국에 (신자유주의 자본을 엄호할) 미국 무기를 사라고 강요한 미 국방부 장관은 '軍-經 複合 신자유주의' 의 전령입니다.

군산복합체의 전쟁 개념과 인신공희

　군산복합체는 로스차일드(Rothschild) 가문과 같은 거대 인맥을 중심으로 움직이며, 이 인맥이 유엔을 세우고 유엔을 죽음의 상인들의 소굴로 만들었습니다. 군산복합체의 영향권 안에 있는 유엔이 전쟁을 말리는 쪽보다는 전쟁을 방관하고, 치밀하게 유도하는 쪽으로 기운 사례가 있음은 이를 반증합니다.

군산복합체는 전쟁에 기생하는 악의 집단이므로 평화를 싫어합니다. 냉전의 기운이 있는 곳에는 반드시 군산복합체의 입김이 있습니다. 탈냉전 시대의 흐름을 역행하여 전쟁을 획책하는 군산복합체가 한반도 주변의 신냉전을 고수하려는 이유를 알아야 한반도 평화통일의 항로를 발견할 수 있습니다.

23. 헐리우드의 유전자

헐리우드 7대 메이저 영화 회사는 프리메이슨

헐리우드 7대 메이져 회사는 다음과 같습니다. 콜롬비아, 20세기 폭스사, MGM.UA. 파라마운트. Warner Brothers(AOL. Timewarner). 유니버설, 디즈니(디즈니미디어그룹)입니다. 이중 6대 메이져 영화사가 유태인의 소유입니다. 그리고 7대 메이져 영화사 모두가 프리메이슨의 수중에 있습니다.

미국에서 영화와 텔레비젼 프로그램을 제작 및 배급하는 MGM, 워너브라더스, 20세기 폭스사는 우리에게도 아주 친숙한 회사들입니다. 이 회사들을 설립하는데 중요한 역할을 한 사람들인 루이스 메이어, 잭 워너, 대릴 자눅은 모두 33도 프리메이슨 입니다.

사탄주의자들은 헐리우드 영화를 통해서 세계 사람들에게 사탄문화를 심어주고 있습니다. 전쟁, 살인, 폭력, 섹스, 동성애, 유전자 변형, 복제인간, 마약, 조폭, 외계인, UFO, 스포츠, 고고학, 이단종교, 뉴에이지, 포스트 모더니즘, 공산주의, 시나키즘, 페미니즘, 전체주의, 마인드 콘트롤, 신비주의. 마술, 환경재앙, 지구종말 등과 같은 것들을 소재로 하여 지구촌 인간 목장화를 위해 인간성 말살 정책을 취하고 있습니다.

사탄주의자들은 천문학적인 돈을 투자하여 영화를 만들고, 이런 영화를 보급함으로 미래를 교육시키고, 자신들의 신세계질서를 미리 알리고, 체제를 준비시키고 있는 것입니다.

특히 마지막 때 집중적으로 투자되고 있는 영화들이 있습니다. 유전자 변형인간, 복제인간, 외계인, 동성애, 환경재앙, 지구종말, 에어리언, 테러리즘, 사이보그 인간, 세계 3차 대전 등과 같은 주제들입니다.

특히 슈퍼맨, 베트맨, 원더우먼, 스파이더맨, 헤라크레스 등과 같은 슈퍼맨 시리즈를 통해 장차 나타날 지구 멸망의 구원자는 루시퍼란 사실을 공개적으로 홍보하고 있습니다. 외계인과 UFO 영화를 통해서 인류보다 더 발전된 외계인을 신격화 시키고, 그들과의 전쟁과 화해를 통한 신세계질서를 홍보하고 있습니다. "아일랜드", "움"과 같은 유전자 영화를 통해서 복제인간의 미래와 사회를 교육시키면서 고대 종교의 현대화를 세뇌하고 있습니다. 인타임이란 영화를 통해서는 미래 다가올 베리칩 시대를 미리 예고하고. 교육하고 있습니다.

헐리우드는 현대판 사탄교 성전이고 그 앞에 앉아있는 인류는 사탄의 신도입니다.

오스카상과 바벨론 금신상 경배

역사상 가장 유명한 거짓 경배 강요는 바벨론에서 행해졌던 금신상에 대한 경배일 것입니다. 오늘날 사람들에게 인기 있는 금신상은 무엇인지 생각해보셨습니까?

아카데미 시상식에서 수여하는 오스카 상은 영화인들뿐만 아니라 일반인들에게도 널리 알려져 있습니다. 매년 아카데미 시상식은 두 번째로 시청률이 높은 이벤트라고 합니다.
(참고로 첫번째로 시청률이 높은 이벤트는 슈퍼볼 게임입니다.)

미국에서 유명한 코메디언으로 알려진 존 스튜어트와 스티브 콜베어가 에미상 시상식을 거행하는 텔레비젼 방송에서 오스카 상의 금신상을 소개하면서 "신이 없는 소돔인들이여 좋은 저녁입니다.--" "바벨론아 너의 신에게 무릎을 꿇으라" 고 소리치고 있습니다.

아카데미 오스카상을 수여하는 건물은 슈라인이라는 곳입니다. 성지(聖地)라는 뜻입니다. 예전엔 이 건물안에서 매년 아카데미 시상식이 열렸습니다.

슈라인은 프리메이슨 33도인 윌리엄 플로렌스와 월터 플레밍에 의해 건립되었습니다.

사실 헐리우드는 오래전부터 프리메이슨과 연관되어 있습니다.

진 오트리, 존 웨인, 넷 킹 콜, 듀크 엘링톤, 세실 드밀, 클락 게이블, 월트 디즈니, 올리버 하디 등, 유명한 영화배우들, 가수, 영화제작자들이 프리메이슨 회원들입니다.

슈라인 내부
(바알과 아세라 두 기둥)

코닥극장 문
(이집트 오시리스와 이시스신상들)

아카데미 시상식이 열렸던 슈라인의 입구와 내부입니다.

입구문에는 오시리스, 이시스, 호루스 신들의 그림과 피라미드와 전시안의 그림이 있습니다. 내부에는 태양을 상징하는 조명과 체크무늬 바닥, 아치, 태양장식 등 이런 것들은 고위급 프리메이슨이 '우리가 이것을 소유한다' 라고 문자적으로 도장을 찍고 있는 것입니다.

아카데미 시상식이 새롭게 열리는 코닥 극장에 있는 큰 문에는 부조로 새겨진 태양신의 상징인 이시스와 호루스가 보입니다.

헐리우드 배우들의 신들린 연기의 정체

오늘날의 거짓 경배 시스템은 무엇입니까?

우리는 배우들이 연기를 잘할 때 "신들린 듯한 연기"라는 표현을 씁니다. 그것은 매우 적절한 표현인 것 같습니다.

덴젤 워싱턴이 신들린 연기를 할 수 있었던 비결을 말하고 있습니다. 그는 연기할 때 강한 영들의 지배를 받아 신들린 연기를 할 수 있었던 사실을 공개적으로 말하고 있습니다.

덴젤 워싱턴만이 아닙니다. 아래 유명한 배우들이 자신의 연기 비결을 인터뷰한 내용을 소개합니다. 로빈 윌리엄스는 자신의 연기비결에 대해 다음과 같이 말했습니다.

"네, 문자적으로, 이것은 귀신에 들린 것과 같습니다. 갑자기 안에 한 힘이 움직이기 시작합니다. 그러나 또한 다른 것도 있습니다. 이것은 귀신에 들리는 것입니다. 과거에는 이런 일들을 행하면 불에 타죽었습니다. 그러나 이 행위에는 권능이 있습니다. 그러니까 이런 행위 속에서 당신은 완전히 지킬박사와 하이드씨 같이 되는 것입니다. 완전히 그 힘이 되어버리는 것입니다."

데블스 에드버킷의 영화 감독인 테일러 핵포드는 키아누 리브스에 대해 다음과 같이 말했습니다. "키아누는 수많은 악령을 안에 가진 매우 복잡한 남자다. 그리고 나는 그 수도꼭지를 열어 사용하려고 노력했다"

토탈 이클립스의 감독 아그네츠카 홀란드가 레오나르도 디카프리오에 대해 한 말입니다.
"레오는 마치 매개체와 같다. 그는 그의 몸과 마음을 열어서 다른 사람의 삶으로부터 메시지들을 받는다."

로미오와 줄리엣의 감독 바즈 루어만은 레오나르도 디카프리오에 대해 다음과 같이 말했습니다.

"레오에게서는 하루에 30명의 다른 사람이 나오는 것을 볼 수 있다." 조니 뎁이 유에스(US) 주간지와 인터뷰한 내용입니다.

"나는 나에게 악령이 있는 것을 안다. 나는 어쩔 때는 30명의 다른 사람이다."

사탄의 전략, 스크린을 통해 영혼들을 지배하라

사탄교의 창시자인 안톤 라베이가 텔레비젼에 대해 말한 내용입니다. "텔레비젼은 새로운 사탄 종교의 가장 중요한 주류 침투법이다."

TV 세트 즉 사탄교 가족제단은 50년대 이후로 굉장히 성장했고 작고 희미한 화면에서 거대한 엔터테인먼트 센터가 되어 한 벽면을 여러개의 TV로 도배하기까지 성장했습니다.

순진한 일상으로부터 한숨 돌리기로 시작하여, 그것은 수백만에게 현실 대체품이 되었고 대중의 거대한 종교가 되었습니다.

전 일루미나티 조직원인 Svali는 TV에 대해 다음과 같이 말했습니다.

"사람은 화면을 통해 나오는 영상으로부터 분명히 영향을 받으며, Illuminati 내의 행동심리학자들은 이 사실을 아주 잘 알고 있습니다. 그들은 실제로 대중에 광범위한 영향력을 행사하는 도구로 TV를 이용합니다. 평범한 시민의 인격까지 바꿀 수는 없지만, 폭력, 포르노 및 신비주의에 대한 감각을 무력화시키고 어린 아이들의 지각능력에 영향을 줄 수 있습니다."

오늘날 TV를 실질적으로 보급한 사람은 미국의 David Sarnoff 입니다. 프리메이슨인 그는 바보 상자인 TV를 통해 인류를 파괴시키고 있습니다.

패션오브크라이스트 어떤 영화인가?
더러운 쓰레기 영화 패션오브크라이스트

▲ 영화 패션오브크라이스트
한쪽눈을 강조하고 있는 호루스전시안을 선전하는 영화

예수님의 오른쪽 눈을 고의로 상하게 하고 일루미나티의 상징인 왼쪽 눈을 부각시켜 예수님을 프리메이슨의 영웅으로 조작했습니다. 예수님의 왼쪽 눈(일루미나티)을 부각시키고 성모마리아를 우상화시켰으며, 이 영화의 진짜 주인공은 예수님이 아닌 여자들(성모마리아)입니다. 힐리우드에서 조작된 영웅의 영화 100%가 프리메이슨을 위한 영화임을 알아야 합니다.

성경에서 예수님 왼편의 죄인은 예수님을 부인했지만 오른편의 죄인은 구원받았습니다. 그러나 이 영화는 성경의 가르침과 반대로 왼편의 죄인이 구원받았고 오른편의 죄인은 예수님을 부인하고 까마귀에게 눈과 머리를 쪼이는 장면이 나옵니다. 성경에서 오른쪽은 예수님의 신성과 심판과 긍휼을 나타냅니다. 예수님의 손가락을 보십시오. 죽어가는 판국에 십자가 위에서 프리메이슨 승리의 사인을 하고 있습니다. 죽어가는 과정에서 의도적으로 자세를 취한 것으로 묘사한 것은 예수님을 프리메이슨으로 조작했다는 증거이자, 악랄한 의도를 드러낸 것입니다. 적그리스도 교황과 예수님의 손가락의 취한 자세가 똑같습니다.

영화의 장면중에서

가룟유다가 어린아이들에게 쫓기게 되었는데 어린아이들이 실제 어린아이가 아니라 마귀였으며(눈알과 입과 형상이 마귀였음), 그것에 의해 두려워서 쫓겨가게 되었습니다. 성경에 있지 않은 내용을 처음부터 제시하여 불신자들로 하여금 역사적이었던 배반의 사건이 설화나 이야기 거리로 전락을 시켰습니다.

예수님의 오른쪽 눈의 상처

영화 전반부터 예수님은 오른쪽 눈을 가격당하여 왼쪽 눈으로만 세상을 바라보게 되는데, 성경은 오른쪽이 하나님의 권능을 상징하는 것으로 하나님의 권능의 상징인 오른 눈을 못보게 만들어 신성모독을 하였습니다. 예수님은 이후 왼눈으로만 세상을 보는데 프리메이슨의 세상을 보는 하나의 눈을 연상시킵니다. 보지 못하는 눈으로 구속하셨으니... 대속이 불완전함을 암시합니다.

채찍에 맞아 주저 앉았으나 마리아를 보고 일어남

제3장 적그리스도 세력들의 유전자의 비밀
23. 헐리우드의 유전자

예수님이 몇 번씩 서 너 차례 이상 주저앉고 쓰러지고, 십자가에서 못 박히실 당시에도 쓰러졌으나, 마리아의 눈을 마주치고 힘을 얻습니다. 마리아를 신성화하는 카톨릭의 교리에 맞춘 것입니다. 예수님은 대속의 죽음을 홀로 감당하시었지 사람의 눈길에 힘을 얻은 것이 아니었습니다.

채찍에 맞을 당시 어느 여자가 늙은 남자 아기를 안고 있음

고대 바벨론의 니므롯의 환생을 상징하는 듯. 그분의 고난에 있을 수 없는 장면을 넣어 불신자로 하여금 이것이 설화였고 꾸며낸 이야기라고 암시하게 하였습니다.

채찍에 맞아 피를 흘린 상처를 마리아(모친), 막달라 마리아가 피를 닦음

빌라도의 아내 클라우디아가 건네준 수의로 마리아와 막달라 마리아가 상처를 닦아 줍니다. 카톨릭은 막달라 마리아를 성인으로 숭배합니다. 예수님의 고난 받으실 때 그분의 피를 닦고 정리했던 공을 조작한 것입니다.

예수님이 십자가에 달렸을 때 마리아에게 했던 말

"I"m here... See mother,, I will make all things new..." 십자가 위에서 안했던 말을 했다라고 합니다. 십자가 위에서 엄마를 찾는 어린애적인 모습을 보여주고 있습니다.

마리아가 십자가에 달리신 예수님이 운명했을 때 피묻은 발에 키스를 함

예수님은 유월절의 어린양으로 여인이 발에 입맞춤을 하는 것은 잘못된 것입니다. 피묻은 마리아의 입술을 선명히 보여줌으로 마리아가 대속적인 사역에서 중보자의 역할을 이어받게 된다라는 메시지를 보여주고 있습니다. 주님의 죽으심에 마리아가 실제적으로 함께 동참하였다는 것을 강조하고 있습니다.

예수님께서 다 이루었다. "It is finished" (대속을 이루었다)라고 선포하셨는데

영화에서는 "It is accomplished"(십자가의 고난을 성취했다)라고 대사가 나옵니다. 예수님은 자신을 대속물로 주셔서 그분을 믿는 자를 온전히 구원할 수 있는데, 카톨릭은 고난을 통해 인간의 구원은 완성되어짐을 이야기하고 있으며 십자가의 고난이 구속을 완성한 것이 아니라 "고난을 다 받았다"라고 선포하고 있습니다.

지진으로 인해 성전의 휘장이 갈라지지 않고 성전의 바닥이 갈라짐.

휘장이 갈라짐은 인간이 하나님과 화목을 하게 된 것을 말하는데 영화에서는 유대인의 성전이 필요 없게 되었다 라는 것만 보여주었습니다. 그래서 카톨릭교회가 필요하게 됨을 역설적으로 표현하고 있습니다.

예수님의 오른쪽 옆구리 아래를 찔러 피가남

심장은 오른쪽이 아니라 예수님의 왼쪽의 갈비뼈 아래쪽에 있는데 심장을 찔리신 주님이 폐가 찔린 것으로 묘사됩니다.

예수님이 부활하셨을 때 벌거벗은 모양으로 엉덩이를 보여주심

예수님의 부활은 새로운 부활의 몸을 입은 영광스러운 몸인데, 인간의 수치의 상징인 엉덩이를 보여줌으로 신성모독을 했습니다.

구레네 시몬이 십자가를 지고 가는 장면

예수님과 같이 십자가를 지고 가는데, 예수님이 넘어지실 때에 구레네 시몬이 손을 잡아줌으로 예수님의 고난의 십자가를 인간들이 지고 가서 구원의 자리를 얻을 수 있다는 행위구원을 암시하고 있습니다.

예수님을 부르는 마리아는 한번도 "주님"이라는 칭호를 하지 않고 "예수"라고 부름

마리아는 예수의 모친이기 때문에 다른 인간들은 주님으로 모셔야 되지만 마리아는 하나님의 아들의 모친이 되는 카톨릭의 교리에 맞춘 것입니다. 소재가 좋다고 무조건 볼 게 아니라, 감식할 줄 알면서 봐야 합니다. 부패한 인간의 감정에 속지 말고 정말 십자가가 무엇인지 알아야 할 것입니다.

멜 깁슨은 거듭난 그리스도인이 아닌, 독실한 가톨릭 신자라는 사실을 잊어서는 안됩니다. 말씀을 공부하지 않고, 분별력을 기르지 않으면, 속수무책으로 농간과 노략질을 당하고도, 깨닫지 못할 뿐입니다.

카톨릭 신자들이 바치는 '묵주기도' 라는 말을 들어보셨습니까? 카톨릭의 묵주 기도는 성모 마리아께 바치는 기도입니다. 마리아는 예수의 어머니로서 십자가에서 직접 고난을 당하신 예수님보다 더 고통을 당했다는 의미로 예수님의 십자가 고난을 묵상하고 기도하는 것이 아니라 예수님의 어머니 마리아의 고통을 이해하고 동참하는 기도가 묵주기도입니다. 성모 마리아는 신자들의 묵주기도를 듣고서 예수님께 전달하는 중보자 역할을 합니다. 이것을 전할 傳, 구할 求, 전구라고 합니다. 묵주기도는 1) 환희의 신비, 2) 고통의 신비, 3) 영광의 신비로 구성되어 있는데, 교황 요한 바오로 2세의 지침으로 환희의 신비와 빛의 신비를 묵주기도에 추가하였습니다. 묵주기도는 아들의 아픔과 고통에 대한 어머니 마리아의 심정을 깊이 이해하고 동정하여 응답을 유발시키는 기도입니다.

묵주기도 고통의 신비 5단은 아래와 같이 구성되어 있습니다.
1단 : 예수님께서 우리를 위하여 피 땀 흘리심을 묵상합시다.
2단 : 예수님께서 우리를 위하여 매 맞으심을 묵상합시다.
3단 : 예수님께서 우리를 위하여 가시관 쓰심을 묵상합시다.
4단 : 예수님께서 우리를 위하여 십자가 지심을 묵상합시다.

5단 : 예수님께서 우리를 위하여 십자가에 못박혀 돌아가심을 묵상합시다. 멜 깁슨의 영화 '패션 오브 크라이스트'는 묵주기도 "고통의 신비" 5단의 내용 그대로입니다. 예수님의 수난, 즉 패션 오브 크라이스트(the passion of Christ) 영화 제작자였던 멜 깁슨(Mel Gibson)은 예수회 산하 경제조직인 오푸스데이(Opus de) 회원입니다. 그가 만든 패션은 예수님이 라틴 십자가를 지고, 한 쪽 눈을 감고, 긴 머리(히피머리)를 하고, 십자가 형틀을 지고 쓰러질 때, 하나님의 어머니(the Mother of God)의 도움을 받는 영화로 알려져 있습니다. 이 영화는 예수회(제수이트)의 주문으로 만들어진 영화인데, 트렌트 공의회 결의에 따른 마리아에게 영광을 돌리는 영화로서, 영화 속의 예수님은 신약성경의 예수님이 아니라 예수회 그리스도(Jesuit christ)입니다. 이 영화는 예수회 사제 윌리암 풀코(Fr. William J. Fulco)와 예수회 신부 빌 풀코(Bill Fulco)의 주문에 의한 여신 마리아를 선전하기 위한 영화입니다. 또한 이 영화는 세계정부 상징인 피라미드의 모든 것을 보는 눈(All seeing Eye)을 홍보하는 사탄 영화입니다.

인타임(In-time) 영화 줄거리

가까운 미래 인간은 과학의 발달로 더 이상 늙지도 않으며, 죽지도 않습니다.

다만 25살 이후... 1년을 더 살 수 있는 시간만 주어집니다. 그 주어진 1년 안에 그들은 더 살아갈 수 있는 시간을 벌어야 합니다. 즉 시간이 돈인 것입니다. 하루 하루 일을 하면 하루를 더 살 수 있는 시간이 주어집니다. 이 주어진 시간으로 밥을 사먹고, 커피도 사서 마시고, 교통비도 지불하는 것입니다.

과학의 발달로 질병이나 노화로 죽지는 않지만, 살기 위해선 시간을 벌어서 팔에 입력된 컴퓨터 칩속에 시간을 저축해 나가야 합니다. 커피 한잔 4분, 스포츠카 한 대 59년, 주인공 윌 살라스는 버스비 2시간이 없어 죽어버린 어머니를 가슴에 담아두며 살아갑니다. 우연히 어려움을 당하는 사람을 돕다가 그 사람이 가지고 있는 100

년의 시간을 입력받습니다. 그러나 도와준 그 사람이 죽고난 후 주인공은 살인자의 누명을 쓰고 타임키커 경찰들에게 추적을 당합니다.
 주인공은 수천 수십만 시간을 가지고 살아가는 10% 부자들이 사는 뉴 그리니치로 잠입하고, 컴퓨터 통제 속에 있는 시간의 비밀을 알아 수많은 시간들을 훔쳐 시간이 없어 죽어가는 사람들에게 나눠 줍니다.
 유전자 공학의 첨단 과학으로 25세가 되면 노화가 멈추고, 영생할 수 있는 시대, 그러나 가난한 사람들은 죽을 힘을 다해 일을 해서 시간을 컴퓨터 속에 입력해서 살아야 합니다. 만일 일을 하지 않고 시간을 재충전 받지 못하면 시간이 0이 되는 순간 심장은 멈추고 시체로 변합니다. 돈많은 사람들은 영생불사하며 천국생활을 하는데 그 선택 받은 사람들은 오로지 10%에 해당되는 사람들 뿐입니다.
 인타임 영화는 앞으로 다가오는 RFID 세계를 영화로 교육하는 프로입니다. 가난한 사람들이 사는 데이튼은 높은 콘크리트 장벽으로 통제된 세상입니다. 10%로 부자들이 살고 있는 뉴그리니치는 천국과 같은 세상입니다. 그러나 오직 10%만 살 수 있습니다. 프리메이슨들에게 선택받은 사람들만 살 수 있습니다.

트랜스포머 영화는 사이언톨로지교 종교의 포교 영화

 트랜스포머에 나오는 적군 세력은 태양의 파괴를 통해 세상을 어둠으로 몰아넣는데 메트릭스의 에너지를 사용하려 하지만, 아군 세력이 그것을 막는다는 주요 골자입니다. 이 사이언톨로지는 태양(신)을 보호 내지는 숭배하는 집단입니다. 그렇다면 이들은 신적 존재를 외계인으로 보고 있다고 추론할 수 있고, 결국 외계인 숭배집단이라 할 수 있겠습니다.
 사이언톨로지교의 창시자 론 허바드가 프리메이슨이었다는 것은 이러한 사실을 뒷받침하고 있습니다.
 결론은 이 영화는 단순히 흥미로운 로봇 영화가 아니라, 외계인 숭배집단의 교리를 영화화 했다는 것입니다. 50년 밖에 안된 이들 신흥종교는 미국의 자본가 신자들을 등에 업고, 막대한 자금력으로 영화를 만들어 자신들의 정신세계를 효과적으로 전 세계에 전달하고 있습니다.

실제 여러 나라에 사이언톨로지교가 퍼져있고, 신자 수는 수 백만에서, 수 천 만 가까이 된다고 합니다. 이들이 만든 영화는 전 세계 적으로 히트치고, 이들이 신성시 하는 피라미드는 미국 달러 지폐에 새겨져 있을 정도입니다.

전체주의의 쓰라린 과거가 있는 독일은 사이언톨로지교가 전체주의를 기반으로 하는 것으로 간주하고, 민주주의를 위협하는 세력으로서 경계하고 있다고 합니다. 사진으로 독일에 세워진 사이언톨로지교 건물들을 보니까 으리으리하게 지어놨습니다. 사람들이 트랜스포머를 사실로 받아 들이는 것이 참 이상하지 않습니까?

그런데 이들은 영화를 통해 전 세계인의 무의식에 외계인의 존재를 주입시키고 있다는 것은 무서운 현상입니다.

톰 크루즈나 존 트라볼타도 이 조직에 가입을 한 사람들입니다. 사이언톨로지의 선전을 위해서는 아주 좋은 사실입니다. 사이언톨로지의 교리에 의하면 반복해서 듣는것을 통해서 더 지식이 쌓인다고 하는데도 사이언톨로지에서 활동하다가 어렵사리 나온 사람의 말에 의하면 반복해서 듣는것을 할 때마다 자기의 뇌가 세뇌되는 것 같았다고 했습니다.

그리고 사이언톨로지가 종교가 아닌 이유는 종교에서 가장 중요한 신이란 존재가 없다는 사실입니다. 론 하버드(사이언톨로지의 창시자)는 자기 상상의 세계에서 벗어나지 못하고 정신병자가 되었습니다.

사이언톨로지는 그 어느 마피아 조직보다도 위험하고 또 가장 돈이 많은 조직입니다. 그래서인지 미국에서만 종교로 인정받고 있습니다.

복제인간 영화
Never let me go (나를 붙잡아 주세요. 2010년)

영국 외지고, 고립된 헤일섬에 있는 기숙학교에는 장기이식을 위한 목적으로 복제된 아이들이 성장하고 있는 학교입니다. 아름다운 추억을 쌓아가면서 성장하고 있는 이들은 자신들이 언젠가 장기를 기증하고 폐기처분될 운명이란 사실을 알지 못하고 천진난만하게 살아갑니다. 그러나 한 선생님의 양심선언으로 자신들의 운명을 알게 되는 가운데

아일랜드 (2005년)

21세기 중반 자신들을 지구종말 생존자라고 믿고, 통제된 사회에서 유토피아적인 삶을 살고 있었던 주인공 링컨과 델타는 매일 아침 일어나서 건강점검을 받고, 수 백명의 주민들과 철저한 통제속에서 부족함이 없이 살아갑니다.

당시에 또 다른 유토피아로 소문난 아일랜드가 있었는데 그곳은 복제인간들로부터 장기이식을 받기위해 부자들이 가는 곳입니다. 통제된 사회에서는 아일랜드가 최고의 유토피아로 알려졌습니다. 그래서 통제된 사회에서 살아가는 수 백명의 사람들의 유일한 소망은 추첨이 되어 아일랜드로 가는 것입니다. 여자 주인공 델타가 추첨이 되어 아일랜드로 떠나고, 홀로된 남자 주인공 링컨은 자신이 살고 있는 곳에 사는 사람들이 복제된 인간들이며, 추첨이 되어 떠나는 아일랜드가 복제인간들의 장기이식 수술장소로 죽음의 땅이란 사실을 알게 됩니다.

주인공 링컨은 사랑하는 연인 델타가 장기이식의 대상으로 아일랜드로 착출된 사실을 알고 구하기 위해 통제된 사회를 탈출하여 아일랜드로 잠입한 후 사랑하는 애인 델타를 구하는 내용입니다.

Splice (밧줄의 가닥을 꼬아 엮는 것 : 유전자 염색체. 2009년)

동물과 인간의 DNA를 결합하여 만들어낸 하이브리드(Hybride) 영화입니다.
오늘날 유전 공학은 이종교배 복제가 가능합니다. 드렛이란 존재는 동물과 인간의 유전자 결합을 통해 만들어진 존재입니다.

아가미, 촉수, 날개와 자웅 동체와 인간 유전자를 가진 복제물입니다. 인간의 수명연장을 목적으로 드렛은 복제가 되었는데 오히려

드렛을 통해 인류가 엄청난 재앙을 만나는 내용입니다.

움 (Womb 자궁. 2010년)

레베카는 12년 전의 추억을 못잊어 해변으로 돌아와 사랑하는 토마스를 만나게 되지만, 토마스는 곧 교통사고로 숨을 거둡니다. 레베카는 사랑하는 토마스의 DNA를 자신의 자궁속에 이입시켜 토마스와 똑같은 복제된 아들을 낳습니다. 그후 아들이 장성한 후 복제된 토마스와 다시 결혼을 합니다. 복제인간과 근친상간에 대한 영화입니다.

더씽 (2012년)

우주에서 지구로 왔던 한 우주선이 북극 빙하에서 발견이 되어 옮겨집니다. 얼어 있었던 외계인들이 해동이 되면서 살아납니다. 그리고 인간을 죽입니다. 그후 외계인들은 다시 죽인 인간들을 복제하는 이야기입니다.

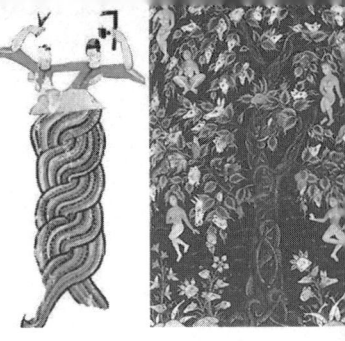

제4장 결론
세계를 움직이는 프리메이슨

제4장
세계를 움직이는 프리메이슨

1. 한국의 프리메이슨

1) 대한민국과 유엔의 운명적인 만남

앨버트 파이크는 프리메이슨이 세계를 정복하기 위해 세 번의 전쟁을 계획했습니다. 지난 세계 1차 대전과 2차 대전은 프리메이슨이 세계을 정복하기 위해 만든 계획된 전쟁이었습니다.(타작기1 참조)

프리메이슨 비밀결사 조직은 1차 세계 대전 후 전쟁 방지를 위한 세계정부의 조직으로 국제연맹을 만들었습니다. 그러나 국제연맹은 기구만 세계적인 조직이었지 힘이 없었습니다. 세계 2차 대전이 끝나고 국제연합이 미국의 비밀결사 CFR 중심으로 록펠러 사유지에 유엔건물이 지어졌습니다. 국제연합 즉 U.N은 프리메이슨들이 꿈꾸는 세계정부의 모형입니다. 프리메이슨들은 세계 평화를 지키는 명목으로 유엔을 만들고 전쟁이 일어나면 유엔군을 파견하여 전쟁을 억지시키고, 세계 평화를 정착시키기로 유엔 헌장을 선포했습니다.

그리고 첫 번째 유엔군 파병의 현장이 한국전쟁이었습니다. 한국전쟁은 유엔이라는 세계적인 조직이 세계 최초로 유엔군을 파병하여 한국전쟁을 평화적으로 마무리하여 세계 평화에 기여한 역사적인 사건입니다. 이후 한국은 유엔과 밀접한 관계를 유지하면서 오늘날에는 반기문 사무총장이 유엔을 지휘하고 있습니다.

그러나 한국전쟁은 명목상으로는 유엔군이 한국전쟁에 참여하여 평화를 정착시킨 것으로 나타났지만, 한반도는 처음부터 38선을 중심으로 남과 북으로 나눠졌으며, 6.25전쟁 이후에도 똑같이 남북으로 나눠지게 했습니다. 즉 한국전쟁은 처음부터 유엔이라는 조직을 세계적인 권위 있는 기구로 격상시키기 위해 철저하게 준비된 전쟁이었다는 것입니다.

포츠담과 얄타에서부터 준비된 한국전쟁

1945년 2월4일 소련 얄타와 1945년 독일 포츠담에서 소련의 스탈린과 미국의 루스벨트와 영국의 처칠이 회담을 가졌는데, 이 회담에서 2차 대전 후에 독일 분할 통치와 소련을 통한 중국의 공산화, 남북의 분할 통치와 동유럽국가의 소련 공산당 편입들이 이루어졌습니다. 프리메이슨 비밀 결사 단원인 스탈린과 루즈벨트와 처칠은 세계 2차 대전 이후의 세계 경영의 시나리오를 결정했습니다. 동유럽 국가들이 모두 공산화되어 소련으로 편입 시켜 미국과 소련의 냉전 체제를 구축했습니다. 독일을 나누고, 한반도를 나누어서 미래 냉전 시대를 열었습니다. 동서 베를린의 벽을 무너뜨리고, 소련을 해체시키고, 동유럽 공산국가들을 해체시켜 EU제국을 일으켰습니다. 그러나 한반도의 남과 북의 냉전은 3차 세계 대전을 위해 남겼습니다.

이미 공산주의 유전자에서 언급한 대로 공산주의는 프리메이슨이 기독교를 파멸시키기 위해 만든 음모입니다. 1차 세계 대전 후 1000년의 러시아 기독교가 무너졌습니다. 2차 세계 대전후 중국이 공산화 되고, 동방의 예루살렘인 평양이 공산화 되었습니다.

앨버트 파이크가 계획한 대로 세계 2차 대전은 끝이 났고, 세계정부인 유엔이 들어섰습니다. 그리고 유엔을 지키는 두 나라가 미국과 소련이었습니다. 그러나 이미 소련에서 볼세비키 혁명을 일으켜 소련을 공산화 시킨 세력들이 미국과 독일과 영국의 프리메이슨이었습니다. 결국은 유엔이라는 세계적인 기구는 겉으로 보기에는 공산주의 대표 소련과 민주주의 대표 미국이란 거대한 두 강대국이 긴장 관계를 가지고 패권을 겨루고 있는 것 처럼 보였지만, 사실은 미국과 소련의 수뇌부는 같은 볼세비키 프리메이슨 비밀결사들이었습니다. 루즈벨트와 스탈린과 처칠은 이미 같은 프리메이슨 비밀 결사단원이었습니다. 이들이 사이좋게 세계 2차 대전이 끝난 후 세계경영의 방법을 의논한 것이 얄타와 포츠담 회담입니다.

이미 한반도는 이 두 회담에서 유엔이라는 기구를 세계적인 기구로 등장시키기 위해 한반도 분할 통치와 한반도 전쟁이 준비된 것입니다.

북한에서 전쟁을 준비한 소련과 한국에서 철수한 미국

1945년 7월24일 모스크바 3상 회의에서 한반도 5년 신탁통치가 결정되었습니다. 38선을 중심으로 소련은 김일성을 중심으로 신탁찬성 운동을 펼쳤고, 남쪽은 미국을 중심으로 신탁반대운동을 했습니다. 결국은 각본대로 남한은 1948년 7월10일 총선거를 실시하고 이승만과 이시영을 정부통령으로 뽑았습니다.

북한은 소련의 사주를 받은 김일성 공산주의 독재체제로 굳어졌습니다. 소련은 북한군을 탱크와 야포와 비행기로 중무장 시켰습니다. 그러나 남한의 미군은 이승만 정권이 탄생하자마자 한반도에서 철수 준비를 했고, 1949년 6월30일로 500명만 남기고 모두 철수해 버렸습니다. 그리고 1950년 1월 12일 애치슨(Dean Acheson) 미 국무부장관이 한국은 미군의 방위선상에서 제외되었으며, 미군의 극동방위선은 알류션열도(Aleutian Islands), 일본, 오키나와(Okinawa), 그리고 필리핀이라고 밝혔습니다. 이것은 북한군에게 남한을 공격하라고 선포한 것이나 동일한 것이었습니다. 애치슨 국무장관이 기자회견을 마친지 몇 개월 후 북한 공산군이 남한을 침공하여 수도 서울을 함락시키고 삽시간에 한반도 전역을 석권할 위기에 처하게 되었습니다.

그런데 뜻밖에도 미국은 제24사단을 한국전에 투입하여 다시 전쟁을 했습니다. 미국은 북한의 남침준비를 알았음에도 방위선을 제외시키고 남한에서 철수를 했고, 북한군의 남침을 유도시켜 고의로 전쟁을 촉발시켰던 것입니다. 이것은 이미 얄타와 포츠담에서 미국과 소련에 의해서 계획된 전쟁이었습니다.

2) 한국전쟁과 유엔

한국 전쟁은 세계사적으로 매우 중요한 역사적 기점으로 분류됩니다. 한 나라에서 내전이 일어났는데, 역사상 최초로 세계적인 UN이라는 기구를 통해 집단적으로 군대가 보내졌다는 것은 이전에는 없던 일이었기 때문입니다.

한국전쟁은 2차 세계 대전이 끝날 무렵에 연합국 대표자인 미국, 영국, 소련 정부의 대표자들이 포츠담과 얄타에서 회동하여 조선반도를 두 개로 나누기로 합의했기 때문입니다.

북한은 재빨리 18만 7천의 군대를 조직하고 소련이 공급한 무기로 중무장하여 전쟁을 치를 준비를 했습니다. 남한의 9만6000명의 군대는 소총으로 무장을 한 전투 경찰 수준에 머물렀습니다. 또한 미국 의회는 남한의 군무장을 위해 1천만 달러의 지원금을 전달하기로 했었는데 중간에 증발해 버리고 말았습니다.

소련은 UN군 파병에 거부권을 행사하지 않았다

한국전쟁이 발발하자 UN 헌장에 따라서 안전보장이사회에서는 한국 전쟁에 UN군 파병에 대한 회의가 있었으며 곧 표결에 붙여졌습니다. 5개의 상임이사국 가운데 한 나라만 반대해도 UN군의 한국파병은 불가능한 일이었습니다. 그런데 소련 대표 야콥 말릭이 회의 도중에 퇴장함으로써 나머지 4개국의 만장일치로 한국 파병이 통과되었습니다. 소련 대표 야콥 말릭은 당시 UN 회원국도 아닌 중공을 회의에 참석시켜야 한다고 주장했고, 그것으로 논쟁을 벌이다가 중간에 퇴장한 것이었습니다.

그리고 표결이 끝난 다음에 '중공의 회의 참석' 이라는 명분은 사라져 버리고, 소련 대표 야콥 말릭은 다시 자리로 돌아왔습니다. 그리고 이미 표결에 부쳐진 유엔군 파견 안건에 대하여 어떠한 이의도 제기하지 않아서 통과가 확정되어 UN군이 한국전쟁에 파병될 수 있었습니다.

이는 UN군의 한국 파병에 대해서 북한을 통해 한국전쟁을 일으켰던 소련이 내용적으로 UN군 파병을 반대하지 않았다는 것을 의미합니다. 만일 소련이 UN군 파병을 절대적으로 반대했다면 나중에라도 소련이 강력하게 거부권을 주장해서 유엔군 한국전 파병을 막았을 것입니다. 역사가들은 소련 대표 야콥 말릭이 표결을 할 수 있도록 자리를 피해준 것이라고 말을 합니다.

만일 스탈린이 UN군의 한국전 참전을 원하지 않았다면 당시 소련의 UN 대표 '야콥 말릭(Jacob Malik)'에게 반대표를 던지라고 했을 것입니다. 많은 사람들은 소련의 UN 대표 야콥 말릭이 회의에 늦어서 참가하지 못했다고 알고 있습니다. 하지만 스탈린이 어떤 사람인데 그렇게 중요한 안건으로 모이는 UN 회의에 늦은 대표를 가만 두었겠습니까?

만약 그가 반대에 투표를 하기만 했어도 북한과 소련은 손쉽게 남한을 공산화 할 수 있었을 것입니다. 스탈린이 진정 남한을 공산화 하기로 생각했었다면 그의 입장에선 자신의 부하가 엄청난 실수를 저지른 것입니다. 죽이지는 않았을지 몰라도 상식적으로 생각하자면 최소한 그는 공직에서 좌천은 되었을 것입니다. 그러나 야콥 말릭은 이후에도 계속해서 소련 안보리 대표로 활동을 했습니다. 미국과 소련은 한반도 전쟁을 통해서 UN군을 한반도 전쟁터로 등장시켜 유엔이라는 조직의 명성을 얻게 하여 UN을 세계적인 권력기구로 만들었던 것입니다.

중공 참전을 유도한 미국

한국 전쟁 발발 이틀 후에 자유중국(대만)의 장개석 총통은 본토를 되찾을 기회라고 판단하여 진군하기로 마음을 정하지만 미국의 트루먼 대통령은 이를 반대하며 말했습니다.

"나는 자유중국 정부에게 중국 본토를 향한 어떠한 군사 활동을 중지할 것을 강력히 요청하는 바입니다."

트루먼 대통령은 그것도 모자라 대만해협에 제7함대를 배치해서 장개석총통이 중국본토를 공격하지 못하도록 막았습니다. 이러한 조치는 미국 정부가 중공으로 하여금 한국전에 참전할 수 있도록 중공을 안전하게 지켜준 것이나 다름이 없었던 일이었습니다. 미 7함대가 50만의 장개석 군대가 중국 본토를 침공하는 것을 막아줌으로써 중공을 보호해 주었고, 중공은 본토를 지켜야 하는 2개 군단을 한국 전쟁터로 빼돌릴 수 있었던 것입니다. 중공은 미국의 보호 덕분에 대만의 군대가 공격해오는 걱정을 하지 않고 압록강 북부에 군대를 보낼 수가 있었습니다.

장개석 총통은 중국본토 공격이 실패로 돌아가자 자유중국 33,000명의 군대를 유엔군에 합류시켜 한국전쟁에 참여시켜 달라고 요청을 했지만 미국의 트루만 대통령은 이것조차 거절을 했습니다.

중국의 공산당 정부는 1949년에 수립되었지만 끝없는 공산체제 저항운동과 경제적인 파탄으로 크게 체제가 흔들리고 있었습니다. 중국의 지도부는 한국전쟁을 이용하여 반체제 인사들을 모두 한국 전쟁터에서 인해전술로 청소했고 한국전쟁을 통해서 흔들렸던 중국의 공산정부는 굳게 설 수 있었습니다.

적국에 작전 정보를 넘겨준 미국

1950년 10월, 맥아더 장군은 중공군이 압록강 북부 만주에 집결한다는 정보를 입수하고 미국 본부에 보고했지만, 미 국무성에서는 "중공군이 한국전에 관여할 가능성이 없으니 안심하라'고 했습니다. 그러나 불과 며칠도 되지 않아서 중공군은 압록강을 넘었고 한국전에 참전했습니다. 맥아더 장군은 자신의 작전 계획이 적군에게 비밀리 새고 있다는 결론을 내리고 야전 참모인 '월튼 워커(Walton Walker)' 장군에게 불만을 털어놓았습니다. 그리고 실제로 맥아더 장군의 작전은 북한군을 지휘하는 소련 장교에게 넘어가고 있었습니다.

유엔군의 주축인 미군의 작전 체계에서는, 유엔군에서 보고서를 올리면 미국정부의 고관을 통해 트루만 대통령에게 전달되고, 대통령의 승인 후에 계획을 실행할 수 있었습니다. 그런데 당시 미국은 UN과의 조약 때문에 대통령이 승인한 정보를 UN의 '정책 및 안전

관리국'에 보내야 했고, 유엔 정책안전국장은 이것을 UN 사무총장에게 보고해야만 했습니다. 그런데 유엔 '정책 및 안전관리국장'이라는 요직에는 '콘스탄틴 진첸코'라는 소련인 장군이 있었습니다. 다시 말해서 맥아더가 세운 작전은 소련군 장군에게 승인을 받은 후에야 실행할 수가 있었다는 말입니다.

국제 연합이 1945년 국무장관 에드워드 스테티니우스(Edward Stettinius)에 의해 체결된 비밀합의에 의해서 언제나 UN의 '정책 및 안전관리국'은 동유럽 출신 공산주의자들에 의해 채워졌습니다.

당시 유엔 군사 참모 위원회의 의장인 소련군 장군 알렉산더 바실리예프 중장(Alexandre Vasiliev)이 유엔 군사 참모 위원회의 의장이었는데, 그는 부총장 및 안전보장 이사회와 함께 유엔의 모든 군사행동에 대해 책임을 져야 했습니다.

당시 바실리예프는 북한군 총지휘관으로 유엔에 휴가서를 내고 콘스탄틴 진첸코와 함께 유엔군의 모든 작전명령을 알고 한국전을 총지휘하는 소련군 현역 중장이었습니다. 바실리예프 장군이 북한군에게 한국전쟁의 출동명령을 내린 장본인입니다.

중공군의 보급로를 폭격하지 말라

맥아더 장군은 중공군이 남하하는 것을 막기 위해서 '압록강 다리 폭파'라는 군사작전계획을 세워서 보고서를 올렸습니다. 공군의 '스트레이트 메이어' 사령관에게 B-29 폭격기를 동원하여 압록강 다리를 끊고, 만주를 폭격하여 통신망을 파괴하자고 제안한 것입니다. 그러나 마샬 국무장관은 다음과 같은 답신을 보냈습니다.

'북한과 만주 국경으로부터 5마일 이내의 모든 목표에 대한 폭격을 보류할 것'
'만주 방향으로 도주하는 북한군에 대하여 모든 공격을 금지할 것'
'나진에 있는 수련군 보급 기지에 폭격을 금지할 것'

맥아더 장군은 이러한 조치들을 이해할 수 없었고, 이 사실은 나중에 중공군 사령관도 시인을 한 것이었습니다. 또한 스트레이트 메이어 미 공군 사령관도 이렇게 술회했습니다.

"우리는 당시 적 보급시설을 완전히 파괴할 수 있었으며, 압록강과 봉천 사이에 주둔한 적군을 괴멸시키고, 철도시설을 파괴하여 전투력을 완전히 소멸시킬 수 있었다. 그러나 불행하게도 그것이 허락되지 않았고……"

그리고, 당시 미 하원의 소수민족 대표인 마틴 의원도 승리를 원치 않은 미국 행정부에 대해 경악을 표시하고 맥아더에게 편지를 보냈습니다.

"대만에 있는 자유중국의 군대를 참전시키도록 한다면 미국으로서는 부담을 덜 수 있는 것 아닙니까?"

맥아더는 답신에서 이렇게 답했다.

"대만이 참전하는 것은 당연한 일입니다. 그런데 이상하게도 트루먼 대통령은 중국의 공산당은 미국의 국익에 이익이 되므로 중국 본토 공격을 허락하지 않았고…(생략)."

계속되는 중국 본토 공격을 주장한 맥아더 장군에게 트루먼 대통령은 군인이 정치적인 것에 관여할 수는 없는 일이라며 맥아더를 해임시키고 말았습니다.

한국 전쟁이 끝나고 미국 내에서는 한국전에 대해서 이렇게 평가합니다.

1. 기아로 인해 중국의 공산당은 민중 봉기의 위기에 처했으나 오히려 한국전쟁을 통해 반체제 인사들을 척결시키고 국민을 단결시킬 수 있도록 중공을 도와주었다.
2. 미국은 북조선이라는 조그만 나라도 격퇴시키지 못한 종이호랑이가 되었다.
3. 승리를 원치 않는 한국전쟁을 통해 5만4천의 미군이 희생되고, 수십억 달러의 돈만 낭비했다.
4. 미 국민들에게 미국은 앞으로 UN의 지휘 하에 놓일 것이라는 인상을 주었다.
5. 역사상 최초로 미국 군대는 전쟁에서 패배했다.

워싱톤 링컨 기념관 옆에 있는 한국전 참전 기념비에는 한국전에 미군이 150만 명이 참전을 해서 54,000명이 사망했고, 11만 명

제4장 세계를 움직이는 프리메이슨
1. 한국의 프리메이슨

이 포로로 잡히거나 부상을 당했으며, 8000명이 실종되었다고 기록되어 있습니다.

한국전쟁에서 200만 명의 사망자와 360만 명의 부상자와 1000만 명의 이산 가족이 생겼습니다. 남북한을 갈라놓은 38선과 휴전선은 동일한데 한반도에서 벌어진 전쟁을 통해서 지불한 값은 2차 세계대전 다음으로 많은 사상자가 발생한 전쟁이었습니다.

준비된 한국 전쟁

제임스 포레스탈은 미국 해군 장관을 역임하다가 미 국방성이 창설되자 1947년 초대 국방장관으로 추대되었습니다. 그는 제2차 세계대전을 마무리하면서 미국이 소련에게 너무 많은 양보를 한 것 때문에 매카시 상원의원에게 불만을 토로했고, 모든 내막에 대해서 잘 알고 있었습니다. 그리고 백악관과 미국의 주요 부서에 공산당이 너무 많이 있다고 고민하면서 공산당 척결에 매카시 의원과 함께 앞장을 선 사람입니다.

포레스탈 국방장관은 한국전이 발발하기 15개월 전에 친구에게 이렇게 말했습니다.

"나는 계속 미행을 당하고 있고 전화는 도청을 당한다. 그들은 지금 한국에서 전쟁을 일으키려고 하고 있다."

트루먼 대통령은 너무 많은 비밀을 알고 있는 그를 사임하도록 했고, 그는 대통령에게 사퇴를 종용받아 1949년 3월 2일에 사임했습니다. 그 다음 달에는 전혀 아픈 곳이 없는데도 건강진단을 받으라는 대통령의 특별 배려로 베데스다 해군 병원에 입원하여 종합 검진을 받았습니다. 그런데 입원한 후에 자신의 잠옷 허리띠에 목이 졸린 채 베데스다 해군 병원 16층에서 떨어져 죽었습니다. 당시 매스컴은 그의 죽음을 자살로 보도를 했습니다.

그리고, 매카시는 대중 집회에서 연설을 하던 도중 다음과 같은 말을 했습니다. "1945년 얄타 회담에서 루스벨트 대통령과 스탈린은 한국에서 전쟁을 일으키기로 계획을 세웠고, 그 후 10~12년 후 베트남에서 비슷한 전쟁을 일으키기로 합의했다."

당시에 그 말은 파장을 불러 일으키지 못했으나, 실제로 그의 말처럼 한국과 베트남전이 일어났습니다. 후에 매카시 의원 역시 베데스다 해군 병원에서 죽었습니다. 매스컴은 동일하게 그의 죽음을 자살로 보도를 했습니다.

최단 시일에 원조 국가된 한국

우리나라가 2009년 11월 27일 OECD회원국 가운데 24번째로 개발원조위원회, DAC(댁)에 가입됐습니다. 50, 60년대 배고픈 시절도 있었습니다. 세계 최빈국에서 짧은 기간내에 100% 원조국이 되었습니다.

1945년 8월 15일, 일제 식민지배를 벗어난 직후부터 시작하여 6.25전쟁으로 인해 국가 경제는 파탄에 이르고 국가운영의 100%를 대외원조에 의지했습니다. 특히 한국전쟁 이후에 미국으로부터 집중적인 원조를 받아왔습니다. 60년대 초반까지 식량과 원자재등 빈곤극복을 위해 주로 무상원조에 의지해 오던 우리나라는 60년대 후반부터 대규모 경제, 사회 인프라 구축 등 경제개발이 활발해지면서 해외차관 도입과 같은 유상원조를 받게 되었습니다.

1999년까지 약 45년 동안 총 331억 달러의 유무상의 원조를 받아 세계 13위 경제강국이라는 기적도 이뤘지만 이와 동시에 87년 대외경제협력기금 EDCF를 설립해 체계적인 유상 개발원조 지원을 시작했고 91년에는 한국국제협력단 KOICA를 설립해 극빈국과 개도국을 향한 교육, 기술지도 등 무상원조에도 박차를 가하고 있습니다. 87년 179억 원으로 개도국을 지원하던 경제협력기금 규모는 21년 후인 2008년 현재 1조3천억 원으로 약 72배가 증가한 상태입니다. 과거의 아픔을 딛고 우리나라가 OECD 개발원조위원회 DAC에 24번째로 가입한 것은 원조 공여국으로의 전환을 의미합니다.

이에 우리나라는 도움을 받는 나라에서 도움 주는 국가로서의 지위를 획득하면서 2010년 1월부터 개도국의 빈곤퇴치와 지속 가능한 개발을 위한 공식활동을 하게 되었습니다. 2007년 기준 OECD 개발원조위원회의 회원국 평균 1인당 국민총소득 GNI는 약 4만 달러로 이들 가운데 우리나라는 최하위인 약 2만 달러에 불과합니다. 따라서 이번 개발원조위원회 가입이 우리나라의 완전한 원조선진국을 의미하는 것은 아니지만 50년대 원조에만 의지하던 세계 최빈국에서 가장 짧은 시간에 완전한 원조 공여국으로 탈바꿈한 유일한 국가라는 점이 향후 아프리카와 동남아시아 등 개도국에 우리의 개발 경험을 지원해 국격과 국가 브랜드를 높이는 계기가 될 것으로 기대됩니다.

이명박 대통령은 한국은 유엔의 도움으로 전쟁의 폐허에서 일어나 최단 시간내에 원조를 받는 나라에서 원조를 주는 나라로 발전했다고 유엔 총회에서 연설을 했습니다. 그리고 전 세계 정상들로부터 우뢰와 같은 박수를 받았습니다.

3) 세계를 지배하고 있는 한국인

오바마 대통령은 이명박 대통령에게 한국이 세계를 지배하고 있다고 한국을 치켜 세웠습니다. 그 이유로 월드뱅크 총재가 한국인이고, 유엔 사무총장이 한국인이기 때문이라고 했습니다. 세계 3대 권력기관이 IMF, WB(월드뱅크), UN 사무총장입니다. 이중 2개를 한국인이 차지하고 있기 때문입니다.

유엔 산하 녹색기후기금 송도 사무국 유치

녹색기후기금 사무국이 인천 송도에 유치되었습니다. 전 세계적인 과제인 기후변화 문제를 해결하기 위해서는 막대한 재원이 필요한데 이를 총괄하는 기구가 바로 '녹색기후기금' 입니다.

녹색기후기금(GCF)은 UN의 산하기관으로서, 선진국이 개발도상국의 온실가스 감축과 기후변화적응을 지원하기 위해 UN 기후변화협약(UNFCCC)을 중심으로 만든 기후변화특화기금을 지칭합니다.

2013년에 사무국을 출범해 오는 2020년까지 연간 1,000억 달러, 총 8,000억 달러(904조원)의 기금을 조성하게 됩니다. 이는 국제통화기금(IMF)의 8,450억 달러에 버금가는 규모이며, GCF의 위상은 세계은행(WB) 및 아시아개발은행(ADB)과 어깨를 나란히 한다고 할 수 있습니다.

국제기구 유치가 우리에게 가지고 오는 영향은 인천발전연구원에 따르면, 사무국 주재원 500명을 기준으로 할 때, 1,917억원의 지역경제 파급효과가 예상됩니다.

2020년에는 사무국 주재원의 수가 8,000명 이상이 될 것으로 전망하였습니다. 앞으로 우리에게 가져다 줄 효과 또한 국제적인 것입니다.

더불어 한국개발연구원에서는 연간 총 3,800억원의 경제효과가 발생할 것으로 예측했습니다. 이는 곧 평창 동계 올림픽이 가져올 예상효과의 100배가 넘는 수준이라고 합니다.

경제적인 효과 이외에도 국제기구 인력 상주와 각종 국제회의 개최 등으로 상당한 고급인력의 유입과 지식창출도 기대된다고 합니다. 또한 녹색기구인 만큼, 글로벌 녹색 성장 논의에서 우리나라의 소프트 파워상승과 녹색국가로 도약하고자 하는 바램이 이뤄질 것으로 기대됩니다. 동아시아에 첫 국제기구 본부를 두게 된 첫 사례를 연 인천 송도는 국가 위상을 한층 더 높인 것은 물론, 명실상부한 국제도시로 발돋움하는 확실한 토대를 마련하게 되었습니다. 향후 일자리 창출과 기후변화와 관련된 기업들이 속속 송도로 입주해 녹색산업의 중심지로 거듭날 것이라 예상하는 전문가들도 있었습니다.

'녹색기후기금(GCF)' 정말 대단한 국제기구입니다. 이런 엄청난 규모의 국제기구가 우리나라에 사무국을 둔다니, 정말 놀라운 일이 아닐 수 없습니다. 우리 모두가 그동안 행한 노력으로 세계에 대한민국이란 브랜드의 위상이 얼마나 높아졌는지를 잘 알 수 있습니다.

또 앞으로도 더욱 발전할 무궁무진한 가능성을 갖고 있다는 것을 다시 한 번 확인하게 된 계기가 되었습니다. 전 세계가 고민하고 노력하는 세계환경문제! 이제 앞으로는 우리나라가 그 중심이 되어, 세계를 이끌어 갈 것입니다.

한국 미국 유학생 10만 명 시대

2010년 미국에 유학한 한국 학생 수는 103,000명으로 세계 1위라고 합니다. 2위는 인도로 88,000명, 3위는 중국으로 72,000명, 4위는 일본으로 41,000명, 5위와 6위는 대만과 캐나다로 30,000명 수준입니다.

4) 세계 최고의 뉴에이지 문화 컨텐츠로 등장하고 있는 한류열풍

K팝 한류 열풍과 프리메이슨

한국의 K팝이 세계를 강타하고 있습니다. 뿐만 아니라 드라마까지 세계를 흔들고 있습니다. 그런데 중요한 점은 한류를 세계적으로 전파하고 있는 주세력들이 프리메이슨이란 것입니다. 싸이의 강남스타일과 젠틀맨, NE1의 "I am the best : 내가 제일 잘 나가" 박재범의 "Demon" F(X)의 "피노키오" "Electric shock" 지드래곤의 "Heartbreaker" 소녀시대의 Run Devil Run "소원을 말해봐" 샤이니의 "Lucifer" 브라운 아이드 걸스의 "Sixth sense" 원더걸스의 "Like money ; Transhumanism" " 손담비의 "미쳤어" 이들이 부른 노래들과 리듬들이 모두 뉴에이지 운동과 프리메이슨 운동들입니다.

즉 세계적인 매스미디어를 가진 프리메이슨들이 K팝을 통해 동성애, 섹스, 자연보호, 환경운동, 유전자 복제, 사이보그 인간, 트랜스휴머니즘, 마인드 콘트롤, 텔레파시, 초혼, 죽음의 예찬, 죽은 영들과 접촉 등 뉴에이지 문화와 종교를 전 세계를 향하여 퍼뜨리고 있습니다. 즉 신세계 질서의 진앙지가 마치 한국인 것처럼 전 세계 사람들을 호도하고 있습니다.

싸이의 강남 스타일과 흠뻑 쇼에서 3만 명에게 나눠주고 흔들며 부르게한 전시안 시디등은 모두 구글의 유튜브와 페이스 북과 같은 그들의 매스컴을 타고 전 세계로 퍼져 가고 있습니다. 한국의 한류의 자본과 기술과 사상과 철학과 종교는 다 비밀결사들이 기획하고 설계한 내용으로 사람만 한국인들을 이용하여 교묘하게 신세계 질서의 진앙지를 한국으로 이용하고 있습니다.

K팝과 한류 드라마를 통해 전 세계로 전파되는 상징과 모형들은 육망성, 전시안, 시리우스, 하켄크로이츠, 오망성, M, W, 13, 666,

999, 컴퍼스, 직각자, 피라미드, 사탄숭배, V, 삼각형, 절만자, 염소뿔, 흰색, 검정색, 빨간색, 체크무늬, 호피, 비둘기 등 입니다.

5) 세계 최고의 의료보험 제도

한국의 의료보험은 세계적으로 최고의 제도로 인정을 받고 있습니다. 2012년10월 29일 정부가 경제자유지역 구역에 외국인 의료기관의 개설허가절차 등에 관한 규칙을 통과시키고 공포했습니다. 복지부 관계자는 경제자유지역 내 외국병원 설립에 필요한 법정비가 일단락돼 이날부터 설립 허가를 신청할 수 있다고 말했습니다. 시행규칙 공포는 2012년 9월21일 경제자유구역 제정 및 운영에 관한 법률 시행령 개정 공포 한 달여 만입니다.

경제자유구역 내 영리병원 설립의 근거는 지식경제부 소관 경제자유구역의 지정 및 운영에 관한 특별법이지만 허가권자는 복지부장관으로부터 공포된 절차에 따라 허가를 내주게 되었습니다.

정부가 영리병원기업을 사실상 허가한 것은 서민수탈을 통해 초국적 독점자본, 우리나라의 경우는, 재벌의 확대재생산을 일방적으로 지원하는, 경제민주화에 반하는 조치입니다.

겉모양은 외국인 상대의 영리병원입니다. 설립지역은 경제자유구역으로 제한했습니다. 그러나 경제자유구역의 내국인 출입을 제한한 것도, 앰뷸런스의 출입을 제한한 것도 아닙니다. 투자도 내국인 지분 50%까지 허용했습니다. 환자라면 100% 내국인을 받아도 됩니다. 외국인 환자만 상대하는 것이 아니라는 말입니다. 외국면허를 가진 의사의 고용비율은 10%만 유지하면 됩니다. 외국의료기관이라고 이름을 붙이고 있지만 실제 외국인을 위한 편의시설이 아닙니다. 글자 그대로 이익을 창출하는 대기업의 영리병원인 것입니다.

인천경제자유구역청이 2011년 3월 영리병원 우선협상대상자로 선정한 투자자를 보면 일본 다이와 증권, 삼성증권, 삼성물산, KT&G입니다. 재벌이 초국적 독점자본과 손잡고 대형 병원기업을 설립하는 것입니다. 한미 FTA에 따라 이런 병원기업이 설립되고 나면, 예컨대 외국 면허 의사비율을 당초 10%에서 5%로 하향한다든지 하는 조치도 불가능해 집니다. 한미 FTA의 ISD조항을 통해 이런 제한조례나 법을 만들 수 없거나 만들어도 그 법이 효과가 없기 때문입니다. 내국인 고용을 강제하는 것도 불가능합니다. 우리나라는 전경련 뿐 만 아니라 조,중,동 등 공룡 미디어들 모두 한결같은 재벌의 대변기관입니다. 그들이 병원기업 허가에 침묵하는 것은 그래서 당연합니다.

영리병원, 무엇이 문제일까요?

영리병원은 궁극적으로 공공의료보험 체계가 민영화로 이어지는 과정입니다. 영리병원은 주주들에게 이익을 나눠주기 위해 설립된 병원입니다. 실제 정부기관의 조사에 따르면 국내 대형 개인병원 20%가 영리병원으로 전환하면 연간 1조 5천억 원의 의료비가 증가할 것이라고 보고된 바 있습니다. 영리병원이 되면 외국의 좋은 병원과 외국 의사들, 선진 의료설비들이 들어와서 좋은 병원이 될 수 있습니까? 영리병원은 많은 이익을 내기 위해 비싼 진료비와 의료비를 요구합니다. 똑같은 병이라도 가난한 사람들은 적은 비용으로 동네병원을 이용하지만 돈있는 사람들은 비싼 돈을 들여서 영리병원에서 진료를 받고 또한 의료보험 공단에서도 비싼 의료비를 지출하게 되면 결국은 세계적으로 자랑하는 공공의료보험제도가 무너지는 것은 시간문제입니다.

이렇게 공공의료 체계가 무너지고 미국과 같이 가난한 사람들이 거리에서 치료를 받지 못해 죽어가는 처절한 환경에서 무상치료라는 명분으로 공공의료보험제도가 도입이 됩니다. 이것이 미국의 오바마 의료보험제도입니다. 오바마 의료보험법은 가난하여 의료보험 혜택을 받지 못한 3,600만 명에게 의료보험 혜택을 주는 제도라고 알려졌지만 사실은 이를 미끼로 모든 사람들에게 베리칩을 심어 완벽한 통제사회를 이룩하려는 거대한 음모가 있습니다.

이렇게 우리나라도 공공의료보험 제도가 무너지게 되면 전체주의의 강제적인 의료보험제도가 등장하게 되어 있습니다. 이것이 전 세계적으로 추진되고 있는 완벽 통제 RFID 제도입니다. 의사도 공무원과 군인처럼 소액의 월급을 받고, 질병치료도 의사 마음대로 하는 것이 아니라 국가의 지시에 따라야 하고, 국가에서 정한 사람의 신분의 우열에 따라서 의료치료의 경중이 달라지는 세상이 오는 것입니다. 영리병원은 단기간내에서는 돈을 버는 대기업의 상술이지만 장기적으로는 공공의료보험체계를 무너뜨리고 건강보험의 부익부 빈익빈의 처절한 사회를 만들고 난 후 완벽 통제로 들어가는 거대한 음모입니다.

6) 세계 최고의 신용카드 사용과 인터넷 왕국

한국은 인터넷 세계 제1의 왕국이고 또한 신용카드를 사용하는 세계 제1위의 국가입니다. 이는 물론 IT산업의 발전의 결과입니다. 한국의 삼성이나 LG, SK와 같은 재벌들은 이미 세계적인 경쟁에서도 우위를 접하고 있습니다. 일본의 일류회사들을 다 따돌리고 세계적인 글로벌기업으로서 명성을 떨치고 있습니다. 이렇게 잘나간 한국의 재벌들의 뒷면에는 프리메이슨의 다국적 기업과 국제금융의 지원이 커다란 버팀목이 되고 있습니다.

이는 이미 언급한 한국의 국제적인 지위향상을 통한 세계정부수립이라는 유엔의 전략과도 상통합니다. 이미 신세계질서는 시작되었습니다. 다시 말해서 신세계질서가 세워지기 위해서 반드시 구시대질서가 무너져야 합니다. 그리고 신세계질서의 가치관이 대체되어야 합니다. 전 지구적인 거대한 신세계질서가 어느 특정한 국가만을 통해서 이룩될 수 없으며, 만일 그렇게 되면 전 세계적인 국가들을 통해서 엄청난 저항을 받을 것입니다. 그래서 신세계질서는 아무도 모르게 세워져야하고 또 너무나 자연스럽게 세워져야 합니다. 이것이 프리메이슨 다윈의 진화론이고, 토인비의 역사관입니다. 수 백년에 걸쳐서 오늘의 신세계질서는 루소와 칸트, 헤겔과 같은 철학자들에 의해서 사상이 준비되고, 아담 스미스나 칼 막스, 엥겔스와 같은 경제이론가들에 의해서 준비되고, 몽테스키외나 볼테르와 같은 정치학자들을 통해서 준비되었습니다.

대한민국이란 나라는 전 세계가 신세계질서라는 새로운 세상으로 나가는 길목에 최첨병 역할을 할 것입니다. 이것이 한국이란 나라와 북한이라는 나라가 지금까지 공존한 결과입니다. 특히 컴퓨터 기술, 인터넷망, 의료보험제도, 신용카드제도, 교통카드제도, 스마트폰 기술, 줄기세포기술, 핵융합 기술, 한류열풍, 드라마, 높은 교육수준 등 이 모든 것들이 잘 준비된 연극무대와 같이 화려한 개막식만을 기다리고 있습니다.

7) 세계에서 단 하나뿐인 이상한 나라 북한

북한은 세계에서 가장 불가사의한 나라입니다. 민주주의가 꽃피고 이제 시들어가는 세상에서 수 천 년 전에나 있을 법한 3대 세습 왕조가 든든하게 서 있는 나라입니다. 뿐만 아니라 세계 4위의 군사대국의 위용을 자랑하고, 핵무기까지 소유할 뿐 아니라, 대륙간 탄도 미사일까지 소유한 이상한 나라가 유엔과 세계를 주름 잡고 있는 한국과 한 혈통인 나라라는 것이 또한 불가사의한 일입니다.

북한의 인구는 2100만으로 추정합니다. 그러나 북한은 300만 명의 공산당 나라입니다. 나머지 1800만 명은 가축이나 동물처럼 살아갑니다. 그들의 생존에 대하여는 조금도 관심이 없습니다. 단지 명목상 북한 사람일 뿐입니다. 모든 정치적인 보호와 경제적인 지원은 오직 300만 공산당들의 것입니다. 이것이 공산당의 비밀입니다. 중국도 동일합니다. 14억이 넘는 중국의 주인은 8,620만 명의 공산당 입니다. 모든 부와 명예가 공산당에게 집중되어 있습니다. 나머지 중국인들은 들러리에 불과합니다. 그들에게 주어진 정치적인 보호와 경제적인 지원은 오직 말 뿐입니다. 그냥 자신들의 노동력으로 살아가야 하는 것입니다.

이것이 세계를 지배하고 있는 프리메이슨들의 전략입니다. 공산당 즉 사탄주의자들의 정책입니다. 인도 역시 동일합니다. 수 천 년동안 인도를 지배하고 있는 브라만은 사탄숭배자들입니다. 아리안족들입니다. 자신들은 신이나 왕과 같은 삶을 살면서 캐스트란 노예제도를 종교라는 명목으로 족쇄를 채워 군인들을 통해 보호를 받고, 농민들을 통해 농사를 지으며, 노예들을 부리면서 지금까지 브라만은 신처럼 살고 있습니다. 이들의 정체가 바로 적그리스도의 세력들이고, 사탄숭배자들이며, 태양신을 섬기는 자들입니다. 말만 공산주의이지 철저한 독재체제와 전체주의 국가입니다.

　북한의 정치체제는 군국주의입니다. 이는 민주주의가 꽃을 피웠던 아테네와 쌍벽을 이뤘던 스파르타와 같은 나라입니다. 스파르타는 완전 군국주의 나라입니다. 이는 현재 북한과 같은 체제입니다. 그런데 놀랍게도 스파르타는 가나안 7족속들이 세운 가짜 유대인의 나라였습니다. 스파르타는 세계를 정복하기 위한 적그리스도의 세력들의 전략적인 국가였습니다.

　오늘날의 북한이라는 비밀병기는 세계를 정복하려는 비밀결사들의 작품입니다. 공산당, 군국주의, 독재주의, 핵무기, 화학무기, 전쟁놀이, 군사문화, 획일화, 완벽통제국가, 상위 10% 만을 위한 나라, 전체주의국가, 이 모두가 앞으로 세워질 사탄의 세계정부의 모델인데 바로 북한이라는 나라입니다.

　세계정부를 세워 사탄왕국을 꿈꾸는 프리메이슨들이 한반도를 이스라엘 예루살렘과 함께 세계정복 전략요충지로 지정했습니다. 이것은 3차 세계 대전을 통해 인종 청소를 하고, 구 세대 질서를 파괴시켜 신세계질서를 회복하려는 전략인데 그 중심 지역이 이스라엘과 한반도입니다. 그들의 세계정복 시나리오를 알 수 있는 지도에 큰 뱀이 꼬리는 예루살렘에 두고 지구를 감싸고 돌아 한반도를 삼키기 위해 큰 입을 벌리고 있는 모습이 있습니다. 이는 한반도를 삼키고 신세계질서를 시작하려는 그들의 작전계획인 것입니다. 그래서 한국을 세계적인 국가로 높이고 있습니다.

　현재 미국도 1%가 모든 재산을 소유하고 있습니다. 99%는 가난뱅이로 전락했습니다. 지금까지 선량한 인류는 사탄숭배자들에게 철저하게 속아왔습니다. 북한의 핵기술, 인공위성기술, 대륙간 탄도미사일의 기술 등은 전 세계를 지배하고 있는 적그리스도의 세력인 프리메이슨의 전유물입니다. 그들은 세계를 경영하고 지배하기 위해 세계 2차 대전 후에는 공산주의 독재제도와 자본주의 자유민주제도로 양분하여 냉전체제를 만들어 세계 모든 나라들을 두 개의 세

제4장 세계를 움직이는 프리메이슨
1. 한국의 프리메이슨

력으로 줄을 세워 미국과 소련을 통해 세계를 경영했습니다. 소련이 붕괴되고 난 후 중국과 미국은 패권주의 체제로 바꾸어 세계를 경영하고 있습니다. 현재 북한과 이란은 프리메이슨들이 세계정복을 위해 지배하고 조정하고 있는 나라입니다. 이들에게 있는 핵기술과 미사일 기술을 지원하여 전 세계를 전쟁으로 몰아 가려는 음모를 꾸미고 있는 것입니다. 이미 타작기1에서 전쟁은 적그리스도의 세력들이 일정한 기간동안 정기적으로 사탄에게 인신제사를 드리는 축제라는 사실을 역사적으로 밝혔습니다.

그리고 사탄의 세력들이 돈을 벌고 경제력을 키우는 방법으로 마약과 섹스와 전쟁물자라는 사실을 고발했습니다. 특히 세계적인 최첨단 군사 무기 생산은 프리메이슨들의 독점 사업입니다. 이들은 불량국가들에게 최첨단 무기를 밀매하여 전쟁을 도발시키고 전쟁의 위협속에 있는 주위 나라들에게 또한 무기를 사게 해서 막대한 경제력을 챙기는 것이 적그리스도의 세력들의 경제정책입니다. 세계 1, 2차 대전에서 영국의 로스차일드와 미국의 록펠러 재단은 먼저 독일과 일본을 상대로 무기장사를 해서 무장시킨 후 전쟁을 일으키고 나중에 영국과 미국과 연합군에게 또한 전쟁무기를 팔아 전 세계경제를 장악하는데 성공을 했습니다.

어떻게 이런 일들이 있을 수 있냐고요? 이것이 비밀결사들의 음모입니다.

이런 방법으로 적그리스도의 세력인 프리메이슨과 일루미나티는 미국의 연방은행을 소유하고 있으며, 영국의 중앙은행, 프랑스 중앙은행, 유럽중앙은행, IMF, 월드뱅크, 세계결제은행 등 세계적인 모든 돈줄을 쥐고 있으며, 세계 모든 다국적기업의 주인으로 있을 뿐 아니라 세계 모든 통신사들과 신문들과 방송들을 장악하여 전 세계 모든 이들의 눈과 귀를 막고 전 세계를 파멸로 몰고 가고 있는 것입니다.

북한과 이란은 미국과 미국의 대통령을 맹비난합니다. 엄청난 욕을 하고, 명예를 실추시킵니다. 겉으로는 원수처럼 연극을 합니다. 그러나 미국이 그들을 쓸어버리는데는 토마 호크 미사일 몇 방이면

끝장입니다. 그러나 그렇게 하지 않습니다. 왜냐하면 안으로는 같은 편이기 때문입니다. 이란의 대통령 아마드네자드는 유엔 연설에서 미국과 미국 대통령을 맹비난 합니다. 그리고 단상에서 내려와서는 미국 대통령과 미국 유엔 대표 앞에서 오늘손을 들어 사탄의 뿔모양의 인사를 합니다. 그러면 똑같은 모양으로 답례를 합니다. 우리는 같은 편이니 서로 오해하지 말자는 사인입니다. 아마드네자드는 프리메이슨 33도입니다. 스탈린, 모택동, 김일성, 김정일, 문선명 역시 프리메이슨 33도입니다. 모두들 같은 편입니다. 겉으로만 서로 적으로 싸운척하는 것입니다. 앞으로 북한과 이란을 통해서 프리메이슨들이 할 수 있는 작전은 무궁무진합니다. 특히 우리는 북한과 한 민족이기 때문에 더욱 더 관심이 있습니다. 하나님의 주권속에서 북한이란 타작기가 언제 일을 시작할지 아무도 모릅니다. 분명한 한 가지 사실은 북한이란 이상한 사탄의 나라를 오늘날 우리곁에 두신 하나님의 섭리는 분명코 알곡과 가라지를 갈라놓기 위한 하나님의 섭리라는 사실입니다. 바로 하나님이 알곡과 가라지를 갈라놓기 위한 타작기로 쓰시기 위함입니다. 한국교회라는 들판에 추수 때가 되어 알곡이 누렇게 익어 있습니다.

　이제 하나님께서 타작기를 통해 추수하시는 일만 남아 있는 것입니다. 그러므로 우리 성도들은 철저하게 잘 익은 알곡으로 타작기를 통과하여 곡간에 보관되도록 회개하고 열심히 사랑과 거룩한 열매를 맺혀야 할 것입니다.

8) 2009년 반기문 사무총장의 UN의 천년왕국 프로젝트 (UN MILLENIUM GOALS)

　사탄주의자들의 세계정복은 유엔을 통해서 이루어집니다. 유엔이라는 국제기구는 전 세계적인 협의체 같지만 실제 주인은 미국입니다. 즉 전 세계 프리메이슨들의 소유입니다. 이들이 처음부터 세계정복을 위해 미국을 건국했고, 유엔이라는 국제 기구를 미국에 세웠습니다. 그리고 한국 전쟁을 일으켜 유엔이라는 국제기구의 위상을 높였습니다.

제4장 세계를 움직이는 프리메이슨
1. 한국의 프리메이슨

그런데 지금까지 지적한 것처럼 유엔과 한반도는 아주 긴밀한 관계가 있습니다. 특히 미국과 한국의 관계는 동맹관계로 미국과 북한과의 관계는 긴장관계로 설정이 되어 있습니다.
미국이 유엔이라는 기구를 통해서 세계를 정복해 나가는 과정에서 한반도는 엄청나게 중요한 미션을 수행할 전략기지인 것입니다.

특히 미국은 세계를 10개 지역으로 나눠 유엔 통치의 세계정부가 세워질 때 신세계 정치질서를 관장하는 나라로 결정이 되었습니다. 다시 말해서 미국이라는 나라가 세계를 정치적으로 완전히 지배한다는 것입니다. 세계 모든 나라를 완벽 통제 정치체제를 통해서 장악한다는 것입니다.

그리고 우리나라는 신세계 교육질서 중심국가로 선정이 되었습니다. 미국과 우리나라는 FTA 협약을 통해 경제적으로 한 나라가 되었고, 소파협정을 통해서 군사적으로 완전히 한 나라가 되었습니다. 유엔을 통해 국제적으로 활동을 하고 있는 미국과 함께 우리 나라 군대는 세계 어느 곳에든지 미군과 함께 군사 작전을 할 수 있도록 되어 있습니다.

한국은 미국이 유엔을 통해 세계정부를 세우는 시나리오에 가장 앞장서서 일을 추진하는 중심국가가 될 것입니다.

RFID를 통한 영리병원, 국가경제와 다국적기업의 협력, 대기업의 컴퓨터와 바이오 유전자 융합 과학의 발전, 세계적인 인터넷망과 광통신망 구축, 신용카드 활성화와 전자 카드 정착, 스마트폰을 이용한 트랜스휴머니즘과 같은 산업을 발전시켜 나가고 있습니다.

앞으로 한국은 미국의 유엔을 통한 세계정부수립에 가장 선봉국가로서의 임무를 수행 할 것입니다. 한반도는 미국, 일본, 소련, 중국이라는 거대 공용들이 연결고리로 묶여있는 땅입니다. 그래서 한국을 중심으로 네 개의 나라가 묶일 수 있다면 금상첨화와 같은 세계질서가 세워질 수 있는 것입니다. 그래서 한반도를 중심으로 동북아시아 평화체제구축을 위해 유엔과 미국이 열을 올리고 있는 것입니다.

새로운 정부의 남북한 신뢰프로세스가 효과를 일으키는 순간 빠른 속도로 한반도의 위상은 높아지고 한반도를 통한 세계 신세계질서

운동은 엄청나게 탄력을 받게 될 것입니다.

2009년 유엔이 선정한 천년왕국 프로젝트 지역별 신세계 질서 중심국가

제1지역=북미주. 나프타(캐나다.멕시코,미국) **신세계 정치질서 - 미국**
제2지역=중남미(라틴 권) **신세계 농업질서 - 칠레**
제3지역=동북아시아 (중국,일본,러시아,미국) **신세계 교육질서 - 대한민국**
제4지역=대양주. 호주, 뉴질랜드 **신세계 환경질서 - 호주**
제5지역=서유럽(구 자유주의 권) **신세계 경제질서 - EU(영,불,독,이)**
제6지역=동유럽(구 사회주의 권) **신세계 노동질서 - 폴란드**
제7지역=북아프리카 중동지역(모슬렘, 아랍권). **신세계 에너지질서 - 아랍연합(UAE)**
제8지역=중앙아프리카(모슬렘권 제외) **신세계 사회질서 - 남아공화국**
제9지역=동남아시아(아세안지역) (히말라야 산맥남쪽) **신세계 통신질서 - 인도**
제10지역=중앙아시아 **신세계 산업질서 - 카자흐스탄 (거대한 피라미드 왕국)**

2. 영국의 프리메이슨

1) 유럽최초의 국교회 탄생

헨리 8세는 주후 1534년 수장령을 내려 로마 카톨릭으로부터 영국의 성공회를 분리시켰습니다. 교황으로부터 분리된 영국은 찰스 1세가 왕권신수설을 선포하고 독재정치를 하자, 1628년 권리청원을 통해 의회권을 강화했습니다.

그러나 계속되는 찰스 1세의 독재는 결국 1642-1649년에 이르러 청교도 전쟁으로 비화되어 올리버 크롬웰에 의해 찰스 1세가 처형되었습니다. 그 후에도 계속되는 찰스 2세와 제임스 2세의 전제정치로 노동당과 휘그당은 1688년 제임스 2세를 폐위시키고, 네델란드 윌리엄 3세와 메리 2세로 하여금 15,000여 군대를 몰고 런던으로 진격하게 하여, 왕위에 오르게 하는 명예혁명을 단행했습니다. 그리고 1689년 오늘의 입헌군주제인 영국왕실이 존재한 권리장전이 선포되었습니다.

독일 하노바 왕조 탄생

영국 왕실은 조지 1세 (1714-1727)부터 하노바 왕조의 시작입니다. 윌리암 3세와 메리2세가 죽고 메리의 동생 앤 여왕이 왕위를 계승하다가 후사가 없이 죽자, 카톨릭 신자는 영국의 왕이 될 수 없다는 권리장전의 원칙 때문에 수많은 왕위 계승자들을 물리치고 독일의 선제후인 조지 1세가 영국의 왕으로 등극하게 되었습니다. 영국의 왕실이나 유럽의 왕실의 특별한 비밀 중의 비밀은 직계 왕손의 혈통이 부족하다는 사실입니다.

조지 1세는 영어를 모르기 때문에 라틴어로 대화를 했으며, 영국의 의회와 거의 단절된 생활을 했습니다. 거의 독일에 머물면서 영국에 올 땐 수많은 애인들을 데리고 와서 구설수에 오른 왕이었습니다. 조지 1세는 로버트 월폴이라는 수상을 자기 대신 세워 정치를 하게 한 것이 최초의 내각제의 탄생이 되었습니다. 이때부터 영국은 왕실은 정치일선에서 물러나고 소수 내각에 의해서 통치가 이루어지게 되었습니다.

베네치아 검은 귀족의 국가

유스터스 멀린스는 '가나안 저주'에서 가나안 사람(가나안의 유대인)은 페니키아인이 되어 지중해 상권을 정복하고, 지중해에 수많은 식민지를 건설했다고 합니다. 이들은 베네치아와 제노바에서 거대한 부를 쌓고, 검은 귀족이 되었습니다. 베네치아 검은 귀족은 피렌체의 메디치가 왕조와, 페라라의 에스테 왕가, 그리고 나중에 이태리가 된 사보이 왕가 등에 의해 독일과 영국과 프랑스에서 세력을 떨치고 있었다고 합니다.

그리고 검은 귀족에는 에스테 왕가와 연결되는 하노바 왕가, 앙주 플랜태저넷 왕가, 작센코 부르크 왕가, 비텔스 바흐 왕가도 포함된다고 말합니다.

프리메이슨은 영국, 특히 스코틀랜드에서부터 시작되었습니다. 프리메이슨은 카르타고 출신 소크라테스로 시작해서, 초대교회 영지주의 이단, 그노시스주의 이단, 아리우스 이단, 메로빙거 이단, 시온수도회, 템플기사단, 르네상스, 종교개혁, 예수회, 일루미나티로 이어지는 사상과 철학과 종교로 위장을 하고 발전시켜 왔습니다. 특히 이들의 최종 목표는 세계정복으로 가장 큰 적인 로마 카톨릭의 조직을 무력화 시키고 정복하는데 있었습니다. 그래서 로마 카톨릭 내부로 침투하여 조직을 장악함과 동시에, 르네상스와 종교개혁을 통해서 로마 카톨릭의 세력을 분산시키고, 로마 카톨릭의 세력 밖에 있는 세력들을 하나로 모아 그들의 세계정복의 꿈을 이루려하고 있습니다.

그래서 종교 개혁자들의 대부분은 장미십자회 소속으로, 당시에는 세계 권력의 변방에 있었지만 은행업과 무역으로 막대한 돈을 벌어 교황과 왕들의 권력을 넘겨보고 있었던 프리메이슨의 절대적인 후원을 받고 있었습니다. 만일 프리메이슨들의 이런 후방 작업이 없었다면 종교개혁은 없었을 것입니다. 루터가 장미 십자회 소속으로 같은 장미 십자회 소속이었던 교황 레오 10세를 상대로 종교 개혁을 선포했습니다.

아리안니즘의 국가

영국은 로마 통치가 끝난 후 아리안니즘의 고토족과 노르만족의 침략을 받았습니다. 그리고 끝없이 수많은 프리메이슨 해상 세력들의 침략을 받았습니다. 그 결과 영국은 비밀결사의 본부가 되었습니다. 영국은 유럽에서 가장 먼저 비밀결사 세력들이 지배하는 국가가 되었습니다. 왕실에서부터 의회까지 비밀 결사 귀족들이 혈통과 경제권으로 카르텔 권력을 유지하고 있습니다. 그래서 입헌 군주 내각제를 할 수 밖에 없습니다.

역사적으로 영국에서 민주주의가 가장 먼저 발달했다고 평가를 하지만, 이것은 겉으로 나타난 현상일 뿐, 영국을 지배한 비밀 결사의 조직이 왕실을 중심으로 그만큼 일사분란하게 움직이고 있다는 증거이기도 합니다. 결과적으로 영국은 세계를 지배하고 있는 검은 귀족의 본부가 되어 버린 것입니다.

지금 세계 정치, 경제의 권력의 구도를 보면 미국에 의해서 지배되고 있다고 생각을 하지만, 실상은 미국도 허수아비에 불과하고, 실제 세계를 움직이는 정치, 경제, 종교의 모든 권력은 영국으로부터 나오고 있습니다. 영국왕실의 혈통은 철저하게 비밀로 지켜 내려오고 있습니다. 그 이유는 적그리스도의 세력들의 유전자를 유일하게 지켜 내려오고 있는 왕실이기 때문입니다. 영국왕실은 적그리스도 세력의 유전자의 종가집이나 마찬가지입니다.

가나안의 검은 귀족들의 종교는 운명적으로 조상 대대로 지켜야 하는 인신제사를 통한 사탄숭배와 사람의 피와 인육을 먹었던 바알 종교입니다. 뿐 만 아니라 보통 인간들이 접근할 수 없는 귀신과의 접촉을 통한 이적과 기적, 치료, 초혼과 유체이탈, 환생, 최면술, 마인드콘트롤과 텔레파시를 통한 인간 지배, 상상을 초월한 지혜, 포악함, 교활함이 그들의 상징입니다. 그래서 그들은 독자 생존의 방법을 찾아서 어디를 가든지 집단 거주지를 만들고, 자신들만의 공동체를 유지해야 했습니다. 가나안의 검은 귀족들이 가짜 유태인으로 개종한 목적도 자신들의 생존의 방법입니다. 겉으로는 모세 5경을 따르는 엄격한 분리주의자인 것처럼 속이고 있지만, 실제로는 자신들의 비밀스런 혈통과 바알 숭배를 지키고, 감추기 위한 수단일 뿐입니다.

비밀을 지키기 위한 학살

그동안 사탄의 세력들은 세계를 지배해 나가면서 자신들의 비밀을 아는 자들을 무참하게 학살시킴으로 자신들의 비밀스런 기록들을 철저하게 지울 수 있었습니다. 세계 2차 대전시 유대인이었던 히틀러가 같은 유대인 600만 명을 학살한 것도 이런 비밀을 지키기 위한 한 편의 쇼에 불과한 것입니다. 실제로는 60만 명의 유대인이 죽었는데 600만 명이라고 선전을 했습니다. 그래서 유럽에서 유대인들의 씨가 말라 버렸다고 자랑을 하고 속였던 것입니다. 지금 현재 세계에 흩어져 살고 있는 유대인들의 인구는 아무도 모릅니다.

유럽에서만 41번의 유태인 학살과 추방명령이 있었습니다. 각 나라에서 시행된 유대인 학살과 추방명령은 그들의 사탄 숭배 종교에서 나타난 수많은 폐단들의 결과였습니다.

그러나 그들은 이런 숨겨진 비밀을 자신들이 모세 5경을 지키는 유대인들이기 때문에 받은 핍박과 고난이라고 선전을 하면서 자신들의 비밀을 지켜 올 수 있었던 것입니다.

가나안 유대인들이 살았던 지역에서는 끊임없이 인신매매와 살상, 아기 유괴 등이 있었습니다. 뿐만 아니라 드라큐라와 같은 험악한 전설들을 몰고 다녔던 것입니다. 그래서 결과적으로 100년-300년 단위로 가나안 유태인들은 살았던 곳에서 핍박을 받고 추방을 당해야 했던 것입니다. 영국은 그런 의미에서 가나안 유대인들의 천국이 된 것입니다.

장미십자단 출현

1607년 스코틀랜드 왕을 겸하고 있었던 영국왕 제임스 1세가 프리메이슨 보호자가 되겠다고 선언을 했습니다. 이 시기에 마술적인 장미 십자회가 런던 프리메이슨으로 흘러 들어왔습니다. 그들은 영국 국립왕립협회 설립에 큰 역할을 했고, 일루미나티의 연금술과 근대 과학과 결부가 되어 있었습니다.

1717년 조지 1세가 국왕으로 영국에 들어온 직후, 런던에는 프리메이슨 본부가 설립되었고, 그 수장으로 대귀족이 임명되었습니다. 이리하여 왕가의 한 사람이나 혹은 버킹엄 궁에 가까운 혈연이 영국의 프리메이슨 수장이 되는 전통이 세워졌습니다. 1782년 이래 컴벌랜드공, 황태자, 서섹스공이 프리메이슨 수장이 되었습니다.

정체를 숨기기 위해 독일 하노바 왕조에서 윈저 왕조로 개명한 영국왕실

하노바 왕조인 영국 왕실은 독일 혈통을 숨기기 위해 1차 세계 대전 후 윈저왕조로 개명을 하고 스스로 그들의 혈통이 아브라함과 유다의 혈통이라고 주장을 하고 있습니다.

오늘날 영국의 왕실인 윈저왕조는 세계적인 명성을 떨치고 있는데 이 왕가는 구엘프파, 즉 검은 귀족의 최종적인 승리이며, 가나안 사람의 권력욕의 극치를 보여 줍니다.

영국의 왕실은 대륙의 다른 나라보다 먼저 가나안의 검은 귀족들에게 점령을 당하므로 지금까지 왕실이 잘 보존되고 있습니다. 그러나 영국의 왕실은 사탄주의 가나안 검은 귀족의 세계본부가 되어 버린 것입니다.

이탈리아 베네치아와 제노바를 중심으로 한 검은 귀족은 중세시대에 구엘프 가문으로, 유럽의 무역업과 은행업을 장악해 막강한 부를 축적했고, 현재 스위스에 은행을 차려 마약거래와 돈세탁을 하고 있습니다. 많은 유럽왕실이 이 가문 출신이며 영국 중앙은행도 검은 귀족 소유입니다. 검은 귀족은 로마클럽을 만들어 내었고 빌드버그의 주요 멤버입니다.

또한 검은 귀족은 300인 위원회, 원탁회의, 삼변회, 타비스톡 인간관계 연구소, 유엔, 로마클럽, 스텐포드 연구소, 연구분석 코퍼레이션, 해골종단 등의 조직을 가지고 있습니다.

유스터스 멀린스에 의하면 존 칼뱅은 당시 모든 부를 지배하고 있었던 가나안 사람들의 이익 추구를 도와 신교가 카톨릭으로부터 분리되는 종교개혁을 이루기 위해 칼뱅주의를 수립했으며, 결과적으로 영국에서는 크롬웰 청교도 혁명이 일어났습니다.

2) 크롬웰 혁명을 지원한 검은 귀족들

크롬웰 청교도 혁명의 배후에는 네델란드 암스텔담의 은행가이며 신교도인 므나세 벤 이스라엘 등이 있었습니다. 그러나 크롬웰이 죽고 찰스 2세의 왕정복고가 있었습니다. 암스텔담의 은행가들은 다시 음모를 꾸며 스튜어트 왕가를 무너뜨리고, 15,000여 군대와 함께 윌리엄 3세를 들여 보냈습니다. 윌리엄 3세는 프랑스 루이 14세로부터 네델란드를 지키기 위해 영국을 대륙전쟁에 끌어 들였습니다.

그리고 군자금을 마련하기 위해 1694년 런던 은행을 설립했습니다. 암스텔담에는 이미 1609년에 은행이 설립되어 전 유럽을 상대로 거래를 할 수 있었습니다. 영국에서는 은행설립이 늦어져 환전상이나 사립은행 밖에 없었습니다. 자본금 120만 파운드를 모아 연

10만 파운드 이자로 국가에 대부를 하고, 그 자본금과 같은 액수의 지폐를 발행할 수 있도록 허락을 받았습니다. 영국 은행에 의해 영국은 거액의 국가예산을 차입할 수 있었고, 런던은 암스텔담을 위협하는 금융중심지가 되었습니다. 유스티스 멀린스는 영국은행의 설립이야말로 검은 귀족과 영국왕실의 음모라고 했습니다. 왜냐하면 영국 중앙은행은 지금도 검은 귀족들의 민간은행으로 남아 있기 때문입니다.

동인도 회사를 통한 제국주의 건설

동인도 회사는 1600년 엘리자베스 여왕의 특별한 허락을 받아 시작을 했는데, 처음에는 대단한 게 없었으나 찰스 2세 시대 동양으로부터 수입이 성행하게 되어 막대한 부를 챙기게 되었습니다.

네델란드 윌리엄 3세가 왕위에 오르게 되자 동인도 회사는 감사를 받고, 영국보다 먼저 동인도 회사를 세워 많은 돈을 벌었던 네델란드 동인도 회사와 1702년에 통합하여 재출발했습니다. 영국의 통합 동인도 회사는 유럽 최대 무역회사가 되어 포루투갈, 스페인, 오스트리아와 다투었습니다. 통합된 동인도 회사 지분은 거의가 다 네델란드 소유였습니다.

18세기에 들어와서는 무역회사가 용병을 무장시켜 국가를 대신하여 대리전쟁을 벌이게 되었습니다. 이렇게 해서 검은 귀족의 동인도 회사는 국가를 대항하여 프랑스와 전쟁을 벌여 인도에서 프랑스를 몰아내고 독점체제로 나섰습니다.

인도를 점령한 영국

1857년 인도에서 세포이 반란이 일어나자, 동인도 회사로서는 감당할 수 없게 되었습니다. 영국 정부는 동인도 회사를 인도에서 폐쇄시키고, 1858년 국가가 스스로 통치에 나섰으며, 1876년 인도를 병합시켜 빅토리아 여왕이 인도 황제를 겸하게 하였습니다.

오늘날 세계에서 가장 강력한 세력이 두 가지가 있는데, 하나는 동인도 회사에서 발달한 마약거래이고, 또 하나는 영국은행에서 발달한 국제첩보활동입니다. 멀린스는 동인도 회사를 베네치아 등의 검은 귀족의 후계자이며, 국제 마약거래의 기원이라고 합니다.

3) 아편전쟁을 통한 중국의 점령 프로젝트

중국은 18세기 후반 광동의 한 항구에서만 대외 무역을 허락한다는 쇄국정책을 펼쳤습니다. 동인도 회사는 영국의 모직물과 인도의 면을 수출하고, 중국의 차와 비단을 수입하고 있었습니다. 그러나 중국인들은 조금 수입하고, 영국인들에게는 그들이 좋아하는 차를 대량으로 수출하였기 때문에 동인도 회사는 대중국 무역 적자에 시달리게 되었습니다.

19세기에 들어와 무역적자를 해소하기 위해, 동인도 회사는 인도의 아편을 대량으로 중국에 밀수출하여 흑자로 전환시켰습니다. 이를 단속하려던 중국에 대해 1840년 영국은 아편전쟁을 일으켰습니다. 중국은 아편전쟁에서 패한 후 1842년 난징조약을 맺었고, 아편은 전보다 더 많이 밀수되었습니다. 아편 밀수는 동인도 회사가 경영 부진으로 기울어져, 영국 정부가 직접 식민지 경영에 나섰을 때 더욱 성행했습니다. 오늘날에도 영국 왕실의 검은 귀족은 마약을 매매하고 있습니다. 난징 조약을 통해 홍콩이 영국령으로 들어오고 중국은 4-5곳의 항구를 개항하게 되었습니다.

영국왕실과 검은 귀족들의 세계본부

영국 왕실이 거주한 치외법권 지역인 "The city of London"에 뿌리를 내리고 오늘날 전 세계를 지배하고 있는 세력들이 바로 검은 귀족, 로스 차일드 가문과 프리메이슨 일루미나티 입니다.

3. 일본의 프리메이슨

1) 삼변회

일본의 역사는 프리메이슨의 역사입니다. 임진왜란에서 오늘에 이르기까지 일본의 한반도를 포함한 대륙에 대한 정책은 프리메이슨들의 세계정복전략중 하나에 불과합니다.

프리메이슨의 세계적인 조직인 삼변회(삼각회)는 미국,유럽,일본 세 세력을 가리킵니다.이들의 진정한 목적은 세계의 정치권, 경제권, 군사권을 독점하고, 각 국가의 정권보다 더욱 강력한 세력을 구축하여 세계를 지배하는 것이라고 배리 골드워터(Barry Goldwater)상원의원은 그의 저서에서 밝혔습니다. 일본에 프리메이슨 지부가 생긴 것은 1092년과 1263년에 요코하마에,1401년에는 고베에 지부가 설치되었습니다.

일본의 정치권, 경제권을 지배하는 족벌정치는 7대 프리메이슨 가문이 장악을 하고 있습니다. 일본의 총리는 70%가 프리메이슨 가문에서 독점해오고 있습니다.

일본은 삼변회를 중심으로 동양을 책임지는 프리메이슨 본부입니다. 세계 1,2차 대전을 통해서 신세계질서를 세워 나가는데 일등공신의 역할을 하고 있습니다.

일본의 태양신 숭배도 역시 프리메이슨 사탄 숭배 인신제사 종교에서 시작된 것입니다.

2) 임진왜란을 일으킨 예수회 (제수이트)

1547년 7월, 일본 큐우슈우(九州)에 상륙한 예수회 신부 프란시스 사비에르(Francis Xavier)의 전도를 받고 기독교를 허용한 일본 최고 지배자였던 오다 노부나가의 후계자로 일본을 통일한 도요토미 히데요시(豊臣秀吉)는 예수회 신부들을 만나 명나라와 조선을 정복하여 그들 전역에 교회당을 세우고, 그들 백성들을 천주교인으로 만들겠다고 호언하며, 1592년 임진왜란을 일으켰습니다. 그러나 실상은 식민지 개척이었습니다.

당시 천주교가 포교에 열을 올린 것은 새로 생긴 개신교가 새로운 나라나 대륙에서 퍼지는 것을 막기 위해 먼저 들어가서 선점하기 위한 것으로, 일본에 조총을 전수한 프란시스 사비에르 신부는 예수회 카톨릭 사제로 예수회 창립 멤버 6인중 한 사람입니다.

제4장 세계를 움직이는 프리메이슨
3. 일본의 프리메이슨

실제로 세스페데스 신부(예수회)가 고니시 유끼나가(小西行長)군에 종군하여 조선에 전도를 시도하였으나 실패하였습니다. 그러나 포로로 끌려간 조선인들 가운데에는 기독교에 개종한 자들이 다수 있었고, 도요토미 히데요시 이후, 1611년 도꾸가와 이에야스(德天家康)의 천주교 박해 때에는 무려 21명의 조선인이 순교하였습니다.

놀라운 사실은 임진왜란을 일으킨 일본군의 함대에 붉은 천에 그려진 흰 십자가 깃발을 휘날리며 한국을 침략했는데 그 이유는 붉은 십자가 깃발은 예수회와 템플기사단의 상징입니다. KBS에서 방영된 "이순신"이란 사극에서도 일본군들의 뱃머리에 붉은 십자가 깃발이 휘날리고 있었습니다.

사탄숭배자들의 붉은 십자가는 예수님의 고난을 상징하는 것이 아니고, 고대 바벨론에서부터 전해 내려오는 태양신에 의해서 전쟁에 승리하는 부적이었습니다.

일본의 태양 종교는 루시퍼를 숭배하는 고대 바벨론 종교를 믿는 예수회 신부들을 통해서 전달된 것입니다.

오늘날 교황의 어깨와 의복에 그려진 별모양으로 퍼진 붉은 십자가도 역시 승리의 태양신을 섬겼던 템플기사단의 상징이기도 합니다.

콘스탄티누스가 바빌론 종교와 그리스도교를 혼합해 만든 거짓 그리스도교인 로마 카톨릭(천주교)은 마틴 루터 같은 신앙인들의 종교개혁으로 인해 무너졌습니다.

교황은 좌절했고 종교재판으로 그리스도교를 뿌리 뽑아 없애려 하던 도미니크 수도회도 좌절하긴 마찬가지였습니다. 그러나 군사적인 지식에 해박하고 정치적 식견이 풍부한 뛰어난 전략가 이그나티우스 로욜라는 교황을 알현하여서 세계의 정치와 경제를 장악하고 세상의 종교를 교황청을 중심으로 통합해야 한다고 설파했습니다.

예수회는 이그나티우스 로욜라가 정치, 경제, 과학을 발달시켜 사탄주의 기독교를 통해서 세계 정부를 세우기 위해 만든 비밀결사입니다. 당시 스페인과 포루투갈을 중심으로 유행했던 신대륙 탐험 역시 사탄주의자들의 세계정복의 음모로 이루어졌습니다. 특히 영국과 프랑스, 스페인으로 이어지는 사탄숭배자들인 가짜 유대인 추방운동으로 새로운 정착지를 찾아 나선 식민지 개척운동이 바로 신대륙 탐험으로 이어졌던 것입니다.

이그나티우스 로욜라는 루시퍼를 숭배하는 일루미나티 지부를 창설하고 '예수회(Jesuite)'를 1534년 창설하였습니다. 로욜라는 천주교에선 성 이나시오로 불립니다. 그가 설립한 예수회 지부는 바다를 건너고, 산맥을 넘고, 대 항해를 하며, 어디든지 못간 곳이 없었습니다. 그들은 곳곳에 지부를 설립하고, 거짓 그리스도교 신앙을 알리며, 정치인들이나 상인들과 거래했습니다. 그런 목적으로 그들은 일본으로 항해했습니다.

1543년 천주교 예수회 신부들이 탄 포르투칼의 상선이 일본의 바다에 도착하여서, 일본의 어린 영주에게 그들은 화승총을 선물하였습니다. 그 화승총은, 그 후 계속 보급되어서 일본으로 하여금 무력을 사용한 식민지 개척이라는, 야욕을 눈뜨게 했던 것입니다.

임진왜란사의 전문가인 조중화가 저술한 '다시 쓰는 임진 왜란사'를 보면, 프란시스코 사비엘이라는 천주교 신부가 일본 땅에 1549년에 정식적으로 와서 포교를 시작했으며, 그와 함께 온 유럽인들이 화승총을 계속 보급했다고 하는데 프란시스코 사비엘은 예수회 소속이었습니다. 그는 포르투칼의 예수회 신부였습니다.(26p~28p)

화승총을 조총으로 개량하고 삼단철포부대를 운영하여서 일본을 제패한 오다 노부나가는 천주교 예수회를 적극 후원하였습니다.(31p)

조중화가 쓴 '다시 쓰는 임진왜란사'에 이 후 오다 노부나가의 대를 이은 히데요시는 임진대전쟁을 일으켰다고 나옵니다. 그런데 이 대전쟁을 권유한 배후의 인물이 고니시 유키나가 였다고 합니다.(61P)

고니시 유키나가는 천주교 신자였으며 특히 예수회에게 세례를 받은 인물입니다. 예수회 신부 세스페데스를 같이 데리고 다니며 신부들과 함께 조선땅을 밟으며 온갖 미사와 고해성사를 하게 한 이 인물은 정유재란 때 포로로 일본에 끌려간 강항의 '간양록'에 보면 그가 소오 요시도시와 함께 도요토미 히데요시에게 전쟁을 할 것을 권

유했다고 일본국민들이 서로 수군수군 거렸다고 말했습니다.(61p)
 고니시가 이 전쟁을 일으킨 이유는 분명합니다. 예수회는 많은 식민지를 개척하여 세계의 정치와 경제를 장악해야 했고, 그러기 위해선 조선반도와 일본열도 그리고 중국 등지를 차지하여서 그곳에서 자본을 많이 얻어내야 했기 때문입니다.
 예수회 신부들과 도요토미 히데요시는 "전쟁을 일으켜 중국은 물론 인도까지 정복할 계획을 했다."
 히데요시는 자신의 부채의 앞과 뒷면에다가 중국어와 조선어를 써서 달달 외웠다고 조중화는 말합니다. 여기서 독자들이 명심해야 할 바는 임진왜란을 일으켰던 예수회 비밀조직은 예수를 믿는 자들이 아닙니다. 그들은 '다른 예수' 즉 거짓예수를 믿는 자들로 그들은 익히 들어오던 루시퍼의 숭배자들입니다.

사람의 목숨을 가축으로 여겼던 일본군들의 학살

 16세기 프리메이슨은 장사군, 정복자, 전도자 등 여러 모습으로 세계를 향해 뻗어나갔습니다. 체구는 왜소했지만 쇼군을 중심으로 뭉쳐서 강한 군사적 응집력을 보이는 일본에서는 문화전도사, 장사군의 모습만을 보였습니다. 그들이 일본에 소개한 물목 중에는 후추도 포함되어 있었습니다. 임진년에 조선 땅을 밟은 일본장수들은 기생들 앞에서 후추를 뿌리며 호기를 부리기도 했습니다. 후추를 즐길 수 있을 만한 '무사계급'임을 과시했던 것입니다. 프리메이슨은 대마도 도주 요시토시와 그의 장인 고니시 유키나가를 통해 서양의 문물을 일본에 소개했습니다. 영주 고니시 유키나가는 프리메이슨의 국제무역을 통해 재산을 크게 불려나갔습니다. 김훈은 '칼의 노래'에서 고니시 유키나가의 기독교를 묘사하고 있습니다.
 요약하면 다음과 같습니다. '부산에 상륙하여 동래성을 함락하고 조령을 넘어 북진했던 고니시의 부대는 줄곧 큰 깃발을 앞세우고 있었다'. '붉은 천에 흰 글씨로 십자가가 그려진 깃발이었다'.
 그 후 도요토미 히데요시가 유언으로 철병을 명하면서 6년에 걸친 전쟁이 막바지에 접어들었습니다. 왜군은 철수를 서둘러야만 했습니다. 고니시 유키나가에게 충무공은 목에 걸린 큰 가시였습니다. 앞길을 막고 있는 큰 바위와 같았던 것이었습니다.

충무공이 바다의 요충을 가로막고 있어서 도저히 해상 퇴각로를 뚫을 수가 없었던 것입니다. 고니시는 퇴로를 찾아 이곳 저곳을 옮겨 다니면서도 조선 양민들의 목을 베어 소금창고에 옮기는 작업을 계속했습니다.

조선 양민들의 목을 벨 때에도 그의 진영에는 변함없이 붉은 천에 열 십자가 그려진 깃발이 휘날리고 있었습니다. 조선 양민들의 베어진 목들이 고니시 유키나가에게는 제삿상의 돼지머리보다 훨씬 처리하기 쉬운 고깃 덩어리에 불과했습니다.

어느날 고니시 유키나가는 조선 양민의 목 수 백 개와 함께 전령을 명나라 수군 장수 진린에게 보냈습니다. "조선인의 목인지 일본군의 목인지 누가 구분할 수 있겠소? 이 수급들을 전과 보고용으로 명나라 황제에게 보내시오. 남의 나라에 와서 힘들여 싸울 필요는 없는 것 아니겠소? 진린 장군께서는 이제 해상 퇴각로를 열어주시오. 우리는 이만 고향으로 돌아가려 하오."

하지만 충무공은 더 많은 왜군의 목을 베어 진린에게 보냄으로 퇴로를 열어주지 못하도록 했습니다, 십자가 깃발을 앞세우고 전쟁에 나가는 것은 템플기사단이나 프리메이슨들이 흔히 사용하는 전형적인 '과시'였습니다. 그리스도인이라는 단어는 '그리스도를 따르는 사람' 을 의미합니다. 만약 고니시의 양민 살육이 역사적 사실이라면 하나의 중요한 의문을 던질 수 밖에 없습니다. 과연 고니시는 그리스도인인가? 그 답은 '아니다' 입니다. 그에게 그리스도란 승리의 여신 니케 (Nike)에 불과했습니다. 십자가 깃발은 승리를 위한 부적이었습니다. 고니시 같은 자유 성전 건축가 (Free Mason)가 세우는 성전은 '사랑이 없는 광기' 이기에 더욱 섬뜩하고 무섭습니다.

3) 일본 프리메이슨의 한국의 식민지 정책의 목적

1870년은 이탈리아가 로마로부터 해방된 해입니다. 이후부터 영국의 프리메이슨은 러시아의 남진을 막기 위하여 한반도를 방패막으로 삼아, 일본을 무장시키기 시작하였습니다. 그리고 그 첫 번째 시험이 바로 '강화도사건'(운요호사건)입니다.

1867년 '메이지유신'이라 하여, 천황 체제로 돌아 왔지만, 10년 만에 남의 나라를 침략할 정도로 그렇게 신속하게 경제 및 산업을 부흥시킬 수는 없었습니다. 바로 일본의 한반도 접근의 배후에는 시온주의자인 프리메이슨 '로스차일드가문'이 있었습니다.

일본의 대동아/태평양전쟁 당시 일본의 지배자들은 모두 사탄을 숭배하는 '프리메이슨 회원들'이었습니다. 일본과 손을 잡고 제2차 세계대전을 일으킨 독일의 히틀러도 프리메이슨 회원이었으며, 일본의 왕족들도 프리메이슨 회원들이었습니다. 당시 일본은 독일, 유럽과 미국의 프리메이슨들과 모두 피로 맹세한 같은 형제들이었습니다. 그들은 서로 짜고 세계 2차대전을 일으켰으며, 일본의 미국 진주만 공격도 사전에 잘 계획이 되어진 시나리오라는 사실은 이미 알려진 내용입니다. 제국주의 일본이 한국을 강제로 병합, 침략한 것도 '프리메이슨들의 세계정복 전략 중 하나였습니다.

일본이 러시아와 전쟁에서 승리할 수 있었던 것은 일본이 러일전쟁시 거의 패전 상황에서 유대인의 엄청난 재정적 도움으로 전쟁에 승리한 사실이 있습니다. 사실 일본은 러시아 전쟁 초기 고전을 면치 못하였습니다. 일본은 러시아 함대에 맞설만한 전함도 없었고 엄청난 전비로 수많은 군수물자를 선박으로 수송하는데 역부족이었습니다.

이러한 일본에게 뉴욕의 금융재벌 야곱 시프라는 유대인이 당시로서는 상상할 수 없는 2억 5천만 엔의 엄청난 액수의 전쟁채권 모집에 선뜻 지원함으로서 러일전쟁을 승리로 이끌게 만들었던 것입니다. 당시 일본 군부는 동남아에 주둔하고 있는 영국군함을 임차하여 군사적인 열세를 극복하고, 최강 러시아 극동함대를 동해상에서 격파할 수 있었습니다. 다시 말해서 러시아 멸망은 치밀하게 짜여진 각본대로 영국과 미국의 지원하에 일본군의 연출로 이루어졌던 사건입니다.

러일전쟁에 패한 1000년의 기독교 나라 제정러시아는 재정파탄에 시달리다가, 볼세비키 공산혁명이 일어나 공산국가가 되었습니다. 그리고 6,500만 명의 그리스도인들이 학살을 당했습니다.

특히 러시아의 남하정책을 막기 위해 무주공산인 조선을 운양호 사건을 통해 무력으로 침공하고, 강화도 조약을 맺은 후 을사보호조약을 거쳐 한일합병이 이루어지고, 일본은 대륙으로 진출하여 청일전쟁과 러일전쟁과 중일 전쟁을 일으켜서 러시아와 중국을 공산화시키는데 일등공신의 역할을 했던 것입니다.

영국과 미국의 사탄 숭배자들은 세계 1,2차 대전시 독일과 일본을 통해서 러시아와 중국을 무너뜨리고 공산주의 국가를 세우는데 성공을 했습니다.

이어 일본은 한국의 독도와 중국의 생카쿠 열도와 러시아의 사할린에서 영토분쟁을 일으켜서, 다시금 대륙으로 진출하여 3차 세계대전에서 중요한 역할을 하기 위해 일본이 다시 뛰기 시작했습니다.

프리메이슨의 전쟁의 목적은 금은의 재화다

세계정복을 목적으로 전쟁을 하는데 식민지 개척을 통한 시장개척과 피정복자들에게서 모든 금은보화를 빼앗는 것입니다. 다시 말해서 전쟁과 식민지 개척을 통해 금은과 같은 재화를 모으는 것입니다. 이것은 장차 금융과두정부를 세워 세계를 물질로 지배하기 위한 장기적인 포석이기도 했습니다.

일본을 통해 대한제국의 도자기와 금과 은의 보화를 강탈해 갔습니다. 미국의 저널리스트 스터링 시그레이브(Stering Seagreave)에 의하면 당시 조선인 대한제국은 세계적으로 값비싼 도자기와 엄청난 금을 강탈당했다고 기사를 썼습니다.

중일전쟁에서 승리한 일본은 중국에서 막대한 금과 은의 보화를 강탈합니다. 일본의 헌병대 "켄뻬이타이"와 황금백합 "킨노유리"라는 비밀 조직은 빼돌린 금품 리스트까지 만들면서 모두 해외로 빼돌렸습니다. 수많은 금들이 인도네시아, 한반도, 필리핀 등에 비밀리에 숨겨지게 되고, 2차 세계 대전이 끝난 직후 모두 99% 이상 미국으로 회수되어 갔습니다. 독일 역시 유럽에서 이와 같은 방법으로 빼앗은 모든 금괘를 2차 대전의 승전국의 대장격인 미국이 나찌 독일이 유럽과 유대인들에게 강탈한 금과 은의 보화를 모두 독차지하게 되었습니다. 프리메이슨 세계정복자들에게는 금은 보화가 미래 세계를 지배하는 권력이었습니다. 현재 영국 금거래소에 보관된 금이 14만톤이라고 합니다.

일본의 아까마 이쯔시게가 일본 쇼와 천황(히로히토)은 일본이 조선과 중국과 동남아 화교에게서 빼앗은 금과 은의 보화를 미국에게 넘겼기 때문에 전범자로서 죄를 사면 받을 수 있었다고 했습니다.

세계를 지배하는 사탄숭배자들은 자기들이 독점한 금을 중심으로 금본위제도를 만들어 자신들 외에는 아무도 화폐를 발행하지 못하도록 하기 위해서 열심히 금을 모아 오늘날 세계경제를 완전히 장악하였습니다.

4) 복어계획(Fugu Plan, 만주국 유대국가건설 프로젝트)

복어 계획(일본어: 河豚計? (ふぐけいかく))이란 1930년대에 일본에서 추진된 유대인 난민을 만주국으로 이주시키려던 계획입니다.

일본은 러일 전쟁에서 승리하고, 중국과의 전쟁에서도 승승장구하지만 시간이 지날수록 만주통치 전략이 어려움에 직면하게 되자, 1938년 12월 5일 동경에서 비밀리에 내각회의를 개최하여 새로운 비밀계획을 수립하게 됩니다. 그 비밀계획 이름이 '복어계획'이었습니다.

1934년에 아유카와 요시스케가 처음 제안한 계획에서 시작되어 1938년의 일본 정부의 5부장관 회의에서 정부의 방침으로 정해졌습니다. 육군대좌 야스에 노리히로, 해군대좌 이누즈카 고레시게등이 실무를 주도하였습니다. 박해를 피해 러시아와 유럽에서 이탈한 유대인들을 만주국에 정착시켜 자치구를 건설하려던 계획이었으나, 유대인 적대정책을 추진해가던 나치 독일과의 우호관계 손상을 우려하여 계획이 점차 흐지부지되었으며, 독일, 이태리, 일본, 삼국 군사 동맹의 결성, 나치 독일과 일본 제국 양국이 연합국과의 전쟁을 개시하면서 실현 가능성이 사라져 결국 계획은 무산되었습니다.[위키백과] '복어계획'은 복어가 맛은 뛰어나지만 독이 있어 조심해야 한다는 의미를 빗댄것으로 유대인들에 대한 위험성과 호환성을 잘 표현해 주는 단어로, 그 계획의 양면성을 경계하고 있음을 의미합니다.

'복어계획' 핵심은 '중국내에 있는 유태인들에게 만주국을 내어주어 유태국가를 건설하게 하고, 그 댓가로 미국계 유대인들로부터 전쟁자금을 지원받는 것이었다' 고 합니다. 그러나 1941년 12월 7일 일본의 美 진주만 공격으로 이 계획은 무산되고 말았습니다. 하얼빈을 중심으로 활동한 2만 여명의 유대인들의 노력이 수포로 돌아가고, 결국 1948년 현재 이스라엘이 건국되었습니다. 만주땅은 중국의 동북 삼성인 라이닝성, 지린성, 헤이룽장성으로 단군조선 역사가 살아있는 우리역사의 주 강역 무대였었습니다. 많은 민족사학자들이 민족사서를 근거로 하얼빈 일대에 단군조선의 최초 수도가 있었을 가능성에 대해 주목하고 있는 지역이기도 합니다. 그 땅을 현재 중국의 '동북공정'으로 우리역사를 침탈하고 있는 중국과, 일제강점 36년의 아픔을 가져다준 일본이 서로 차지하기 위해 공방을 벌였다는 서글픈 역사의 한 단면입니다.

최근 남만주철도주식회사 초기 본사가 있던 요령성 대련을 중심으로 일본의 4000개가 넘은 기업이 진출하여 투자가 집중되고 있다고 합니다. 특히 이 지역은 북한과 밀접한 관계가 있는 지역으로 북한도 동북 삼성에 대한 중국과의 공동개발로 관심이 증폭되고 있는 지역입니다. 일본의 대륙진출을 기정사실화 한다면 미래의 동북아시아 정치, 경제 세력의 판도를 변화시킬 수 있는 새로운 변수로 등장 할 수 있는 지역이기도 합니다. 현재도 유대인의 거주 인원이 2-3만 명이나 된다고 합니다. 일본이 건설하고자 했던 '만주국' 그곳은 단군조선으로부터 북부여, 고구려, 대진국(발해) 등으로 이어지는 4,300여년의 우리역사가 살아 숨쉬고 있는 주요한 땅이었다는 사실을 잊으면 안될 것입니다.

청일의 간도협약

간도협약(1909)은 일본이 만주에서 안봉선 철도 부설권과 광산 채굴권 등을 얻는 조건으로 청의 간도 영유권을 인정하는 협약입니다. 일본은 을사보호 조약으로 조선을 대표해서 간도를 청에 넘겨주고 철도 부설권과 광산채굴권을 갖게 되었습니다.

19C 후반 이후, 우리 민족의 본격적인 간도 개척이 이루어지고, 청의 간도 귀속 문제가 제기되고 백두산 정계비의 해석을 둘러싼 조·청 사이의 영토 분쟁이 발생하여 대한제국은 간도 관리사 이범윤을 파견하여 1902년 간도를 함경도 행정 구역에 편입시켰습니다.

5) 일본의 네오콘
일본 네오콘의 수장 아베 신조

일본의 프리메이슨들은 일본을 군국주의로 만들었고, 전체주의로 몰아갔습니다.

뿐 만 아니라 프리메이슨들이 지배하고 있는 모든 나라들과 공통적으로 왕권을 가지고 있고, 양당제도를 취하고 있습니다. 뿐만 아니라 권력을 가진 자들과 권력이 없는 평민들의 생활의 수준차이가 극과 극으로 대비가 됩니다.

일본이 사탄 숭배자들에 의해서 지배를 받고 난 후 평민들은 가난과 궁핍한 삶을 살고 있음에도 불구하고, 국가는 전쟁준비에 천문학적인 돈을 쏟아 붓고, 사탄주의 세계정복인 신세계질서를 위한 프로젝트에는 엄청난 돈을 낭비하는 것이 특징입니다.

아베신조는 일본의 군국주의와 전체주의를 다시 부활시켜 역사를 한 번 또 다시 소용돌이속에 몰아가려는 시도를 하고 있습니다. 이는 삼변회를 통해서 시행하는 전략적인 전술에 불과합니다.

전 후 세대 총리인 아베 신조는 일본 네오콘의 대표적 인물입니다. 아베는 A급 전범인 외할아버지 기시 노부스케 전 총리의 정치적 유전자를 물려 받았다고 밝혀왔습니다. 전 후 세대이면서 구 전범 세력과 연계돼 있고, 전쟁 이전의 일본을 동경하는 일본 신보수주의자들의 면모를 아베 총리의 가계도는 상징적으로 보여주고 있습니다. 일본의 네오콘은 아베 시대의 중심으로 부상했습니다.

아베 총리를 중심으로 정관계, 학계와 우익 단체에 포진해 있고 언론계와 재계에서 이를 뒷받침해주고 있습니다. 우에노 시즈코 도쿄대 교수는 최근 한 인터뷰에서 "국가주의와 가족주의를 강화하는 일본판 네오콘의 수장인 아베 신조가 총리가 되는 것은 외교적 사회적으로 일본에 최악의 일"이라고 주장했습니다.

강경보수 정책을 주도할 정관계 대표적 인물은 나카가와 쇼이치(53) 자민당 정조회장과 시모무라 하쿠분(52) 관방부장관. 이들은 네오콘 가운데서도 가장 공격적인 극우에 해당되는 인물로 꼽힙니다. 나카가와 정조회장은 아베 총리와 함께 일본의 앞날과 역사교육을 생각하는 모임을 만들어 회장을 역임했습니다. 이 단체는 새로운 역사교과서를 만드는 모임(새역모)의 역사 왜곡을 지지했습니다. 그의 이름은 네오콘을 지지하는 우익단체 지도부에서 종종 찾아볼 수 있습니다. 1997년 설립된 초당적 우익 의원 모임인 일본회의 국회의원 간담회에서 그는 현재 회장 대행을 맡고 있습니다. 간담회는 지난해 총회에서 천황의 계승문제를 국가의 중요사로 생각하고, 총리의 야스쿠니 신사 참배를 지지한다는 것 등을 결의했습니다. 시모무라 관방부장관은 간담회 사무국장을 맡고 있습니다. 그는 문부과학성 정무관이던 지난해 새역모가 편찬한 왜곡 역사교과서 출간을 적극 후원한 것으로 알려졌습니다. 시모무라는 일본의 전후 역사관을 자학사관이라고 비판하며 종군 위안부를 허구라고 하는 등의 망언으로 유명합니다.

정무담당 관방부장관으로 교육 기본법 개정을 위한 대책 마련을 주로 담당할 것으로 보입니다. 이밖에 극우파의 본류인 이시하라 신타로 도쿄도지사의 아들 이시하라 노부테루(49)는 당 간사장 대리를 맡았고, 외무성 부상 시절 대북 강경 발언을 쏟아냈던 시오자키 야스히사(55)는 관방장관에 올랐습니다. 입각 뒤에도 야스쿠니 신사 참배를 강행하겠다고 밝힌 혁신담당상 다카이치 사나에(45)와 아베 측근인 야마모토 유지(54) 금융담당장관 등도 신보수주의자입니다.

일본회의와 새역모 (새로운 역사 모임)

　대표적 우익 사회단체로는 일본회의와 새역모가 있습니다. 일본회의에는 야마모토 다쿠마 후지쓰 명예회장 등 재계 유력 인사들과 야스쿠니 신사의 궁사들이 포함돼 있습니다.
이들은 전국적인 네트워크로 네오콘의 사상을 전파하고 지원하는 중요 역할을 담당하고 있습니다. 네오콘의 브레인으로 꼽히는 인물로는 새역모의 초대 이사를 맡았던 나카니시 데루마사(59) 교토대 교수와 야기 히데쓰구(44) 현 회장이 꼽힙니다.
　나카니시는 일본 우익의 가장 대표적인 학자이고 야기 회장과 함께 산케이신문, 월간지 세이론, 후지TV 등 보수 언론의 논객으로 주로 등장하며 여론을 이끄는 인물들입니다.
이들은 아베 정권의 정책 조언을 맡고 있는 것으로 알려졌습니다.

3차 대전을 위한 일본의 준비

　일본은 세계 1,2차 대전 뿐 아니라 3차 대전에서도 중요한 몫을 담당합니다. 이를 위해서 아베 정권은 무모한 행동을 시작했습니다. 패전의 기억을 씻어내고 전쟁 전 번영했던 국가의 재건을 꿈꾸는 일본의 네오콘들이 아베 총리를 정점으로 정관계 핵심에 포진했습니다. 신일본을 경영할 새로운 집단이 주류로 자리잡으며 날개를 단 셈입니다. 일본 네오콘은 천황을 신으로 받드는 일본식 종교우익을 기반으로 부상한 집단입니다.
　이들은 1990년대 중반 이후 정계·시민사회계를 중심으로 세력을 키워갔고, 대부분 전 후 세대지만 구 전범 세력들과 긴밀히 연결돼 있습니다. 전국적인 보수단체인 국민회의와, 산케이신문으로 대표되는 보수 언론의 지원과 지지를 받고 있습니다. 날조되어 만들어진 잘못된 역사관을 기반으로 형성된 국가주의의 희생양들입니다.
　세계를 움직이는 프리메이슨의 전략은 일본 열도를 기상무기와 지진을 일으키는 하프를 통해 태평양 바다속으로 수장을 시키는 작전입니다. 다시말해서 일본이라는 나라가 살아남기 위해서는 운명적으로 대륙으로 진출할 수 밖에 없도록 하는 것입니다. 그래서 무자비한 영토전쟁을 계획하고 있는 것입니다.

일본 네오콘의 이념

　천황제, 군사대국, 친미주의, 시장원리주의는 일본 네오콘들이 추구하는 4대 이념입니다.

　전쟁을 겪지 않은 전후 세대의 국수주의 사상은 과거로의 회귀를 추구하고 있습니다. 일본의 네오콘들은 일본이 신의 나라며, 그들이 천황이라고 부르는 왕을 신의 대리인이라고 생각합니다. 이것은 루시퍼 사탄주의자들의 사상으로 신과 같은 초인으로 이루어진 과도 정부와 가미가재식 인간 포탄으로 둔갑한 가축인간들로 구성된 나라입니다.

　이와 같은 이념은 일제 군국주의가 다시금 부활하고 있는 징조입니다. 일본이 전쟁 전에 주장했던 대동아 공영권은 천황제 숭배에 근거했습니다. 일본의 네오콘들도 세계의 중심이 천황이라는 신의 나라 개념을 포기하지 않았습니다.

　이들의 역사관은 기존 보수파의 사관에 비판적입니다. 신의 나라에 일본 스스로를 깎아내리는 자학사관이란 있을 수 없다는 이념입니다. 이들은 이를 탈피하고 과거를 인정하는 자유주의사관으로 역사를 보고 있습니다. 종군 위안부를 부정하고, 독도를 다케시마라고 우기고, 야스쿠니 신사 참배를 당연시하고, 군대 보유를 주장하는 것 등은 자유주의 사관에 기반한 것입니다.

　미국의 네오콘과 일본의 네오콘의 절대권력의 초인정치 코드는 삼변회를 중심으로 미국과 일본과 유럽의 신세계질서를 세우기 위한 정치이념입니다.

　이들은 절대적인 군사력을 중심으로 이웃나라를 침공하고, 자신들의 신과 종교를 무차별적으로 강요하고, 이를 거절하는 모든 나라들을 멸절시키는 사탄주의 국가입니다. 이들에게는 어떤 도덕과 선에 대한 기준이 있을 수 없습니다. 오직 자신들의 존재만을 강요하는 무력만 있을 뿐입니다. 일본은 히로시마와 나가사키에 떨어진 원자

폭탄 1만개를 만들 수 있는 프로트늄을 보유하고 있습니다. 이런 대량살상 무기를 동원하여 3차 대전을 통해 세계인구 90%를 청소할 음모를 꾸미고 있습니다. 이것이 바로 침략전쟁입니다.

침략전쟁은 명분이 있어야 합니다. 그래서 없던 명분을 만들기 위해 역사를 왜곡하고, 영토분쟁을 만들어 내고 있는 것입니다.

북한의 네오콘과 일치한 일본의 네오콘

일본과 북한은 겉으로는 원수와 같은 국가로 인식되고 있지만 사실은 속궁합은 아주 밀접한 관계가 있습니다. 바로 네오콘 사상입니다. 네오콘 사상은 초인정치입니다. 신적통치라고 말할 수 있습니다. 절대권력을 중심으로 소수의 과도정부가 부와 명예와 권력을 독점하고 다수의 국민들은 가축인간 수준으로 내버려두는 국가입니다.

북한의 네오콘과 일본의 네오콘은 루시퍼 종교인 태양신을 숭배하는 동지입니다. 이들은 평상시에는 원수처럼 지내다가도 결정적인 순간에는 하나가 되어 엄청난 파괴력을 나타낼 것입니다.

죽은 김일성, 김정일이는 태양신으로 현재도 살아 있습니다. 북한의 추종자들도 대부분은 그렇게 믿고 있습니다. 그래서 거대한 생일 축제 행사를 하는 것입니다.

과거 루시퍼를 섬겼던 스파르타 국가나, 인신제사를 드리며 식인의 국가라고 알려진 카르타고도 오늘날 북한이라는 나라와 일본이라는 나라와 동일한 정치, 경제, 군사 체제를 가진 과도정부를 가졌습니다.

6) 아베의 도박, 아베겟돈 세계 3차 전쟁 시동

1500년대 일본 전국시대 영주인 '모리 모토나리'는 죽기 전 세 아들을 부릅니다. 하나씩 화살을 꺾으면 쉽게 부러지지만, 세 개를 묶으니 아무도 꺾지 못합니다. 이 고사의 '세 개의 화살'은 아베노믹스의 강력한 성장 정책에 그대로 차용됐습니다. 돈을 마구 찍어내는 금융완화, 추경을 통한 재정 확대란 두 개의 화살은 잘 먹혀 들어서 엔저와 주가 상승으로 나타났습니다. 하지만 규제완화를 통한 성장 정책이란 세 번째 화살을 쏘자마자 이 모든 게 무너졌습니다.

애초 첫 번째, 두 번째 화살이 일본의 재정건전성을 해칠 것이란 우려가 있었지만, 마지막 화살까지 두고 보자는 분위기였는데 결국 시장의 반응은 대 실망으로 나타났습니다. 다섯 달 동안 5000엔 넘게 올랐던 일본 증시는 최근 보름여 만에 다시 3000엔이 빠졌습니다.

문제는 금리입니다. 장기 국채 금리는 두 달 새 0.5%p 이상 급등했습니다. 국채 금리가 오르면, 거꾸로 채권 가격은 떨어집니다. 그만큼 일본 국채의 80%를 갖고 있는 일본 금융회사의 자산이 줄어듭니다. 줄어든 자산을 보충하기 위해 금융회사들이 해외 투자금 회수에 나설 경우 세계 금융시장이 혼란에 빠질 수 있습니다. 그래서 세계 3위의 경제대국인 일본이 무너질 경우 한국을 비롯한 세계 경제는 지옥으로 추락하게 됩니다. 이것을 아베겟돈이라고 합니다.

1998년 한국의 경제위기의 시발인 일본

실제 1997년 일본이 우리나라에서 300억 달러를 갑자기 회수하는 바람에 IMF 외환위기에 불이 붙었습니다. 이 모든 일들은 세계결제은행(BIS)에서 은행의 자기자본 비율을 갑자기 8%로 인상하는 데서부터 시작되었습니다. 1998년 한국의 경제위기는 한국경제를 독식하려는 세계결제은행을 비롯한 세계 은행가들에 의해서 의도적으로 일어난 사건입니다. 한국의 국가부도 사태를 일으켜 IMF 구제금융으로 틀어막고, 공기업과 은행의 민영화와 초저가로 추락한 우량기업의 주식은 다국적 기업의 은행가들이 독점적으로 사재기하여, 현재 우리나라 은행 주식의 80% 이상과 글로벌 우수 기업의 주식을 60%이상 보유하고 있어서 연말이면 천문학적인 엄청난 이익배당금을 회수해 가고 있습니다.

세계 3위 경제대국인 일본의 재정 위기나 금융 위기는 2008년 미국발 금융위기와 맞먹는 파급력을 가집니다. 이에 빗대 아베노믹스가 '아베겟돈'이 될 수 있다는 경고까지 나오고 있습니다. 아베가

쏜 세 개의 화살이 세계 경제의 심장에 날아들고 있습니다. IMF가 경고한 일본의 재정적자, 일본의 유럽식 재정위기에 대한 언급은 2012년 10월 IMF 연차총회에서 IMF가 공식적으로 경고했던 내용입니다. 이것이 의미 있는 내용은 일본의 재정적자는 GDP대비 236%입니다. 유럽의 경제위기를 몰고 온 그리스 재정 적자가 GDP 대비 170%인 것을 감안하면 엄청난 액수입니다. IMF가 한국의 국가채무를 GDP 대비 33%, 34%로 언급을 했는데, 이 수준보다 무려 7배 높습니다. 재정 수지도 좋지 않습니다. GDP 대비 8.9% 규모의 적자로 이 또한 유로존 국가들보다 높은 수준입니다. 일본의 국가 부채는 국민 1인당 1억2000만엔입니다.

아베노믹스의 정체

한 때 일본경제는 전 세계를 놀라게 했습니다. 기록적인 경제성장과 질 좋은 제품, 인간중심의 경영시스템은 많은 국가의 연구대상이 되기도 했습니다. 하지만 1980년대의 '플라자합의' 이후로 일본돈인 엔화가 급격히 가치가 올랐습니다. 그러자 일본제품은 고가가 되어 수출이 줄어들고 부동산 폭락까지 이어져 지난 '잃어버린 20년'이라고 말하는 장기불황에 빠졌습니다.

이런 불황 극복을 위해 일본 정부는 재정을 늘려서 공공사업을 많이 하고 소비를 진작시키려 애썼습니다. 정부가 국민에게 상품권을 무상으로 나눠주는 정책까지 썼습니다. 그러나 불황은 계속되고 국민들은 상품권마저 돈으로 바꿔 저축했습니다. 그러자 아베 총리의 극단적인 정책인 '무제한 양적완화' 라는 것이 등장했습니다.

이것은 한마디로 일본정부에서 엔화를 많이 찍어내서 인플레이션을 유발하고 그로 인해 소비심리 상승과 경기회복을 달성하겠다는 것입니다. 또한 엔화 가치를 떨어뜨려서 해외에 수출하는 일본제품의 가격을 떨어뜨려 수출기업의 이익을 늘리는 효과도 있습니다. 이 때문에 연초부터 지금까지 엔저현상과 함께 경기가 좋아졌고 일본 증시가 상승했습니다. 이런 일련의 경제정책을 일컬어 '아베노믹스' 라고 부르는 것입니다.

하지만 이런 아베노믹스에는 심각한 부작용도 있습니다. 무제한 금융 완화와 재정지출 확대를 골자로 하는 아베노믹스를 추진하면 주식·부동산 등 자산 가격이 오릅니다. 그것은 좋지만 부작용으로 물가가 오르고 재정 적자가 커지기도 합니다. 따라서 일본의 국채 금리가 상승할 수 밖에 없습니다. 그러면 채권 가격이 폭락하고 일본 은행들이 손실을 보게 됩니다. 또한 에너지 가격을 비롯한 수입 물가가 오르면서 일본 서민들이 고통 받게 됩니다. 희망적인 의견도 있습니다. 만약 금리 상승에 앞서 엔저로 수출 증가와 투자 증가에 따른 성장 동력 회복이 충분히 일어나면 아베노믹스가 성공할 수 있다는 예측도 있습니다. 하지만 일본 국채 금리는 이미 상승했습니다. 국채규모가 커서 이미 취약한 일본 재정이 견뎌낼 수 있을지 투자자들이 의심하고 있습니다. 그래서 성장 동력에 시동을 걸자 마자 주가가 폭락하고 경제 지표가 추락하고 있는 것입니다. 아베노믹스의 성패는 단순히 우리나라와 관계없는 이웃나라의 일이 아닙니다. 아베노믹스가 성공한다면 지속되는 엔저로 인해 우리 기업들이 해외에서 일본제품과 힘든 경쟁을 벌여야 합니다. 반대로 실패한다면 위기에 빠진 일본 금융권 자본이 한국에서 빠질 우려가 있습니다.

일본 경제 침몰의 위기와 공포

2012년 11월 17일, 일본 자민당의 아베 신조 총재는 한 연설에서 깜짝 놀랄 발언을 했습니다. "중앙은행인 일본은행(BOJ)의 운전기를 쌩쌩 돌려 돈을 찍어내겠습니다."

이렇게 충격적인 발언이 나오게 된 까닭은 일본 경제가 처한 현실 탓입니다. 대체 어떤 상황이기에 이런 극약 처방까지 이야기된 것일까요? 2012년 3/4분기에 일본의 GDP는 2/4분기보다 0.9% 감소했습니다. 2011년 4/4분기 이후 또다시 마이너스로 돌아서고 만 것입니다. 그중에서도 순 수출은 -0.7%포인트, 기업 투자는 -0.4%포인트, 민간 소비는 -0.3%포인트라는 처참한 실적을 기록했습니다. 정부 지출과 민간 재고만 경제 성장에 기여한 것으로 나타났습니다. 일본 경제가 잠시 회생 가능성을 보였던 것은 정부 지원의 영향 덕분이라고 풀이할 수 있습니다. 경기 선행 지수도 2012년 3월 이후 하락세를 지속했습니다. 일본 경제는 여전히 약한 회복세에 머물러 있으며 그 속도도 지연되고 있습니다.

일본 기업들의 수출 경쟁력 약화도 주요 원인 가운데 하나입니다. 한국과 중국 등 후발국 기업들의 품질 경쟁력이 높아지고 있는 상황에서 내수 중심 전략, 엔고 현상 등으로 수출 경쟁력까지 약화된 것입니다. 최근에는 '영토 분쟁'까지 일어나면서 일본 기업들에 적지 않은 부담으로 작용하고 있습니다.

일본을 중심으로 하는 프리메이슨의 세계전략

삼변회란 이미 서두에서 언급한 대로 세계역사를 이끌어 가고 있는 프리메이슨 3두마차입니다. 이는 아시아의 일본과 미국과 유럽입니다.

신세계질서를 위해 이미 일본은 세계 1,2차 대전을 통해 러시아와 중국을 공산화하는데 일등공신 역할을 했습니다. 이제 세계 3차 대전을 통해 명실상부한 신세계질서를 세우는데 또 한 번 멋진 역할을 할 것입니다.

이미 미국과 일본은 신세계질서를 세우기 위해 자국의 나라를 스스로 무너뜨리고 있습니다. 특히 일본의 열도는 기사무기인 하프를 통해 태평양으로 침몰되고, 앞으로 일본의 인구는 30% 줄어들고, 노인 5명중 2명은 65세 고령화로 국가의 연금으로 살아가야 합니다. 그러나 일본 경제는 한 치의 앞을 내다볼 수 없습니다. 이런 상황을 인위적으로 만들어 가면서 일본은 살아남기 위한 전략으로 사무라이 작전을 펼치게 됩니다. 대륙으로 진출하려는 시도입니다. 이를 위해 역사를 왜곡시키고, 영토분쟁을 일으키고, 스스로 경제 파탄을 일으켜 주변국가와 함께 파멸하는 물귀신 작전을 펼쳐 세계 구질서를 깨뜨리고 신세계질서를 세우는 것입니다.

4. 중국의 프리메이슨

1) 예수회 프리메이슨이 장악한 중국

"바티칸의 암살단 예수회" 의 저자 펠퍼스는 예수회(Jesuits)가 중국을 장악했다고 기록했습니다. 예수회는 1500년대 후반에 예수회원 마테오 리치(Mateo Ricci) 신부가 도착한 이후 중국을 지배하고자 했습니다 그 조직은 1949년 프리메이슨 마오(Mao-모택동)의 등장이후 중국을 콘트롤 해왔습니다 모택동은 프리메이슨 33계급 회원이었습니다.

마오(Mao-모택동)는 한 명의 세속적인 예수회의 보조조수였지만 예수회 서약과 암살에 대한 두려움으로 충성을 했습니다. 예수회는 모택동과 그의 붉은 군대를 통해서 6천5백만 중국인 대량 학살을 콘트롤했습니다.

중국에는 중국 예수회와 중국인 예수회 보조조수들이 활동하면서 중국의 비즈니스를 콘트롤하고 있으며, 그중에 현재 남미 파나마 운하를 소유하고 있는 회사도 포함되어 있습니다.

세계 2차 대전이 끝나고 일루미나티 33도인 스탈린과 모택동은 힘을 합쳐 중국공산당을 건설합니다. 세계를 움직이는 프리메이슨들의 세계정복 전략에 따라서 미국과 양강을 이뤘던 소련 공산당을 해체하고 대신 중국 공산당(CCP)을 키워 등장시키기 위해 준비한 것입니다.

적이 없으면 적을 만들어 파멸시키고 원하는 목적을 이룬다는 프리메이슨의 전략으로 중국공산당이 탄생한 것입니다. 중국의 공산당은 미국의 프리메이슨의 지원하에 지난 40년 동안 거대국가로 성장했습니다.

부시 대통령의 거대 중국에 대한 경고를 시작으로 중국을 에워싼 새로운 패권주의 전쟁이 준비되어 가고 있습니다. 사실 미국과 중국은 전쟁을 할 수 있는 상대가 아닙니다. 그럼에도 불구하고 미국의 중국 포위 전략은 치밀하게 진행이 되고 있습니다. 이것이 세계 3차 대전을 위한 시나리오이기도 합니다. 즉 중국 공산당은 신세계질서를 세우는 마지막 적이 될 것입니다.

현재 중국에는 중국 예수회가 있습니다. 그 조직은 중국 전역에 걸친 수용소들을 콘트롤하고 있습니다. 중국인들이 만든 물건들이 전 세계시장에 들어오고, 미국으로 건너오고 있으며, 더 나아가서 미국의 제조업체들을 파산시키고 있습니다. 그 조직은 스탈린을 콘트롤하였고, 스탈린은 모택동이 CIA의 도움을 받아 권좌에 오르는 것을 도왔습니다 지정학적 위치가 100년 전과 같습니다. 다만 현재의 중국은 당시의 미국의 역할을, 현재의 미국은 1906년의 영국이나 프랑스 역할을 하는 것과 같습니다.

성경적인 동방왕을 준비한 예수회

그 조직은 이전의 역사적인 백인 프로테스탄트 서방 문명국가를 파괴시키며 동시에 극동을 건설하고 있습니다. 소위 성경적 동방의 국왕들(계16:12)이 만들어지는 중입니다. 예수회는 먼저 1500년대에 일본을 개방시켰지만 당시에 중국은 그들과 전쟁을 벌였습니다. 물론 몇 세기 이후에 아편전쟁과 태평천국의 폭동으로 1850년대-1860년대에 중대한 타협이 있었고, 그것 때문에 청왕조는 남쪽의 폭도들에게 정복당하지 않기 위하여 세계 프리메이슨 세력과 마귀적인 유명한 거래를 해야만 했습니다.

중국은 거기서부터 출발한 것입니다. 고위 프리메이슨들을 통하여 대영제국을 콘트롤하고 있던 예수회의 수장 검은 교황은 만주 왕조와 아편 전쟁을 벌였고, 그것이 1912년 국가전복으로 이끌었습니다 그후 예수회는 로마 카톨릭의 일본검을 사용하여 후에 중국을 침공하고, 강탈하고, 중국을 약탈하였습니다 중국 원주민들은 쫓겨가듯이 예수회에 의해 주도되는 중국 공산당 지도자들의 무기가 되었습니다.

모택동은 존 버치 선장을 죽였고, 한 예수회원이 그를 묻었습니다. 뉴욕의 카톨릭 스펠맨 추기경을 위해 일하는 미국무성의 배반으로 대만의 장개석 총통은 미국의 7함대의 봉쇄를 당했고 중국대륙을 공격하지 못했습니다.

1949년까지 예수회는 CIA와 영국 M16의 지원을 받으며 안장에

앉아서 중국 대륙을 철권으로 통치하였습니다. 이후의 모든 유혈사태는 검은 교황의 손에서 이뤄진 것입니다

예수회에 의한 일루미나티는 예수회원 아담 바이스하우프트에 의해 1776년 5월 1일 조직되었습니다. 유럽의 부호 로스챠일드가 일루미나티의 수장이었고, 그 목표는 사탄의 세계 정부를 세우는 것이었습니다. 오늘날 5월 1일 노동절은 여기서 유래했습니다. 그들은 모든 사건을 치밀한 계획대로 루시퍼의 희생제물로 전쟁과 테러를 일으켜서 사람의 생명을 제물로 바치고 있습니다. 역사에는 바벨론에서 세미라미스가 아이를 희생 예물로 바친 이후 몰렉에게 끊임없이 아이를 희생예물로 바쳐왔습니다. 그 풍습이 요나의 희생과 우리나라는 심청전, 에밀레종의 전설의 유래가 된 것입니다. 사탄주의자들, 세계정부주의자들은 두 손가락으로 루시퍼의 두 뿔을 상징하는 비밀인사를 하고 있습니다.

예수회 일루미나티는 2001년 911사건 이후에 미국 국민의 자유를 제한하는 법률을 계속 통과시키고 있습니다. 그들은 선거운동 자금 개혁법 (Campaign Finance Reform Act) 과 같은 언론의 자유를 제한하는 법률을 계속 통과시키고 있습니다. 그들은 언제나 이와 같은 법률에 미국 국민이 좋게 보는 이름을 사용하지만, 그 이름은 그 법률의 내용과는 거의 무관합니다. 오바마 의료보험법이 그러합니다. 그들은 미국 국민을 속이기 위해 그들이 할 수 있는 모든 수단을 사용합니다. 2001년의 미국 애국법 USA Patriot Act는 거의 전적으로 헌법을 위반하여, 나치 독일과 공산 러시아가 가지고 있는 법들을 만들었습니다. 이와 같은 모든 법들이 실제로 시행되는 그날에 미국을 시발로 전세계는 신세계질서라는 하나의 경찰국가가 될 것입니다.

미국 연방 정부에 자리 잡고 있는 예수회(Jesuits) 일루미나티가 이 법을 만들었으며, 강제로 통과시켰습니다. 그들은 하원의원들과 상원의원들에게 이 법을 읽어볼 기회도 주지 않고 투표하도록 강요했습니다.

2002년의 국토안보법 (Homeland Security Act)은 미국의 자유

와 안전보장을 말살하기 위해 통과시킨 또 다른 법이고, 헌법을 전적으로 위반한 법이었습니다. 이와 같은 법들의 모든 요구조건들이 시행되게 되면 미국의 국민은 자유가 전적으로 없다는 것이 어떠한 것인지를 직접 배우게 될 것입니다. 이와 같이 목록에 올라 있는 다른 법률과 규정이 시행된다면 미국은 나치 독일과 공산 러시아 및 적화된 중국보다 더 무자비한 경찰국가가 될 것입니다.

미국과 중국에서 일어나고 있는 프리메이슨의 신세계질서는 인류의 마지막 전쟁으로 끌고 가고 있습니다. 이 전쟁을 위해 미국은 지난 40년 동안 중국에 엄청난 경제적인 지원을 했습니다. 모든 제조공장을 중국으로 옮겼으며, 매년 수천억 달러의 중국산 물건을 사서 중국에 달러를 안겨 주었습니다. 이를 통해 중국은 매년 9.7%이상 경제성장을 할 수 있었습니다. 그리고 비밀리에 탄도미사일, 핵개발, 우주개발, 핵잠수함, 전략 폭격기 및 전투기 기술을 지원하여 최첨단 무기로 무장을 하도록 도왔습니다.

2) 중국 유대인의 역사

주전 1200년경 이미 유대인이 중국에 들어오다

학자들의 연구결과에 의하면 유대인들이 중국에 대해서 처음 알게 된 것은 유대민족이 바벨론에서 포로생활을 할 때일 것으로 추측하고 있습니다. 포로 생활시 바벨론 상인들을 통해서 중국에 관한 것을 들었을 것으로 보고 있습니다. 더러는 바벨론 사람과 함께 이미 알려져 있는 육로를 통해 중앙아시아를 경유하여 낙타 대상의 일원으로 중국에 들어간 것으로 보입니다.

당시 중국에는 차와 도자기, 최음제 등 서양 사람들이 좋아하는 산물이 부하여 중국과의 무역에는 많은 이익이 있었기 때문에, 재리에 뛰어난 유대인들이 각 나라와의 무역에 참여했던 것으로 밝혀지고 있습니다. 그래서 다수의 유대인들이 자연적으로 중국에 정착하게 되었던 것입니다.

구약성경 이사야서를 보면 이스라엘 민족이 열국에서 피하여 고토로 돌아 올 것을 예언하는 내용이 있습니다. "보라 혹자는 원방에서 올 것이요 혹자는 북방과 서방에서 올 것이요 혹자는 시님의 나라로 부터 올 것이요" (사49:12)

성경 연구의 권위자들에 따르면 시님이 곧 중국을 가르킨 것이라는데 일치하고 있습니다. 시암은 오늘날 중국 남부 광동 복건지역을 가리키는 말로서 고대 중국 대외무역 기지였습니다. 이사야 시대 이전 유대에 중국이 알려져 있었다고 볼 수 있습니다. 이사야 시대 이미 유대인이 중국에 살고 있지 않았다 하더라도 거주할 것이 이미 예상될 만큼 많은 교류가 있었습니다. 실제로도 당시 유대인들이 중국 땅에 들어갔었음이 밝혀지고 있습니다.

중국의 옛 무역항의 하나였던 산동성 지역에서 발견된 옛 비석에는 주 나라 때 유대인이 중국에 들어왔다고 기록하고 있습니다. 주(周)나라는 기원전 1220년부터 220년까지 900년간 중국을 지배한 나라로서 유대인의 바벨론 포로시대가 그 사이에 들어있습니다.

중국인들이 희랍이나 로마와 비단무역을 했던 시대에 중국인 스스로 외국에 나가서 장사를 했다는 기록은 지금까지 거의 찾아 볼 수 없습니다. 이런 사실은 서양의 중개자들에 의해서 무역이 행해졌다는 것을 알 수 있습니다.

중국의 옛 기록물에도 여러 곳에서 이들 중개자들 가운데 상당한 유대인들이 들어 있습니다. 솔로몬 왕 당시 이스라엘이 유럽 및 아시아 각국과 많은 교역을 하였었다는 것은 널리 알려져 있는 사실입니다.

다른 중국학자에 따르면 유대인이 중국에 들어온 것은 여러 시대에 걸쳐 여러 무리들이 들어왔다고 말하고 있습니다. 그 가운데 가장 빠른 것이 앞서 말한 주나라 때입니다. 그 후 유대 이민은 한나라 文帝 때 들어 온 것으로 밝혀지고 있습니다. 한나라는 기원전 205년부터 기원 220년까지 계속된 나라로 문제는 기원 56년부터 75년까지 왕위에 있었습니다.

1900년 뉴욕에서 발행된 "중국 유태인"의 저자 John Etrer에 의하면 기원 3-4년 후 곧 바로 다른 유대인 이민이 중국에 들어왔다고 말합니다. 당시 이주민들의 증언이 로마에 의해 예루살렘과 바벨론에서 많은 유대인들이 학살되었다는 증거와 일치하고 있음을 들고 있습니다.

중국 측의 자료에 의하면 솔로몬 왕 시대에 이미 많은 유대인들이 중국 곳곳의 유명한 항구에 드나들고 있었습니다. 당시 기록에는 그들이 중국과 이스라엘과의 왕복에 3년 가까이 걸리는 거리로서 상당히 먼 거리를 항해해 왔다고 말하고 있습니다. 당시의 항해 기술과 장비로는 거의 3년이 걸리는 거리라는 것은 현대 학자들에 의해서도 밝혀지고 있습니다.

그 이전에 중국에 외국 상인들이 들어오지 않았던 것은 아닙니다. 많은 아라비아 상인들이 중국에 들어왔고 인도상인들도 왔습니다. 아라비아(바벨론 땅)와는 이미 육로나 해로를 통해서 중국과 많은 무역을 해 왔기 때문입니다. 바벨론에는 비단 등 중국의 산물이 많이 들어와 있었고 중국이란 나라가 잘 알려져 있었습니다.

3) 황소이난을 통해 중국화된 유대인

AD7년(회종6년). 황소의 난이 일어났습니다. 광동을 중심으로 한 양자강 이남의 농민들이 부당한 유대인 세력의 횡포와 이를 비호한 관료들을 대상으로 대규모 반란을 일으킨 것입니다. 이때 회교도, 페르샤인, 유대인을 합하여 죽은 자가 12만 이상에 달했다고 역사는 기록했습니다.

광동지역의 유대인 식민지는 거의 전멸하다시피 하였습니다. 그 후 중국전역에는 외국인, 특히 유대인에 대한 보복행위가 극심하여 유대인구가 크게 감소하였습니다. 이 시기 유대인 박해는 생존을 위해 지하로 숨어 들어가게 하였고, 유대인들의 중국인화를 재촉하게 되었습니다. 이때부터 객가인들의 타루라는 집단 방어체인 집단촌락이 형성되기 시작했습니다.

유대인들은 박해를 피해 몽고로 이주하여 유목민이 되거나, 내륙 깊숙이 들어가 타루라는 집단을 이루거나, 해상으로 나아가 국제무역에 종사하기 시작하였습니다. 송나라 때 유대인들은 재차 집단을 이루어 동남아 등지에 진출하게 되었고, 아라비아 상인들과 함께 중국 비단무역의 개발진흥과 비단제조에 선구적인 역할을 하였을 뿐 아니라, 비단옷의 발달에도 중요한 역할을 맡게 되었습니다. 오늘날 동남아와 전 세계의 화교의 조상이 되었습니다. 객가라는 집단 유대인촌이 중국 전역으로 퍼지는 계기도 되었습니다.

징기스칸의 유럽정벌

중국에 유대인 유입이 많았던 시기는 기원 1230년경으로 많은 유대인들이 육로를 통해 중국 북경까지 진출 했습니다. 이때는 몽고가 동서양에 걸쳐 대제국을 건설한 시기로 역사상 동서양이 처음 만나는 시기였습니다. 유명한 유대인 탐험가 마르코 폴로가 중국에 들어온 것도 이 때입니다. 이 시기는 중국에서도 이스라엘에 관해 많은 것을 알고 있었습니다.

심지어 원나라 태종(쿠빌라이 칸)의 왕비는 평생 소원이 그리스도가 태어난 예루살렘에 한 번 가보는 것이 꿈이라고 마르코 폴로에게 말했다고 동방견문록은 기록하고 있습니다. 또한 예루살렘의 성수를 가져다 주기를 청하여 로마 교황이 처음으로 성유를 원나라 황실에 보내기도 하였습니다.

몽고제국인 원나라는 지방관리에도 많은 유대인을 등용하였고, 유대인의 뛰어난 장사 능력과 행정, 수리, 재정능력으로 오랫동안 몽고제국의 재정관리 등의 총리직을 유대인에게 맡겼습니다. 그리고 몽고사를 연구한 학자들에 따르면 학문적 바탕이 없는 유목민인 몽고가 오늘날의 프랑스, 독일, 스페인, 터키 등 서구 깊숙이 침략하여 대 제국을 건설할 수 있었던 것은 유대인들의 도움이 없이는 거의 불가능하였다고 합니다.

징기스칸의 유럽정벌은 유대인들이 뛰어난 천문 지리학으로 길 안내를 맡았고, 서구 곳곳을 침략할 때마다 그 곳 주민들과의 통역을 맡았다는 것입니다.

사실 중국 원나라의 서방 정벌은 역사상 유대인의 제1차 엑소더스 사건이 되었습니다. 기원전 1세기 이전에 중국 땅에 진출해 있던 유대인들이 당, 송나라 시대의 혹독한 박해를 피하여 본업인 목축을 위하여 초원지대인 몽고, 만주지역으로 이주하였습니다.

그들은 몽고의 새로운 실력자 징기스칸과 함께 몽고를 통일하였고, 다시 중국 등 아시아를 제패한 다음 서방 정벌에 나서게 되었습니다. 역사학자들의 논의를 종합해 보면 당시 몽고가 서방세계를 정벌할 아무런 논거가 없었다는 것입니다. 단지 징키스칸을 도와 몽고를 장악한 그의 친구들의 이름이 몽고계의 이름이 아닌 유대계의 이름과 비슷하다는 점이 눈에 띌 뿐입니다.

이들이 또한 서방정벌의 핵심 인물들이며, 대부분 정벌 후 귀국하지 않았습니다. 중간에서 죽었는지 아니면 유대 땅에서 가까운 인도나 아라비아 지역에 생긴 몽고의 통치자로 남았는지는 불분명합니다.

마르코 폴로는 견문록에서 양자강 이남의 벽지에 이르기까지 상당한 지역의 지방재정을 유대인 관리들이 맡고 있었음을 밝히고 있습니다. 마르코 폴로 또한 유대인으로 그들 관료들과 히브리말로 대화를 하는데 조금도 어려움을 겪지 않았습니다.

마르코 폴로 자신도 대한(大汗)의 신임을 얻어 각 지방정부의 조세처리 감사관으로서 5년 동안 중국각지를 여행하였습니다. 당시 몽고제국의 총리 또한 유대인으로 1354년 난으로 살해되기까지 18년 동안 몽고 황실의 관리책임자였습니다.

몽고 사람들은 특히 유대인들을 좋아했습니다. 같은 유목민으로서 생활풍습이 비슷하고 재리에 밝아 돈이 많았으므로 몽고 관리인들에게 뇌물을 많이 주어 비위를 맞추기도 하였습니다. 몽고인들은 지략있고 수완이 좋은 유대인들을 동원하여 중국대륙 뿐 아니라 인도, 페르시아, 중동, 유럽 등의 주요 식민지를 다스리는데 크게 이용하였습니다.

4) 몽고는 세계 최초의 유대인 제국

일부학자들의 견해에 따르면 유대민족이 전 세계로(특히 동양 쪽으로) 흩어지게 된 가장 큰 이유 중 하나가 몽고제국에 유대인들이 깊이 관련했기 때문이라고 합니다. 몽고제국은 극동에서부터 스페인에 이르기까지 대제국을 형성하고 있었고, 주요 관리들이 유대인이었기 때문입니다. 사실상 몽고 징기스칸의 제국은 유대인의 왕국이었습니다. 그리고 징기스칸의 세계제국 건설은 세계 정복을 꾸고 있었던 유대인들의 꿈이었습니다.

이 시대에는 유대인은 잡혼을 피하고 유대의 율법을 지켜왔으며, 할례를 하는 교도라 하여 몽고사람들은 이들을 챠오첸챠오(客中客-손님중의 손님, 이방인이라는 뜻) 소위 客家로 오랑캐(夷)로 표기하지는 않았습니다.

이러한 유대인의 전성시대는 또 다른 유대인의 화를 자초하게 하였습니다. 유대인들은 몽고인들에게 붙어 큰 세력을 얻었고, 그것도 세금을 매기는 일에 주로 종사하였기 때문에 중국인들의 원망과 질투의 대상이 되었습니다. 몽고 관리들의 폭정과 이에 편승하는 유대인들의 과도한 세금징수와 고리대금으로 각 곳에서 많은 중국인들이 반란을 일으키게 되었습니다.

1354년에는 수도에서 큰 폭동이 일어나 유대인 재상 아부레스를 살해하기에 이르렀습니다. 이 때 반란을 진압하기 위해 회교도와 함께 유대인들이 북경에 소집된 기록이 있는데 그 가운데 유대인의 수가 얼마인지는 확실하지는 않지만 소집된 장졸이 4만에 가까웠다고 기록하고 있습니다.

물론 이 반란은 진압되어 많은 중국인 주모자들과 백성들이 피살되었고 변방으로의 추방과 함께 약 20만 이상이 손상을 입었습니다. 이로 인한 중국의 외국인들, 특히 유대인들에 대한 원한은 대단하였습니다.

16세기 초경에 예수회 선교사가 중국에 들어가 오랫동안 고립생활을 하고 있던 중국 유대인들의 자손과 그의 동포들을 찾아 나섰습니다.

5) 아편전쟁은 프리메이슨이 만든 작품

역사상 동방정책에 소련 못지않게 관심을 크게 가진 나라는 영국

제4장 세계를 움직이는 프리메이슨
4. 중국의 프리메이슨

과 네델란드 프리메이슨이었습니다. 영국은 동인도 회사를 통해 인도를 점령하고, 가장 먼저 중국에 외교관을 보내어 중국과의 외교관계를 추진하였고, 1875년 중국과 수교이후, 중국대륙에 공산정권이 들어선 뒤에도 계속 외교관계를 유지했던 유일한 서방국가였습니다. 영국이 이처럼 중국에 대해 집착을 하게된 이유는 영국의 중앙은행을 장악하고 있었던 네델란드 프리메이슨들의 동방정책이었습니다.

네델란드를 중심으로 세계금융권력을 장악했던 베네치아 프리메이슨들은 엘리자베스 여왕 때부터 영국으로 이동하여 영국의 중앙은행과 동인도회사를 점령했지만 차츰 청교도들을 중심으로한 스코틀랜드파 프리메이슨들에게 밀려 아메리카 대륙에서 실권을 빼앗기게 되었습니다. 예를 들어 뉴욕이라는 도시는 암스테르담 네델란드 프리메이슨들이 최초로 개척한 금융도시였습니다. 그러나 영국의 요크파에게 전쟁을 통해 빼앗겼던 것입니다. 그래서 뉴 암스텔담이 뉴욕으로 이름이 바뀐 것입니다. 이처럼 아메리카 대륙에서 영국과 유럽대륙의 프리메이슨 세력들에게 밀려난 네델란드 로스차일드 프리메이슨들이 아메리카 대륙에서 빼앗긴 실권을 동양에서 회복하기 위해 동방정책에 집착을 했던 것입니다.

역사적으로 일본이나, 중국이나, 인도나, 중동에 대한 영국의 식민지 통치로 인식되어 있었지만 깊은 내용으로 들어가면 동인도 회사를 통합한 네델란드 프리메이슨들이 주 세력이었습니다. 이는 오늘날까지도 계속되고 있습니다. 아직까지도 전 세계를 지배하고 있는 프리메이슨 권력구조에서 중동이나, 인도나, 일본이나, 한국이나, 북한이나, 중국에서는 영국이나 미국을 중심으로한 프리메이슨 권력보다 네델란드를 중심으로한 프리메이슨 권력이 더 강하게 지배하고 있는 것이 사실입니다.

1860년 영국의 성공회 선교사 Emillay(유대인)가 중국에 들어온 후 그는 온갖 고초를 겪으면서 선교사의 일보다도 북경, 상해, 광동, 만주 등 심지어 대륙 깊숙이 청도 중경까지 샅샅이 중국을 여행하면서 중국에 대한 많은 사실을 글로 엮어 내었습니다.

그 후 영국은 중국과의 무역관계와 외교관계를 위하여 외교관을 북경에 보냈고, 함대와 상선을 상해에 인접시켜 상해. 항주의 거상들과 무역을 벌이기도 하였습니다. 특히 그들은 아편을 밀무역하여 큰 돈을 벌었고 아편을 신비의 영약으로 유럽으로 많이 실어 나갔습니다.

중국에서 발행한 근대경제 교류사를 보면 당시 중국에 온 외교관들은 외교관보다는 온통 중국의 지리와 풍물 장사에 관심이 있는 장사군이었다고 회고하고 있습니다. 모두 예수회 소속 프리메이슨 선교사였던 것입니다. 주요 항구에 영국 무역대리 사무소를 개설하는 등 불법적인 국내활동으로 주권을 빼앗아 갔다는 것입니다.

영국 사람들은 광동의 객가들과 밀접한 관계를 가지고 아편 밀무역으로 중국 사람들에게 큰 손해를 입히는가 하면, 많은 사람들을 볼모로 잡아가는 등 횡포가 심했다고 쓰고 있습니다. 그리고 아편전쟁의 직접적 도화선이 되는 영국 상선에 대한 공격도, 중국관군이나, 중국인과는 전혀 무관한 영국군대와 그 추종세력들이 꾸며낸 조작극이라고 결론짓고 있습니다.

양쯔의 항구에 있는 영국상선을 공격한데서 발발된 영국군과 중국군의 전투는 영국군의 승리로 끝나고, 영국은 손해 배상을 중국 정부에 철저히 보상하라고 윽박질렀습니다. 당시 북경에 와 있는 영국 공사 Kent경은 중국 관리들과 보상문제로 또 한번 전쟁을 치룰 만큼 험난한 협상을 벌였습니다. Kent경은 영국 정보기관의 장을 지낸 사람으로 후에 영국 프리메이슨 협회 그랜드 롯지(Grand Lodge)를 지낸 유대인 비밀결사조직의 대표적인 인물이기도 합니다.

영국의 동인도 회사는 중국에서 차와 비단과 도자기를 사서 팔아 많은 수입을 올렸으나, 갈수록 무역의 적자가 늘어가자, 인도에서 재배한 아편을 대량으로 중국에 강매하여 무역적자를 해소하려고 했습니다. 그러나 중국은 마약의 피해가 속출하자 마약수입을 금지했습니다. 그러나 동인도 회사는 엄청난 마약을 밀무역하여 강매하였습니다. 동인도 회사의 무역선에 실린 마약 2만80상자를 불태운 사건을 통해 벌어진 아편전쟁은 영국의 승리로 끝나고, 중국은 계속해서 베이징까지 영국의 동인도 회사에게 문호를 개방하기에 이르렀던 것입니다.
　중국정부는 아편전쟁의 보상을 금전으로 할 것을 요구했으나, Kent경은 영국상선이 안전하게 기착할 수 있는 항구를 요구했습니다. 영국이 요구한 항구는 상해와 아무 쓸모없이 버려진 광동 지방의 구룡반도와 일부 섬이었습니다. 협상의 마지막 중국정부는 오랫동안 항구로 이용한 상해보다 구룡반도를 영국에 넘겨주기로 하고 협상을 일단락 지었습니다.
　그러나 영국에서 밝혀진 기밀문서에 의하면 당시 Kent경이 영국정부에 보낸 협상내용에서 구룡반도의 중요성을 얘기하면서 상해보다 훨씬 유리한 점을 밝히고 있습니다. 그는 기밀 정보 보고서를 통해 광동에는 우리들 사업을 도와 줄 많은 형제들이 있으며, 앞으로의 동방정책에 유력한 정보를 제공할 수 있는 인적자원이 풍부한 곳이라고 홍콩의 중요성을 강조했습니다.

6) 중국의 프리메이슨 전초기지 홍콩

　영국은 오랫 동안 쓸모 없이 버려져 왔던 구룡반도와 그 일대에 홍콩을 건설했습니다. 영국이 건설했다기보다 영국의 프리메이슨(유대인)이 홍콩을 건설했다고 볼 수 있습니다.
　1900년대 초반 영국이 홍콩에 정청을 세우고 무역기지 개발을 발표하기 전 이미 상당한 광동의 유력자들이 홍콩으로 건너왔습니다. 이들은 오랫동안 광동을 중심으로 기반세력을 다져왔던 객가 출신들로서 중국 유대인이었습니다.
　이것은 1951년 홍콩에서 발행된 중국 프리메이슨 협회 기관지에 보면 홍콩 실력자들의 배경과 활동상황에서 그들이 유대인으로 중국출신이라는 걸 쉽게 알 수 있습니다. 영국이 홍콩을 개발한 것은 유대인의 동방정책을 추구하기 위한 교두보를 확보한 것이라고 볼 수 있으나, 반면에 광동 지방에 흩어져 사는 중국 유대인을 안전하게 피신시켜 중국대륙에서 빼내는데 쓰기 위함이었습니다.
　유대인들이 광동지방의 많은 중국 유대인들을 빼내고 중국의 유대주의화를 위해 아편 전쟁을 일으켜, 홍콩을 식민지화하고, 오늘날의 홍콩을 건설한 것입니다. 오늘날의 홍콩의 발전상을 보면 대단한 일입니다.

영국이 동양에 건설한 중계무역지라고 쉽게 홍콩을 평가해서는 안됩니다. 홍콩은 이미 세계적인 금융과 물류의 허브도시입니다. 유대인의 지원 없이 쓸모없는 자그마한 마을이 어떻게 60년 만에 세계적인 도시로 발전할 수 있을까요?

홍콩은 미국, 영국, 프랑스 등 서방 강대국의 중계 무역 기지로써 강대국의 이해가 깊이 깔려 있을 뿐 아니라, 세계적 다국적 유대기업이 몰려있는 유대인 촌입니다. 중국 유대인의 피난처로서 성장한 도시입니다.

중국은 중국대로 이해가 엇갈렸지만, 대부분 서방의 요구대로 홍콩 반환협정이 이루어졌습니다. 이것은 다국적 유대기업과 등소평 간의 묵계에 의해 이루어진 화합물이라고 합니다.

상해 또한 1920년에서 1950년까지 겨우 30년 동안 이루어진 대도시입니다. 상해의 번창은 해외로부터의 자본지원도 있었지만, 주로 절강성의 대부호들의 자본과 지원이 큰 역할을 했습니다.

1941년 상해에서 발행된 유대인 기관지에 보면 메이슨 조합 결성에 협력해 준 중국인 동지들의 이름이 실려 있습니다. 여기에는 상해와 抗州에 거주하는 주요 상공인의 이름이 거의 다 열거되다시피 되어 있습니다. 중국인으로 유대조합에 협력해 준 사람도 없지 않겠지만, 그들 대부분이 중국 유대인으로 참여했습니다.

당시만 해도 상해는 중국의 관문으로 많은 외국인과 연합군 사람들의 출입이 잦았던 때이므로 상해는 국제적 도시로서 유대인들과 큰 어려움 없이 정보를 교환하는 것이 편리하였습니다. 결국 상해를 기지로 한 유대조합이 결성되었던 것입니다. 이 프리메이슨 상해조합이 오늘날의 상해를 국제도시로 만든 모태가 되었던 것입니다.

홍콩을 통한 프리메이슨의 중국 지배 완성

홍콩의 중국반환은 2000년 동안 실패하여 온 유대인들의 중국 대

제4장 세계를 움직이는 프리메이슨
4. 중국의 프리메이슨

륙에서의 유대주의 운동의 시작이었습니다. 즉 중국 정책에 자신을 가지고 중국 대륙에 무한한 경제력을 가지고 뛰어드는 기회가 되었습니다, 중국 공산정권도 마침내 홍콩이라는 프리메이슨 창구를 통해 무너졌습니다. 경제개발을 위해 실용주의 노선을 택하였으며, 중국의 엄청난 개발 자금을 홍콩이라는 프리메이슨 다국적 기업을 통해서 조달받게 되었습니다.

중국정부는 홍콩의 저명한 기업인인 王昌洪(董建樺)이라는 사람을 대서방 창구 역할을 맡는 中華有限公司의 주임으로 앉히고 막대한 중국 자금을 지원하여 명실공히 홍콩의 강자로 부상시켰습니다. 홍콩을 통한 어떠한 중국진출도 그를 통하지 않고는 어렵다는 얘기입니다.

그는 누구입니까?

놀랍게도 그는 1951년 홍콩에서 발행된 유대조합 기관지 발행자이며, 유대조합 우두머리를 지낸 王昭平(董容昭)이라는 사람의 아들입니다. 홍콩 상공인 명단에 보면 王昭平(董容昭)은 1940년대 이후 홍콩의 유력자로 구룡상사를 경영해 온 기업인입니다.

구룡상사는 주로 홍콩을 거점으로 한 대중공 중계무역을 계속해 왔는데 王昌洪(董建樺)은 1962년부터 구룡상사 대표를 역임해 왔습니다. 그는 중국 유대인으로서 객가 출신 화교입니다. 이미 홍콩은 중국 유대인의 수중에 있으며, 세계적 다국적기업과 긴밀히 연결되어 있습니다.

유대인들은 많은 자본이 필요한 등소평 정권에 중국 유대인을 앞세우고 원나라 이후 600년 만에 북경 입성에 성공 했습니다.

그리고 중국의 근대화를 위해 사상보다는 현실주의자 走資派의 거두로 오늘날의 중국으로 이끌었던 등소평은 누구입니까?

등소평은 죽의 장막을 열고 북경 천안문 광장에 코카콜라의 선전탑을 허용하고, 청바지를 묵인하는 등 중국의 경제적 현대화에 심혈을 기울였던 사람입니다. 외국자본을 들여다 각 곳에 경제 특별구라는 것을 만들어 자유기업을 인정했으며, 시장도 점차 개방을 했습니다.

프랑스 파리의 일류 디자이너가 북경에서 패션쇼까지 벌이는 것은 조금도 이상한 일이 아니었습니다. 북경은 변하고 있었습니다. 시장에서 경쟁을 통한 자유기업의 바탕까지 마련해 주고 있었습니다. 정치적으로는 공산주의를 표방하나, 경제적으로는 확실한 자유시장 경제를 도모하고 있었습니다.

7) 객가인의 중국 유대인 등소평

1986년 대만 정부산하 연구 기관인 中央研究院이 발행한 한 문헌에 의하면 현대 중국 대륙의 실권자인 등소평도 그 조상이 유대인이라고 밝히고 있습니다. 그렇다면 동서양의 정치적 실권자들 모두가 유대인이거나 유대인의 지지하에 있는 사람들입니다.

客家출신 등소평은 핑퐁외교로 중국과 미국의 국교 정상화를 이끌어 오늘의 실용주의 중국의 경제를 발전시켜 세계 제2위의 경제대국으로 이끌었던 지도자입니다.

중국 최고의 아름다운 도시 開封에는 웅장한 유대인의 회당(會堂)이 있었습니다. 많은 두루마리 〈토라〉도 발견되었습니다. 5천까지 늘어났던 開封의 유대인들에게는 宋 때부터 開封은 유대인들의 고향이었습니다. 그들은 모두 중국에 동화되어 갔습니다.

중국 內陸에 갇혀 사라져 가는 동포를 구해 내려는 엑서도스의 시도가 있었습니다. 마침내 홍콩을 출구로 하여 유대인들의 중국 정복의 전초기지로 만들기 위해 아편전쟁에 이긴 영국이 중국에 홍콩을 요구한 사람은 바로 유대인 선각자로 북경에 와 있던 영국 公使 Kent경(卿)이었습니다. 빈 땅 구룡반도와 일부섬들을 요구한 그는 유대인 비밀결사의 대표 인물로 영국 프리메이슨협회의 Grand Rodge에 속한 비밀결사였습니다.

구룡반도에서 가까운 廣東省에는 객가가 있었는데, 객가는 유대인들의 집단촌으로 많이 모여 살고 있었습니다. 이들에 의해서 홍콩은 건설한지 60년 만에 세계에 우뚝선 국제도시로 건설되었습니다. 홍콩을 출구로 많은 유대인이 빠져 나가서 세계적인 중국의 華僑로 성장하였습니다. 등소평이 속한 객가 유대인들이 전 세계 경제권을 잡고 있는 중국의 화교들입니다.

그들은 자신을 "옛날 중국인"이라고 부릅니다. 독일인들이 유대인 6백만을 학살할 때, 모든 나라가 유대인들의 입국을 막았지만 중국은 이들에게 비자를 주었습니다. 그때 상해에 몰려온 유대인이 3만여명, 그때부터 지금까지 상해는 유대인의 눈부신 활동의 무대가 되었습니다.

중국을 다시 일으킨 작은 거인 등소평은 중국을 사랑하는 진짜 중국인이면서도 속에서 흐르는 피는 유대인의 피를 가진 사람입니다. 오늘의 중국의 정치, 경제의 모든 권력을 독점하는 사람들이 바로 상하이방 사람들입니다. 그리고 중국의 모든 경제의 허브가 상해와 광동, 심천, 중경입니다. 이 도시들은 손문과 등소평과 객가인들의 고향입니다.

8) 태평천국난 (1851. 1. 11)

1851년 1월 11일 중국계 유대인인 객가인 출신 홍수전이 태평천국난을 일으킵니다.

아편전쟁에서 참패하여 중국이 서구열강의 침략의 대상이 되어가던 무렵의 1851년 1월 11일 중국 남부에서는 서른 중반의 청년이 자신의 나라 건국을 선언합니다. 그 이름은 태평천국. 그리고 그 청년의 이름은 홍수전(홍슈취안)이었습니다. 홍수전은 그의 고향에서 행세깨나 하는 집안의 자식으로 자라났습니다. 당시의 지식인들이 흔히 하던 것처럼 과거 공부를 하고 급제하여 중앙의 관료로 신하는 것이 꿈이었던 그는 과거에 응시했다가 낙방한 후 그 충격을 이기지 못하고 졸도를 하게 됩니다.

그런데 그렇게 졸도 했을 때 그는 특이한 체험을 하게 됩니다. 일종의 꿈인지 환영인지 모를 영적인 경험하게 되는 것이었습니다. 홍수전은 하늘나라를 방문해서 검은 옷을 입은 노란 수염의 노인을 만나는데, 그는 자신이 세계만물을 창조한 여호와이며, 마귀를 숭배해서는 안된다고 하면서, 칼과 인장을 줍니다. 홍수전은 이 칼과 인장을 들고 마귀와 싸우는데 그를 한 중년의 남자가 도와 줍니다. 홍수전은 그를 큰형이라고 불렀습니다. 그리고 검은 옷을 입은 노인이 누군가를 몹시 혼내는 것을 보게 되는데 그 사람은 바로 '공자'였습니다. 공자는 자신의 죄를 깊이 뉘우치며, 가슴을 쳤습니다.

이미 중국어로 번역된 성경 내용을 알고 있었던 홍수전에게 이 몽상의 체험은 일종의 종교적인 영적 깨달음(착각)으로 전화됩니다. 즉 검은 옷을 입은 노인은 여호와 하느님이요, 그 여호와는 홍수전의 아버지이며, 자신의 어머니는 하느님을 받아들여 자신을 잉태하여 낳았고, 자신은 예수님의 동생이요, 하느님의 아들이라는 족보를 스스로 만들게 됩니다. 그는 '배상제회' 즉 상제를 경배하는 모임을 만들어 예수가 세상을 구하러 왔듯 자신도 온갖 악마의 유혹으로 타락에 빠진 중국을 구제하라는 명령을 상제로부터 받았다고 설교했습니다. 모세의 10계와 비슷한 10계명을 지키고, 유일신인 상제만을 믿으면 질병이나 재해에서 벗어나고 행복할 수 있다고 주장했으며, 결정적으로 춘추전국시대 이후 중국의 오랜 역사상 거의 처음으로 공자의 가르침을 전면적으로 부정했으며, 만인이 상제 앞에 평등함을 선포했습니다. 조선에서 천주교가 "아버지도 임금도 없는 종교"라는 이유로 탄압을 받았듯 공자를 부인하는 사교로 보고, 하늘 같은 질서를 무시하는 이 홍수전의 배상제회는 당연히 지역의 토호라 할 향신 계급과 관의 공격을 받게 되었습니다.

그러던 중 홍수전은 1851년 양력 1월 11일, 음력으로는 12월 10일 그의 생일날 태평천국을 선포하고 반란을 일으켰습니다. 그를 도운 핵심인물들은 객가인 출신들이었습니다. 그러나 그가 내세운 평등사상 때문에 가난하고 소외된 빈민 출신들이 이 반란에 대거 합류를 한 것입니다. 숯장수 출신의 양수청, 빈농 출신의 소조귀, 지주였던 위창휘, 부농이었던 석달개 등이었습니다. 이렇듯 태평천국의 이름과 그 가르침은 각계 각층의 지지를 얻으며 홍수전의 고향 광서성을 넘어 남중국으로 퍼져 나갔습니다. 태평천국의 군기는 엄정했고 악질 지주나 부유한 상인, 그리고 중국을 망친 마귀로 지목한 만주족에 공격을 집중했기에 민중의 지지를 받았습니다. 홍수전은 남녀 차별에도 반대하여 여자의 전족을 폐했을 뿐만 아니라, 여자들로 군대를 조직하기도 했습니다. 소삼랑이라는 여자가 이끄는 부대는 청 정부군의 공포의 대상이었다고 합니다. 남중국의 수도라 할 난징을 장악한 태평천국 정부는 그들의 이상향을 '천조전묘제도(天朝田畝制度)'로써 밝힙니다. 그것은 중국의 고대 평등사상으로서의 '대동(大同)'의 이념에 입각하여 토지를 공유하고 남녀 균등히 할당하며 전체 잉여물자를 공유로 하여 분배한다는 그야말로 혁명적인 발상이었습니다. 후에 홍수전의 태평천국의 반란은 객가인들을 중심으로 중국의 공산당으로 발전하게 되었습니다.

그러나 홍수전 자신은 이미 자신의 가르침을 배신하고 있었습니다. 술, 담배, 아편은 물론 남녀의 접촉까지도 엄격하게 통제하여 부부끼리도 동침을 허락지 않았던 반면, 자신은 남경성 안의 대궐에서 수천 명의 여자에 둘러싸여 지냈습니다. 당시 기록으로는 백제 의자왕의 3천 궁녀에 맞먹는 수의 여자들이 홍수전만 바라보고 있었습니다. 거기다가 애초에 어설픈 신비체험으로 시작된 태평천국은 그 종교적 망상으로 흔들립니다. 홍수전의 심복이었던 양수청은 덩달아 신비체험을 과시하며 자신에게 상제의 혼이 내렸다며 홍수전에게 호통을 치는 애매한 상황을 연출하곤 했었고, 홍수전은 이를 방기할 수 없었습니다.

결국 피가 피를 부르는 내분이 일어났고, 혁명 동지들은 하나 둘 그 목이 달아났습니다. 홍수전은 자신의 혁명 동지 수만 명을 눈 깜짝하지 않고 죽여 버리는 잔인함을 보이기도 했습니다. 처음에는 지원을 아끼지 않았던 서양 열강들은 자중지란에 빠진 태평천국군을 보면서 더 이상 지원을 하지 않게 됩니다.

결국 서방의 열강들이 태평천국난을 일으키는 것을 도와 청나라의 멸망을 가속시켜 자신들의 이익을 극대화했고, 후에 중국을 공산화 하는데 역사적인 기초를 놓게 했던 것입니다.

태평천국은 빠른 성장만큼 빠른 몰락이 왔습니다. 남경성이 포위되어 홍수전은 죽음을 맞았는데, 몇 가지 설이 있습니다. 자살했다는 설, 그리고 성경에 나오는 '만나'를 먹겠다고 아무 풀이나 집어 먹다가 식중독으로 죽었다는 설. 어느 쪽이든 홍수전은 끝내 형님 예수나 아버지의 도움을 받지 못한 채 죽고 말았습니다. 문제는 그 뒤에 남은 태평천국의 용사들이었습니다.

어떤 기록에 보면 태평천국군의 강 도하를 목격하고 수만 명이 줄을 서서 배를 기다리는 강변을 향해 대포를 퍼붓는데, 태평천국군들이 조금도 동요하지 않고 기다리다가 그 자리에서 볼링핀처럼 쓰러져 가는 모습에 서양인들이 혀를 내둘렀다는 기록이 나옵니다. 어제까지 농민이었던 태평천국 군인들은 생애 처음 맛본 평등의 세상, 지주의 횡포로부터 자유로운 기억을 위하여 싸웠고, 죽였고, 또 기꺼이 죽어갔던 것입니다. 태평천국의 난 와중에 약 2천만 명의 목숨이 사라진 것으로 역사가들은 기록을 했습니다. 그때 조선 인구가 천만을 밑돌았을 때니 조선 팔도의 인구가 몽땅 죽어 없어지는 참사가 일어났던 것입니다.

태평천국의 혁명은 중국의 사탄숭배 유대인인 홍수전을 비롯한, 객가인들을 통해서 일어난 중국의 제1차 공산혁명이었습니다. 이후 100년 만에 중국의 객가인들은 결국 중국을 공산화하는데 성공을 했습니다. 그것이 중국의 공산혁명입니다.

유럽의 첫 번째 나라 프랑크 왕국의 메로빙거 왕조는 사탄숭배와 인신제사를 드렸던 유대왕조로 홍수전과 같은 마술과 신비를 추구하다가 결국 망하고, 그들의 후손들이 전 유럽에 흩어져 오스트리아 합스부르크왕조, 독일의 바바리아왕조, 프랑스의 로렌왕조, 영국의 윈저왕조가 되어 오늘의 사탄주의 세력의 주축들이 되었습니다.

9) 중국의 신해혁명과 공산혁명

중국 역사 전체의 역사 중에서 가장 중요하고 역사적 의의가 있는 사건은 손문의 신해혁명과 공산혁명에 있습니다.

그동안 중국은 여러 나라가 바뀌고 지배족이 바뀌는 과정에서도 모두 황제중심의 체제라는 것에는 변함이 없었습니다.

그러나 신해혁명은 황제 중심의 체제에서 공화국 체제로의 전환을 가져왔습니다. 그리고 바로 공산혁명을 통해 공산국가가 되었습니다. 이것은 중국 체제의 큰 변환이었습니다.

그러면 신해혁명의 개요와 발전상황을 알아보도록 하겠습니다. 신해혁명은 해외유학을 떠나 많은 진보된 사상을 접한 중국의 유학생들에 의해 주도되었습니다. 특히 일본에 있던 유학생들에 의해 열강의 침략속에서 몰락해 가는 중국을 구하기 위해 여러 가지 반청 모임을 만들었습니다. 손문도 이런 유학파의 한사람으로 한 때 무장봉기를 주도했으나, 거사의 실패로 인하여 해외로 전전하며 혁명자금과 혁명의 필요성을 해외에 알리는데 주력하게 되었습니다.

1905년 손문은 일본으로 건너가 중국동맹회를 설립하고 "오랑캐를 몰아내고 중화를 회복하여 중화민국을 창립하고 토지의 권한을 균분한다."는 혁명강령을 제시하고 중국인민앞에 민주주의 공화국을 건설하자는 구호를 힘차게 내걸었습니다.

동맹회는 '민보'를 창간하여 혁명을 고취하고 당시의 개량파와 격렬한 논쟁을 벌였습니다. 1911년 5월4일 발표된 철도 국유화령으로 인해 청조정권과 입헌파와의 대립이 심각하게 되고, 여러 성에서 민중들이 들고 일어나 갖가지 항의 운동이 일어나게 되었습니다. 이런 가운데 4월에 광주 황화강 및 서남지역에서의 무장봉기의 잇다른 실패로 침체에 빠져있던 혁명파는 다시 거사를 일으킬 준비를 차근차근 하게 되었습니다. 10월 9일 한구의 러시아조계에서 밀조 중이던 폭탄이 터지는 사고가 발생해, 청국군경이 수색을 벌였고, 숱한 무기,탄약과 문서 그리고 당인 명부가 압수되었습니다. 동맹회 간부들은 동기 중단을 결심하게 되었습니다. 그러나 혁명파 봉기부대의 일선지휘관인 웅병곤과 채제민 등은 명부가 입수된 이상 중지해도 반드시 대탄압이 올것이라고 판단, 10일 밤 9시를 기해서 일제히 봉기해서 총독아문을 공격했습니다. 총독 서징은 성 밖으로 도망쳤으며, 신군의 사령관 장표와 문무관료도 무창을 버리고 한구방면으로 달아나, 무창은 혁명파가 점거하기에 이르렀습니다.

무창혁명은 청조정부를 큰 혼란으로 빠뜨렸습니다. 무창혁명을 진압할 사람이 원세개밖에 없다고 판단한 청조는 그를 호광총독에 앉히고, 호북의 신군을 포함한 전군과 음창.살진빙지휘 아래에 있는 토벌군에 대한 명령권을 주었습니다. 그러나 원세개는 혁명군 토벌에 적극적이지 않았습니다. 이렇게 되자 청조는 11월 1일 내각을 총 사퇴하고 다음날 원세개를 내각총리대신에 임명했으며, 〈헌법신조 19조항〉을 발표하였습니다. 북경정부는 입헌파의 손에 들어가고, 전국에서는 혁명군이 압도적으로 밀어붙이고 있었습니다. 따라서 북경은 원세개를 중심으로 한 통일된 체제가 굳혀지고, 혁명군은 끼리끼리 모인 지방 할거 상태였습니다.

혁명군은 이후 전국적인 통일 정부를 설립하기 위하여 하나의 구심점으로 집결할 움직임을 보였습니다. 이미 15성이 청조의 지배로부터 벗어나 독립을 선포했으나 통일 정부가 수립되지 않아 외국과의 교섭에도 불편이 많은 것이 사실이었습니다. 통일정부의 움직임이 구체화되어 마침내 11월 30일 제 1차 각 성 대표회의가 한구의 영국조계에서 열렸습니다. 회의 결과 대다수 의견은 한족끼리의 유혈사태를 피하기 위해 원세개를 임시 대총통으로 추대하는 것이었습니다.

이같은 결론은 원세개의 사주를 받은 왕조명의 책략에 의한 것이었습니다. 원세개는 군주입헌파를 자기 편으로 끌어들이고 혁명파와의 강화교섭을 통해 대총통의 자리를 호시탐탐 노리고 있었습니다. 이러한 상태에서 1911년 12월 25일 손문이 상해로 귀국했습니다. 그는 1912년 1월 1일 중화민국 초대 임시 대총통으로 선출되었습니다. 이로서 남경에 중화민국은 탄생되었으나 아직 북경에는 청조가 존재하고 있었고, 실권자 원세개가 청국군의 전권을 배경으로 버티고 있는 상황이었습니다. 이 무렵 세계는 원세개를 지지하는 쪽으로 기울고 있었고, 원세개를 통해 남북통일만 인정한다는 내용의 성명을 내고 있었습니다. 경제적으로도 열강의 세관 억제 정책으로 인하여 임시정부는 재정이 매우 곤란한 상태에 있었습니다.

이같은 사태는 모두 원세개의 조종에 의한 결과였습니다. 손문은 취임전부터 총통 자리 때문에 중국이 분열되어서는 안된다는 신념 때문에 원세개에게 총통자리를 양도할 의사가 있음을 밝힌 적이 있었습니다. 원세개는 자기의 욕심 때문에 혁명정부 뿐만 아니라 청조 황제에 대해서도 퇴위를 강요하였습니다. 이 무렵 손문은 원세개가

제4장 세계를 움직이는 프리메이슨
4. 중국의 프리메이슨

공화정에 찬동하고, 남경을 수도로 민주정권을 세워준다면 원세개에게 총통자리를 양보할 것을 제시하였습니다.
 원세개는 이 조건을 받아들여 황제를 퇴위시키고 총통의 자리에 올랐습니다. 그러나 원세개는 북경을 떠나지 않았고, 내각을 독점하고 의회기능을 말살하기 위해 의회주의 노선의 유력자인 송교인을 암살했습니다. 이에 제2의 혁명이 1913년 7월 18일 일어났지만 이것은 원세개에 의해서 진압되었습니다. 원세개는 임시총통이 아닌 정식 총통으로 되기 위해 의원들을 강제로 협박해서 자신이 정식총통의 자리에 올랐습니다. 제2혁명이 실패로 돌아가게 되자, 손문은 일본으로 망명하게 되고 '중화혁명당'을 조직하였습니다. 정식총독이 된 원세개는 자신이 황제가 되려는 음모를 꾸미기 시작했습니다.
 이상에서 우리는 신해혁명의 발발, 중화민국의 수립과 원세개 권력장악에 대한 개요를 살펴보았습니다. 신해혁명은 초기에 선진 문물을 접한 유학생에 의해 주도되었습니다.
 신해혁명의 의의는 다음과 같습니다. 2천여 년간 중국을 통치해온 군주전제제도의 타파입니다. 중국 봉건사회의 우두머리는 바로 황제였습니다. 황제를 수반으로 하는 청조는 봉건지주계급의 통치를 옹호하였습니다. 신해혁명은 이런 통치제도를 무너뜨리고 민주주의를 실현하려고 하였습니다. 또 다른 의의는 중국국민들이 역사의 주체로 서게 해주었습니다.
 신성불가침이라고 여기던 황제의 통치를 타파하게 되어 이제 어떤 것도 바꿀 수 있다고 생각하게 되었습니다. 그래서 중국 국민들은 신해혁명 이후 다른 혁명들에 대해 보다 더 능동적으로 대처하게 되었습니다. 이처럼 신해혁명은 중국 근대 역사발전 과정에서 중요한 하나의 과정이었습니다. 중국의 전제정치의 역사가 워낙 오래되고 견고해서 이 혁명 하나만으로 완전히 중국의 체질을 바꿀 수는 없었습니다. 그러나 이 혁명은 무엇보다도 다음번 혁명들의 원인을 제공하는 원동력이 되었습니다.
 신해혁명을 이끌었던 손문은 객가인 출신 유대인으로 하와이에 유학을 해서 의사가 되었습니다. 그리고 중국의 민주화 운동을 앞장서서 이끌었던 사람입니다.

손문의 삼민주의가 있습니다. 1905년 손문에 의하여 주창된 이래 중국의 정치적 지도 이념으로 민족주의와 민권주의 그리고 민생주의를 통틀어 삼민주의라고 합니다.

민족주의는 대내적으로 국내 여러 민족의 평등과 대외적으로는 외국의 압박으로부터의 독립을 의미합니다. 민권주의는 국민이 참정하는 민주제의 실현과 민생주의는 지권의 평등 및 자본절제에 입각한 일종의 사회주의 또는 사회민주주의를 뜻합니다.

손문이 주장하였던 삼민주의는 그가 세계적인 유대사회를 아우르고 있는 객가인으로서 뿐 만 아니라, 세계주의를 따르는 프리메이슨이었기 때문입니다.

손문의 삼민주의는 프랑스 혁명때 프리메이슨들이 사용했던 구호인 자유, 평등, 박애와 같은 의미입니다. 중국은 대부인 손문이 주장했던 삼민주의로 인하여 중국의 공산당이 태어났습니다.

태평천국의 난을 일으켰던 객가인 홍수전이후 다시금 객가인 손문을 통해 신해혁명이 일어나고, 프리메이슨 33도인 모택동을 통해서 중국은 공산국가로 이어집니다.

10) 등소평과 중국 유대인 객가인들

등소평은 1904년 쓰촨성 시골마을의 객가(客家, Hakka) 출신으로 태어났습니다. 객가인들은 객지로 쫓겨나 살다보니 토지를 갖기도 힘들었는데, 그래서 객가인들은 농사를 짓지 못하고 일찍부터 장사에 눈을 떠 주로 상공업이나 유통업을 중심으로 세력을 확장했습니다. 이들을 '동방의 유태인'이라 부르는 이유도 바로 여기에 있습니다. 객가인에 대해 살펴보면 역사적인 경험이나 특성이 유태인과 여러모로 비슷해 놀라울 정도입니다.

태평천국 운동의 지도자 홍수전(洪秀全)이 바로 객가인입니다. 중국 공산당 초기 핵심간부 중에도 객가인들이 많았는데, 공산당 창립 멤버 가운데 절반 이상이 객가인이었다고 주장하는 자료가 있을 정도이고, 국민당 좌파 가운데에도 객가인이 많은 것이 사실입니다.

대표적으로 중국과 타이완 양쪽 모두에서 국부(國父)로 숭상받는 신해혁명의 지도자 쑨원(孫文)이 객가 출신이고, 쑨원과 함께 신해혁명을 주도했던 허쯔위안(何子) 역시 객가 출신입니다. 쑨원의 부인 쑹칭링(宋慶齡), 장제스의 부인 쑹메이링, 은행재벌 쿵샹시(孔祥熙)의 부인인 쑹아이링 등 중국 대륙을 주름잡은 송씨 집안 3자매도 객가 출신입니다.

중국공산당의 모태가 된 군대 홍군(紅軍)의 실질적인 창시자인 주더(朱德)가 객가이며, 주더와 함께 중국 인민해방군 역사상 오로지 10명만 존재하는 이른바 '10원수' 가운데 한 명인 예젠잉 또한 객가입니다. 예젠잉은 사인방을 몰아내고 덩샤오핑이 실권을 장악하는데 결정적 기여를 한 인물로 꼽힙니다. 장제스와 정치적 라이벌로 맞서다 암살된 국민당 좌파의 거두 랴오중카이도 객가이고, 중국의 대문호이자 항일운동에도 앞장섰던 궈모뤄(郭沫若) 역시 객가입니다.

유태인이 전 세계 정치와 경제, 과학, 예술, 문화 등 많은 분야에 두루 걸출한 인재를 배출하였듯, 객가인도 유명인물을 꼽으라면 정말 셀 수 없을 정도로 많습니다. 정치 쪽을 더 이야기해 봅시다. 1949년 중화인민공화국의 건국을 알리는 개국대전 행사에서 주석단에 앉은 인사들 가운데 절반이 객가인들이었습니다. 이것은 신중국의 성립과정에도 객가인들은 큰 역할을 하였던 것이 사실이고, 공산당에 쫓겨 섬으로 달아난 타이완 정권에도 객가인들은 함께 했습니다. 이등휘 총통이 객가 출신입니다. 중국 대륙과 섬 모두를 객가인들이 꽉 잡고 있다고 해도 과언은 아닙니다. 객가인의 힘은 중국을 뛰어넘습니다. 싱가포르의 경제기적을 만들어낸 리콴유 총리(李光耀)도 푸젠성에 뿌리를 둔 객가인이고, 심지어는 필리핀 민주화 운동의 상징인 코라손 아키노 대통령까지 객가의 후손이라고 하면 사람들이 깜짝 놀랄 것입니다.

경제계에 객가인들의 활약은 더욱 두드러집니다. 포브스가 선정한 세계 최고의 재벌로, "홍콩에서 1달러를 쓰면 5센트는 이쟈청의 호주머니로 들어가는 셈"이라는 리쟈청(李嘉誠) 회장이 객가이고, 샹그리라 호텔로 유명한 샹그리라그룹을 이끌고 있는 말레이시아 화교재벌 궈쉐넨을 비롯하여 세계 경제를 주름잡고 있는 화교 재벌들은 거의 객가인의 후손이라고 보면 됩니다. 태국재벌 천여우한(陳有漢), 인도네시아 재벌 린샤오량(林紹良), 대만재벌 왕융칭(王永慶), 호랑이뼈로 만든 연고로 재벌이 된 홍콩재벌 후원후(胡文虎), 전부 다 객가 출신입니다. 객가인들은 이렇게 중국 본토와 대만, 홍콩뿐 아니라 세계로 뻗어나가 객가인의 명성을 드러내고 있습니다. 한국 사람들에게 친숙한 이름인 중국 연예인 리밍(黎明), 요절한 장궈룽도 객가인으로 분류됩니다.

이제 다시 '객가인' 등소평으로 돌아와 봅시다. 어렸을 때부터 아이들을 강하게 키우는 객가인들의 전통에 따라 등소평은 13세에 고향을 떠나 기숙사 생활을 시작하였습니다. 17살에 당시 유행하던 근공검학 해외에 나가서 낮에는 일하고 밤에는 공부하며 실력을 쌓자는 운동의 흐름을 타고 프랑스로 건너갔습니다. 자동차공장, 철강회사, 기관차 화부 등으로 막일을 하며 대학을 다녔습니다. 그러던 중 당시 청년들 사이에 유행병처럼 번지던 좌파 경향에 도취되어 19살에 일찌감치 공산주의자가 되었고, 21살에 프랑스에서 중국공산당에 입당했습니다. 프랑스에서 중국공산당에 입당하였다는 말에 의아할 사람들이 있겠지만 당시 공산주의자들은 국적보다는 계급을 중요시하는 국제주의자들이었습니다.

23살에는 소련으로 건너갔습니다. 모스크바 중산(中山) 대학에서 공산주의 이론을 공부하였고, 이듬해에 중국으로 돌아와 본격적으로 중국 혁명에 뛰어들었습니다. 지하공작을 하기 위해 이름도 샤오핑(小平)으로 바꿨습니다. 원래 이름은 셴셩과 시셴이었습니다. 간단치 않은 청년시절이었습니다.

흑묘백묘는 '부관흑묘백묘(不管黑猫白猫), 착도로서(捉到老鼠) 취시호묘(就是好猫)'의 줄임말입니다. 검은 고양이든 흰 고양이든 쥐만 잘 잡으면 된다는 뜻입니다. 중국의 개혁과 개방을 이끈 등소평[鄧小平]이 1979년 미국을 방문하고 돌아와 주장하면서 유명해진 말로, 흔히 흑묘백묘론이라고 합니다.

즉 고양이 빛깔이 어떻든 고양이는 쥐만 잘 잡으면 되듯이, 자본주의든 공산주의든 상관없이 중국 인민을 잘 살게 하면 그것이 제일이라는 뜻입니다. 부유해질 수 있는 사람부터 먼저 부유해지라는 뜻의 선부론(先富論)과 함께 등소평의 경제정책을 가장 잘 대변하는 용어입니다. 그 뒤 흑묘백묘론은 1980년대 중국식 시장경제를 대표하는 용어로 자리잡았고, 덩샤오핑의 이러한 개혁·개방정책에 힘입어 중국은 비약적인 경제발전을 거듭하였습니다.

다시 말해 경제정책은 흑묘백묘식으로 추진하고, 정치는 기존의 공산주의 체제를 유지하는 정경분리의 정책을 통해 등소평은 세계에서 유례가 없는 중국식 사회주의를 탄생시켰습니다.

원래 흑묘백묘는 중국 쓰촨성[四川省] 지방의 속담인 흑묘황묘(黑猫黃猫)에서 유래한 용어로, 덩샤오핑이 최초로 사용한 것은 아닙니다. 흑묘백묘와 비슷한 뜻의 한자성어로는 남파북파(南爬北爬)가 있습니다. 남쪽으로 오르든 북쪽으로 오르든 산꼭대기에만 오르면 그만이라는 뜻입니다.

11) 중국의 5.4운동

1917년 러시아의 볼세비키 공산혁명은 중국에도 영향을 끼쳤습니다. 1870년 1만명이었던 노동자는 1919년 200만으로 성장을 했습니다. 제국주의의 수탈에 속수무책이었던 중국의 원세개에 대한 중국인들의 반발은 점점 강력해져서 혁명의 수준으로 치닫고 있었습니다. 이미 청도와 산동성을 지배하고 있었던 일본은 1915년 21개조 조약을 중국 원세개에게 제출했습니다. 중국 주권을 침해하는 내용이 대부분이었던 이것은 최후통첩에 굴복해 수락한 강제적 성격을 띠는 조약이었습니다. 그리고 이듬해 눈이 먼 교체정권이 일본과 "중일공동방적협정"을 맺었는데, 이 비밀협정의 내용은 실제 일본군의 중국내에서 자유로운 행동과 군사기지 설정 그리고 일본군에 대한 중국군의 예속을 초래하는 것이었습니다.

한편 1918년 독일의 항복으로 1차 세계 대전이 끝난 후 열린 파리 강화회의에 참가한 중국은 일본의 강압에 의해 체결된 21개조는 무효라고 주장했습니다. 그러나 문서상 일본이 주권을 가지고 있는데

다 일본이 이미 회의 참석국과 지지를 약속했으므로 중국의 주장은 받아들여지지 못했습니다.

이에 1919년 학생 애국운동이 일어나는데, 5월4일 천안문에 모여 시위를 거행하기로 했습니다. 4일 오후 천안문에 모인 약 3천명 정도의 학생들은 공사관이 휴일인 탓에 청원서를 제대로 전달할 수 없었고, 이에 흥분한 일부가 친일파의 집에 불을 질렀습니다.

이날 학생들이 대거 체포되었습니다. 그러나 이것이 도화선이 되어 전국적인 매국노 규탄과 배일운동으로 번졌습니다. 대중운동이 격화됨에 따라 정부는 친일파를 축출시키고 강화조약거부 운동이 계속됨에 따라 중국측은 강화조약의 조인을 거부했습니다.

민주주의 혁명으로 기록되는 이 운동은 중국에서 일어난 항일운동이자, 제국주의에 반대하는 운동으로 정리할 수 있습니다. 학생들의 힘찬 변화로 5.4 운동은 단순한 애국운동을 넘어 민주주의를 외치는 민중운동으로 발전할 수 있었습니다.

12) 중국의 공산당 창당

러시아에서는 1917년 10월 혁명을 거쳐서 세계사에서 처음으로 공산주의 국가가 세워지고, 이 여파는 전 세계로 파급되었습니다. 5.4운동을 이끌었던 잡지 『신청년』에서도 이 시기를 전후해 공산주의 특집 등을 마련하여 그 이념을 소개했습니다. 1920년을 전후해 러시아의 코민테른은 보이틴스키와 마링을 차례대로 중국에 파견해 진독수, 이대조 등 공산주의적 성향의 지식인들을 만나 중국 공산당을 만들고, 공산혁명을 주도할 것을 주문했고, 1921년 7월 상해에서 창당대회를 열고 중국 공산당의 설립을 공식적으로 선포했습니다.

이들은 각 지역의 노동자들을 조직해 파업을 선동하며, 제국주의와 매판자본, 군벌들에 대항하는 투쟁을 주도했습니다. 그러나 상대적으로 이들의 힘은 미약했고 따라서 각지에서 탄압으로 해체되기도 했습니다. 반면 광동 지역의 국민당 정부는 민주적 정치체제가 확립된 덕분에 다른 지역에 비해 공산당에 우호적이었으며, 또한 전국적인 지지를 얻고 있었습니다. 이에 착안한 코민테른은 '민족자본과 결합하여 민주연합전선을 구축하라'는 지령을 중국공산당에 내렸고, 중국공산당 지도부는 이를 수용했습니다. 손문 또한 이들을 국민당 당원으로 받아들이고, 코민테른으로부터 군사적, 재정적 지원을 약속받았습니다. 이것이 제1차 국공합작(1924)이었습니다.

그러나 손문이 사망하고 국민당이 북벌을 시행함에 따라, 자본가와 결탁해 있던 국민당 지도부는 공산당 출신들을 부담스럽게 되었습니다. 결국 1차 국공합작은 결렬(1927)되었고, 이후 국민당의 지도자가 된 장개석(蔣介石)은 '안내양외(安內攘外)'를 내세워 공산당의 활동을 지속적으로 탄압했습니다. 지도부들은 뿔뿔이 흩어져 얼마 남지 않은 잔존세력을 이끌고 산간벽지로 들어가 처음부터 다시 당을 만들어야 했습니다. 이 중에 가장 유명한 곳이 모택동(毛澤東)의 정강산(井岡山) 근거지이었습니다. 각 지역 공산당 근거지에서는 붉은 군대(紅軍)가 조직되기 시작했으며, 이들은 3대 기율과 6대 주의사항을 앞세워 근거지 주변 지역 민중들로부터 크게 환영받았습니다.

모택동 공산당 홍군 창설

신해혁명으로 새로운 중국을 열었지만 원세개의 독재정치로 신해혁명에 성공한 국민당은 힘을 쓰지 못하고 있었고, 국민당에서 갈라져 나간 모택동은 1927년 홍군을 조직하여 공산당을 일으켰습니다. 정강산을 중심으로 호남성을 소비에트 지역으로 선포하고 90% 문맹율을 20% 낮추었습니다. 대다수가 농민이었던 이들에게 토지를 균등하게 분배를 하고, 세금을 감면했으며, 사회개혁을 통해 협동조합을 만들었습니다. 점차적으로 홍군의 세력이 커지자 장개석이 이끄는 총통의 정부군은 홍군 소탕작전을 펼치게 되지만, 게릴라 작전과 유격전술을 행하는 홍군을 제압하지 못했습니다. 1-5차 초벌전을 펼쳐서 서북쪽으로 몰아 내는데는 성공했으나 홍군의 세력을 완전히 장악하지 못해서 6000마일(1만KM)이나 되는 먼 거리를 원정하여 공산당 토벌에 나섰습니다. 그러나 총독의 정부군에 대한 무자비한 수탈과 살상은 오히려 중국 국민들로부터 배척을 당하였고, 일본군과 항일 전쟁까지 펼치는 홍군의 세력들은 점점 융성해 지기 시작했습니다.

　홍군의 모택동은 동북쪽 지역의 사령관인 국민당 장학량을 영입하는데 성공을 하고, 장개석을 위협하여 감금시킨 후, 부인 송미령의 설득으로 대 항일 투쟁을 위한 제 2국공합작을 하게 됩니다. 그러나 국민당이 이끄는 정부군은 항일전투에서 패배하게 되었지만, 모택동의 홍군은 연일 승전하는 가운데 그 세력이 점점 커졌고, 세계 2차 전쟁이 끝나고 일본이 항복하자 모택동의 홍군은 장개석 군대를 대만으로 몰아내고 1949년 10월1일 중화인민공화국을 세우게 됩니다.

13) 모택동과 (毛澤東, 1893~1976) 6.25전쟁

모택동의 생애

　모택동은 중국을 공산화시키기 위해 예수회 일루미나티 세력들이 키운 프리메이슨 33도 비밀결사입니다. 중국의 대부이며 중국의 프리메이슨인 손문의 제자이기도 하며, 모스크바에서 파송된 공산당 비밀결사인 코민테론의 요원이었습니다. 마오는 1949년 10월1일 중화인민공화국을 세우고, 스탈린과 함께 한국전쟁을 일으켜 중국의 공산당을 반대하는 인사들을 한국전쟁의 인해전술로 청소를 해서 체제를 안정시켰으며, 한국전쟁에 참전한 댓가로 얻은 경제적인 지원으로, 단 몇 년 만에 공산주의 중국은 안정된 국가로 든든히 세워질 수 있었습니다.

　"대륙의 딸들"(Wild Swans - 1991)의 저자 장 융(Chang, Jung)과 장융의 남편인 Jon Hallyday 가 함께 쓴 "모택동의 알려지지 않은 이야기"(MAO, The Unknown Story - 2005) 의 P.350-P.370에 기술된 내용에서 마오는 7000만 명의 기독교인들과 반체제 인사들을 죽였다고 기록했습니다.

　모택동은 1893년 호남성 상담현 소산이라는 마을에서 풍족한 농부집안의 장남으로 태어났습니다. 그 시기에 교육이라는 것은 단지 쓰는 것, 계산하는 것을 배우는 것이라고 생각하던 시기였는데 모택동은 학교에 진학하여 공부를 계속하였으며, 그 곳에서 양계초와 같은 정치 및 문화개혁론자와 민주주의 혁명가인 손문이 주창하는 서양의 새로운 이념을 접하게 되었습니다. 1911년 신해혁명이 발발한 이후 호남성의 혁명군에 가담하였고, 그 후 1913~1918년 제1사범학교에 들어가 학생조직을 결성하여 참여함으로써 정치활동에 대한 경험을 쌓기도 했습니다.

이러한 조직 중 신민학회는 마르크스주의를 적극적으로 선전하였으며 회원 중 몇 명은 나중에 공산당에 가담하여 1949년 중화인민공화국 성립때까지 모택동을 따르게 되었습니다.

사범학교 졸업 후 1921년 북경대학에서 도서관의 보조직원으로 일을 하면서 중국공산당의 창당을 주도한 모스크바에서 파송한 코민테론(공산주의 제3지역 지원세력의 비밀결사)비밀결사인 보이틴스키와 마링은 공산주의 사상이 투철한 진독수, 이대조 등 공산주의적 성향의 지식인들을 만나 중국 공산당을 만들고, 공산혁명을 주도할 것을 주문했고, 1921년 7월 상해에서 창당대회를 열고 중국 공산당의 설립을 공식적으로 선포했습니다.

모택동의 생애에서 이대교 및 진독수와 접촉하여 코민테론의 비밀결사가 된 것은 모택동의 장래를 결정하는데 가장 중요한 계기가 되었습니다.

1921년 모택동은 중국공산당 제1차 전국대표대회에 참석했으며, 공산당을 창당하는데도 가담했습니다. 1923년 중국공산당 중앙집행위원에 당선됨으로써 중앙으로 진출하였고, 1924년 손문의 국민당과 국공합작을 하여 외세와 군벌과 대항을 하였습니다.

1927년 모택동은 중국공산당 중앙농민부장이 되었고, 국공분열 뒤에는 수백 명의 농민들과 함께 정강산에 있는 근거지로 들어가 새로운 형태의 혁명전을 전개 했는데, 비무장의 대중보다는 무장한 공산국 즉, 홍군이 중심이 되는 혁명이었습니다. 입당한 수 천에 달하는 새로운 당원들에게 마르크스의 이론과 레닌주의의 당 조직 원칙에 대한 기초교육을 실시하였습니다. 교재로 사용한 것은 레닌, 스탈린 그리고 불가리아의 코민테른 지도자 게오르기 디미트로프의 책자들이었습니다.

그러나 모택동이 내정의 과정을 통해 농촌지역에서부터 도시를 포위하여 장개석을 물리치고 전국에 걸친 권력을 잡게 되는 것은 오로지 수 천 만 농민의 대부분이 모택동의 활동에 동조하고 지원했기 때문입니다.

1930년 중국 공농홍군 제1방면군 전선지휘위원회 서기 겸 총정치위원회를 역임하였으며, 1931년은 강서성의 일부 지역에다 모택동 주석으로 하는 중국 소비에트 공화국을 건설하는데 집중한 시기였습니다.

1934년 중국공산당 중앙과 홍일방면군은 장개석 정예부대에 이길 수 없어 부득이 소비에트지역에서 물러나 장정을 시작하지 않을 수 없었습니다. 1935년 일제의 대륙 침략이 본격화되면서 전면적인 위기를 맞이하게 되는데 일본에 대한 국민당과의 통일전선이 재개됨과 아울러 모택동이 완전히 당의 지도력을 장악하게 되었습니다.

1936년과 1940년 사이 모택동은 책 저술활동을 활발히 하였는데 소련의 책들을 읽고 「실천론」, 「모순론」을 썼으며 항일전쟁의 전술에 대한 「지구전론(1938)」을 썼습니다. 또한 1940년에 발표한 「신민주주의론」은 중국공산당 강령으로 채택되었습니다.

모택동이 당의 지도자로서 부상하는데 결정적이었던 것은 1938년 10월 자신이 말했던 바와 같이 마르크스주의를 '중국화' 시켰다는 것으로 마르크스주의를 당시의 중국적 상황뿐만 아니라 중국인의 정신과 문화전통에 접합시킨 것 때문이었습니다.

즉 모택동은 소련의 경험을 맹목적으로 모방하고, 소련의 지시에 무조건 따르고자 하는 경향을 탈피했다는 것을 의미합니다. 이로서 당내에서도 모택동과 소련파 간의 의견충돌이 일어났는데 1942년 '정풍운동'이 그것입니다.

1943년 항일전쟁에서 승리를 거둔 후, 1945년 8월 중경에서 장개석과 담판을 벌여 화평건국의 원칙에 합의했으나 실행할 수 없게 되자, 1946~1948년 내전을 벌여 승리했고 1949년 10월1일 중화인민공화국을 건설하게 되었습니다.

공산당의 승리로 국가의 근본적인 변화에 헌신했던 혁명가들이 권력을 잡게 되었습니다. 이 당시 중국은 기본적인 도시의 기능 즉, 생산, 분배, 수도와 전기의 공급, 교통 등의 기능이 심하게 악화된 상태에 있었으며 새로운 지도층은 경제를 회복해야만 했습니다.

따라서 모택동은 1949년 12월 모스크바를 방문하여 2개월에 걸친 협상 끝에 스탈린을 설득하여 부분적인 경제 원조를 포함한 상호우호조약을 체결했고, 산업화의 목표를 추진함에 따라 무게의 중심'을 농촌에서 도시로 옮겼습니다.

또한 각지의 경찰과 당 간부들은 군대의 지원을 받아 경제파탄과 관계가 있는 범죄활동을 분쇄해 나가기 시작했습니다. 이러한 정책으로 농촌에서는 토지개혁이 계속되어 토지가 재분배되었으나, 도시에서는 비공산주의 부분과의 타협이 성립되어 이전의 관료 및 자본가 중 많은 사람들이 공장, 기업, 학교 및 정부기구 안에서 중요한 위치를 그대로 유지할 수 있었습니다.

당시 이와 비슷한 실용주의적인 타협은 일시적인 방편으로 간주되었지만, 사회에서 혁명의 가치를 영구화 하려는 목표를 위태롭게 했습니다. 그리고 공산당은 인민의 지지를 상실하게 됨으로써 반대적인 공산주의자들을 탄생시켰고, 권력을 장악한 공산당의 간부들은 한 때 고취시켰던 인민의 정치참여를 인정하지 않았습니다. 이러한 문제 속에서 단결되었던 지도부가 분열되기 시작했습니다. 이러한 혼란 속에서 모택동은 1957년 〈인민 내부모순의 정확한 처리에 관한 문제〉를 발표하였고, 1958년 사회주의 건설의 총노선, 대약진 운동, 농촌의 인민공사라는 이른바 '세 개의 붉은 깃발 운동(3면홍기)'을 펼쳤습니다.

하지만 얼마 지나지 않아서 국내의 주요 모순으로 여긴 새로운 계급투쟁으로 전환하였습니다. 50년대부터 모택동은 중국에 내정간섭을 하려는 일체의 행위에 대하여 단호히 대처한다는 방침을 세웠고, 1966년 대내외적인 형세에 대한 극단적인 판단으로 문화대혁명을 일으켜서 체제를 위협하고 방해가 되는 수많은 혁명 동지들을 처형시켰습니다.

14) 6.25전쟁과 모택동
모택동은 6,25전쟁을 통해 공산정부를 굳게 세웠다.

한국전쟁은 얄타회담과 포츠담회담에서 루즈벨트, 스탈린, 처칠에 의해서 계획된 전쟁이었습니다. 세계정부를 세우기 위해 프리메이슨들이 만든 U.N이라는 세계적인 기구를 안착시키기 위한 기획된 전략적인 전쟁이었습니다.

뿐만 아니라 스탈린과 루즈벨트에 의해서 1949년 10월1일에 세워진 중국 공산당은 가난과 궁핍, 수많은 반체제 운동을 통해서 엄청난 혼란을 겪고 있었습니다. 그러나 한국전쟁을 통해서 반체제 인사들을 처리하고, 막대한 전쟁지원금을 받아 중국군대는 최신무기로 무장을 했을 뿐 아니라 중국의 경제도 엄청난 변화를 가져오게 되었습니다.

중국의 한국전쟁은 소련의 지원과 미국과 영국의 프리메이슨들로부터 엄청난 전비를 받고 용병으로서 전쟁에 참여했던 것입니다.

결국 중국의 공산당은 한국전쟁을 통해 명실공히 한 국가로서의 체제를 굳힐 수 있었음에는 틀림이 없는 사실입니다. 이것이 또한 한국전쟁을 일으킨 세계의 프리메이슨의 음모이기도 합니다. 6,25전쟁에서 중국은 6,25전쟁시 인해전술을 펼쳐서 90여만 명의 인명을 잃었습니다.

그리고 공산국가를 굳게 세울 수 있었던 것입니다.

중국 공산당을 강대국으로 무장시킨 6.25전쟁

1945년 8월, 소련은 뒤늦게 일본에 대한 선전포고를 하며 만주로 뛰어들자마자, 일본이 원자 폭탄으로 항복을 해버림으로 평양까지 순식간에 내려오게 되고, 여기에 섞여서 따라온 소련군 소령 김일성이 임시방편으로 인민위원장 감투를 쓰게 됩니다.

1948년 북한 정권을 수립한 다음, 1949년 3월에 스탈린에게 남침을 승인하고 지원해 주기를 요청했습니다. 1949년 5월, 북한의 국방차관을 모택동에게 보내 김일성의 남침 계획을 전했을 때 모택동은 즉각 찬성과 지지를 약속합니다.

단 중국 장악이 완전히 정리되고 난 1950년 상반기 쯤이 좋겠다고 하며 모택동은 "중국군을 투입해도 모두 머리가 새카맣기 때문에 미국은 전혀 구별하지 못한다."고 했습니다.

1950년 2월, 모택동이 모스크바를 방문하여 미국과 대결하겠다고 말을 합니다.

"스탈린을 대신해서 미국과 싸울테니 그 댓가로 소련은 중국에 기술과 장비를 주시오." 하는 것이 모택동의 계략이었습니다. 중국을 공산화 시키는데 성공한 국제 프리메이슨도 이제 중국을 무장시키는 방법을 찾고 있었던 것입니다. 장개석이 대만으로 다 가져가버린, 공군의 전투기와 해군의 함정이 절대로 필요한 모택동은 한국에서의 전쟁만이 이것을 얻을 수 있는 절호의 기회라는 사실을 깊이 깨달은 것입니다.

미국은 우리 정부가 그토록 간절하게 요청한 군비증강을 외면하고 일본만 지키면 된다고 생각했다가 결국 남침을 당하고 나서야 뒤늦게 상황을 파악하고 즉각 UN 안보리 이사회를 소집하여 신속하게 UN 군의 파병을 결의합니다.

그 때까지 안보리의 상임이사국인 중국의 대표권은 장개석의 대만 정부였습니다. 모두 당연히 소련이 거부권을 행사할 줄 생각했지만, 스탈린 생각은 따로 있었습니다. 스탈린이 소련 UN 대표였던 Yakov Malik으로 안보리에 불참하도록 했던 것입니다.

1950년 7월 1일, 주은래(1949- 외무 장관)가 소련 대사에게 "중국의 항공대와 함대를 증강"을 요청합니다. 중국이 한반도 전쟁을 지지한 진짜 이유가 이것이었습니다. 1950년 8월 19일, 모택동은 스탈린 특사에게 "미국이 30~40개 사단을 보내도 갈아 뭉개 버릴 수 있다."고 호언을 했습니다.

1950년 9월 29일, 서울이 탈환되고 드디어 밀리기 시작하자 김일성이 스탈린에게 SOS를 칩니다. 10월 1일, 김일성의 SOS를 받은 스탈린은 북한의 패전에 대한 아무 책임도 없다는 듯이 뻔뻔스럽게 모택동에게 신호를 보냅니다. "움직일 때가 왔다" "나는 모스크바에서 먼 곳에 휴가를 와 있어 한반도 사태에 좀 멀어져 있는데... 북한에 5~6개 사단의 군대를 38선으로 보내도록..... '의용군'으로 해서"라는 요지를 보냅니다.

10월 2일 오전 11:00 모택동이 즉각 명령을 발령합니다. 군대를 조중 국경으로 이동해 "언제든지 넘어갈 수 있도록 준비"하라고. 그리고 소위 정치국 회의에 "미국과의 전쟁 안(案)"을 올립니다. 정치국은 의결기관이 아닙니다. 그러나 반대 의견도 좋다고 말합니다. 그래서 제2인자 유소기(劉少奇), 명목상 군사 책임인 주덕(朱德)이 반대를 했고, 특히 임표(林彪)가 강력히 반대합니다. "미국이 중국의 주요 도시와 산업시설을 폭격할 것이고 원자탄도 쓸지도 모른다"는 의견이었습니다.

주은래(周恩來)는 영원한 2인자답게 아주 애매한 태도를 보입니다. 그래서 훗날 모택동이 "참전은 한 사람 반(半)으로 결정됐다."고 했답니다. 한 사람은 모택동이고 반은 주은래였습니다. 모택동이 파병을 결정한 첫째 이유는 "미국과의 전쟁으로 중국 군대를 증강하는데 필요한 것을 스탈린에게 얻어 낼 수 있는 유일한 기회"이기 때문이었습니다.

또 다른 이유는 "상당수의 버리고 싶은 인구"를 가지고 있다는 사실이었습니다. 장개석과 전쟁 중에 무더기로 투항해 온 장개석 군대를 죽음으로 몰아내 버릴 수 있는 완벽한 기회라고 "심사숙고해 결정"했다는 것입니다. 뿐 만 아니라 공산체제를 흔들고 있는 반체제 인사들을 청소할 절호의 찬스가 되었기 때문입니다. 중국이 한국전쟁에 참여한 가장 큰 목적 중 하나가 중국공산당 체제안정화였습니다.

그러나 소련에 대해서는 값을 흥정합니다. "많은 동지들이 조심해야 한다고 한다. 안보내는 것이 좋겠다. 아직 최종결정은 안 했다. 의논하고자 한다."라고 하면서 뜸을 들입니다.

1950년 10월 5일, UN군이 계속 북진하자 초조해진 스탈린이 모택동에게 약속을 상기 시키며 한국전에 참전하지 않으면 어떤 지원도 있을 수 없다고 위협합니다. 1950년 10월 8일, 팽덕회를 "조선의용군" 사령관으로 임명하고 김일성에게는 도와주겠다고 타전하면서 한편으로 주은래와 임표를 스탈린에게 보내 보급물자 요구서를 제시하게 합니다.

1950년 10월 10일, 흑해 해변에 있는 스탈린 별장으로 찾아가자 대포, 탱크, 기타 장비 보급을 약속하면서, 돌연 7월에 한 전투기 1개 사단 124대의 지원은 2-3개월이 걸리므로 지금 당장은 할 수 없다고 합니다. 회담이 교착상태에 빠지자 모택동의 끝없는 요구를 차단하기 위해 스탈린은 "그러면 참전하지 않아도 좋다"고 하기까지 압박합니다.

10월 13일, 모택동이 주은래에게 지령을 보냅니다. "우리는 꼭 참전해야 한다. 반드시 참전해야 한다."고. 결국 모택동은 한 발 물러서며 "소련 항공의 엄호가 있든 없든 참전합니다."라고 말합니다. 모택동이 소련대사에게 최종 확인을 합니다. "가능한 한 빨리 소련 비행단의 도착을 기대하면서(두 달 이내에) 참전한다."

이렇게 "1950년 10월 19일, 세계 공산주의 두 폭군의 야망과, 김일성의 지방 야망이 마침내 중국을 한국 전쟁의 지옥에 던져 넣었다."고 중국 작가인 장융은 말합니다. 참전했던 중국 군대에게는 가히 지옥이었음이 틀림없었습니다. 참전과 동시에 전쟁을 가로챈 모택동은 이익을 다 챙길 때까지 전쟁을 무한정 끌고 갔습니다.

1950년 10월 25일, 드디어 압록강을 넘어 옵니다. 미군의 폭격이 두려워 낮에는 꼼짝 않고 밤에만 이동합니다. 그래서 UN군은 압록강을 넘어오기까지 감쪽같이 몰랐습니다. 일거에 반격을 당했습니다.

15) 중국본토공격을 준비한 맥아더 장군의 해임

유엔군 사령관 맥아더 장군은 트루만 대통령에게 중공군의 참전을 막기 위해 압록강 다리를 폭파하고, 청진에 있는 소련군 군수기지를 폭격할 것을 요청했으나 거절당했습니다. 중국군의 인해전술로 유엔군의 피해가 커지자 맥아더 장군은 중국본토를 공격해서 중국공산당 정권을 무너 뜨릴 수 있는 절호의 기회임을 트루만에게 보고하고, 본토 공격을 준비하던 중에 트루만 대통령은 맥아더 장군이 정치에 관여한다는 죄목으로 유엔군 사령관직을 박탈하고 본토로 소환명령을 내립니다.

장개석 총독의 중국본토 공격을 막았던 미7함대

대만의 장개석 총독도 트루만 대통령에게 중국군이 한국전에 참여하면 국경이 비게 되어 쉽게 본토를 회복할 수 있음을 트루만에게 보고하면서 본토공격을 하겠다고 했습니다. 그러나 트루만 대통령은 태평양 미7함대를 대만 해협에 정박시키고 대만 군대의 본토 공격을 막았습니다. 참다못한 장개석은 35,000명의 유엔군을 한국전쟁에 파병하겠다고 다시 요청했으나 트루만은 이것조차 거절을 했습니다.

한국전쟁은 유엔을 장악한 프리메이슨과 소련 스탈린, 중국 모택동, 북한 김일성 등이 치밀하게 준비한 전쟁이었습니다. 김일성이 신의주를 넘어 만주 땅으로 넘어 갔을 때 팽덕회에게 불려가서 사전 허가도 없이 자기 작전지역에 들어 왔다고 선 채로 뺨을 얻어맞았다고 합니다.

당연히 김일성의 통수권은 몰수되고 팽덕회가 조중 연합군 사령관으로 모든 작전권을 가져갔습니다. 공식적으로는 1950년 12월 7일 평양을 탈환하고 지휘권을 넘겼습니다.

이제 모택동이 김일성의 전쟁을 인수했습니다. UN군이 38선 원상복귀를 위해 "작전상 후퇴"를 해 남진해 내려오면서, 항공 엄호없이는 길어진 보급선이 여지없이 미군에게 폭격을 당하니 팽덕회는 38선에서 진격을 멈추자고 간청을 했습니다.

그러나 모택동은 "스탈린에게서 최대한 얻어낼 때까지 멈출 수 없다."고 하면서 1950년 12월 13일 "38선을 넘으라!"고 명령합니다. 1951년 1월 중공군은 서울을 재점령하면서 스탈린에 대한 모택동의 위신을 한껏 세워, 스탈린으로부터 "미국군에 승리한 것"에 대한 축하 전보를 받았습니다.
그러나 이 승리는 중공군의 끔찍한 희생으로 만들어진 것입니다. 1950년 12월 19일 팽덕회의 보고입니다. "영하 30도의 혹한에 모두 동상이 걸리고 방한복도 방한화도 없이 노지에서 잔다. 미군의 네이팜탄 투하로 다 타버려 신발이 없는 병사도 있다. 상상하지도 못한 손실이다."
러시아 자료는 중국 군수관이 "모두 얼어 죽었다."고 말했습니다. 소위 "런하이 짠슈(人海 戰術 : human wave tactics)"입니다.
영국의 배우인 마이클 캐인(Michael Caine)씨가 '대륙의 딸들'의 저자인 장융씨에게 직접 증언했습니다. 그는 가난한 집에서 태어나 공산주의에 대해 호의적이었답니다. 그러나 한국전에 참전해 중공군이 UN군의 총알이 완전히 떨어질 때까지 죽어도 죽어도 끝없이 밀려오고 또 밀려오는 것을 보고 "자기 국민의 목숨을 저렇게 돌보지 않는 것이 공산주의인가?"하고 영원히 자기 생각을 바꾸었다고 말했습니다.
아무리 가진 것이 사람뿐이라고 해도 이런 것을 소위 "전술"이라고 말할 수 없는 것입니다. 어떤 문명인이 상상이나 할 수 있겠습니까?
1951년 1월 25일, UN군이 다시 반격에 나서자 전세는 역전되었고, 중공군의 전사자 수는 엄청나게 늘어났습니다. 2월 25일 팽덕회가 모택동에게 "참담한 어려움"과 "불필요한 대량 희생"을 직접 말하려고 베이징으로 날아가 비행장에서부터 "中南海"(공산당 중앙본부. 청와대나 백악관에 해당)로 달려갔습니다. 모택동은 그의 벙커에서 낮잠을 자고 있다고 제지하는 경호원들을 제치고 침실 문을 박차고 들어갔습니다.
보고를 받은 모택동은 팽덕회에게 말했습니다. "이 전쟁은 오래 간다. 빨리 이기려 애쓰지 마라." 이런 모택동의 전략이 1951년 3월 1일 스탈린에게 보낸 전보에 드러납니다.
"적은 대량 손실을 입기 전에는 철수하지 않을 것이다. 미군을 없앨 때까지 무한한 인명 자원을 쓰겠다. 현재 십만 명 손실이 났지만 십이만 명 보충하고 2~3년 내에 3십만 명 손실도 각오한다. 수년에 걸쳐 수십만 미군의 목숨을 소모시키겠다. 미국을 심각하게 약화시킬 터이니 우리에게 최강의 군대와 군수산업을 구축하도록 도와주시오."

모택동은 계획대로 전투기 수리 공장 건립을 얻어내며, 60개 사단을 무장할 무기 생산 공장 계획을 제시하고, 속속 소형 기관총 제조 기술 이전 계약부터 하나씩 얻어 냅니다.

1951년 6월 3일 김일성은 결국 자기에게 남을 것이라고는 미군의 폭격으로 황무지가 된 북한 땅 밖에 없게 될 것을 인식하고, 중국에게 비밀리에 협상 개시를 타진합니다.

그러나 모택동은 한국의 이해와는 상관없이 전쟁을 이용하여 더 많은 군수공장을 얻어내려고 압박을 가합니다. 1951년 7월 스탈린도 휴전 협상에 찬성합니다. 그러나 모택동은 스탈린에게 더 얻어낼 수 있을 때까지 전쟁을 늘이려고 억지의 포로 송환 조건을 가지고 집요하게 물고 늘어집니다.

1952년 7월 14일 김일성은 모택동에게 협상을 받아들이자고 애원을 합니다. 북한 성인 남자의 1/3이 희생됐습니다. 그러나 이제 김일성은 전쟁을 끝낼 힘이 없습니다. 김일성은 이제 미국이 두려운 것이 아니라, 자기를 제거하려는 모택동이 더 두려운 존재가 됐습니다.(실제로 모택동이 김일성 제거계획 있었음) 모택동에게는 오직 자기 권력 강화 목적 외에는 남북 한국인의 참담한 고난은 고사하고, 중국 인민의 목숨도 아무것도 아니었습니다.

1952년 8월 모택동은 스탈린에게 두 가지에 관해 확고하게 밀어붙이기로 결심합니다.

아시아에서의 모택동의 지배 계획과 무기산업을 요구하는 것입니다.

소련이 동유럽에서 한 것처럼, 중국은 아시아 전체를 한반도와 같이 일본, 필리핀, 말레이시아, 미얀마, 캄보디아와 인도네시아까지 중국 군대를 파견해서라도 공산 정권을 수립하도록 하여, 아시아 공산당 회의를 열겠다고 주은래를 통하여 스탈린에게 건의합니다.

그러나 건의서에는 "군대는 보내지 않고 평화적인 영향력을 행사" 하겠다고 말했습니다. 실제로 인도네시아가 파병을 심각하게 검토했다고 합니다.

그러나 뒷날 이들은 문화혁명이라는 이름아래 1966년-1976년 대숙청(Great Purge)을 감행합니다.

1952년 12월 모택동은 1953년 전쟁 물자를 요구하는 장문의 전보를 스탈린에게 보냅니다. 더욱이 미국의 트루만 대통령이 원자폭탄 사용 가능성을 은근히 비추자 모택동은 얼씨구나 하면서 스탈린에게 원자 폭탄을 자기에게 달라고 조릅니다. 스탈린도 이제 모택동이 다루기 힘든 존재가 되고 말았습니다.

1953년 2월 28일 스탈린은 드디어 전쟁을 끝내기로 결심을 하면서 모택동에 대한 분노의 충격으로 3월 1일 심장마비로 쓰러져 3월 5일 죽고 맙니다. 스탈린이 죽자 후임 말렌코프는 모택동의 전쟁 산업 요구의 대부분을 수용하면서 정전 협정에 서명하도록 몰아 부칩니다.

1953년 7월 27일, 3년 1개월 만에 휴전협정을 합니다. 전쟁이 끝나면서 보니 중국은 미국 소련에 이은 세계 세 번째 공군력을 갖춘 나라가 되었습니다.

앞에서 본 바와 같이 영국인과 중국인이 밝혀 낸 "6.25의 배경"은 "통일"을 위한 것도, "이념"을 위한 것도 아님을 이제야 분명히 알게 됩니다. 그저 권력을 잡은 자들(김일성, 모택동, 스탈린)이 이념(공산주의)과 통일(해방)을 빙자하여 자기 권력 강화 수단으로 이용했을 뿐입니다.

김일성은 한반도에서 자기 세력 확장을 위해, 모택동은 김일성을 이용해 소련으로부터 무기를 더 얻어내기 위해, 그리고 스탈린은 모택동을 이용해 미국을 견제하고 유럽에서의 자기 세력 확장을 위해, 그리고 국제 프리메이슨들은 한국전쟁을 통해 UN이라는 국제기구를 확고하게 세우기 위해 한국인과 중국인 수백 만 명을 눈 하나 깜짝 하지 않고 희생시켰습니다.

엄청난 희생에도 아무런 소득이 없었던 한국전쟁

　남북한은 600만 명의 희생자를 냈습니다. 20만명의 미망인과 10만의 고아와 1000만의 이산가족을 냈고, 중국도 90여만 명이 희생되었습니다. 미군도 54,000명 죽고 14만 명이 부상을 당했습니다. UN군도 3000명이 사망했습니다. 세계 2차 대전 다음으로 가장 많은 희생자를 낸 한국전쟁의 결과는 전쟁전과 같은 똑같은 휴전선으로 끝이 났습니다.

　한국전쟁은 전쟁 놀이를 통해서 사탄을 숭배하고, 인신공회를 일삼아 신세계질서를 세워가고 있는 프리메이슨들의 행위이었습니다. "전쟁"을 "해방"이라고 속이고, 수백만의 국민들을 희생시켰고, 공산주의가 "다 같이 잘 사는 길"이라고 새빨간 거짓말로 사기(詐欺)를 쳤을 뿐입니다.

　중국 공산당에서 가장 우수한 군부 지도자였던 용장 팽덕회는 대숙청을 통해 처형을 받았습니다. 스탈린이, 모택동이, 김일성이, 호지명이 권력을 잡아 다 같이 잘 살았습니까? 권력을 잡을 때까지 순진하게 다 같이 잘 살게 될 줄 알고 목숨을 바쳐 충성한 동료와 백성들을 다 죽였습니다.(유소기, 팽덕회, 하룡, 임표)

　대숙청 기간중 "3反分子"로 몰려 홍위병들에게 끌려 다니는 팽덕회는 반 공산당, 반 사회주의, 반 모택동 죄목으로 무기징역 선고를 받고 복역중 1974년 옥중에서 사망했습니다. 2년 뒤 1976년에 모택동이 사망 했습니다.

　중원의 권력을 잡은 모택동은 수 천 년 동안 대륙에 군림했던 제왕들과 한 치의 차이도 없었습니다. 그는 더욱 더 악하고 사악한 사탄주의자였습니다.

　중국이 옛날부터 원교근공(遠交近攻)하라고 가르치지 않았습니까? 등소평 집권후 복권되어 압록강변에 세워진 팽덕회 동상은 아무 영문도 모른채 자신이 피흘려 싸웠던 한반도 쪽을 바라보고 있습니다.

5. 미국의 프리메이슨
1) 2000년 동안 인류가 꿈꾸던 유토피아 나라로 건국된 미국

모든 인류가 꿈꾸던 나라는 지상의 유토피아입니다. 기원전 550년 중국의 노나라 공자는 대동사회라는 이상국가를 꿈꾸었습니다. 기원전 400년 그리스 아테네 소피스트들은 민주주의를 통해 지상낙원을 건설하려고 했습니다. 기원전 380년 플라톤은 철저한 공산주의 독재정부를 세워 지상의 유토피아인 이상국가를 세우라고 했습니다. 1515년 영국의 인문주의 정치가 토마스 모어는 그의 저서 유토피아란 책에서 사유재산이 폐지된 경쟁없는 사회에서 하루에 6시간 일하고 천국과 같은 생활을 하는 지상낙원을 그렸습니다. 그런데 놀라운 사실은 토마스 모어의 유토피아 책에 그려진 공산주의 나라는 베네치아였습니다. 1626년 영국의 철학자 프란시스 베이컨은 뉴아틀란티스라는 책을 통해서 발전된 과학을 통한 미래 공상유토피아 국가를 그렸습니다. 미국은 이런 역사적인 인류의 꿈을 실현할 수 있는 지상의 유토피아 나라로 1776년 7월4일에 건국되었습니다.

2) 이집트 사람들이 숭배했던 금성, 루시퍼의 나라

금성은 태양에서 두 번째로 가까운 행성이며, 달을 제외하면 밤하늘에서 가장 밝게 빛나는 별입니다. 또 매우 특이한 경로를 거쳐서 천체를 운행하는데 8년마다 거의 완벽한 팬타그램 형상을 나타내며 공전을 합니다. 금성은 해가 뜨기 전에 동쪽에 나타나고, 해가 진 후에 서쪽하늘에 나타나기도 합니다. 바벨론 사람들은 금성에 그들이 숭배하는 사랑의 여신 이슈타르의 이름을 붙이기도 했습니다. 이집트인과 그리스인들은 금성이 해가 뜨고 질 때마다 다른 것을 보고 서로 다른 두 별로 이루어졌다고 믿었습니다. 그리스에서는 금성을 빛을 가져오는 자란 의미로 포스포러스(phosphorus)라고 불렀습니다. 로마인들은 금성을 비너스라고 불렀으나 그 전에 그리스 사람들이 사용했던 명칭인 포스포러스를 번역해 루시퍼(Lucifer)라고 불렀습니다. 루시퍼의 어원은 라틴어로 빛을 의미하는 룩스(lux) 또는 루시스(lucis)와 가져오다, 낳다를 의미하는 페르(ferre)가 결합한 것입니다. 그러므로 루시퍼는 빛을 가져온 자 라는 뜻입니다.

이사야 14:12 "너 아침의 아들 루시퍼야 어찌 그리 하늘에서 떨어졌으며 너 열국을 엎은 자여 어찌 그리 땅에 찍혔는고"
  루시퍼는 하나님께 저주를 받은 타락한 천사장입니다. 곧 악의 근원인 사탄입니다. 수메르 루시페리안 종교는 니므롯의 부인 세미라미스를 섬기는 바알과 아세라 종교입니다. 이집트와 로마의 태양신입니다. 미국은 루시퍼 사탄 종교를 섬기는 자들에 의해서 건국되었습니다. 미국의 국방성이 바로 루시퍼, 팬타그램, 오망성입니다.

3) 템플기사단의 나라

  메로빙거 왕조의 후손 유태인 갓 프레드 불리언은 1095년 교황 우르바누스 2세를 설득하여 십자군 원정단을 모집하고 회교도들에게 점령당하고 있었던 예루살렘을 탈환하기 위해 군대를 일으켰습니다. 1099년7월15일 예루살렘을 탈환하고 예루살렘을 방문하는 순례자들을 보호하기 위해 템플(성전)기사단을 조직합니다. 그후 템플기사단은 십자군 전쟁이 끝나는 1270년까지 세력을 키워서 세계 최초의 금융시스템을 만들고, 각 항구 마다 은행과 병원과 전당포를 세워 현금과 귀중품을 맡아 수수료를 챙기고, 신용장을 발부하고, 무역과 통상의 유통망을 관할하여 전 유럽의 경제를 장악하게 됩니다. 이것이 프리메이슨의 은행의 출발이 되었습니다.
  뿐만 아니라 템플 기사단은 사탄 루시퍼를 숭배하고, 인신제사를 드리고, 사람의 피를 마시는 성배와 성혈 숭배자들이었습니다. 또한 비밀 신비주의 기사와 표적을 일으킨 바알과 아세라 숭배자들이었습니다.
  교황 클레멘스 5세는 프랑스 왕 필립 4세로부터 압력을 받아 1307년 10월 13일 프랑스 내의 모든 템플 기사단원을 체포하고 그들의 재산을 몰수했습니다. 뿐만 아니라 1307년 11월 모든 나라의 템플 기사단을 체포하라는 명령을 내렸고 결국 템플 기사단은 거의 붕괴되게 되었습니다. 템플 기사단의 마지막 단장이던 자크 드 몰레는 1307년 프랑스에서 화형 당하게 되었습니다.
  그런데 필립 4세가 1307년 10월13일 금요일 밤에 비밀리에 시행한 템플기사단 소탕작전은 템플기사단에게 미리 알려지고, 이 사실을 알고 있었던 템플 기사단원들은 당시 포르투갈 리스본 항구를 통해 비밀 결사들만 알고 있었던 신대륙인 미국으로 탈출을 해서 미국의 13개 주를 먼저 장악을 했습니다.

겉으로 붕괴된 것 같았던 템플기사단은 1534년 프랑스 몽마르트의 노틀담 사원에서 유태인 이그나티우스 로욜라를 통해 예수회(Jesuit)로 부활합니다. 예수회는 템플기사단이 뿌려놓은 정치,경제,사회,의료,통상,무역,군대의 조직을 다시 일으켜 세계를 정복하기 위해 조직된 천주교 안에 있는 프리메이슨 비밀결사였습니다.

1776년 5월1일 독일 바이에른의 인골슈타트 대학교 교회법 교수였던 아담 바이스하우프트가 바이에른 일루미나티를 창설했습니다. 공동 창설자로 알려진 헤스의 빌헬름은 마이어 로스차일드의 고용인이었습니다. 일루미나티라는 이름은 스페인 '알룸브라도스(alumbrados, '계몽된'이라는 뜻)'입니다. 비밀스런 분파 조직인 알룸브라도스는 예수회 창립자 이그나티우스 로욜라가 1514년에 스페인에서 만든 비밀결사였습니다. 알룸브라도스는 일종의 영지주의와 그노시스주의를 따르는 신비주의를 설파했는데 인간은 신과 직접 교통할 수 있으며, '빛'을 발견한 사람에게는 형식적인 종교가 필요하지 않다는 내용이었습니다. 바이스하우프트는 일루미나티 조직 안에서 '스파르타쿠스'라는 암호명을 사용했습니다. 기원전 73년, 로마에 대항해 유혈 폭동을 일으켰던 노예에게 경의를 표하는 뜻에서 그의 이름을 사용한 것입니다. 바이스 하우프트는 '해시시(대마로 만든 마약)를 피운다'는 뜻의 이름을 가진 악명 높은 이슬람 아사신파(Assassins)를 연구했으며, 그 자신도 마리화나를 흡입함으로써 '깨달음(illumination)'을 이뤘다고 합니다.

일루미나티가 창설된 5월1일은 공산주의자들의 축제인 노동절입니다. 그 이유는 공산주의 이론을 만들었던 사람이 바로 아담 바이스 하우프트였기 때문입니다. 뿐만 아니라 5월1일은 풍요의 신인 바알의 아내이며 다신의 신인 아세라(이슈타르)에게 봄철 인신제사를 드리는 축제의 날이기도 합니다.

미국의 건국일이 1776년 7월4일입니다. 일루미나티 창설일이

1776년 5월1일입니다. 이렇게 동시대에 두 개의 조직이 역사에 등장한 이유는 신대륙의 미국이란 나라가 먼저 유럽대륙인 독일에서 일루미나티라는 이름으로 건국되어진 것입니다. 현재 미국을 지배하고 있는 주 세력들이 템플기사단, 유태인 일루미나티, 프리메이슨 세력들입니다.

일루미나티는 독일에 세워진 미국의 지부입니다. 이들은 신대륙에 세워진 새로운 나라 미국을 적극 지원하여 세계적인 지상의 유토피아 국가로 만들어, 그들이 꿈꾸는 신세계질서를 미국을 통해 세우기 위한 전략이었습니다.

4) 인디언을 전멸시킨 콜럼버스의 나라

13세기부터 16세기까지 유럽에서는 유태인의 박해가 심했습니다. 그래서 유태인들은 자신들만의 왕국을 건설하기 위해 새로운 미지의 땅을 탐험하고 개척을 해야 했습니다. 세계적인 탐험가들이 모두 유태인들입니다. 콜럼버스도 유태인입니다. 그의 본이름은 콜론입니다. 그의 이름이 콜럼버스가 된 이유는 미국이란 나라를 콜롬바 여신의 나라로 만들기 위해 그의 항해를 지원한 사람들이 지어준 가명입니다. 워싱톤 D.C (District of Columbia)라는 이름은 콜롬바 여신의 도시란 뜻입니다.

콜롬바 여신은 프리메이슨의 비밀결사가 섬기는 루시퍼 신앙의 여신 이름입니다. 워싱톤 도시계획을 담당한 프리메이슨 프랑스 건축가 피에르 랑팡은 워싱톤시의 거리와 건물들을 루시퍼 콜롬바 여신이 다스리는 도시로 건축했습니다.(타작기1 참조)

콜럼버스의 신대륙 항해를 후원하고 도와준 이사벨라 여왕의 재무장관인 유태인 가브리엘 산체스, 왕실의 토지조세 관리자 유태인 루이 데 산디겔, 이사벨라 여왕의 시종 유태인 J 가브레로이 세 사람이 있었습니다.

이사벨라 여왕의 측근인 세 사람은 스페인 정부의 열악한 재정 상태를 설명하고, 만일 콜럼버스가 인도에서 금광산을 발견하면 거대한 부를 얻을 것이라고 설득을 했고, 여왕은 자기의 보석을 항해비

용의 저당으로 교부하였다고 합니다.
 그러나 사실은 여왕의 토지조세 관리자인 산디겔이 콜럼버스의 항해 비용에 충분한 1만7천 대랏트를 지출했습니다. 1492년 8월3일 스페인 팔로스항을 출발한 40명의 선원중 통역, 외과의, 내과의, 등 5인의 유태인이 포함되었습니다.
 콜럼버스의 장인은 해양활동을 하는 그리스도 기사단원이었습니다. 그리스도 기사단의 그랜드 마스터는 헨리왕자였습니다. 바스코 다가마도 같은 단원이었습니다. 콜럼버스의 장인은 그리스도 기사단의 선장이었습니다. 콜럼버스가 신대륙을 향해 출항할 수 있었던 이유는 그의 장인이 신대륙을 찾아 갈 수 있는 항로가 표시된 지도를 주었기 때문입니다.
 템플기사단은 이미 1307년에 신대륙을 알았고 수많은 기사단이 이곳으로 도망을 갔습니다. 장인이 준 신대륙 항해 지도에는 템플기사단의 상징인 붉은 장미의 표식이 있었습니다.
 콜럼버스는 아메리카 대륙을 발견하고 그 땅이 인도인줄 알았습니다. 그래서 원주민들을 지금까지 인디언이라고 부르고 있습니다. 1492년 8월3일에 출항하여 30일 항해 끝에 미주의 바하마 군도에 도착 했습니다. 인디언들은 그를 환대했습니다. 하지만 그는 인디언을 납치해 스페인으로 끌고 왔습니다. 그는 스페인 이사벨라 여왕에게 향료와 황금이 많다고 거짓말을 했습니다.
 1200명을 이끌고 출항한 1494년의 두 번째 항해에서 도미니카에 근거지를 마련하고 인디언들을 수 백 명씩 잡아다 노예로 팔았습니다. 그리고 섬주민들에게는 강제로 황금을 채굴해 오도록 하고, 책임량을 가져오지 않으면 손목을 잘랐습니다.
반항하면 코를 자르고 귀를 잘랐으며 개가 물어뜯게 했습니다. 기록에 따르면 약탈, 강간,고문, 살인이 흔하게 이루어졌습니다.
 스페인은 점차 카리브해 섬들을 차지하며, 1519년 코르테스는 300명의 병사를 이끌고 아즈텍 수도인 테노치티틀란(현 멕시코시티)을 침략했다가 패퇴당했습니다. 그런데 이곳에 갑자기 콜레라, 천연두, 폐렴 등이 돌아서 수도에서 24만명 정도가 죽었습니다.

1521년 코르테스가 인디언 동맹군과 함께 다시 침략하자 이미 수많은 사람들이 죽어나간 아즈텍은 항복을 했습니다.

　피사로는 이 소문을 듣고 또 다른 황금의 나라를 찾던 중 잉카를 찾아냈습니다. 정보를 파악한 다음 1532년 200명의 군인을 이끌고 진격했는데 2만명의 군대를 이끌고 있던 잉카 아타왈파 황제는 피사로군의 수가 너무 적어 위협이 되지 않는다고 보고 잔치에 초대했다가 오히려 사로잡히고 말았습니다. 결국 피사로군은 그 당시 유럽 어느 나라도 보유해 보지 못한 금 7톤(현 가치로 약 2억 달러), 은 13톤을 약탈하고 잉카제국도 결국 멸망시켰습니다. 하지만 피사로는 부하인 드 알마그로에게 1541년 리마에서 살해당했습니다.

　피사로의 부관이었던 소토는 1539년 600명의 병사를 이끌고 플로리다에 상륙하여 또 하나의 잉카를 찾기 위해 조지아, 캐롤라이나, 앨러바마, 미시시피, 아칸소까지 인디언들을 죽이고 휩쓸고 다녔지만 황금의 나라를 찾지 못하고 결국 병에 걸려 죽었습니다. 코로나도는 1540년 멕시코를 출발하여 뉴멕시코, 아리조나로 1200명의 병사를 이끌고 전진하였습니다. 인디언을 대량으로 학살하다가 저항이 거세지자 멕시코로 회군하였습니다. 이후 다양한 사람들이 미주 대륙 전역을 황금을 찾기 위해 군대를 이끌고 찾아 다녔습니다.

　중남미에서는 스페인인들이 카리브해, 아즈텍제국, 잉카제국을 쉽게 무너뜨리자 스페인 왕이 이를 군인/관료 등에 나눠주는 엔코미엔다라는 정책을 썼습니다. 즉 대규모의 땅과 인디언을 나눠주고 이를 마음대로 통치하고 사용하게 하였습니다. 인디언들은 거의 노예나 다름없었습니다. 초기에는 대개 광산에서 금이나 은을 채굴하게 하고, 황금/현물/세금/노동력을 바치도록 했습니다. 이러한 약탈물을 배로 스페인으로 옮겨가면서 스페인은 세계 최강대국이 되었습니다. 토지를 나눠받은 스페인 사람들은 두 세대 후에 왕에게 반납하게 되어 있었지만 실제는 거의 사유화되었습니다. 1574년 약 4000개의 엔코미엔다가 있었고 약 650만 명의 인디언이 관할하게 되었습니다.

　점차 농사를 짓는 농장체계가 확산되면서 엔코미엔다는 하시엔다

(대농장)체계로 변하였고 플랜테이션이 확산되면서 설탕, 인디고, 커피, 카카오 등 서구로의 수출을 목표로 한 농업체계가 성립되었습니다. 완전히 유럽을 위한 식민지로 전락되었습니다. 이 당시 영국은 해적을 지원하여 스페인과 포르투갈의 배들을 약탈하였습니다.

스페인의 황금과 약탈물들을 빼앗는 해적국가였습니다. 이를 징벌하고자 스페인 무적함대가 1588년 영국을 침략하자 영국해군은 사거리가 긴 대포로 무적함대를 격퇴시켰고 더욱 열심히 식민지 배들을 약탈하였습니다. 영국은 해적질로부터 시작하여 스페인을 넘어설 수 있었습니다.

이 재화로 엘리자베스1세는 외국에 대한 빚을 갚고 식민지 개척회사를 만들어 이집트, 인도 등에 대한 강력한 식민교역을 시작하여 큰 돈을 벌면서 군사력과 식민개척을 강화하고 식민지 약탈과 교역을 확대하면서 강자가 되었습니다. 1652년부터 1674년까지 네덜란드와의 전쟁에 이기면서 바다의 최강자가 되었습니다. 영국은 식민지 독점을 철저히 지키면서 영국만의 이익을 확대하는데 골몰하였습니다. 이 과정의 전쟁과 정복은 총체적 독점 약탈체제를 위한 무력행사였습니다. 제국들의 흥망성쇠는 전쟁과 학살과 약탈을 통해 결정된 것입니다.

1520년부터 1890년까지 북아메리카 인디언들에게 무려 41차례나 천연두, 홍역과 같은 전염병 및 풍토병이 퍼졌습니다. 이에 더해 백일해, 결핵, 선(線)페스트, 발진티푸스, 장티푸스, 콜레라, 디프테리아, 성홍열, 늑막염, 유행성 이하선염, 성병 그리고 일반감기 등 수십 가지 치명적인 질병이 퍼졌습니다. 이런 질병에 의한 토착민 감소는 흔히 비극으로 취급되지만, 그러면서도 전적으로 유럽인과 토착민의 접촉에 따른 우연하고도 고의가 아닌 부산물이라고 여겨지고 있었습니다. 그러나 사실은 이와 전혀 다릅니다. 왐파노아그족과 나라간세트족이 영국 식민지 개척자들과 벌인 1675~76년의 이른바 '필립 왕의 전쟁'은 인디언들이 천연두를 유럽인들이 고의적으로 퍼뜨렸다고 믿은 데서 촉발되었다는 것이 이를 입증하고 있습니다.

＊조지 워싱턴 : 우리의 당면 목표는 인디언 부락의 전면 파괴와 유린이다. 기본적으로 토지작물을 파괴하고, 더이상 경작하지 못하도록 해야한다.“

＊벤저민 프랭클린 : 지상의 문명인들을 위해서 저 미개인들을 근절하는 것이 신의 뜻이라면 술(알콜)이 적절한 수단이 될 것이다.

미주대륙에서 인디언이 몇 명이나 살았는지 불확실합니다. 자료가 턱없이 부족하기 때문입니다. 1500년경에 아즈텍 제국 지역에 2,140만 명(그 당시 조선의 인구추정치는 700만명 정도), 잉카제국에는 1,150만 명, 북미 1,500만 명, 중미 560만, 캐리브해 580만, 남미 저지대 850만 명으로 총 7,000여 만 명이 거주하고 있었습니다. 이 숫자도 실제보다 축소되어 추정된 것으로 생각됩니다.

콜럼버스가 처음 점령하여 총독을 지냈던 히스패니올라섬(현 도미니카/하이티)에서는 그가 식민지를 건설한 지(1494년) 2년 만에 섬 주민 25만 명의 반이 죽었고, 1517년 14,000명으로 줄었습니다. 캐리브해의 섬들에서 인디언들이 거의 멸절되었습니다. 1500년경 2500만 명 이었던 아즈텍 인디언 인구는 1600년에 100만 명 정도로 감소되었고 1530년경 1200만 명이었던 잉카 인구도 100년후 60만 정도로 감소되었다. 스페인사람들은 중남미에서 인디언에게 하나님을 믿으라고 하여 거부하면 고문을 하거나 죽여도 된다고 생각하였습니다. 거부한 사람들은 이교도이고 악마라고 생각했기 때문입니다.

1500년 1,500만 명 정도로 추측되던 북미 인디언은 1900년에는 23만7천명(인구 센서스에 나타난 기록)으로 축소되어 북미 인디언들도 거의 멸절 상태에까지 이르렀다고 말할 수 있습니다. 특히 북미에서 영국이나 미국의 인디언 정책은 거의 멸절정책에 가까운 것이었습니다. 저항하는 자는 학살하거나 실제 수많은 부족들이 멸절당했습니다. 나치가 유대인을 학살했다고 하지만 서구인의 인디언 학살과는 비교가 되지 않습니다. 미주대륙에서는 수많은 종족(족 또는 부족)이 멸종당했습니다. 전체적으로 5,000만 명 이상의 인디언들이 백인들에 의한 학살, 학대, 기아, 질병으로 죽었습니다.

인디언 출신 학자 워드처칠이 쓴 "토착민이 쓴 인디언 절멸사"란 책이 2010년 11월에 당대출판사 황건 번역으로 출간되었습니다. 부제는 "그들이 온 후"입니다. 저자는 이 책에서 정확한 공식적인 자료를 제시하면서 백인들에게 살해 당한 인디언이 카리브해에서 1500만 명, 북아메리카에서 1500만 명이 희생되었다고 폭로했습니다. 조정래 작가는 "황홀한 글감옥"에서 백인에게 희생된 아메리카 인디언이 1억 명이 넘는다고 기록하고 있습니다.

아브라함 링컨의 화려한 노예해방 남북전쟁은 북미지역의 마지막 인디언 소탕전쟁이었습니다. 남북전쟁 시작과 거의 동시에 본격적으로 인디언 사냥을 시작하였습니다. 수많은 인디언이 몰살당하였고, 무참한 학살극이 수없이 반복된 후 1890년 12월말 South Dacoda 주의 운디드니에서의 마지막 학살을 끝으로 인디언 사냥은 막을 내렸습니다.

이렇게 해서 1492년 '신대륙의 발견' 이후 인디언의 사회와 문화가 파괴되기 시작한지 400년 만에 인디언의 역사는 끝이 났습니다. 원래 주인이던 인디언들은 백인들에게 땅과 먹을거리를 빼앗겼고, 백인들의 요구를 듣지 않는다고 죽어가야 했습니다. 조상의 뼈가 묻혀있고, 삶의 터전이었던 정든 고향을 떠나야 했습니다. 백인의 자유는 무한대로 뻗어나는 반면 인디언의 자유는 종말을 고하였습니다. 미국이 아무리 발전하고 잘 살게 되더라도 멸망한 인디언에게는 아무 의미가 없게 되었습니다. 결국 그들은 인디언을 멸족시킴으로써 대륙의 새로운 주인으로 자리매김했습니다.

미국의 총기문화(개인의 총기소지 허가)나, 발달한 총 제조 기술의 이면에는 인디언을 효과적으로 많이 죽이기 위한 파괴력 좋은 장총을 개발하던 이력에서 생긴 것입니다. 그 총은 나중엔 노예(아프리카 흑인)들을 관리하기 위해서 사용되었습니다. 흑인들 노예 역시 돈벌이를 하기 위해 사고 팔고 죽였던 것입니다.

"미화 20불의 주인공인 제 7대 대통령 앤드류 잭슨은 1814년 부대를 이끌고 1천여 명의 원주민을 붙잡아 남녀노소를 불문하고 사지를 절단해 죽였으며, 일부는 배를 갈라 내장을 꺼낸 후 시신을 말려 말안장으로 사용하기도 했다. 1830년 미 의회를 통과한 인디언 강제 이주법을 토대로 백인들의 개발 사업에 방해가 되거나 백인들의 주거지 주변에 사는 원주민들에 대한 본격적인 강제 이주 정책을 실시했고 이 과정에서 수십만 명의 원주민들이 학살당하거나 기아와 추위로 사망했다."

수많은 인디언들을 죽인 자들은 루시퍼를 섬기는 사탄주의자들입니다. 그들은 눈앞에 있는 땅을 빼앗고, 자원을 약탈하기 위해 그 땅의 주인들을 죽이고 돈벌이를 해서 제국을 건설했던 것입니다. 이들의 정체가 바로 오늘날 전 세계를 전쟁을 통해 인종청소를 하여 파멸로 몰아가고 있는 루시퍼 사탄 숭배자들입니다. 그들은 붉은 십자가를 앞세우고 수많은 사람들을 도륙했습니다.

미국상원 인디언학살 공식사과 추진 결의안

아메리칸 인디언들에 대한 학살 등에 대해 미국을 대표해 의회가 공식 사과하자는 결의안이 미국 상원에서 추진되고 있어 귀추가 주목되었습니다. 미국은 아직까지 최소 6천 만명에서 최고 1억명으로 추산되는 인디언 원주민 학살에 대해 공식적으로 사과한 적이 없습니다.

브라운백 의원, "화해 이전에 학살 등에 인정과 참회부터"

2005년 5월25일(현지시간) 로이터 통신에 따르면, 샘 브라운백(공화.캔자스) 상원의원은 이날 상원 인디언문제위원회에서 "(인디언들과의) 화해 이전에 인정과 참회가 있어야 한다"면서 "그것이 화해를 위한 출발점"이라고 역설했습니다.

브라운백 의원은 지난해에도 의회에 비슷한 결의안을 상정했지만 상원 전체회의 심의가 이뤄지지 못했으나 이번에는 전보다 더 큰 호응을 얻고 있는 것으로 알려졌습니다. 이번 결의안은 미국이 "몰살, 낙태, 강제 이주, 전통종교 불법화, 성지 파괴 들을 자행한 협정 위반 및 잘못된 연방 정책 등을 인정하고, 모든 아메리칸 인디언들에게 미국민들이 저지른 폭력, 학대, 방치 등에 대해 미국민을 대표해 사과한다"는 내용을 담고 있습니다.

　이 결의안은 특히 지난 1864년 2백 명의 인디언들을 살해한 콜로라도 샌드 크리크 사건, 1890년 3백50여명을 학살한 '운디드 니'(Wounded Knee) 사건 등 대표적인 살육행위에 대해 사과할 것을 지적했습니다.

　그러나 이날 상원 인디언 문제위원회의 청문회에 증인으로 출석한 인디언 지도자들은 인디언 사회가 현재 직면한 빈곤, 열악한 보건환경, 알코올 및 약물남용, 실업 등 많은 문제를 해결하기 위해서는 사과보다 훨씬 포괄적인 조치가 필요하다고 지적했습니다. 아메리칸 인디언 전미회의(NCAI)의 텍스 홀 의장 등 이들 지도자는 이어 "부시 대통령은 건강과 복지에 긴요한 지원프로그램들에 대해 예산을 대폭 삭감하는 방안을 제안했다"면서 "인디언 주민 대부분이 처한 열악한 상황을 외면한 채 사과나 하겠다는 것은 진정성이 보이지 않는다"고 비난했습니다.

　프리메이슨 사탄 주의자들에게 희생당한 사람들은 히틀러 2000만 명, 스탈린 6500만 명, 모택동 7000만 명, 캄보디아 폴 포트 220만 명, 1991년 걸프전쟁 50만명 2003년 이라크 전쟁 100만 명입니다. 이렇게 대량 살상을 일삼는 이들이 모두가 프리메이슨 비밀결사에 속한 공산주의자들입니다. 부시 대통령은 911 테러이후 대량생산 무기를 빌미로 이라크를 침공하여 5년의 전쟁을 했습니다. 그러나 대량살상무기는 없었고 이라크 석유는 모두 다국적 미국의 기업으로 넘어가고 석유값은 30달러에서 100달러로 뛰었습니다.

　부시는 이라크 전쟁을 통해 비밀 결사들의 군산복합체에 쌓여 있는 재고 무기들을 모두 팔아주어서 군산복합체의 배를 채워주었습니다. 앞으로도 그들은 정기적으로 전쟁을 일으키기 위해 핵개발 갈등, 영토분쟁, 종교분쟁, 환율전쟁 등을 기획하고, 조정하고 있습니다. 이란과 이라크에 무기를 팔아 전쟁을 하게하고 중동의 석유를 가로채는 악랄한 수탈을 앞으로도 계속할 것입니다.

5) 양의 탈을 쓴 퓨리탄 청교도의 나라

1607년 104명의 유럽인들이 아메리카 땅을 밟았습니다. 그러나 이들은 신대륙에 이주해 온 최초의 유럽인들이 아니었습니다. 1492년 콜럼버스의 신대륙발견 이후에 영국에서는 귀양지로 수많은 사람들을 신대륙으로 강제 이송을 했습니다. 그러나 그들은 미국 건국사에 전혀 기억되지 않습니다. 왜냐하면 부랑아, 범죄자, 처치 곤란의 빈민들이기 때문입니다. 대신 미국 건국의 선조 자리는 13년 후 메이플라워호를 타고 도착한 청교도 순례자 '필그림 파더스' (Pilgrim Fathers)가 차지합니다. 종교적 박해를 피해 신대륙에 온 청교도들이야말로 자유, 신앙, 개척이라는 미국 건국 이념과 부합하는 캐릭터들이었습니다.

1620년 9월16일 메이플라워호는 네덜란드에 살던 35명의 청교도 등 102명을 태운 채 영국 플리머스 항구를 떠났습니다. 청교도들의 신대륙행에는 경제적 이유가 컸습니다. 당시 네덜란드는 종교활동이 자유로웠기 때문에 네덜란드 말이 서툴러 생계가 곤란하던 청교도들이 신대륙을 개척한다는 노동자 모집 소식을 듣고 메이플라워호에 몸을 실은 것입니다. 66일 간의 항해 끝에 1620년 12월21일에 신대륙에 도착했지만 혹독한 추위와 괴혈병으로 절반이 죽었습니다. 그만큼 그들의 신대륙은 가난하고 준비가 되지 않았던 것입니다. 오히려 기아에서 그들을 구해준 사람들은 아메리카 인디언들이었습니다. 인디언들은 옥수수 재배법을 가르쳐주고 평화 협정도 체결했습니다. 그러나 평화는 오래가지 않았습니다. 백인들의 개척사가 원주민 잔혹사가 되는 순간이 되었습니다.

메이플라워 배의 원래 모습에 대해서는 자세한 기록이 남아 있지 않으나 해양고고학자들은 무게 약 180t 정도에 길이 27m인 횡범선 (橫帆船)이었던 것으로 보고 있습니다. 필그림 가운데 일부는 '스피드웰호'를 타고 네덜란드에서 왔습니다. 이 배는 '메이플라워호' 보다는 작은 배로, 메이플라워호가 8월 15일 잉글랜드의 사우샘프턴에서 첫 출항을 했을 때 같이 출발했습니다. 그러나 스피드웰호가 항해를 견디어내지 못하고 2번씩이나 항구로 돌아가야 했기 때문에 결국 1개월 뒤 메이플라워호가 스피드웰호의 승객과 물자 일부를 신고 단독으로 항해에 오르게 되었습니다. 이 배에 승선한 사람들 가운데 유명한 인물로 윌리엄 브래퍼드와 마일스 스탠디시 선장이 있었습니다.

'런던의 모험가들'이라는 영국 상인들에게서 전세로 빌린 메이플라워호는 거센 바다와 폭풍으로 인해 먼저 식민지 정부를 세운 프리메이슨 비밀정부에게 정착허가를 받은 버지니아 지역에 도착하지 못했습니다. 대신 66일간의 항해 끝에 11월 21일 현재 매사추세츠의 프로빈스타운이 된 케이프코드에 일단 상륙했다가 성탄절 다음 날 102명의 정착민들을 플리머스 지역 근처에 내려놓았습니다. 이 배는 이듬해 4월까지 항구에 계속 정박해 있다가 영국을 향해 떠났습니다. 영국은 1957년에 이 역사적인 메이플라워호의 항해를 기념해 메이플라워호의 복제품을 만들었으며, 이 배는 53일간의 항해 끝에 매사추세츠에 도착했습니다.

102명의 정착민 중에서 35명이 영국에서의 박해를 피하기 위해 일찍이 네덜란드의 레이덴으로 피신했던 영국 분리주의 교회 구성원(청교도 급진파)이었습니다. 종교의 자유와 더불어 보다 풍요로운 삶을 찾고자 했던 이들 분리주의자들은 아메리카로의 '순례'(pilgrimage)에 드는 비용을 충당하기 위해 런던의 한 주식회사와 협상을 했습니다. 메이플라워에 승선해 아메리카까지 '순례'의 길을 떠난 사람 중에서 2/3가량은 이 회사의 이익을 보호하기 위해 고용된 노동자들과 존 올든과 마일스 스탠디시 등과 같은 사람들이었습니다. 이 최초의 정착민들은 처음에는 '올드 카머스'(old-commerce)(옛상인)로 불렸다가 나중에는 '포어 파더스'(fore-fathers) "선구자"로 불렸으며 '필그림 파더스'(pilgrim-fathers)[巡禮始祖]로 알려지게 된 것은 이들이 도착한 지 2세기 이후의 일이었습니다.

이것은 '순례자'로서 네덜란드를 떠났던 '성인들'에 대해 언급한 영국의 신대륙 개척 회사의 총책임자인 윌리엄 브래드 퍼드의 원고가 발견됨으로써 이러한 사실이 입증된 것입니다. 1820년에 행해진 200주년 신대륙 개척 기념식에서 웅변가 다니엘 웹스터가 필그림 파더스(pilgrim-fathers)란 용어를 처음 사용했고, 그 후에 이 용어가 널리 쓰여지게 되면서 뒤늦게 미국이 청교도들이 세운 국가라는 이름으로 이름표를 바꾼것입니다. 이는 프리메이슨들이 자신들의 정체를 숨기고 인디언 학살과 식민지 개척과정에서 일어난 만행을 포장하기 위한 수단이었습니다.

미국이란 나라는 처음부터 청교도 국가로 세운 나라가 아닙니다. 유럽대륙에서 성공한 프리메이슨들이 신세계질서를 위해 계획적으로 세운 나라이며, 그들의 새로운 사업을 위한 개척지에 불과했습니다. 왜냐하면 이미 유럽에서는 국가의 재정보다 프리메이슨들이 운영하는 기업의 재정이 더 많아졌기 때문입니다. 특히 은행업, 고리대금업, 전당포, 통상무역, 물물교환 등으로 돈을 번 프리메이슨 회사들이 많아졌습니다.

유럽왕들은 프리메이슨 회사와 계약을 맺고 식민지 개척을 허락했으며, 새로운 식민지가 개척이 되면 개척자들에게 총독이라는 직함을 주어 일정한 세금을 왕에게 바치도록 한 것입니다. 콜럼버스가 총독이 되어 거부가 된 것도 이런 이유입니다. 프리메이슨들은 신대륙 뿐 아니라 중국, 인도, 일본을 침략할 때도 똑같은 전략을 사용했습니다. 일본이 우리나라를 침공한 방법도 같은 방법이었습니다. 당시 최고의 강력한 국가인 스페인, 포루투갈, 대영제국, 미국의 국기를 배에 달고 마치 초강대국의 군대인 것처럼 속여 문호를 개방하게 하고, 그 나라의 사업권을 따내고, 속한 제국의 총독으로서 지위를 확보하고 자국나라의 왕에게는 세금을 내고, 양국의 쌍방 무역을 주관하여 부를 독점하는 수탈 방법이 프리메이슨들이 이용하는 전략입니다. 때로는 쌍방의 나라를 전쟁으로 몰아 자신들이 준비한 무기를 쌍방의 나라에 팔아 부를 독점하는 방법도 이들의 전략입니다. 왕들은 자신의 영토가 확장되고, 세금이 늘어서 좋고, 프리메이슨들은 왕의 권력을 이용하여 사업을 확장시킬 수 있어서 쌍방이 좋았던 것입니다.

미국의 건국의 역사를 청교도 국가로 만들기 위해 뒤늦게 청교도 역사를 쓰게 되었습니다. 1620년 12월 21일 영국에서 신대륙으로 건너간 '메이플라워호'의 승선자들 가운데 41명의 남성들이 매사추세츠의 플리머스에 상륙하기에 앞서 조인한 문서를 메이플라워 서약이라고 합니다. 이 서약은 일부 승선자들이 일행에서 이탈해 자기들 뜻대로 정착하려 할지도 모른다는 우려에서 이루어졌습니다. 메이플라워 서약에 따라 서명자들은 정부를 구성하기 위한 하나의 정치 통일체로 결속되었으며, 뒤에 어떠한 법률과 규정이 제정되든지 이를 모두 따르기로 약속했습니다. 이것은 헌정문서는 아니었으며, 다만 통상적인 교회의 신앙서약(covenant)을 세속적인 상황에 적용한 것으로 뒤에 플리머스 식민지 정부의 토대가 되었습니다.

이상은 현재까지 우리가 역사적으로 알고 있는 미국의 모습입니다. 우리가 알고 배운 역사책에 기록된 청교도 나라 미국이란 내용은 1820년 이후부터 프리메이슨들이 회칠한 역사를 배웠던 것입니다.

그러나 이것은 엄청난 사기극이었습니다. 이리가 양의 탈을 쓰고 사냥을 시작하는 출발이 되고 말았습니다. 이미 300년 전부터 신대륙에 와서 자리를 잡고 있었던 사탄 숭배 프리메이슨들의 정체는 건국의 역사 뒤편으로 감춰 버렸던 것입니다.

죠지 워싱톤 대통령부터 성경에 손을 얹고 기도하는 전통을 소개하여 전 세계인들에게 미국이 청교도 국가라는 이미지를 각인 시켰습니다. 지금까지 죠지 워싱톤이 손을 얹고 기도했던 성경이 우리가 가진 예수님의 성경이 아닌, 루시퍼가 하나님으로 기록된 토마스 제퍼슨 성경이었던 것입니다. 청교도 후예라고 자랑했던 부시혈통이 사탄숭배 혈통으로 드러났습니다. 미국은 청교도 나라로 출발한 후, 1차 세계 대전과 2차 세계 대전을 치루면서 세계 제일의 강국이 되었습니다. 그리고 지금까지 세계선교를 앞장서서 이끌어 왔습니다. 그러나 1960년 케네디 대통령 때부터 천주교와 함께 배도를 시작했습니다. 그리고 2001년 911사태부터 기독교에 대한 선전포고를 하고 엄청난 속도로 양의 가면을 벗고 있는 것입니다.

2006년 미국의 경제위기는 미국의 중산층을 이루고 있는 개신교를 파괴시키는 고도의 전술전략이었습니다. 2006년 리먼~브러더스 사건을 통해 미국에서 중산층을 이루고 있는 복음주의 개신교인 진짜 청교도들을 빈민으로 전락시켜 버리고 말았습니다.

현재 미국은 3억3천의 인구를 가지고 있습니다. 이중 1%인 330만명이 프리메이슨 일루미나티에 속한 유태인들입니다. 이들이 미국의 경제적인 재산과 정치적인 권력을 99% 장악하고 있습니다. 이제 미국은 건국한지 237년 만에 그들이 꿈꾸던 대로 완전히 그들의 손에 들어가고 말았습니다. 이들이 미국의 연방정부를 장악하고 있습니다. 외교관계협의회 CFR, CIA, FBI, 국방성, 국무부, NASA, UN, 모든 은행, 구글, 페이스북, 마이크로 소프트, 모든 신문사, 모든 방송사, 모든 에너지 회사, 모든 식량회사, 모든 자동차, 모든 전자컴퓨터 회사가 그들의 소유가 되었습니다.

6) 미국의 1776년 독립 선언 배경
(The Declaration of Independence)

스페인은 1565년 플로리다에 식민지를 개척했습니다, 영국은 신대륙발견(1492) 직후인 15세기 말에 동해안에 탐험대를 파견하여 식민지 건설의 발판을 찾기 시작하여 엘리자베스 왕조 시대 1607년 버지니아에 식민지를 개척했습니다. 1606년에 영국 국왕의 칙허장(勅許狀)에 의하여 건설된 런던회사(후에 버지니아회사)가 1607년에 제임스강(江) 연안에 일단(一團)의 식민지를 정착시킴으로써 이곳이 제임스타운으로 명명되었던 것입니다.

버지니아 식민지를 건설한 사람들은 영국 성공회를 신봉하였으며 1619년 제임스타운에 아메리카대륙 최초의 의회를 만들어 자치(自治)를 시작하였고, 이와 동시에 미국 최초의 흑인매매도 행하여졌습니다. 즉 대의제 의회의 탄생이라는 민주주의적인 것의 시초와 흑인 노예라는 비민주주의적인 것의 시초가 병행하여 동시에 이루어진 셈입니다. 이 대의제 의회와 흑인노예 제도는 그 후에 건설된 각 식민지에서도 똑같이 채택되었으며, 식민지 거주인이 본국인과 똑같은 권리를 가지고 자치를 행할 수 있었다는 점에서 국왕의 직접통치 하에 있었던 스페인과 프랑스 등의 식민지와는 커다란 차이가 있었습니다.

 이어 네델란드 회사도 1620년에는 영국의 종교박해를 피하여 네덜란드에 가 있던 청교도 일파를 신앙의 자유를 찾아 메이플라워호(號)에 태워 지금의 매사추세츠주(州)에 상륙시켜 플리머스 식민지를 만들게 했습니다. 이때부터 1733년까지 영국은 북아메리카의 대서양 연안에 13개의 식민지를 만들었습니다. 이들 식민지는 각각 그 식민의 동기(動機), 종교, 시기 등을 달리하고 있어 결코 단일체라 할 수 없었습니다. 이들은 17세기부터 18세기에 걸쳐 발전한 프랑스 식민지와 거기에 인디언까지 끼여든 3파의 항전을 계속하다가 결국 영국의 승리로 끝나 그 결과에 식민지 사이의 연결이 가능하게 되었고, 나아가서는 미국이 영국 본국으로부터의 독립을 가능하게 하는 하나의 요인이 되기도 하였습니다.

 1770년 3월 5일 보스턴 시의 부두에서 술을 마시던 노동자들과 주둔군 사이에 시비가 붙은 일이 유혈 사태로 확대된 사건이 벌어집니다. 이 사건으로 5명이 숨졌습니다. 인쇄물에 고액세금을 매긴 인지법, 설탕·커피·포도주를 포함한 대부분의 수입품에 관세를 부과하기로 결정한 설탕법 등으로 인해 식민지 사람들과 영국간의 대립이 발생한 배경입니다.

 결국 사무엘 애덤스를 비롯한 독립혁명론자들의 주장에 무게를 실어주어, 보스턴에 주둔하던 영국군인들은 철수해야 했습니다. 이러한 미국과 영국간의 갈등은 보스턴 시민들이 인디언으로 위장, 홍차상자를 바다에 던져버리는 보스턴 차 사건을 계기로 폭발, 영국의 북아메리카 식민지 중에서 동부 해안 13개주가 영국의 조세정책 등에 반발하여 식민지 독립을 위해 전쟁을 일으켰습니다.

 프랑스, 스페인, 네델란드가 아메리카 식민지 독립전쟁을 지지하였고, 특히 프랑스는 해군과 육군을 파병하여 직접 군사 지원을 하기도 했습니다. 그러나 프랑스는 이 전쟁을 위해 너무 많은 돈을 써서 심각한 재정위기를 겪게 되고, 결국 프랑스 혁명의 원인이 되기도 했습니다. 미국은 영국군에서 복무한 경험이 있는 조지 워싱턴을 대통령으로 추대하였습니다.

1774년 제1차 대륙회의의 폐회 연설에서 패트릭 헨리는 "자유가 아니면 죽음을 달라"는 유명한 말을 했습니다. 이를 계기로 민병대를 조직하여 훈련시키고 군수물자를 비축하기 시작했습니다.

1775년 제2차 대륙 회의에서 벤자민 프랭클린, 존 애덤스, 로저 셔먼, 로버트 리빙스턴, 토머스 제퍼슨의 다섯 사람이 미국 독립선언서의 기초 작업을 수행했습니다. 그리고 대륙군을 창설하고, 조지 워싱턴 장군을 대륙군 총사령관으로 임명하면서, 각 주에 군사와 물자지원을 요청하였습니다. 제2차 대륙회의는 1775년 5월 부터 사실상 미국의 연방의회의 역할을 하였으며 이 1775년 제2차 대륙회의부터 미국 독립전쟁이 시작되었습니다.

1775년 4월 19일 보스턴 근교의 렉싱턴, 콩코드에서 매사추세츠 식민지의 민병대와 영국 정규군과의 무력 충돌 이후 식민지와 본국과의 관계는 화해할 수 없는 국면에 들어갔습니다. 이에 1776년 6월 7일 버지니아 식민지의 대표인 리차드 헨리 리(Richard Henry Lee, 1732~1794)는 대륙회의에서 독립을 선언할 것을 동의했습니다. 이에 따라 6월 10일 독립 선언을 준비할 5인 위원회가 조직되고, 위원회는 위원의 한 사람인 토머스 제퍼슨(Thomas Jefferson, 1743~1826)에게 선언서의 기초를 위임했습니다. 6월 28일 위원회는 제퍼슨의 초안을 심의, 확정했습니다. 7월 2일 대륙 회의는 독립 선언을 결의하고 1776년 7월 4일 독립 선언서를 채택하고 영국으로부터 영원한 독립을 선언했습니다. 미국 독립선언서에 서명한 56명중에 54명이 프리메이슨이었습니다.

"모든 인간은 평등하게 태어났다"는 독립선언서의 문구는 유럽에서 국왕과 귀족이라는 특권계급에 대한 복종이 지배적이었던 시절에 분명히 혁명적인 선언이었습니다. 근대 인권선언의 기원을 영국의 마그나 카르타나 권리청원 또는 권리장전이 아닌 미국의 독립선언이나 프랑스 인권선언에서 찾는 이유이기도 합니다. 앞의 문서들에서는 특권 신분의 이익을 국왕이 승인한 것에 지나지 않았다면, 뒤의 문서들은 "모든 사람"의 보편적 인권을 선언하고 있는 것입니다. 권리의 원천을 국왕의 하사품이 아닌 자연법으로, 실정법의 정당성을 자연권이라는 추상적인 보편적 원리에 부합하느냐에 따라 이해하려 한 것입니다.

미국의 독립선언서는 13년 이후에 선포된 프랑스 혁명선언문과 같습니다. 프리메이슨 비밀결사는 중세 권력의 심장부인 천주교 교황으로부터 권력을 빼앗았고, 그 후 절대 왕들에게 돌아간 권력을 빼앗았으며. 마지막으로 시민에게 권력을 돌려준 것 처럼 위장한 후 지구촌에 그들만이 지배하는 인간 목장을 만들기 위해 자유민주국가인 미국을 세운 것입니다.

이를 위해서 프리메이슨 비밀 결사는 수 백년 전부터 루터의 종교개혁을 돕고, 피렌체를 중심으로 일어난 인문주의 르네상스 운동을 주도하면서 종교관에 묶여 있었던 사람들을 그들이 전략적으로 키운 미켈란젤로, 네오나르도 다빈치, 갈릴레오와 코페르니쿠스를 통해 이성과 과학의 세계로 끌고 나왔습니다.

예수회를 통해서 계몽주의 운동 즉 일루미나티 운동을 시작했습니다. 토마스 홉즈, 볼테르, 루소, 프란시스 베이컨, 몽테스키외, 데카르트와 같은 계몽주의 사상가들을 통해서 시민들로 하여금 절대왕정에 저항해서 절대군주와 제국주의 권력을 무너지게 했던 것입니다.

미국의 건국 이념이 담긴 독립선언서는 사람들이 생각하는 지상의 유토피아 즉 개인의 자유가 꽃피고 사람이 인간답게 살아갈 수 있는 최고의 나라인 것처럼 포장을 했습니다. 그러나 무서운 것은 미국의 독립선언문에 언급된 인간답게 사는 인권이야 말로 중세 교황에 의해 집중된 권력을 종교개혁을 통해 빼앗아 왕들에게 분배하고, 왕들에게 분배된 절대권력을 계몽주의 시민혁명으로 빼앗아 개인에게 나눠주고, 개인에게 돌아간 엄청난 권력은 자유민주주의라는 단어만 있을 뿐 개인의 권력은 바닷가 모래와 같이 속절없이 파도에 휩쓸릴 수 밖에 없는 나약한 존재가 되어 버리고 말았습니다. 이것이 이들이 노렸던 자유민주국가 미국건국의 목적입니다.

이제 드디어 아담스미스의 국부론을 통해 1%의 부유한 국가와 재벌들을 만들고, 나머지 99% 시민들은 가난뱅이로 만들어서 먹을 것만 주고, 편하게 살 수 있게 만 해주면 누가 권력을 잡아도 상관없다는 허무주의에 빠지게 하는데 성공을 했습니다.

세계의 모든 부와 권력을 장악한 사탄의 세력들은 인간을 우민화 시키고, 자신들이 마음대로 조정할 수 있는 가축인간으로 개조시키고 있습니다.

이것이 트랜스 휴머니즘(Transhumanism)입니다. 즉 인간 개조 운동입니다. 이것이 에덴 동산에서 하나님을 거역하게 만든 목적이었습니다. 지구촌의 인간목장화는 하나님의 구원계획을 파괴시키고 사탄에게는 승리를 안겨 주는 최후의 목적이기도 합니다.

미국을 통해 전 세계를 장악한 프리메이슨 일루미나티 세력들은 이미 장악한 전 세계 정치, 경제, 과학, 스포츠, 영화, 종교, 예술, 고고학, 천문학, 역사학 등을 통해서 그들이 꿈꾸는 루시퍼 종교의 유토피아인 신세계질서(New World Order)를 완성해 가고 있습니다.

미국의 독립혁명은 17세기 이래 신대륙에서 영국과 경쟁하고 있던 프랑스의 독립이 더해져 마침내 미국은 영국으로부터 독립을 할 수 있었습니다. 1776년에 독립을 선언하였고, 1783년에는 파리조약에 의하여 독립이 승인되었으며, 또 프랑스령(領)이었던 미시시피 강(江) 동쪽의 영토를 공식적으로 획득하였습니다. 1781년에 최초의 헌법으로서 연합규약(聯合規約)이 만들어져 13주는 하나의 연방국가가 되었으나, 중앙정부의 권한이 너무도 약했기 때문에 사회불안을 억제할 수가 없었습니다. 또 외국에서도 미국을 독립국으로 취급하지 않았기 때문에 보다 완전한 연방을 만들기 위하여 1787년 필라델피아에서 헌법회의를 열고 연방헌법을 제정하였습니다.

1789년 4월 30일 뉴욕, 미국 임시정부의 청사 페더럴 홀에서 세계 역사상 중대한 의식이 거행되었습니다. 미국의 초대 대통령 당선자 조지 워싱턴이 오른손을 성경 위에 올려놓았습니다. 뉴욕 재판소장 로버트 리빙스턴이 물었습니다. "당신은 미국의 대통령직을 성실하게 수행하고 미국의 헌법과 국민의 권리를 수호할 것을 맹세합니까?" 워싱턴은 대답했습니다. "예, 엄숙히 맹세합니다."

워싱턴 대통령의 취임은 세계 역사상 각별한 의미가 있습니다. 세계사에서 최초로 국민이 직접 뽑은 대표가 국가 원수가 된 사건이었습니다. 고대 그리스의 아테네와 인도의 바이샬리에서 민주적 공화정이 실시된 적이 있었지만, 규모가 작은 도시국가에 한한 것이었습니다. 죠지 워싱톤의 취임식이야말로 대통령 중심제로 대표되는 현대 정치의 진정한 출발이었습니다.

미국 국회의사당 천정 벽화그림에 죠지 워싱톤이 13천사들에 의해서 승천하는 그림이 그려져 있습니다. 죠지 워싱톤은 프리메이슨 신으로 살다가 신으로 죽었습니다. 그는 프리메이슨 그랜드 마스터로 비밀 결사회 최고의 자리를 지키다가 죽었습니다.

7) 남북 전쟁의 진실 (1861-1865)

미국의 제 16대 대통령 에이브라함 링컨, 그는 미국 뿐 아니라 전 세계적으로 미국에서 노예해방을 이룬 대통령으로 알려져 있으며 성자처럼 추앙을 받고 있습니다. 60만 명 이상의 전사자를 낸 남북전쟁은 노예해방을 목적으로 남과 북이 벌인 전쟁인 것 처럼 알려져 있으며, 그 때문에 미국이 전쟁까지 치러가며 노예해방에 적극적일 정도로 인권국가인 것처럼 인식되는데 한 몫을 하고 있습니다.

그러나 정작 링컨은 "나는 단 한번도 노예해방에 찬성한 적이 없다" 라고 말했다는 것을 아는 사람은 드문것 같습니다. 그러면 왜 링컨은 노예해방을 주장했으며 남북전쟁에 숨겨진 진실은 무엇인지, 그리고 남북전쟁이 왜 후대에는 노예해방전쟁으로 묘사 됐는지 알아보기로 합니다.

미국 남북전쟁에 대한 진실에 대해서는 일요일 오전에 방영되는 MBC 방송 프로그램에서 방영된 적이 있습니다. 대부분의 사람들이 남북전쟁을 노예해방전쟁으로 알고 있는 것과 달리 남부와 북부의 경제권 주도권 싸움으로 인한 지역갈등에서 촉발되었습니다.

미국의 북부는 공업이 발달한 반면, 농업위주의 남부는 목화재배가 주 수입원이었습니다. 공업 생산품을 제조하여 경제를 유지하던 북부와 달리 목화농업으로 생산한 목화를 유럽에 수출하던 남부에서는 원가절감을 위해 목화재배에 흑인노예들의 노동력이 필요했습니다.
　그 당시에 미국의 공화당에서는 미국경제를 활성화 시킨다는 명분으로 유럽에서 들어오는 모든 공업생산품에 높은 관세를 매기기로 했습니다. 이는 북부에 있는 공업지역에 대한 배려였습니다. 당시 미국에서는 영국에서 들어오는 값싼 공산품들 때문에 자국의 공업이 경쟁력에서 밀리고 있었기 때문입니다. 그러나, 농업위주의 남부에선 유럽제품에 고관세 매기는걸 반대했습니다. 남부의 노예노동으로 생산된 목화는 이미 영국과 유럽의 값싼 공산품에 비교우위를 점할 정도로 경쟁력이 있었기 때문입니다.
　공업이 전무했던 남부이기에 유럽의 공산품과 경쟁 할 일도 없었으며, 값싼 남부의 목화와 값싼 유럽의 공산품으로 자유무역을 하는 것이 더 유리한 상황이었습니다.
　그런데 유럽 공산품 수입품에 관세를 매긴다면 유럽에서도 그에 대한 보복으로 남부의 목화에 대해 보복관세를 매길 것이고, 이렇게 되면 유럽으로의 목화수출에 타격을 받을 것이란 예상을 했던 것입니다. 이에 대해 수입관세를 매기는 것에 반대하던 남부의 7개 주는 연방정부로부터의 독립을 선언하고 탈퇴하여 남부연합동맹을 조직하였습니다.
　여기에서 알 수 있듯이 미국의 남북의 갈등은 노예제도의 찬반문제가 아닌 경제적 이해관계에 의한 지역갈등에서 시작 된 것이었습니다. 결국 보호무역을 위한 관세에 반대하던 남부의 7개주는 연방을 탈퇴하고 남부동맹을 결성했습니다. 그 무렵에 대통령에 당선된 에이브라함 링컨은 남부의 연방탈퇴를 하나의 연방정부를 추구하는 미연방의 반란행위로 규정지었습니다. 그러나 전쟁보다는 연방정부의 보존을 원했기에 전쟁이나 노예해방을 주장하지는 않았던 것입니다.
　결국, 미 연방정부를 탈퇴한 남부동맹이 북부의 섬터요새를 공격하면서 미국의 남북전쟁이 시작 되었습니다. 노예해방의 찬성과 반대를 놓고 벌인 전쟁이 아니라, 연방정부의 분열에 반대하는 북부와 연방정부로부터의 독립을 원하는 남부의 전쟁이었던 것입니다. 남부 연합이 미 연방에서 독립하려던 것은 위에서 기술한대로 경제적인 문제로 인한 북부와의 입장 차이를 좁힐 수 없었기 때문이었습니다.

링컨 대통령도 "남북전쟁의 목적은 연방정부의 보존이지 노예제도의 폐지나 존속이 아니다" 라는 말을 트리뷴지 편집장에게 보낸 편지에서 거론한 적이 있었습니다.

반면, 노예해방에 반대한 것처럼 알려진 남부의 입장은 어떠했을까요? 남부동맹의 대통령인 제퍼슨 네이비스는 미시시피안 신문에 다음과 같은 사설을 실었습니다.

"노예제도가 남부의 독립에 방해가 된다면 폐지해야 한다." 노예제도를 존속하려 전쟁을 한 것처럼 알려진 남부의 주장이 이러했습니다. 노예제도에 대한 남부와 북부의 이러한 주장들을 근거로 보아도 남북전쟁의 목적이 노예제도의 찬성과 반대가 아니라 연방정부의 보존과 독립으로 인한 대립에서 시작 된 것임을 알 수 있습니다.

그러면 남북전쟁이 노예해방 전쟁으로 불리게 된 이유는 무엇일까요?

이는 전쟁중에 북부에서 선포한 노예해방령 때문이었습니다. 그런데 이때 선포한 노예해방령이 인권차원에서의 노예해방이 아닌 적을 궤멸시킬 목적으로 한 것이었다는 점에서 오늘날 흔히 알려진 노예해방과는 전혀 다른 것이었습니다. 남북전쟁 당시 남부의 주 수입원은 흑인노예들이 재배한 목화수출이었으며, 전쟁 중에는 철도건설과 군수품 제조, 등에 동원되었기 때문에, 남부 전투력의 중요한 역할을 했던 것입니다. 이에 북부가 노예해방을 선언함으로써 남부의 후방을 지원하던 흑인노예들을 심리적으로 와해시켰고, 남부군의 전력손실을 가져오게하여 결국 남부군이 패배한 원인 중 하나가 되었습니다.

반대로 북부군은 1863년 게티즈버그 전투에서 흑인 노예 해방령을 내림과 동시에 바로 흑인노예해방 전쟁에 흑인들의 자발적인 동참을 촉구했습니다. 그래서 자발적으로 입대한 168,000명의 흑인의 군대가 조직이 되어 북군이 전쟁을 승리하는데 큰 몫을 담당했습니다.

또 한편으로는 미국의 남북전쟁이 "노예해방을 위한 전쟁"이라는 점을 부각시켜 본래의 목적인 "경제적 이해득실" 대신에 "노예해방을 위한 인도적 목적의 전쟁"이라는 명분을 표면에 내세움으로써 영국, 프랑스, 등 유럽 여러 국가들의 지지를 이끌어 낼 수 있었습니다. 결국 노예해방선언 덕분에 남부의 후방을 지원하던 흑인노예들이 대거 이탈을 했고, 유럽의 여러 국가들도 북부를 지원 하면서 4년간 치른 남북전쟁은 북부의 승리로 끝났습니다.

남북전쟁이 노예해방을 목적으로 한 전쟁은 아니었지만 결과적으로는 노예해방을 이끌어냈습니다. 남북전쟁이 노예해방 전쟁이 아니었다는 점은 마가렛 미첼의 "바람과 함께 사라지다"를 봐도 알 수 있습니다. 남북전쟁을 배경으로 나온 고전명작 바람과 함께 사라지다 는 남북전쟁을 남부인의 관점에서 쓴책이라, 혹자는 이것을 노예제도에 찬성하는 것으로 오해 할 수 있으나, 전혀 그렇지 않습니다. 그 책의 어디에서도 노예해방에 반대해서 북부와 전쟁한다는 말은 없었습니다.

결국, 남북전쟁은 노예해방을 목적으로 한 전쟁이 아니고, 남북전쟁에서 이기기 위한 방법으로 노예해방을 한 것 뿐입니다. 그것이 목적이든, 방법이든 노예해방이라는 결과를 이끌어 냈으니, 역사적으로 큰 의미를 가진다 할 수 있습니다. 그렇다 해도 링컨 대통령이 노예해방을 이룬 위대한 인물이라는 점에는 다소 과장되었다고 할 수 있습니다.

남북전쟁은 노예해방 전쟁이 아니었음에도 불구하고 후에는 노예해방을 위해서 전쟁까지 한 것처럼 미화시켜 버렸습니다. 뿐만 아니라 남북전쟁을 통해서 수많은 인디언들이 학살을 당하였습니다. 남북전쟁의 진짜 목적과 진실을 아는 사람이 많아지긴 했으나, 아직도 교과서와 초등학생용 위인전에는 링컨이 노예해방을 이룬 성자인 것처럼 묘사되고, 대다수는 아직도 남북전쟁이 노예해방을 위한 전쟁인 것처럼 알고 있습니다.

이처럼, 역사에 기록된 사건의 이면에는 알리고 싶지 않은 불편한 진실이 숨어 있는 경우가 있습니다. 남북전쟁에 숨은 진실도 그 중

제4장 세계를 움직이는 프리메이슨
5. 미국의 프리메이슨

하나입니다.
 다음으로 알아야 할 남북전쟁의 가장 깊은 진실이 있습니다. 이것은 왜 보복관세문제로 남북이 전쟁까지 이르게 되었는가에 대한 진실입니다. 그 진실은 미국 연방은행을 정부로부터 빼앗기 위한 프리메이슨들의 작전이었습니다.
 미국의 근대 역사는 중앙은행을 차지하려는 은행가들과 이를 막으려는 애국자 사이의 밀고 밀리는 전쟁과 암살의 역사였습니다. 미국이 독립하기 전에 식민지 정부는 벤자민 플랭크린이 만든 '식민지 유가 증권'이라는 화폐를 만들어 사용했는데, 이 제도는 금본위 제도를 바탕으로 하고 있지 않으며, 경제를 원활하게 하기 위해 정부가 통화량을 조절하고, 빚을 지지 않고 발행할 수 있다는 점에서 상식을 뛰어넘는 획기적인 제도라고 할 수 있었습니다. 금본위 제도에 대해서 말씀 드리면 화폐는 금과 바꿀 수 있는 태환성을 가져야 하고, 중앙은행은 발행한 화폐만큼의 금을 소유하고 있어야 한다는 것으로 은행가들이 정부가 화폐를 발행하지 못하도록 만든 제도였습니다, 그래서 프리메이슨들은 세계 모든 나라들을 침공하여 금모으기를 열중했던 것이었습니다. 그런데 세계은행을 지배하고 있는 국제 은행가들이 금본위제도를 폐지해 버렸습니다. 그 이유는 화폐란 정부와 은행과 사회구성원이 액면 그대로의 가치를 인정하면 효력을 발생하며, 경제활동을 원활히 하는 수단에 불과하기 때문입니다. 금이나 은은 희소성을 가지고 있으므로 화폐가 제기능을 수행하지 못할 때 사용할 수 있는 대용품입니다.
 이러한 진리를 깨닫고 원활히 시행하는 미국을 보면서 유럽의 은행가들은 두려움을 느낄 수 밖에 없었고, 자신들의 사기가 들통 나기 전에 미국을 뒤엎어야겠다고 생각했습니다.
 그래서 은행가들의 조정을 받는 영국 의회는 1764년 식민지의 자체 화폐 사용을 금지하는 화폐법을 통과시켰고, 세금도 금전이나 은전으로만 내게 했습니다. 우리는 보통 영국의 미국에 대한 세금인상이 독립전쟁의 원인이라고 생각하고 있지만, 그보다 더 큰 원인은 영국의 화폐법이 미국을 경기 불황에 빠지게 했고 실업자가 늘어났기 때문입니다.

　독립전쟁이 끝날 무렵 미국의회는 이상하게도 '북미 은행'이라는 민간소유의 중앙은행 창설을 허가합니다. 이는 로스차일드의 하수인 R. 모리스라는 사람이 정치인들을 매수했기 때문이며, 그는 부정한 방법으로 자기 자본을 부풀려 대출하고, 화폐를 과도하게 발행합니다. 민간 소유의 중앙은행의 횡포와 음모를 깨달은 정치인들은 은행 허가권인 차터권을 연장해주지 않으려고 했지만, 은행가들의 끈질긴 로비로 의회는 1791년 20년간의 차터권을 가진 민간 중앙은행인 '미국 제1 은행'을 허가합니다. '미국 제1 은행' 역시 정부가 출자한 돈은 개인 주주들에게 대출해 재투자하는 방식으로 자본금을 부풀려 설립되었으며, 이 때부터 유럽의 금융 황제 로스차일드가 본격적으로 개입합니다.

　20년의 차터 기간이 끝난 1811년 미국내에서는 여론이 은행가들의 횡포를 비판하는 가운데 치뤄진 의회의 투표에서 1표 차이로 차터기간 연장이 부결됩니다. 이를 참을 수 없었던 영국의 나탄 로스차일드는 자기 수중에 있던 영국으로 하여금 1812년 미국을 침략하게 하는데, 2년 만에 전쟁은 미국의 승리로 끝납니다. 1816년 미국의회는 또 다시 민간 중앙은행인 '미국 제2 은행'을 허가하는데, 이전과 같은 수법으로 창립된 이 은행 역시 로스차일드를 비롯한 유럽 은행가들이 소유하게 되고, 경제는 이들의 횡포로 어지러워집니다.

　미국의 7대 대통령에 당선된 앤드로 잭슨은 민간 중앙 은행을 없애기 위해 빚을 지지 않으려고 공무원을 감축하는 등 애를 썼고, 차터권 연장안에 거부권까지 행사하며 막았습니다. 재선된 잭슨 대통령이 미국 제2은행에서 정부 돈을 모두 **빼내** 정부은행에 입금시키자, 은행들은 통화량을 축소해 경제 불황을 일으킴으로써 맞섰습니다. 1834년 의회는 차터 연장안을 부결시키고, 정부가 은행 빚을 모두 갚음으로써, 정부가 공채발행 없이 직접 화폐를 발행할 수 있게 되었습니다. 22일 후 잭슨 대통령은 로렌스라는 청년에게 암살시도를 당하지만 권총이 불발됨으로써 미수에 그쳤습니다.

　이 후로 미국은 77년 동안 정부가 빚을 지지 않고 화폐를 발행할

제4장 세계를 움직이는 프리메이슨
5. 미국의 프리메이슨

수 있어 번영을 구가할 수 있었습니다. 중앙은행을 뺏긴 은행가들이 가만히 있을 리가 없습니다. 이들은 음모를 짜는데 전통적인 그들의 수법인 '침투→선동→분열→혼란→전쟁(혁명)→장악'의 방식을 다시 사용하여 보호관세라는 남북의 첨예한 대립을 이끌어 내어 남북전쟁을 일으켰던 것입니다. (1861~1865)

　남북 전쟁이 발발하자 남군의 토벌 부호들은 은행가들과 은행가들의 조정을 받는 영국과 프랑스의 도움을 받았고, 북군은 이를 저지하기 위해 해안을 봉쇄하고 왕실을 유지하고 있었던 러시아의 도움을 받았습니다. 러시아는 남북전쟁을 지원한 후 재정란에 허덕이다가 망하고 말았습니다. 이는 미국 독립혁명을 프랑스가 지원한 후 루이 14세가 망한 것과 같은 원리입니다. 이것이 비밀 결사의 전략이었습니다. 은행가들은 북군도 전쟁을 하면 당연히 자신들에게 돈을 차용하기 위해 오리라 생각했는데, 링컨 대통령은 한 푼도 꾸지 않고 그린백이라는 지폐를 만들어 사용했습니다. 그린백이란 전쟁시 사용하는 임시화폐로 전쟁이 끝난 후 이자와 함께 돌려주는 일종의 국채와 같은 것이었습니다. 비록 인플레가 일어나긴 했지만, 전쟁과 같은 긴박한 상황에서도 빚을 지지 않는다는 확고한 의지의 표시였습니다. 전쟁에 이긴 링컨은 남부에 배상을 요구하거나 포로를 잡지 않고 생업에 종사하라고 했습니다. 링컨은 1865년 재선에 성공하여 임기를 시작한 지 41일 만에 부스에 의해 암살당했습니다. 살인 청부업자인 부스는 국제 금융 재벌에게 고용되어 살인을 저질렀지만 사건은 은폐되었습니다. 링컨이 암살당한 이유는 남북전쟁에도 링컨이 그린백을 사용하여 연방정부 은행을 굳게 지키고 민영화를 막았기 때문이었습니다. 다행히 차기 대통령이 된 존슨 부통령은 링컨의 정책을 이어 갔고, 남부 주에게 은행 빚을 갚지 말라고 해 로스차일드에게 타격을 주었습니다.

　남북전쟁후 연방은행을 정부은행으로 지켰던 링컨은 암살을 당했습니다. 존 에프 캐네디 대통령도 은행가들에게 다시 빼앗긴 연방은행을 정부은행으로 만들려다가 암살을 당했습니다.

8) 민영화된 미국 연방 준비 이사회 (FRB)의 비밀 (1913년)
경제를 마비시켜 은행을 장악함

남북 전쟁을 일으키고, 링컨을 암살해도 별 효과를 못 거둔 은행가들은 경제를 혼란시켜야겠다고 생각합니다. 이들은 의원들을 매수해 통화수축법을 실시해 그린백을 거둬들입니다. 돈이 귀해지자 사람들은 당시 흔했던 은을 재료로 한 은화를 대용으로 사용합니다. 그러자 '코에니잭'이라는 법을 만들어 은화 만드는 일도 중지시킵니다. 그 결과 통화량 축소로 인한 경기불황이 왔고, 실업자가 늘어나자 임시적으로 은화를 찍을 수 있게 됩니다. 좀 더 강력한 방법이 필요하게 되자, 미국의 대표적 은행가인 J.P. 모건은 특정 은행이 부실하다는 소문을 퍼뜨립니다. 그러자 불안한 마음에 고객들이 한꺼번에 인출을 요구했고 지급준비금이 모자란 은행은 파산하게 되었으며, 이런 현상은 전국적으로 다른 은행에도 퍼졌습니다. 이로 인하여 1907년의 공황이 일어났고, 강력한 중앙은행이 필요하다는 여론을 형성시킨 후에, J.P. 모건이 나타나 2억 달러를 은행에 지원해 위기가 해소되었습니다.

마비된 경제를 다시 살리고 은행을 장악함

J.P. 모건이 병 주고 약 준 셈인데, J.P. 모건은 이 일로 영웅이 되었고, 은행 문제를 해결할 '국가 화폐 위원회'가 조직되었습니다. 은행가들로 구성된 위원회는 새로운 민간 중앙은행인 '연방준비은행'을 만들 것을 모의하고 법안을 만들었습니다. 연방 준비제도 이사회 (FRB)의 의장 그린스펀이 신문에 많이 나와 우리에게도 익숙한 '연방준비은행'의 이사회는 7명으로 구성되는데 14년 임기로, 비록 대통령의 지명과 상원에서 인준을 받지만, 정계를 장악한 은행가들에게는 문제가 되지 않으며, 2년마다 1명씩 교체가 돼 한꺼번에 물갈이 되지 않으므로, 정치권의 영향도 받지 않습니다. 또한 정부가 은행에서 빚진 돈을 확실히 갚을 수 있도록 소득세를 신설해 중앙정부가 직접 거둘 수 있는 법안도 만들었습니다. 우선 은행가들

은 민주당에서 윌슨이라는 꼭두각시 인물을 내세워 그를 대통령으로 만들고 각료들을 자기 사람으로 채웠습니다. 그리고 의원들이 크리스마스 휴가를 간 사이에 1913년 12월 23일 의회에서 '연방 준비은행'과 소득세 관련 법안을 날치기 통과시켰습니다. 헌법개정안은 주 정부 3분의 2 동의를 받아야 하는데 2개 주만 동의했는데도 국무장관은 발효시킵니다. 연방준비은행은 의회의 감사도 받지 않고, 대통령이나 재무장관의 명령도 받지 않는 초 국가적인 단체가 되었습니다. 이후로 미국은 경제 주권을 잃고 은행가들의 채무자 신세가 되어, 모든 사람이 '연방준비제도 이사회' 의장의 눈치만 보게 되었습니다.

또한 연방준비은행이 의도적으로 일으키는 경제공황과, 은행가들이 특정목적을 위해 일으키는 고의적 전쟁에 시달리게 되었습니다. 2012년 미국 정부는 14조5천억 달러의 빚을 졌고 매년 국민이 낸 세금의 거의 전부를 이자를 갚는데 사용하고 있습니다. 연방준비은행의 주요 소유자는 록펠러, 골드만 삭스, 로스차일드 등 금융재벌입니다. 미국 12개 연방준비은행을 지배하는 뉴욕 연방준비은행의 공모주는 현재 두 은행에 의해 독점된 상태입니다. 1997년 에릭 새뮤엘슨이 쓴 보고서에 의하면 체이슨 멘하튼 은행은 뉴욕 연방준비은행의 주식 32.35%를 소유하고 있고, 시티은행은 20.51%를 소유하고 있습니다.

1913년 연방준비이사회 주요 소유자 명단입니다.

1. 록펠러(the Rockefeller's) 가문, 2. JP 모건(JP Morgan), 3. 로스차일드 가문(the Rothschild's), 4. 라자드 프레어스(Lazard Freres), 5. 숄코프(Schoellkopf), 6. 쿤-롭(Kuhn-Loeb), 7. 워벅스(Warburgs), 8. 레만 형제(Lehman Brothers) 9)골드만 삭스(Goldman Sachs)

세계금융을 지배하여 신세계질서 확립

프리메이슨 은행가들은 엄청난 금과 자금을 바탕으로 국제결제은행(BIS, Bank for International Settlement)과 국제통화기금(IMF, International Monetary Fund)과 세계은행(World Bank)을 만들었습니다. 현재 거의 모든 세계 국가들이 회원으로 가입돼 있으며, IMF는 세계 공용 화폐인 SDR(Special Drawing Rights, 특별인출권)을 발행할 수 있습니다. 이 세 기관은 세계의 중앙은행 구실을 하며 각국의 중앙은행과 은행을 관리하고 통화량을 조절합니다. BIS는 자기자본비율을 갑자기 8%로 정했는데, 1998년 이를 지키지 못했던 일본의 은행들이 일제히 대출금을 회수하니 주식과 부동산이 폭락하고 은행과 기업이 파산해 일본은 지금까지 경기침체에서 벗어나지 못하고 있습니다.

남미 국가들이 연방준비은행으로부터 1980~1990년 사이 800억 달러를 빌려 갚은 이자만도 4,180억 달러입니다. 미국 은행이 남미, 아프리카, 아시아 등지에 많은 돈을 빌려 줄 수 있었던 것은 아랍 산유국들이 잉여 달러를 미국 은행에 예금하기 때문입니다. 은행가들은 남미나 동남아시아에 돈을 넉넉히 빌려 주었다가 일제히 회수해 지급 불능상태에 빠지면, IMF가 구세주처럼 나타나 돈을 꿔 주는데 조건을 답니다. 이 과정 중에 조지 소로스 같은 헤지 펀드도 큰 몫을 하는데, 일시에 투자금을 회수해 외환 위기를 일으킵니다.

IMF는 통화량을 축소하고, 공기업을 민영화하고, 구조조정으로 대량 해고하고, 시장을 개방하며, 노동법을 개정(개악)하고, 중앙은행도 민영화하라고 합니다. 이들의 요구를 들어 준 국가는 경제가 더 어려워지고, 부동산과 기업은 헐 값에 은행가들에게 넘어갑니다. 그리고 IMF가 꿔 준 돈도 대부분 빚 갚는데 쓰여지므로 국내 경제에 실질적인 도움은 안됩니다. 만약 은행가들의 요구에 반항하거나 채무 불이행을 선언하면 쿠테타로 정부가 전복되거나 대통령이 암살되게 됩니다.

개발도상국은 처음에 싼 이자로 많은 돈을 빌리지만 '변동 이자 제도' 덕분에 얼마 후에는 높은 이자율이 적용되고, 복리로 이자가 가산돼 악덕 사채업자에게 걸린 것처럼 빚의 함정에 빠져들게 됩니다. 이자율은 스위스 제네바에 있는 국제은행위원회에서 결정됩니다.

아프리카가 가장 심각해 군사독재정부와 반군까지 지원하는 은행가들 때문에 내전으로 많은 국민이 떠돌고 있으며, 병들고, 굶어죽고 있고, 지하자원을 뺏기고 있습니다. 그밖에 남미, 동유럽, 동남아시아가 국제 금융가와 IMF의 피해자 입니다. 은행가들의 목적은 후진국의 모든 권한을 빼앗고, 노예로 만드는데 있습니다. 농토를 다국적 기업에 뺏긴 농민들은 농노가 되거나 도시로 몰려가 공장 노동자가 됩니다. 농업 국가의 자급자족 시스템을 파괴해 다국적 식량 회사의 곡물을 돈 주고 사 먹게 합니다.

세계 제 2위의 식량 수출국이고 풍부한 자원을 가진 브라질은 1억 5천만 인구의 1/3이 빈민 이하의 삶을 살고 있으며, 7백만의 어린이들이 거리에 버려져 구걸과 절도를 하고 있습니다. 국제 금융가들은 총 한방 쏘지 않고, 돈으로 소리 없이 세계를 정복하고 있는 것입니다.

9) 네오콘 사상(neo-conservatism)으로 무장된 나라

네오콘(neocons)이란 단어는 지난 부시 정권 8년을 통틀어 가장 중요한 단어이자, 가장 치명적인 힘을 과시했던 단어입니다.

부시 정권 8년의 기본적인 대외정책은 힘으로 진리를 만들어내고 강요하는 것이나 다름 아니었습니다. 문화적 상대주의를 강하게 거부하고, 협소한 시각으로 만든 레짐을 선과 악으로 구별한 뒤, 일단 악으로 규정된 레짐(regime)은 힘으로 붕괴시키는 것, 그것이 네오콘들이 일관되게 추구한 것이었습니다.

레오 스트라우스(Neo-straus)는 부시 정권의 핵심에서 대외정책을 주도했던 사람들의 사상적 스승으로 알려져 있습니다. 나치 독일에서 칼 슈미트와 함께 히틀러의 정치자문 역할을 하다가 2차 대전 후 미국으로 망명와서 히틀러 사상을 미국에 전수하고 있는 가나안 출신 유대인입니다.

그가 미국으로 망명한 후 시카고 대학에서 정치학을 가르치며 배출한 박사가 100명도 넘습니다. 이들이 미국과 세계 곳곳에서 활동하면서 사탄주의 세계정부를 만들어가고 있습니다. 미국으로 망명한 이름 없는 유대인 정치철학자가 남긴 것은 생각 외로 엄청났고, 그 결과 역시 참혹했습니다. 대중을 말 그대로 우중으로 판단하고, 그런 우중을 바른 길로 이끌어나가야 한다는 생각. 하지만 그 앞에는 어리석은 우중들이 믿을 만한 도덕적 명분을 내세워야 한다는 것이 레오 스트라우스의 신념이자 철학이었습니다.

중요한 것은 절대 어리석은 대중들에게 진실을 말해선 안 된다는 것입니다. 나중에 진실이 밝혀지더라도 일단은 거짓된 선전과 믿음으로 대중을 현혹시켜야 한다는 것입니다.

예를 들면 이런 식입니다. "이라크는 나쁜 레짐이다. 때문에 없애야 하지만, 그냥 없애면 대중들은 거부할 것이다. 그러므로 있든 없든 이라크에 대량살상무기가 있다고 주장한다. 그리고 무력으로 이라크를 붕괴시킨다. 나중에 대량살상무기가 없다고 밝혀지더라도 크게 문제될 것은 없다. 나쁜 레짐을 없애버렸기 때문이다."

이때 이라크에 대량살상무기가 있다는 거짓말은 레오 스트라우스에겐 '고귀한 거짓말'이 되는 것입니다.

레오 스트라우스와 그 제자들을 20여 년 동안 추적해온 캐나다의 샤디아 드러리 교수는 "스트라우스의 진면목은 허무주의적 니체"라고 말했습니다.

"신은 죽었고, 정의의 기반도, 도덕의 기반도 사라졌다. '진리가 없다는 것' 그것이 '냉혹한 진리'다. 그런데 이런 진리를 많은 대중들이 알게 되면 그들은 도덕을 헌신짝처럼 버릴 것이고 그러면 사회는 도덕적 무정부상태에 빠져서 더 이상 유지될 수 없다. 그래서 '진리'는 냉혹함을 견딜 수 있는 소수의 엘리트만이 알아야 한다. 나머지 멍청한 대중들은 엘리트들이 지어낸 정의와 도덕, 신화를 믿으면서 경건하게 살아야 한다. 이것이 '고귀한 거짓말'이다. 플라톤 같은 고대의 현인들은 이를 잘 알고 진리를 숨겨놓았지만 경망스러운 근대 자유주의 사상가들이 판도라의 상자를 열어버렸다. 자유주의의 확산과 함께 '너도 옳고 나도 옳다'는 상대주의, 허무주의가 판을 치면서 도덕이 무너졌다. 사회도 함께 무너질 운명이다. 서구문명은 존폐의 위기에 처했다. 유일한 해결책은 '고전 정치철학으로의 복귀'다. 대중들에게 또다시 '고귀한 거짓말'을 해서 도덕으로 돌아가게 해야 한다. 따라서 스트라우시언들이 진리, 정의, 도덕 운운하는 것은 거짓말이다. 이와 함께 정치공동체는 강력한 적의 존재에 의해 각성되고 유지된다. 적이 없으면 만들면 된다. 역시 '고귀한 거짓말'이다."

"오호 왠지 그럴 듯해"라고 느끼는 사람들은 네오콘의 자질이 충분하다고 할 수 있습니다. 문제는 이런 정신병적인 사고를 하고 있는 이들이 일반인이 아닌 미국 대외정책의 영향을 줄 수 있을 정도의 위치에 있는 이들이었다는 점입니다. 상대가 먼저 공격해오지 않더라도 일단 '낌새' 만 보이면 먼저 쳐야 한다고 주장했던 폴 울포위츠, 그의 스승이자 스트라우스의 제자 앨런 블룸, 미 국방부의 정보 담당 책임자로서 이라크에 대량살상무기가 있다는 허위 정보를 퍼뜨리는 데 총괄적인 역할을 맡았던 에이브럼 셜스키(그는 "정보 작전의 목표는 진실이 아니라 승리"라고 주장했습니다.), 네오콘이라는 단어를 처음 공식화한 네오콘의 대부 어빙 크리스톨, 그리고 그의 아들이자 네오콘의 전도사 윌리엄 크리스톨. 이들은 모두 레오 스트라우스의 제자이거나 그 영향을 받은 스트라우시언들입니다.

이들이 주도했던 부시 정권 8년은 그야말로 파괴와 거짓, 전쟁과 살육으로 장식되었던 암흑의 시간들이었습니다.

스트라우스는 서양 고전 철학, 즉 플라톤이나 아리스토텔레스를 숭상했습니다. 이는 곧 홉스나 로크 등 근대 정치사상의 부정을 의미합니다. 자유주의의 가치를 부정하고, 문화 상대주의, 민주주의의 원칙도 모두 인간을 타락시키는 질병이라고 했습니다. 그는 고전 철학이 숨겨온 "진리란 없다"는 진리를 멍청한 근대 철학자들이 '누설' 하는 바람에 서구 문명이 치유하기 힘든 질병에 걸렸다고 진단했습니다. 때문에 일반 멍청한 대중들은 이해할 수 없는 밀교적 방법으로 진리를 전해야 하고, 소수의 엘리트들이 세상을 이끌어 나가야 한다고 했습니다. 이것 또한 소크라테스의 "아는 자의 통치" 플라톤의 "철인통치" 마키야벨리의 "군주통치" 지상 유토피아의 "루시퍼 통치" 로 이어지고 있습니다.

소크라테스의 인간 양떼론도 역시 오늘날 네오콘의 사상이기도 합니다. 소크라테스는 "인간은 단지 먹고, 마시고, 본능적으로 살아가는 가축일 뿐이다. 인간은 스스로 진리를 판단하거나 교육이나 훈련으로 절대 덕을 세워갈 수 없는 존재이다. 그래서 인간은 가축으로 살도록 하고 정치는 아는 자들이 해야 한다. 만일 가축인 인간들이 정치를 하면 혼란에 빠지기 때문이다."

아담과 하와를 에덴 동산에서 타락시킨 사탄은 6000년 인류역사 속에서 인간을 가축으로 만들기 위해 정치, 경제, 종교, 도덕, 철학,

사상, 교육을 발전시켜 하나의 도시국가와 같은 레짐을 만드는데 성공을 했습니다. 이제 인간을 가축으로 만드는 한 울타리가 만들어졌는데 그것이 바로 네오콘 사상입니다. 이들이 꿈꾸는 지구촌 인간 목장화 유토피아는 이제 서서히 성공을 거두고 있습니다. 사상적 기반이 마련되어 벌써 실천에 들어 갔기 때문입니다. 미국이라는 거대한 공룡 나라는 아주 확실한 세계적인 기구인 UN을 통해서 네오콘 사상으로 세계를 하나로 만들어가고 있는 것입니다.

이것은 이미 사람을 벽돌로 찍어 바벨탑을 만들었던 니므롯의 수법이고, 인간을 무기로하여 세계정복을 꿈꾸었던 징기스칸, 알렉산더, 나폴레옹, 히틀러, 뭇솔린 등과 같은 영웅 호걸들이 사용했던 전체주의 사상이기도 합니다. 네오콘 사상은 사탄주의 사상입니다. 하나님의 형상으로 지은바 된 인간을 전쟁과 테러라는 무기로 제물을 삼아 인신공회로 바치기 위해 만든 궤변철학에 불과합니다.

목적을 이루기 위해 모든 수단을 정당화 한다는 시온의정서의 세계 정복 주의자들의 목표와 다를 바가 없습니다. 사탄은 이제 서서히 자신의 정체를 드러내고 있습니다. 바로 네오콘입니다. 네오콘은 미국에만 있는 것이 아닙니다. 일본 네오콘, 한국 네오콘, 북한 네오콘, 중국 네오콘, 영국 네오콘, 독일 네오콘, 네델란드, 프랑스 등 거의 모든 나라에서 부와 권력을 장악하고 활동을 하고 있습니다.

네오콘의 사상의 역사

네오콘 사상의 원조는 사탄입니다. 사탄은 뱀으로 하와에게 접근하여 선악과를 따먹으면 반드시 죽는다는 하나님의 말씀을 정면으로 반박하면서 거짓말을 해서 아담과 하와를 넘어뜨렸습니다. 그래서 사탄은 처음부터 거짓말쟁이라고 했습니다.

다음은 네피림들입니다. 네피림은 거인족으로 노아시대 폭군들이었습니다. 자기들 마음대로 살았던 무법자들입니다. 자신들이 원하는 것을 얻기 위해 서로 싸우고 죽이는 피비린내 나는 전쟁을 했습니다. 결국 강한 자만이 살아남을 수 있는 시대였습니다. 인간을 잡아먹고, 닥치는대로 원하는 여자들을 강간했습니다. 짐승들과 수간을 했으며, 소돔과 고모라의 동성애의 조상들이기도 합니다.

제4장 세계를 움직이는 프리메이슨
5. 미국의 프리메이슨

다음은 니므롯입니다. 니므롯은 전체주의 상징입니다. 강력한 인신공회와 사탄숭배와 철권통치로 인간을 제압하고, 자신의 뜻대로 몰아가는 최초의 영웅이자 초인이었습니다.

다음은 가나안 7족속들입니다. 이들 모두는 네피림의 후손 아낙자손들과 피를 섞어 장대한 거인들이었습니다. 바벨탑이 무너지고 니므롯의 후손들이 가나안 7족속과 결합하여 가나안 땅의 주인이 되었습니다.

다음은 페니키아입니다. 지중해를 주름잡았던 페니키아 문명은 가나안 7족속들의 문명으로 스파르타와 카르타고, 알렉산드리아를 중심으로 전성기를 이룹니다. 그 후 로마제국 – 프랑크 왕국 – 피렌체 – 베네치아 – 스페인 – 포루투갈 – 독일 – 네델란드 – 영국을 거쳐 미국에 정착을 했습니다.

네오콘의 주된 사상은 가나안 7족속의 사탄종교인 카발라 사상입니다. 카발라 종교는 수메르 종교에서부터 시작하여 바벨론, 페르시아, 이집트, 그리스, 로마로 이어지는 사탄의 종교입니다. 천주교, 힌두교, 불교, 이슬람교, 유대교를 아우르는 모든 종교를 포함하는 바벨론 음녀의 종교입니다. 카발라 종교는 사탄숭배, 인신제사. 전쟁과 테러, 동성애, 마약, 귀신숭배, 마술, 최면술, 마인드콘트롤과 같은 신비한 것들을 동원하여 인류 역사 6000년 동안 한 번도 정치, 경제권력을 빼앗긴 적이 없는 지상의 용들입니다.

이들은 자신들의 사탄숭배와 인신제사와 같은 밀교를 숨기기 위해 가짜 유대인으로 변신을 했습니다. 그리고 그들만의 비밀스런 폐쇄적인 종교를 지켜 왔습니다. 그러나 이제 자신들의 정체를 드러내고 있습니다. 왜냐하면 어느 정도 자신이 있기 때문입니다.

이들은 6000년 동안 어둠 속에 자신들의 정체를 감추고 끊임없이 오늘의 세계를 준비해 왔습니다. 그리고 이제 지구촌을 접수하기 위해 자신들의 정체를 스스로 폭로하고 있는 것입니다. 종말의 때가 되었기 때문입니다.

네오콘의 주된 무기는 군산복합체 산업으로 만든 최첨단 무기들과 세계금융과 은행을 점령한 금융과두정권, 그리고 세계 모든 매스컴을 장악한 언론권력, 에너지권력, 과학권력, 종자, 교육시스템, 무역시스템, 의료시스템, 인터넷시스템, 바이오시스템, 유전자시스템, 우주천문학, 고고학 등 그들은 이미 지구촌에 그들만의 세계를 세우기 위한 준비를 마치고 실행 버튼을 이미 눌렀습니다.

그들은 오늘날 그들만의 세계를 만들기 위해 지난 2500년 동안 소크라테스를 시발로 하여 사상가, 철학자, 문학가, 종교가들을 통해 오늘의 사탄정부를 세뇌시켜 왔습니다.

그들이 만들어 온 모든 사상과 철학과 문학과 정치와 경제와 교육과 종교가 한 가지 사상으로 만들어 졌는데 그것이 바로 네오콘 사상입니다.

이들은 이것을 레짐(Regime)이라고 합니다. Regime이라는 단어를 레오 스트라우스는 국제관계학에서의 이론과는 달리 전혀 새로운 정의로 창조해 냈습니다. regime 이란 스트라우스가 그리스어 politeia를 번역한 용어로서, 정치뿐만 아니라 경제, 문화, 도덕적 삶에까지 국가가 깊숙이 간여하는 정치체제로서, regime 하에서는 개인보다 국가가 더욱 중요한 것으로 간주했습니다. 이는 고대 그리스 polis의 개념과 동등한 것으로, 스트라우스는 플라톤이나 아리스토텔레스처럼 좋고 나쁨의 가치 판단이 가능하다는 것을 이용하여 regime에 대한 선악의 판단도 가능하다고 여겼습니다.

결국 레짐(Regime)이란 우리생활의 필요한 부분들의 옳고 그름을 판단하는 정의가 아니라 체제 전체를 평가하는 기준입니다. 다시 말해서 그들이 가진 사상과 철학으로 절대평가하는 기본을 말합니다. 그래서 네오콘의 사상은 그들이 선이라고 말하면 선이고, 그들이 악이라고 하면 악이 되는 것입니다. 왜냐하면 그들에게는 그렇게 할 수 있는 무기가 있고, 돈이 있고, 매스컴이 있고, 식량이 있기 때문에 그들의 말에 동의하지 않으면 순식간에 모든 것을 잃을 수 있기 때문에 감히 아무도 그들이 선포한 진리를 거부할 수 없는 것입니다. 곧 그들이 지금까지 키워온 힘이 곧 진리가 된 것입니다.

결국 그들이 바라고 인정하는 체제(Regime)는 그들만이 가지고 있는 그들만의 나라일 뿐입니다. 이것을 전체주의, 군국주의, 독재주의, 공산주의, 획일주의, 사탄주의, 지구촌 인간 목장화라고 합니다. 이와 같은 무서운 세계가 우리 앞에 서서히 다가오고 있습니다.

에필로그

　사탄의 세력들은 거짓말쟁이들입니다. 그들이 만들었던 역사도 다 거짓입니다. 진화론도 거짓말입니다. 공산주의 유토피아도 속임수입니다. 고고학도, 신화도 다 그들이 꾸민 연극입니다. 앞으로 나타날 트랜스 휴머니즘도 거짓말입니다. 그들은 니비루 혜성을 타고 지구에 내려온 엘로힘의 신들의 자손들로서 네피림의 후손이라고 하는데 이것도 거짓말입니다. 네피림은 노아시대에 존재하였던 거인족들에 불과합니다. 절대로 하늘에서 내려온 타락한 천사들도 아니고, 그들의 후손도 아닙니다.
　네피림은 단지 짐승과 같은 존재에 불과한 자들입니다. 난폭한 자들이고, 폭군입니다. 그들은 하늘에서 내려온 신들의 자손이 아니라 짐승들입니다. 네피림의 자손들은 악한 사탄에게 사로잡혀 쓰임 받았던 악한 도구에 불과한 장대한 짐승들로서 인간을 더럽혔고, 인간들을 잡아 먹었습니다.
　노아시대는 오늘의 시대와 전혀 다른 환경이었습니다. 홍수심판 이전이었기 때문에 지구의 환경은 인간이 1000년을 살 수 있는 좋은 조건이었습니다. 그래서 인간의 키도 컸습니다. 동물이나 공룡들도 크고, 무게도 50톤이 넘었습니다. 당시 나무들이 수 백 미터씩 성장하였습니다.
　노아 홍수 때에 지각변동을 통해서 지하에 묻힌 동물들과 식물들이 썩어, 오늘날 석유와 천연가스와 석탄이 되었습니다. 얼마나 노아 홍수 이전에 지구의 환경이 좋았는가를 짐작할 수 있습니다. 그들이 앞으로 꾸밀 외계인 프로젝트도 다 거짓말입니다. 블루빔 프로젝트를 통해서 인류를 속이고, 두려움과 공포를 갖게 해서 인류를 가축으로 만들기 위한 음모입니다. 절대로 속아선 안됩니다.
　그러나 이 모든 것들이 다 거짓이고, 허구이지만 그들은 이 세상 마지막 날에 전 세계 인류를 이 모든 거짓으로 미혹하여 하나님을 배도할 세력들입니다. 그래서 우리가 그들의 전략을 알아야 하는 것입니다. 그리고 우리가 마땅히 무엇을 어떻게 해야 할 것인지 정확하게 알아야 합니다. 무엇에 목적을 두고 살아야 하며, 우리가 세상에서 사는 이유가 무엇인가를 알아야 합니다.
　적그리스도의 세력들은 공산주의자들보다 더 무서운 자들입니다. 시나키즘이라고 하는 네오콘 사상은 악마주의 사상입니다. 목적을 이루기 위해 수 십 억명을 죽일 수 있습니다. 그들에게는 법이 없습니다. 폭군입니다. 살인마입니다. 지금까지는 세상의 모든 경제와 정치권력을 빼앗기 위해 숨어서 그런 행동을 했습니다. 그러나 이제는 세상의 모든 것들이 그들의 수중에 들어갔습니다. 그러므로 이제는 그들의 정체를 스스로 폭로하고, 그들이 앞으로 해야 할 일을 만천하에 공포하고 있는 것입니다.

말세에 세상에 살고 있는 우리가 그들과 대항해서 이길 수 있는 것은 아무것도 없습니다. 돈으로 싸울 수 없습니다. 무기로 싸울 수 없습니다. 지식으로 싸울 수 없습니다. 과학으로 싸울 수 없습니다. 싸움 자체가 아무런 의미가 없습니다. 왜냐하면 이 세상의 모든 것들은 불에 태워져 없어질 것이기 때문입니다.

말세에 살고 있는 우리가 싸워야 할 싸움이 있습니다. 우리 자신 스스로와의 싸움입니다. 이것은 영적인 싸움입니다. 내 안에 하나님 형상의 본질을 회복하는 스스로의 싸움은 선으로 악을 이기는 선한 싸움입니다. 우리의 시민권이 하늘에 있기 때문에 우리는 하늘의 백성들입니다. 하나님의 사랑을 입은 사랑의 백성들입니다. 그러므로 우리는 먼저 구원받은 성도들과 하나님의 교회를 사랑해야 합니다. 목숨을 바쳐 사랑해야 합니다. 세상에 대하여는 우리는 십자가 복음의 메시야적인 사명을 끝까지 감당해야 합니다.

초대교회 성도들이 핍박자들에게 붙잡혀 불에 태움을 받고, 사자들의 먹이감으로 죽어갈 때에도 그들은 찬송하고 기뻐했습니다. 예수님도, 스테반도 자신을 향해 돌을 던지고 창을 찌르는 자들을 위해 용서의 기도를 했습니다.

마지막 때 성도의 할 일은 본질을 회복하는 것입니다. 그 본질이 예수님의 몸 된 교회 지체가 되는 것입니다. 즉 예수님처럼 그렇게 살다가 예수님처럼 그렇게 죽는 것입니다. 예수님이 선하시기 때문에 우리도 선해야 합니다. 예수님이 악을 악으로 갚지 않으셨기 때문에 우리도 악을 악으로 갚아서는 안됩니다. 오히려 원수가 주릴 때 먹이고, 목마를 때 마시게 해야 합니다. 왜냐하면 우리 자신이 그런 하나님의 자녀이기 때문입니다. 우리의 본질이 사랑이고 예수님의 몸의 지체이기 때문입니다.

사탄의 세력들은 하나님이 알곡을 추수하시는 타작기입니다. 그들의 무법천지는 수많은 사람들로 요동하게 할 것입니다. 그들의 폭력과 살인으로 수많은 사람들이 스스로 인간임을 포기하게 될 것입니다. 먹고 살기 위해 짐승처럼 될 것입니다.

그러나 우리 성도들은 당당해야 합니다. 그들의 불법 앞에서 우리는 법을 지켜야 하고, 그들의 폭력과 살인 앞에서도 우리는 하나님의 사랑을 입은 하나님의 자녀답게 흔들림이 없어야 합니다.

진리로 불법을 이기고, 생명으로 사망을 이기고, 사랑으로 미움을 이기고, 선으로 악을 이기고, 기쁨으로 슬픔을 이기고, 하늘의 것으로 세상의 것들을 이겨야 합니다. 이렇게 할 때 우리는 하나님이 기뻐 추수하시는 알곡이 되는 것입니다.

그래서 지금부터 준비해야 합니다. 열심히 사랑하고, 열심히 일하고, 열심히 선을 행해서 우리의 삶의 현장이 예배가 되고 우리의 존재 자체가 하나님의 성전으로 존재하는 신앙인이 되어야 합니다.

죽어도 주를 위해, 살아도 주를 위해, 사나 죽으나 주님을 위함이 되어야 합니다. 아버지도, 어머니도, 자식들도, 목회자도, 평신도도 다 그렇게 되어야 합니다. 한 사람 한 사람이 진리의 기둥과 터가 되어야 하는 것입니다.

세상은 잠깐입니다. 그러나 하나님의 나라는 영원합니다. 예수님이 우리에게 주신 생명은 세상에서 필요한 생명이 아닙니다.

타작기3가 일 년 후에 출간됩니다. 제목은 "예수님의 십자가 복음과 교회의 승리"입니다. 우리가 세상에서 우리 자신들을 볼 때는 작고, 초라하고, 실패하고, 가련하고, 가난한 존재같이 여겨집니다. 그러나 하나님이 보실 때는 정반대입니다. 하나님이 우리를 보실 때는 큰 무리입니다. 영광스럽고, 부유한 자들입니다. 존귀하고, 보석같은 사람들입니다. 천하보다 더 귀한자들로 보십니다. 그래서 이런 알곡을 추수하시기 위해 적그리스도라는 타작기를 준비하신 것입니다. 우리 눈에는 온통 사탄의 세력들만 보입니다. 그러나 하나님의 눈에는 사랑하는 성도들만 보이십니다.

스데반 집사가 보았던 하나님의 보좌, 이사야 선지자가 보았던 영광의 보좌, 다니엘과 에스겔이 보고 썩은자 같이 되었던 하나님의 영광, 게하시가 눈을 열어 보았던 하늘의 천군 천사, 홍해가 갈라지고, 여리고 성이 무너지고, 7배 뜨거운 풀무불에서도 타지 않았던 다니엘, 하나님이 능력이 없어서 예수님을 십자가에 죽게 하신 것이 아닙니다. 다 우리에게 이런 영광을 주시기 위함입니다.

우리도 이제 주님이 가셨던 길을 마지막으로 가게 되면, 날이 새롭게 되어 부활의 생명으로 다시 살아나 하나님의 영광의 자녀들이 되고, 예수님의 신부가 되어 참 안식과 영원한 기쁨을 누리게 될 것입니다.

두려워 마십시오. 기뻐하십시오. 세상 끝날까지 함께 하신 하나님이 당신과 동행하고 계십니다. 타작기3에서는 이러한 내용들이 지난 2000년 기독교 역사 가운데 하나님이 일하셨던 승리의 현장을 정리해 보고, 말세 사는 우리에게 필요한 영적인 은혜에 대하여 기록할 것입니다.

마지막으로 꼭 부탁드리고 싶은 한 가지가 있습니다. 하나님의 형상입니다.

창1:27 "하나님이 자기 형상 곧 하나님의 형상대로 사람을 창조하시되 남자와 여자를 창조하시고"

롬8:29-30 "하나님이 미리 아신 자들로 또한 그 아들의 형상을 본받게 하기 위하여 미리 정하셨으니 이는 그로 많은 형제 중에서 맏아들이 되게 하려 하심이니라 또 미리 정하신 그들을 또한 부르시고 부르신 그들을 또한 의롭다 하시고 의롭다 하신 그들을 또한 영화롭게 하셨느니라"

하나님께서 우리를 창세 전에 택하신 이유는 하나님의 아들의 형상을 본받게 하시기 위함이었습니다. 그래서 하나님이 아담과 하와를 아버지의 형상대로 지으셨던 것입니다. 사탄은 인간이 이렇게 하나님의 형상으로 지음 받은 것을 엄청나게 시기하고, 질투한 것입니다. 그래서 지금까지 사탄은 인간 속에 하나님의 형상을 지우고 망가뜨리는데 총력을 다 하고 있는 것입니다. 그러나 구원 받은 하나님의 자녀들은 예수님의 부활의 생명이 있어서 넘어져도, 일어나도, 예수님의 형상을 닮아가고 있는 것입니다.

하나님의 형상, 아들의 형상은 사랑입니다. 거룩입니다. 진실입니다. 선함입니다. 성실입니다. 충성입니다. 착함입니다. 희락입니다. 오래참음입니다. 화평입니다. 자비입니다. 긍휼입니다.

이 모든 것들이 우리가 마지막 날에 목숨 바쳐서 지켜야 할 것들입니다. 이런 것들을 얻기 위해 창세 전에 우리를 예정하시고 택하신 것입니다.

벧후1:5-11 "이러므로 너희가 더욱 힘써 너희 믿음에 덕을, 덕에 지식을, 지식에 절제를, 절제에 인내를, 인내에 경건을, 경건에 형제 우애를, 형제 우애에 사랑을 공급하라 이런 것이 너희에게 있어 흡족한즉 너희로 우리 주 예수 그리스도를 알기에 게으르지 않고 열매 없는 자가 되지 않게 하려니와 이런 것이 없는 자는 소경이라 원시치 못하고 그의 옛 죄를 깨끗케 하심을 잊었느니라 그러므로 형제들아 더욱 힘써 너희 부르심과 택하심을 굳게 하라 너희가 이것을 행한즉 언제든지 실족지 아니하리라 이같이 하면 우리 주 곧 구주 예수 그리스도의 영원한 나라에 들어감을 넉넉히 너희에게 주시리라"

2013. 7. 10.
이 형 조 드림

참고서적

경제묵시록 임종태 저. 2009.2.27. 다른우리
프로테스탄트 윤리와 자본주의
막스베버. 노명우 역 2008.6.27. 사계절
동물농장 죠지오웰. 여호숙 1996.3. 민음사
다빈치코드깨기 어윈루처. 이용복 역 규장문화사
레오나르도 다빈치 진실 필리프 반텐베르크. 안인희 역. 한길사
호크마 종합주석 : 창세기 강병도. 서울 : 기독지혜사, 1989
성경 주석 : 창세기. 출애굽기 박윤선. 서울 : 영음사, 1992
창세기 주석 원용국. 서울 : 도서출판 세신문화, 1990
구약주해 : 창세기 이상근. 서울: 성등사, 1994
그랜드 종합주석 : 창세기 제자원 편. 서울 : 성서교재간행사, 1991
모세오경 강해 I 척 스미스. 김영균 역. 서울: 포도원, 1995
조직신학 강론 헨리 C. 디이스. 권혁봉 역. 서울 : 생명의 말씀사, 1993
창세기의 대 사건들 헨리 M. 모리스, 이희숙 역. 서울 : 생명의 말씀사, 1984
풀핏 성경주석 : 요한 일·이·삼서·유다서
A. 플러머, S. D. F. 샐몬드. 풀핏주석번역위원회 역. 대구 : 보문출판사, 1990
화란주석 : 창세기 I
G. Ch. 앨더스. 기독지혜사 편집부 역. 서울 : 기독지혜사, 1986
랑게주석 : 창세기(I,II)
J. P. 랑게 편. 김진홍 역. 서울 : 백합출판사, 1978
성경주석 : 베드로전서 ~ 유다서
R. C. H. 렌스키. 배영철 역. 서울: 백합출판사, 1979
창세기의 비밀 톰 녹스 저. 서대경 옮김. 레드박스. 2010,3,25
카인의 유전자 톰 녹스 저. 이유정 옮김. 레드박스. 2011,3,11
레오 스트라우스 (네오콘의 대부) 박성래 저. 김영사 2005.7.25
징기스칸은 살아있다 신덕현 저. 강출판사 1998,7,4
누가 미국을 움직이는가?
소에지마 다카히코. 신동기 역. 들녘 2001, 7,20
네오콘의 음모 타루. 민혜홍 역. 아이필드 2004,10,15
네오콘 프로젝트 남궁곤 저. 사회평론 2005,3,16
네오콘 제국 로머트 W 메리. 최원기 역, 김영사 2006,1,5
미국의 마지막 기회 브레진스키. 김명섭 역. 미디어섬랭 2009,2,18
미국의 힘 네오콘 어윈스텔처, 황진하 역. 네오북스 2005,3,18
미국의 진실(자유 여신상 속에 감추어진)
룸 인터내셔널. 주창길 역. 자유 2004,7,10
군산복합체 홍익회 저. 퍼플사 2012, 9,22
동인도 회사와 유럽제국주의 김지은 저. 김영사 2012,8,10
피라미드 에너지 빌케렐. 김태운 역. 물병자리 1997,8,30
피라미드 과학 이종호 저. 새로운 사람들 1999,11,30
대영제국은 인도를 어떻게 통치했나?
하마우즈 데쓰오. 김성동 역. 심산출 2004,6,30
동인도 회사와 아시아 바다
하네다 마사시. 이수열 역. 선인출 2012,6,30
동인도 회사 아사다 미노루. 이하츠 역. 파피에 출 2004,6,18
콜럼버스와 신대륙 발견 오세영 저. 김영사 2005,5,31
만들어진 승리자 볼프 슈나이더. 박종대 역. 을유문화사 2011,8,25
고대 사람들 카트린 루아조, 장석훈 역, 대교출 2008,3,25
신화는 수메르에서 시작되었다 김산해 저. 가람기획 2003,6,16
엘로힘 이대성 저. 은행나무사 1999,7,20
청교도 이야기 오덕교 저. 이레서원 2001,7,30
루소 사회계약론 김주원 저. 예림당 2012, 12,30
청교도 역사
제임스 헤론. 박영호 역. 기독교문서선교회 1962, 5,1
인간 불평등 기원론 장 자크 루소. 주경복 역. 책세상 2003,5,30
인간불평등의 기원론과 사회계약론
장자크 루소. 최석기 역. 동서문화 2007,12,25
신족과 거인족의 투쟁 이정우 저. 한길사 2008,3,31
러일전쟁사
로스 뚜노프 외 전사연구소. 건국대학교 출판사 2004,7,12
중일전쟁과 아편 박강 저, 지식산업사 1995,9,1
중일전쟁과 중국혁명 윤희ног 역. 일조각 2002,1,10
새로운 기술적 분석 피라미드 각도이론
난나클립. 유영미 역. 판다 2006,9,30

만주 사변에서 중일전쟁으로
가토요코. 김영숙 역. 어문학사 2012,10,2
세계경제를 주무르는 큰손 객가
다카기 케이조. 홍승일 역. 한민사 1997,1,25
러일전쟁과 대한제국 와다 하루키, 이경희 역. 제이앤시 2011,7.30
현대중국 객가인 문화 문지성 저. 학고방 2005,11,15
등소평과 중국정치 김영문 저. 탐구당 2007,3,2
삼민주의 손문. 김승일 역. 홍신문화사 1995,5,1
작은 거인 등소평 한산벽 저. 인문출판사 2005,6,25
마어쩌둥, 스탈린과 조선전쟁 선즈화. 최만원 역. 선인 2010,3,10
모택동과 문화대혁명
김재선 저. 한국학술정보 2009,11,27
유럽의 합스부르크 왕가 이종완 저. 공주대학교 출판사 2003,1,7
메로빙거 세계: 한 뿌리에서 나온 프랑스와 독일
패트릭 기어리, 이종경 역. 지식의 풍경 2002,1,20
합스부르크 왕가의 흥망과 성쇠
이종완 저. 공주대학교 2012, 2,23 출판사
송나라에서 아편전쟁 송영규 저. 소나무 2008,6,15
홍콩의 역사 G.B 엔다콧. 은은기 역. 한국학술정보 2006,5,1
헨리6세 윌리엄 셰익스피어, 김정환 역. 아침이슬 2012,11,7
부의 도시 베네치아 로저 크롤리. 유태영 역. 다른세상 2012,8,4
레오 스트라우스가 들려 주는 정치 이야기
육혜원 역. 자음과 모음 2008,7,6
베네치아의 르네상스
페트리사 포르티니. 김미정 역. 예경 2001,5,31
마키아벨리군주론 강정인 김경희 역. 까치패냄 2007,3,31
베네치아의 전설 휴고 프라트. 홍은주 역. 북하우스 2002, 8,20
베네치아 빨간 가면의 비밀
파비안 렝크. 안상임 역. 김영사 2009,8,4
추락하는 천사들의 도시
존 베런트. 정영문 역. 황금나침반 2006,6,1
베네치아의 기억 고봉만 외. 한길사 2003,8,25
마법의 시간여행 베네치아
메리 폽 어즈번. 노은정 역. 비룡소 2006,5,22
스파르타 험프리 미첼. 윤진 역. 신서원 2001,11,30
스파르타 이야기 폴 카트리지, 이은숙 역. 어크로스 2011,9,21
태평천국운동과 신해혁명 김면수 저. 김영사 2012,1,25
신해혁명 장빙. 허유영 역. 한얼 2011,10.5
국부론 아담 스미스. 유인호 역. 동서문화 2008,7,1
다원의 종의 기원과 진화론 김학현 역. 지경사 2013,1,30
진화론에는 진화가 없다
교과서진화론개정추진회. 생명의 말씀사 2012,7,20
니체의 포스트 모더니즘
데이브 로빈슨. 박미선 역. 이제이북스 2002,10,7
컴퓨터 포스트 모더니즘
장승권 저. 한양대학교 출판사 2001, 8.10
소크라테스에서 포스트머더니즘까지
새뮤얼 이녹 스텀프외. 이광래역. 열린책들 2008,6,10
포스트모더니즘 성찰 신승환 저. 살림 2003,8,25
빛과 U.F.O 테리 디어리, 송현옥 역. 김영사 2002,1,5
우주로부터 귀환
다치바나 다카시. 전현희 역. 청어람미디어 2002,1,20
은폐된 진실, 금지된 지식
스티븐 M 그리어. 박병호 역. 밧있는책 2012,8,1
중국혁명사 서진영 저. 한울아카데미 2002,9,28
과학적 공산주의란 무엇인가?
빅토르 아파나시예프. 최경환 역. 새길아카데미 2012,6,18
새로운 공동체를 향한 운동 공산주의 선언
박찬종 저. 아이세움 2007,10,5
일본공산주의 운동과 천황제 정혜선 저. 국학자료원 2001,2,15
코민테른. 케빈 맥더모트 황동하 역. 서해문집 2009,10,28
모택동과 공산주의 김유 저. 인간과 사회 2004, 4,15
중국혁명사 서진영 저. 한울 아카데미 2007,7,30

러시아 공산주의 김유 저. 인간과 사회 2005.3.15
유예된 유토피아 공산주의 필립 뷰통. 소민영 역. 부키 2005.1.25
코뮤니스트 로버트 서비스 김남섭 역. 교양인 2012.7.14
마르크스와 엥겔스 변증법적 유물론과 사적 유물론
이을호 역. 중원문화 2008.12.20
마르크스 자본론 벤 파인. 박관석 역. 책갈피 2006.7.18
프리메이슨 비밀역사 진형준 저. 살림 2009.11.30
네오콘 팍스 아메리카 전사들 남궁곤 저. 사회평론 2003.10.20
플라톤의 대화편 플라톤 최명관 역. 창출판사 2008.7.10
플라톤 국가론 최현 역. 집문당 2006.12.1
소크라테스의 변명 플라톤. 황문수 역. 문예출판사 1999.2.10
아테네의 변명 베티나 휴즈. 강경이 역. 옥당출판사 2012.11.17
아리스토텔레스의 현상학적 해석
마르틴 하이데거. 김재철 역. 뉴멘출판사 2010.9.25
형이상학 아리스토텔레스 김진성 역. 지민지출판사 2011.3.24
정치학 아리스토텔레스 천병희 역. 숲출판사 2009.8.10
템플기사단의 검. 폴 크리스토퍼
전행선 역. 중앙북스 출판사 2009.3.20
갈등의 핵 유대인 김종민 저. 효형 출판사 2001.10.15
유대인 오천년사 김영수 저. 청년정신 2003.4.15
뒤집어서 읽은 유대인 5000년사 강영수 저. 청년정신 1999.9.27
예수회 적응주의 선교 김혜경 저. 서강대학교출판부 2012.5.31
예수회 세계지배 음모 릭 마틴. 생명의 서신 2002. 11.1
거짓의 역사 카밀 아이들언. 배응준 역. 규장 2013.2.27
고대신화와 신비주의 세계
이준섭 저. 고려대학교 출판부 2006.3.20
한국 근대사 산책 강준만 저. 인물과 사상사 2007.11.19
한국전쟁의 국제사 울리엄 스룩. 김형인 역. 푸른역사 2001.9.15
유대인은 탈무드를 읽지 않는다 황정은 저. 동포 2005.9.10
페니키아에서 인터넷까지 최영순 저. 동인 1997.12.15
한국전쟁 비사 안용현 저. 경인문화사 1992.7.1
한국전쟁일기
윌리엄 T 와이 불러드. 문관현 역. 플래닛미디어 2011.6.20
조일가전쟁 한국전쟁 그리고 베트남 전쟁
이신호 저. 21세기군사연구소 201.02.1.10
한국전쟁의 진실과 수수께끼
A.V 토르쿠노프. 구종서 역. 에디터 2003. 6.20
한국전쟁의 기원과 전개과정
김영호 저. 성신여자대학교 출판부 2006.3.2
21세기 한국사 해방과 한국전쟁 이광희 저. 한술수북 2012.6.15
한국전쟁의 발발과 기원 박명림 저. 나남 2003.1.15
다시쓰는 임진왜란사 조중화 저. 학민사 1996.6.15
그들이 본 임진왜란 김시덕 저. 학고재 2012.1.15
전쟁으로 읽는 한국사 김광일 저. 은행나무 2012. 2.2
천재유격자 허헌선 저. 에세이 2010.6.23
유전자 치료 서울대학교 문화원 2009.12.31
유전자란 무엇인가? 샤를오프레. 홍영남 역. 민음사 2006.2.6
유전자 복제와 GMO
올리 로베르. 심영섭 역. 현실문화 2011.8.20
DNA발견에서 유전자변형까지
존 판던. 김해영 역. 다섯수레 2013.1.15
각성유전자 나카무라 하지메. 하성호 역. 학산문화사 2013. 2.7
벌거벗은 유전자
미사 앵그리스트. 이형진 역. 과학동아북스 2012.1.5
이기적인 유전자와 사회생물학 이상원 저. 한울 2007.1.10
유전자속의 놀라운 비밀 프렌 보크웰. 한현숙 역. 승산 2000.3.20
유전자와 인간의 운명
R 그랜트 스틴. 최현 역. 전자과학사 2000.3.5
융의 유전자 에릭 두르슈미. 이상근 역. 세종서적 2010.9.20
신의 언어 프랜시스 S 콜린스. 이창신 역. 김영사 2009.11.20
내 생명의 설계도 DNA 최재천 저. 과학동아북스 2013.4.1
불량 유전자는 왜 살아 남았을까?
강신익 저. 페이퍼 로드 2013.3.20
분자생물학노트 카이스트 생명공학연구소. 한림원 1998.3.30
생명공학의 이해 김도운 저. 동아대학교 출판부 2005.9.5
생명의 설계도를 찾아서

게르하르트 슈타군. 장혜경 역. 해나무 2004.3.30
인간복제 시대가 온다 김홍재 저. 살림 2005.5.10
인간뻐아 복제 박상은 저. 한국누가회출판사 2004.10.5
천재공장 데이비드 폴로츠. 이경식 역. 북앤북스 2005.7.1
인간 야을 창조하다.
한스 권터 가센. 정수정 역. 프로네시스 2007.11.30
복제인간 데이비드 로비크. 박상철 역. 사이언스 북 1997.12.5
바이오테크시대 제레미 리프킨. 전영택 역. 민음사 199.5.30
휴먼카오스 김석 저. 넷파블 2011.9.27
과학기술 위험과 통제시스템
정근모 외. 과학기술정책연구원 2001.12.1
사이보그가 되는 법 알록 자. 이충호 역. 미래인 2013.2.5
인간과 똑같은 로봇을 만들 수 있을까?
아에스기오. 이수지 역. 민음사 2006.3.17
UFO 방문 엘런 와츠. 강주헌 역. 넥서스 1999.8.5
어떻게 외계인을 만날까?
콜리브 비포드. 맹성렬 역. 사이언스 북 2002.1.20
UFO 탐구 엘런와츠. 안홍균 역. 넷서스 1999.5.10
UFO 한반도 프로젝트 박찬호 저. 하나로 1997.6.17
우주로부터 귀환
다치바나 다카시. 전현희 역. 청아람 미디어 2002.1.20
우리는 모두 외계인이다
제리 베넷. 권채순 역. 현암사 2012. 8.8
악마들의 거처 바티칸 임종태 저. 다른우리 2009.5.25
미국의 탄생 레이 라피엘. 남경태 역. 그린비 2005.7.4
오존층 파괴와 국제사회의 대응 신연재 저. UUP 2005.1.27
불편한 진실 엘 고어. 김명남 역. 좋은 생각 2005.9.10
메이디 이야기 최승표 저. BG북 갤러리 2007.4.2
신성로마제국 기쿠치오시오. 이경덕 역. 다른세상 2010.11.30
칸트와 헤겔의 철학 백종현 저. 아카넷 2010.8.3
1차 세계 대전 필 포트. 나종남 역. 생각의 나무 2008.6.5
2차 세계 대전 이동훈 저. 가람기획 2007.4.12
프랑스 혁명에서 파리 코뮨까지 노명식 저. 책과함께 2011.6.30
과학과 계몽주의 토머스 핸킨스. 양유성 역. 글항아리 2011.2.11
아랍인 눈으로 본 십자군 전쟁
아민 말루프. 김미선 역. 아침이슬 2002.4.27
십자군 전쟁의 진실 김제헌 저. 시공사 2008.10.7
알렉산드리아
만프레드 콜라우스. 임미 역. 생각의 나무 2004.10,30
오리겐을 중심한 알렉산드리아 로고스
데오도라크폴로스. 주승민 역. 이레서원 2000.2.10
인간신과 평화의 바벨탑 강성학 저. 고려대학교 출판부 2006.12.5
헬파이어 클럽 이블린 로드. 이경식 역. 황소자리 2010.1.30
바벨탑에 갇힌 복음
행그 해쉬 그래프. 김성웅 역. 새물결플러스 2010.4.15
알렉산드리아 기독교
두라노아카데미 편집부. 두라노아카데미 2011.2.1
특이점이 온다(트랜스휴머니즘)
레이커즈와일. 김명남 역 김영사 2007.1.7
2020트랜스휴먼과 미래경제 박영숙 저. 교보문고 2006.8.1
급진적 진화(트랜스 휴머니즘)
조엘가로. 임지원 역. 지식의 숲 2007.10.30
godman(신인)
샨트 키스팔 싱. 한국 KTS에디션남 역 한국에디션남 2000.11.1
마약 마이크 헤스킨스. 이민아 역 뿌리와이파리 2005,10,15
아편(그 황홀한 죽음의 기록)
마틴 부스. 오희섭 역 수막세 2004.10.5
네델란드 주경철 저 산처럼 2003.7.15
문명의 교류와 충돌 교재편찬위원회 계명대출판사 2008.2.15
그림시 정부(경제편) 이리유카바최 저 해냄 2001.3.22
그림시 정부(정치편) 이리유카바최 저 해냄 1999.8.25
그림시 정부(미래편) 이리유카바최 저 해냄 2005.4.5

타작기 1 내용소개
총판:생명의 말씀사 (2012년3월10일출간)

서 론 / 우리의 구원은 오직 예수 그리스도의 십자가에서
1. 쓴 목적
2. 바른 이해를 위한 전체 총정리

제1장 / 적그리스도의 정의
1. 예수님의 인성을 부인하는 자
2. 예수님의 신성을 부인하는 자
3. 예수님의 십자가 영혼 구원을 부인하는 자
4. 하나님의 구속의 섭리를 파괴하는 자

제2장 / 적그리스도의 목적
1. 세계 한 경제
2. 세계 한 정부
3. 세계 한 종교
4. 지구촌 유토피아

제3장 / 적그리스도의 역사
1. 니므롯
2. 두로왕
3. 메로빙
4. 템플기사단
5. 예수회
6. 일루미나티
7. 미국건국
8. 프랑스 혁명
9. 1차 세계 대전
10. 러시아 혁명
11. 2차 세계 대전
12. 3차 세계 대전 시나리오

제5장 / 적그리스도의 종교
1. 수메르 바벨론 종교
2. 이집트 태양신 호루스 종교
3. 그리스 아볼루온 종교
4. 유대의 밀교 카발라 종교
5. 영지주의 신지학 종교
6. 프리메이슨 종교

제6장 / 적그리스도의 전략
1. 시온 의정사가 만들어졌던 과정
2. 유대인의 세계 경제 장악 현황
3. 시온 의정서 용어 해설
4. 시온 의정서 요약 및 해설
　1장. 세계 정치 지배 전략
　2장. 세계 언론 지배 전략
　3장. 세계 경제 지배 전략
　4장. 기독교 파괴 전략
　5장. 사회 구조 파괴 전략
　6장. 국가정부 파괴 전략
　7장. 전쟁을 통한 이익창출 전략
　8장. 헌법 파괴 전략
　9장. 세뇌교육을 통한 독재정부 전략
　10장. 섭정 정치 전략
　11장. 유대인을 통한 세계 정복 전략
　12장. 언론 통제 조작 전략
　13장. 3S를 통한 인간성 파괴 전략
　14장. 기독교 말살 전략
　15장. 히틀러식 독재 정치 전략
　16장. 교과서를 통한 역사 조작 전략
　17장. 인간 개조를 통한 인간성 파괴 전략
　18장. 적그리스도 조작 전략
　19장. 경찰국가 전략
　20장. 중산층 파괴 전략
　21장. 내국채를 통한 국가 파괴 전략
　22장. 세계 정복 전략
　23장. 전체주의 국가 전략
　24장. 최종 유대주의 전략

제7장 / 적그리스도의 무기
1. 적그리스도의 최후의 병기 베리칩
2. 양날의 칼 전쟁과 은행(돈)
3. 살인 병기보다 무서운 언론 매스 미디어
4. 상상을 초월한 기상 하프 무기
5. 사탄교 마약, 섹스, 포르노
6. 기독교를 파괴시킬 블루빔 프로젝트

제8장 / 적그리스도의 기독교 파괴 프로그램
1. 빌리그레함의 에큐메니칼 운동
2. 알파코스
3. 빈야드 운동
4. 신사도 운동
5. WCC 종교 통합 운동
6. 뉴 에이지 기독교 운동

제9장 / 적그리스도의 단체
1. 프리메이슨
2. 일루미나티(카드)
3. 원탁회의
4. 300인 위원회
5. 영국 왕립 국제 연구소
6. 미국 외교 관계 연구소
7. 삼변회
8. 빌더버그 회의
9. 연구 분석 코퍼레이션
10. 로마클럽
11. Sculls and Bones (해골과 뼈)
12. 타비스톡 인간 관계 연구소
13. 인간 자원 연구소
14. 스텐포드 연구소
15. 보헤미안 클럽
16. 무슬림 형제단
17. U,N 국제연합

제10장 / 적그리스도에 대한 준비

1. 분별과 성찰
   1) 신화인가? 성경인가?
   2) 비인격인가? 인격인가?
   3) 악령의 열매인가? 성령의 열매인가?
   4) 지상천국인가? 천상천국인가?
   5) 종교인가? 생명인가?
   6) 진리인가? 이단인가?

2. 회개와 재정립
   1) 성경에 대한 무지
   2) 은사주의
   3) 물질주의
   4) 분파주의

3. 용서와 사랑
   1) 절대전인 십자가 사랑
   2) 예수님과 스테반의 기도

4. 전도와 섬김
   1) 오늘의 복음
   2) 섬김의 예배

5. 충성의 열매
   1) 썩어진 밀알
   2) 순교의 예배

결론 / 순교의 신앙, 우리의 시민권은 하늘에 있다

1. 절대 주권의 신앙
2. 절대 순교의 신앙
3. 절대 헌신의 신앙
4. 절대 승리의 신앙

글을 마치면서

참고서적

가격 **13,000**원
E-Mail : ehjo99@hanmail.net
전　화 : **02-562-5634**
H･P : **010-4434-7188**

타작기 3 내용소개
(2014년 3월 10일 출판 예정)

1. 기독교 2000년 역사속에서 하나님께서 어떻게 십자가 복음의 진리를 지켜오셨는가?
2. 창세전부터 계획하신 교회비밀
3. 십자가 복음의 비밀
4. 기독교 성경번역의 역사
5. 기독교 철학과 신학의 역사
6. 기독교 교리의 역사
7. 기독교 종교개혁의 역사
8. 기독교 선교의 역사
9. 기독교 이단의 역사
10. 기독교 교회의 역사
11. 기독교 순교의 역사
12. 마지막 승리할 영광스런 교회

세계제자훈련원

세계제자훈련원 10단계 제자훈련교재

제1권 / 복음
1과 성경은 왜 하나님의 말씀인가?
2과 하나님의 뜻과 중생
3과 복음이란 무엇인가?
4과 예수 그리스도의 보혈의 능력
5과 예수 그리스도의 십자가의 능력

제2권 / 구원의 확신
1과 왜 구원의 확신을 갖는 것이 중요한가?
2과 구원의 확신 점검
3과 신앙고백과 간증하는 법
4과 성삼위 하나님 안에서 확신
5과 세례와 성찬

제3권 / 그리스도인으로 자라남
1과 왜 그리스도인은 자라나야 하는가?
2과 말씀의 중요성과 큐티
3과 기도하는 법
4과 성도의 교제와 교회의 비밀
5과 순종의 축복

제4권 / 교회
1과 교회란 무엇인가?
2과 교회의 본질과 비밀
3과 교회안에 있는 은사
4과 교회안에 있는 직분
5과 교회의 목적

제5권 / 열매 맺는 삶
1과 성도의 삶의 목적은 무엇인가?
2과 전도
3과 양육
4과 헌금
5과 예배

제6권 / 그리스도인의 생활
1과 그리스도인의 개인생활
2과 그리스도인의 가정생활
3과 그리스도인의 교회생활
4과 그리스도인의 사회생활
5과 그리그도인의 국가생활
6과 그리스도인의 세계생활

제7권 / 제자로서의 성장
1과 제자란 누구인가?
2과 제자의 도와 비전
3과 훈련의 중요성
4과 헌신과 하나님의 뜻 발견
5과 십자가의 도

제8권 / 성숙한 제자
1과 성숙한 제자란 어떤 사람인가?
2과 성숙한 제자와 상담
3과 성숙한 제자와 성경공부 인도
4과 성숙한 제자와 로드쉽
5과 성숙한 제자와 영적 전투

제9권 / 민족 복음화와 세계 선교
1과 세계선교란 무엇인가?
2과 한국교회의 사명
3과 한국교회와 이단종교
4과 각종 비전과 사역의 다양성
5과 세계선교 전략

제10권 / 재림과 종말
1과 재림의 징조
2과 이스라엘과 정치적 종말
3과 군사적 과학적 종말
4과 종교적 경제적 종말
5과 재림의 신앙

직분별 제자 훈련 교재

1. 새신자 제자훈련 교재   값 2000원   2. 세례자 제자훈련 교재   값 3000원
3. 교사 제자훈련 교재   값 3000원   4. 제직 제자훈련 교재   값 3000원
5. 구역장 제자훈련 교재   값 3000원

 세 계 제 자 훈 련 원 1988. 7. 1 출간됨

가   격 : 각 권당 1,200원 지도자 지침서 12,000원
E-Mail : ehjo99@hanmail.net
전 화 : 02-562-5634   010-4434-7188

저자소개 ─────────

백석신학대학
백석신학대학원
총신대선교대학원
연세대연합신학대학원
미국Faith신학대학원
미국Calrifornia신학대학원
전 필리핀 선교사
현 강남교회 담임목사

총판 : 생명의 말씀사
적그리스도의 유전자 비밀
타작기2
초　판　2013.7.10
지은이　이형조
펴낸곳　도서출판 세계제자훈련원
135-270 서울시 강남구 도곡동 544-13
전화 02) 562-5634 H.P 010-4434-7188
E-mail　ehjo99@hanmail.net
등록 제16-1582 (1988.6.8)

온라인 번호 062-01-0126-685 (국민은행 이형조)
정가 15,000원

ISBN 978-89-97772-17-2